Bornhofen/Busch

Steuerlehre 1

Dipl.-Hdl. StD

Manfred Bornhofen

Dipl.-Kfm. OStR

Ernst Busch †

Mitarbeiter: Martin Bornhofen

Steuerlehre 1

Allgemeine Steuerlehre
Abgabenordnung
Umsatzsteuer

16., überarbeitete Auflage

GABLER

1. Auflage 1980

.

.

16. Auflage 1995

Der Gabler Verlag ist ein Unternehmen der Bertelsmann Fachinformation.

© Betriebswirtschaftlicher Verlag Dr. Th. Gabler GmbH, Wiesbaden 1995
Lektorat: Brigitte Stolz-Dacol

Höchste inhaltliche und technische Qualität unserer Produkte ist unser Ziel. Bei der Produktion und Verbreitung unserer Bücher wollen wir die Umwelt schonen: Dieses Buch ist auf säurefreiem und chlorfrei gebleichtem Papier gedruckt. Die Einschweißfolie Polyäthylen besteht aus organischen Grundstoffen, die weder bei der Herstellung noch bei der Verbrennung Schadstoffe freisetzen.

Druck und Bindung: Lengericher Handelsdruckerei, Lengerich/Westf.
Alle Rechte vorbehalten.
Printed in Germany

ISBN 3-409-97608-6

Vorwort

Die 16., überarbeitete Auflage der **Steuerlehre 1** basiert auf dem zu Beginn des Jahres 1995 geltenden Recht.

In dieser Auflage sind insbesondere berücksichtigt:

- das BMF-Schreiben vom 13.5.1994 (BStBl I 1994 S 298 f.) über die Umsatzsteuer des Entnahmeeigenverbrauchs;

- das BMF-Schreiben vom 16.5.1994 (BStBl I 1994 S 321 ff.) über die grenzüberschreitende Güterbeförderung und damit zusammenhängende sonstige Leistungen;

- das BMF-Schreiben vom 5.7.1994 (BStBl I 1994 S 465) über die Bemessungsgrundlage bei Umsätzen aus Geldspielgeräten mit Gewinnmöglichkeiten;

- das Gesetz zur Änderung des Umsatzsteuergesetzes und anderer Gesetze vom 9.8.1994;

- das BMF-Schreiben vom 16.8.1994 (BStBl I 1994 S 660 f.). Mit diesem Schreiben erfolgt ab 1.1.1995 eine Neuordnung der Größenklassen der Betriebe nach § 3 BpO;

- das BMF-Schreiben vom 21.11.1994 (BStBl I 1994 S 855 f.) über die steuerliche Anerkennung von Aufwendungen für die Bewirtung von Personen aus geschäftlichem Anlaß als Betriebsausgaben nach R 21 Abs. 7 EStR 1993;

- das BMF-Schreiben vom 28.11.1994 (BStBl I 1994 S 869 ff.) über die Anwendung der Differenzbesteuerung ab 1.1.1995;

- das BMF-Schreiben vom 30.12.1994 (BStBl I 1994 S 943) über die Einschränkung des Verzichts auf Umsatzsteuerbefreiungen (§ 9 Abs. 2 UStG);

- die Verordnung über die örtliche Zuständigkeit für die Umsatzsteuer im Ausland ansässiger Unternehmer (USt-ZuständigkeitsV) vom 21.2.1995 (BStBl I 1995 S 204).

Rechtsänderungen gegenüber dem Vorjahr bzw. Änderungen, die sich **ab 1995** ergeben, sind durch **Randstriche** gekennzeichnet.

Zur Erleichterung der Erfolgskontrolle wird in umfangreichen Kapiteln bereits nach einzelnen Abschnitten unter dem Stichwort "**Übung**" auf die entsprechenden Wiederholungsfragen und Fälle hingewiesen.

Die "**Zusammenfassenden Erfolgskontrollen**" bieten die Möglichkeit, Inhalte vorhergehender Kapitel in die laufende Erfolgskontrolle einzubeziehen.

Manfred Bornhofen

Inhaltsverzeichnis

B Abgabenordnung

C Umsatzsteuer

Abkürzungsverzeichnis

A	=	Abschnitt
AEAO	=	Anwendungserlaß zur Abgabenordnung
AfA	=	Absetzung für Abnutzung
AG	=	Aktiengesellschaft
AktG	=	Aktiengesetz
AO	=	Abgabenordnung
BAföG	=	Bundesausbildungsförderungsgesetz
BdF	=	Bundesminister der Finanzen
BerlinFG	=	Berlinförderungsgesetz
BewG	=	Bewertungsgesetz
BfF	=	Bundesamt für Finanzen
BFH	=	Bundesfinanzhof
BGB	=	Bürgerliches Gesetzbuch
BGBl	=	Bundesgesetzblatt
BGH	=	Bundesgerichtshof
BiRiLiG	=	Bilanzrichtlinien-Gesetz
BKGG	=	Bundeskindergeldgesetz
BMF	=	Bundesminister der Finanzen
BpO	=	Betriebsprüfungs-Ordnung
BStBl	=	Bundessteuerblatt
BVerfG	=	Bundesverfassungsgericht
EU	=	Europäische Union
ErbStG	=	Erbschaftsteuer- und Schenkungsgesetz
EStDV	=	Einkommensteuer-Durchführungsverordnung
EStH	=	Amtliches Einkommensteuer-Handbuch
EStG	=	Einkommensteuergesetz
EStR	=	Einkommensteuer-Richtlinien
EuGH	=	Europäischer Gerichtshof
EUSt	=	Einfuhrumsatzsteuer
FA	=	Finanzamt
FAGO	=	Geschäftsordnung für die Finanzämter
FGO	=	Finanzgerichtsordnung
FVG	=	Finanzverwaltungsgesetz
GewStD	=	Gewerbesteuer-Durchführungsverordnung
GewStG	=	Gewerbesteuergesetz
GewStR	=	Gewerbesteuer-Richtlinien
GG	=	Grundgesetz für die Bundesrepublik Deutschland
GmbH	=	Gesellschaft mit beschränkter Haftung
GNOFÄ	=	Grundsätze zur Neuorganisation der Finanzämter
GrEStG	=	Grunderwerbsteuergesetz
GrStG	=	Grundsteuergesetz
H	=	Hinweise
HGB	=	Handelsgesetzbuch
HZA	=	Hauptzollamt
i.V.m.	=	in Verbindung mit
KapESt	=	Kapitalertragsteuer
KG	=	Kommanditgesellschaft
KraftStG	=	Kraftfahrzeugsteuergesetz
KStDV	=	Körperschaftsteuer-Durchführungsverordnung
KStG	=	Körperschaftsteuergesetz
KStR	=	Körperschaftsteuer-Richtlinien

KVStG	=	Kapitalverkehrsteuergesetz
LStDV	=	Lohnsteuer-Durchführungsverordnung
LStR	=	Lohnsteuer-Richtlinien
OHG	=	Offene Handelsgesellschaft
PartG	=	Parteiengesetz
R	=	Richtlinie
RFH	=	Reichsfinanzhof
SachbezV	=	Sachbezugsverordnung
StADV	=	Steueranmeldungs-Datenträgerverordnung
StBerG	=	Steuerberatungsgesetz
StRefG	=	Steuerreformgesetz
StVZO	=	Straßenverkehrs-Zulassungs-Ordnung
UStDV	=	Umsatzsteuer-Durchführungsverordnung
UStG	=	Umsatzsteuergesetz
USt-IdNr.	=	Umsatzsteuer-Identifikationsnummer
UStR	=	Umsatzsteuer-Richtlinien
VAT	=	Value Added Tax (britische Mehrwertsteuer)
VermBG	=	Vermögensbildungsgesetz
VersStG	=	Versicherungsteuergesetz
VwZG	=	Verwaltungszustellungsgesetz
VStDV	=	Vermögensteuer-Durchführungsverordnung
VStG	=	Vermögensteuergesetz
VZ	=	Veranlagungszeitraum
WG	=	Wechselgesetz
WoBauFG	=	Wohnungsbauförderungsgesetz
WoPG	=	Wohnungsbau-Prämiengesetz
WStG	=	Wechselsteuergesetz
ZG	=	Zollgesetz
ZM	=	Zusammenfassende Meldung

A. Allgemeine Steuerlehre

Wer am Wirtschaftsleben teilnimmt, kommt regelmäßig mit dem **Privatrecht** und dem **öffentlichen Recht** in Berührung.

Das **Privatrecht** enthält Regelungen darüber, in welchem Verhältnis die Bürger und die privatrechtlich organisierten Gruppen (wie z.B. Aktiengesellschaften) zueinander stehen. Dies geschieht überwiegend durch Zuweisung von **Rechten** und **Pflichten**. Das Privatrecht basiert auf dem **Grundsatz der Gleichordnung**.

Das **öffentliche Recht** enthält Regelungen darüber, in welchem Verhältnis die Bürger zu den Trägern der öffentlichen Gewalt stehen. Im Interesse der Allgemeinheit werden dem Bürger **Verbote** und **Pflichten** auferlegt.
Das öffentliche Recht basiert auf dem **Grundsatz der Über- und Unterordnung**.

Das **Steuerrecht** ist ein **Teil des öffentlichen Rechts**. Es gibt den Trägern der Steuerhoheit (Bund, Ländern und Gemeinden) die Möglichkeit, sich die zur Erfüllung ihrer **Aufgaben** notwendigen **Mitteln** auf gesetzmäßigem Wege zu beschaffen.

1 Öffentlich-rechtliche Abgaben

Bund, Länder und Gemeinden haben vielfältige **Aufgaben** (wie z.B. Verteidigung, öffentliche Sicherheit, Rechtsschutz, soziale Sicherung, Bildung, Verkehrswesen) zu erfüllen.

Diese **öffentlichen Aufgaben** können nur erfüllt werden, wenn die **Bürger** die entsprechenden **Geldmittel** zur Verfügung stellen.

Die erforderlichen **Geldmittel** fließen dem Bund, den Ländern und den Gemeinden vor allem aus **öffentlich-rechtlichen Abgaben** zu, die von den Bürgern für die Erfüllung der öffentlichen Aufgaben aufgebracht werden.

Zu den **öffentlich-rechtlichen Abgaben** gehören

> die **Steuern**,
>
> die **Gebühren**,
>
> die **Beiträge** sowie
>
> die **steuerlichen Nebenleistungen**.

1.1 Steuern

Die **wichtigsten Einnahmen** des Bundes, der Länder und der Gemeinden sind die **Steuereinnahmen**.

In diesem Abschnitt wird der **Steuerbegriff** erklärt und die **haushaltsmäßige Bedeutung** der Steuern erläutert.

1.1.1 Steuerbegriff

> **Steuern** sind **Geldleistungen**, die **nicht eine Gegenleistung** für eine besondere Leistung darstellen und von einem **öffentlich-rechtlichen Gemeinwesen** zur **Erzielung von Einnahmen allen** auferlegt werden, bei denen der Tatbestand zutrifft, an den das Gesetz die Leistungspflicht knüpft; die Erzielung von Einnahmen kann Nebenzweck sein (§ 3 Abs. 1 AO).

Zölle und Abschöpfungen (= Abgaben im Rahmen der EG-Agrarpolitik) **sind Steuern** im Sinne der Abgabenordnung (AO).

Nur wenn **alle** Merkmale dieser Begriffsbestimmung auf eine **Abgabe** zutreffen, handelt es sich um eine **Steuer**. Das heißt:

1. Es muß eine **Geldleistung** vorliegen. Sach- und Dienstleistungen gehören nicht zu den Steuern.

2. Die Geldleistungen dürfen **keine Gegenleistung** für eine besondere Leistung darstellen. Gebühren und Beiträge sind Gegenleistungen für besondere Leistungen des Staates und gehören deshalb nicht zu den Steuern. Dieses Merkmal grenzt die Steuern von den Gebühren und Beiträgen ab.

3. Die Geldleistungen müssen von einem **öffentlich-rechtlichen Gemeinwesen** auferlegt werden. Öffentlich-rechtliche Gemeinwesen sind die Gebietskörperschaften (Bund, Länder und Gemeinden) und die Religionsgemeinschaften, die vom Staat als öffentlich-rechtliche Körperschaften anerkannt sind.

4. Die Geldleistungen müssen zur **Erzielung von Einnahmen** erhoben werden. Die Erzielung von Einnahmen kann Hauptzweck (Deckung des Finanzbedarfs) und/oder Nebenzweck (z.B. Konsumlenkung durch Tabaksteuer und Alkoholsteuer) sein.

5. Die Geldleistungen müssen **allen** auferlegt werden, bei denen der Tatbestand zutrifft, an den das Gesetz die Leistungspflicht knüpft. Dieses Begriffsmerkmal beinhaltet den Grundsatz der Tatbestandsmäßigkeit (Steuern dürfen nur erhoben werden, wenn der steuerliche Tatbestand erfüllt ist) und den Grundsatz der Gleichmäßigkeit (Steuern müssen immer erhoben werden, wenn der steuerliche Tatbestand zutrifft).

Übung: Wiederholungsfragen 1 bis 4,

1.1.2 Haushaltsmäßige Bedeutung der Steuern

Bund Länder und Gemeinden haben in den Jahren **1983 bis 1993** insgesamt folgende **Steuereinnahmen** erzielt:

Jahr	Milliarden DM
1983	397
1984	415
1985	437
1986	452
1987	469
1988	488
1989	536
1990	550
1991	662
1992	732
1993	**749**

Aus dem folgenden Schaubild (**Steuerspirale 1993**) ist zu ersehen, wie sich die **Steuereinnahmen des Jahres 1993** (rd. **750 Mrd. DM**) - geordnet nach der Aufkommenshöhe- auf die einzelnen Steuerarten verteilen:

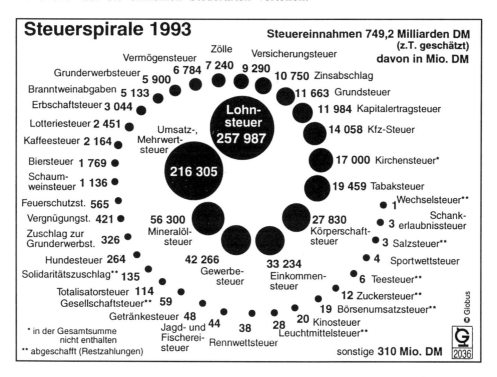

Steuerspirale 1993

Steuereinnahmen 749,2 Milliarden DM (z.T. geschätzt) davon in Mio. DM

Vermögensteuer
Zölle
Versicherungsteuer
Grunderwerbsteuer 5 900
6 784
7 240
9 290
10 750 Zinsabschlag
Branntweinabgaben 5 133
11 663 Grundsteuer
Erbschaftsteuer 3 044
11 984 Kapitalertragsteuer
Lotteriesteuer 2 451
Lohn-steuer 257 987
14 058 Kfz-Steuer
Kaffeesteuer 2 164
Umsatz-, Mehrwert-steuer
17 000 Kirchensteuer*
Biersteuer 1 769
216 305
19 459 Tabaksteuer
Schaum-weinsteuer 1 136
Feuerschutzst. 565
1 Wechselsteuer**
Vergnügungst. 421
56 300 Mineralöl-steuer
27 830 Körperschaft-steuer
3 Schank-erlaubnissteuer
Zuschlag zur Grunderwerbst. 326
3 Salzsteuer**
Hundesteuer 264
42 266 Gewerbe-steuer
33 234 Einkommen-steuer
4 Sportwettsteuer
Solidaritätszuschlag** 135
6 Teesteuer**
Totalisatorsteuer 114
12 Zuckersteuer**
Gesellschaftsteuer** 59
19 Börsenumsatzsteuer**
Getränkesteuer 48
44
38
28
20 Kinosteuer
Jagd- und Fischerei-steuer
Rennwettsteuer
Leuchtmittelsteuer**

* in der Gesamtsumme nicht enthalten
** abgeschafft (Restzahlungen)

sonstige **310 Mio. DM**

© Globus

2036

Dem Bund, den Ländern und den Gemeinden sind ganz bestimmte **Aufgaben** zugewiesen. Demzufolge fließen auch die Steuern nicht in eine Kasse, sondern sie werden auf **Bund, Länder und Gemeinden** aufgeteilt.

Aus der folgenden **Zusammenstellung** ist ersichtlich, wie sich die **Steuern** nach der **Ertragshoheit** in **1992 und 1993** entwickelt haben:

	1992 Mrd. DM	%	1993 Mrd. DM	%
Gemeinschaftsteuern				
Lohnsteuer	247,3		257,9	
veranlagte Einkommensteuer	41,5		33,2	
Kapitalertragsteuer	11,2		12,0	
Zinsabschlag	-,-		10,8	
Körperschaftsteuer	31,1		27,8	
Umsatzsteuer	197,7		216,3	
	528,8	72	558,0	74
Bundessteuern				
Mineralölsteuer	55,1		56,3	
Tabaksteuer	19,2		19,5	
Branntweinabgaben	5,5		5,1	
Versicherungsteuer	8,0		9,2	
Zölle	7,7		7,2	
sonstige Bundessteuern	17,3		3,7	
	112,8	15	101,0	13
Landessteuern				
Biersteuer	1,6		1,7	
Vermögensteuer	6,7		6,8	
Kraffahrzeugsteuer	13,3		14,0	
sonstige Landessteuern	11,5		12,3	
	33,1	5	34,8	5
Gemeindesteuern				
Gewerbesteuer	44,8		42,2	
Grundsteuer	10,7		11,6	
sonstige Gemeindesteuern	1,6		1,6	
	57,1	8	55,4	8
insgesamt	**731,8**	**100**	**749,2**	**100**

Von den **Gemeinschaftsteuern** erhielten in **1993** nach einem festgelegten **Verteilungsschlüssel**

	Bund	Länder	Gemeinden
Lohnsteuer	42,5 %	42,5%	15 %
veranlagte Einkommensteuer	42,5 %	42,5 %	15 %
Kapitalertragsteuer	50 %	50 %	—
Körperschaftsteuer	50 %	50 %	—
Umsatzsteuer	65 %	35 %	—

Der **Bund** hat von seinem Anteil an der **Umsatzsteuer** in 1993 **20,5 Mrd. DM** und von seinem Anteil an den **Zöllen 7,2 Mrd. DM** an die Europäische Union abgegeben.

Die **Gemeinden** haben in 1993 von ihren **Gewerbesteuereinnahmen** an den **Bund 1,5 Mrd. DM** und an die **Länder 2,7 Mrd. DM** überwiesen (**Gewerbesteuerumlage**).

Unter Berücksichtigung der oben genannten **Verteilungsschlüssel** und der Anteile der **Europäischen Gemeinschaft** an der **Umsatzsteuer** und den **Zöllen** sowie der **Gewerbesteuerumlage** erhielten von den **Steuereinnahmen** in 1993

	Mrd. DM	%
Bund	360,4	48,1
Länder	256,3	34,2
Gemeinden	95,8	12,8
EU-Anteil	36,7	4,9
	749,2	100

Die **Höhe** der **Steuereinnahmen** ist **abhängig** von der **gesamtwirtschaftlichen Lage** und dem **geltenden Steuerrecht**.

Konjunkturschwankungen und **Änderungen des Steuerrechts**, insbesondere der Steuertarife, beeinflussen das Steueraufkommen.

Setzt man die **Steuereinnahmen** eines Jahres ins prozentuale Verhältnis zum **Brutto-sozialprodukt** (= Ausdruck der wirtschaftlichen Leistung einer Volkswirtschaft), so erhält man die volkswirtschaftliche Steuerquote:

$$\text{volkswirtschaftliche Steuerquote} = \frac{\text{Steuereinnahmen} \times 100}{\text{Bruttosozialprodukt}}$$

Die **Entwicklung der volkswirtschaftlichen Steuerquote** der Bunderepublik Deutschland ist aus der folgenden Tabelle zu ersehen

Jahr	Brutto-sozialprodukt Mrd. DM	Steuer-einnahmen Mrd. DM	volkswirtschaftliche Steuerquote %
1983	1.672	397	24,7
1984	1.748	415	23,7
1985	1.838	437	23,8
1986	1.949	452	23,2
1987	2.023	469	23,2
1988	2.122	488	23,0
1989	2.260	536	23,7
1990	2.426	550	22,7
1991	2.803	662	23,6
1992	3.021	732	24,2
1993	**3.107**	**749**	**24,1**

Die 1983er Steuerquote von **24,7 %** entspricht etwa dem **Durchschnittsatz der westlichen Industrieländer**.

Wesentlich **höhere Sätze** weisen vor allem die **nordischen Länder** (Schweden mit 34,6 % und Dänemark mit 44,2 %) aus.

Japan bleibt mit **18,4 %** unter dem Durchschnitt der westlichen Industrieländer.

> **Übung**: 1. Wiederholungsfragen 5 bis 13,
> 2. Aufgaben 1 bis 4

1.2 Gebühren und Beiträge

Gebühren und Beiträge sind ebenfalls **öffentlich-rechtliche Abgaben**.

Sie **unterscheiden sich von den Steuern** vor allem dadurch, daß sie das **Entgelt für eine Gegenleistung** darstellen.

> **Gebühren** sind Entgelte für **bestimmte** öffentliche Leistungen.

Bei den **Gebühren** unterscheidet man zwischen

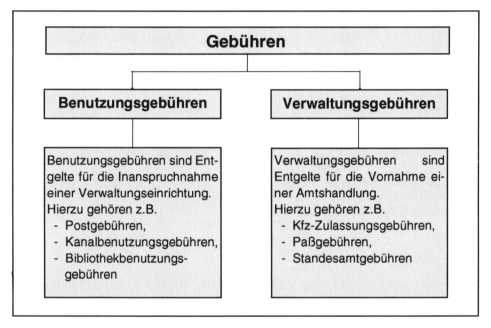

Beiträge sind auch Entgelte für öffentliche Leistungen. Bei den Beiträgen fehlt jedoch vielfach der unmittelbare zeitliche Zusammenhang zwischen Leistung und Gegenleistung.

> **Beiträge** sind Entgelte für **angebotene** öffentliche Leistungen.

Zu den **Beiträgen** gehören z.B.

- Straßenanliegerbeiträge,
- Kurtaxen,
- Sozialversicherungsbeiträge,
- Kammerbeiträge.

Übung: 1. Wiederholungsfragen 14 bis 17,
2. Aufgabe 5

1.3 Steuerliche Nebenleistungen

Die **steuerlichen Nebenleistungen** sind selbst **keine Steuern**, aber sie können im Zusammenhang mit der **Besteuerung** und der **Steuererhebung** auftreten.

Steuerliche Nebenleistungen sind nach § 3 Abs. 3 AO

1. **Verspätungszuschläge** (§ 152 AO),

2. **Zinsen** (§§ 233 bis 237 AO),

3. **Säumniszuschläge** (§ 240 AO),

4. **Zwangsgelder** (§ 329),

5. **Kosten** (§ 178, §§ 337 bis 345 AO).

Bußgelder und Geldstrafen gehören **nicht** zu den **steuerlichen Nebenleistungen**, auch wenn sie wegen Steuerordnungswidrigkeiten (z.B. leichtfertiger Steuerverkürzung) oder wegen Steuerstraftaten (z.B. Steuerhinterziehung) festgesetzt worden sind.
Bußgelder und Geldstrafen sind auch **keine Abgaben**, da sie nicht der Einnahmeerzielung, sondern der Ahndung von Ordnungsunrecht bzw. Straftaten dienen.

Die **steuerlichen Nebenleistungen** werden in Abschnitt "**3.5 Folgen der Fristversäumnis**" näher erläutert. In diesem Abschnitt werden lediglich die **Begriffe** der steuerlichen Nebenleistungen erklärt.

Zu 1. Verspätungszuschläge

Gegen denjenigen, der seiner Verpflichtung zur **Abgabe einer Steuererklärung nicht fristgemäß nachkommt**, kann ein **Verspätungszuschlag** festgesetzt werden (§ 152 Abs. 1 **Satz 1** AO).
Von der Festsetzung eines Verspätungszuschlags ist abzusehen, wenn die Versäumnis **entschuldbar** erscheint (§ 152 Abs. 1 Satz 2 AO).

Zu 2. Zinsen

Ansprüche aus dem Steuerschuldverhältnis werden **nur verzinst**, wenn dies **gesetzlich vorgeschrieben** ist (§ 233 Satz 1 AO).
Gesetzlich vorgeschrieben ist die **Verzinsung** z.B. für

- Zinsen bei **Steuernachforderungen** und **Steuererstattungen** (§ 233a AO),

- **Stundungszinsen** (§ 234 AO),

- Hinterziehungszinsen (§ 235 AO).

Die Zinsen bei **Steuernachforderungen** und **Steuererstattungen** (§ 233a AO) sind erstmals für solche Ansprüche anwendbar, die nach dem **31.12.1988** entstanden sind.

Zu 3. Säumniszuschläge

Wird eine **Steuer nicht** bis zum Ablauf des Fälligkeitstages **gezahlt**, so hat der Steuerpflichtige einen **Säumniszuschlag** zu entrichten (§ 240 Abs. 1 Satz 1 AO).

Ein **Säumniszuschlag** wird bei einer Säumnis bis zu **fünf Tagen (Schonfrist)** grundsätzlich **nicht** erhoben (§ 240 Abs. 3 Satz 1 AO). Die **Schonfrist** gilt **nicht** für **Bar- und Scheckzahlungen** (§ 240 Abs. 3 **Satz 2** AO). Wird jedoch **gleichzeitig mit** der **Voranmeldung der Scheck** eingereicht, **gilt** die **Schonfrist** von fünf Tagen.

Zu 4. Zwangsgelder

Erfüllt ein **Steuerpflichtiger nicht** die ihm im Rahmen des Ermittlungsverfahrens obliegende **Mitwirkungspflichten** (z.B. ein Steuerpflichtiger gibt seine Steuererklärung nicht ab, obwohl er dazu verpflichtet ist), so kann die Finanzbehörde ihm ein **Zwangsgeld** auferlegen (§ 328 AO). Das Zwangsgeld muß **schriftlich angedroht** werden (§ 332 AO).

Zu 5. Kosten

Kosten im Sinne steuerlicher Nebenleistungen sind Gebühren und Auslagen, die der Steuerpflichtige bei besonderer Inanspruchnahme der Zollbehörden (§ 178 AO) und bei der Vollstreckung finanzbehördlicher Verwaltungsakte (§ 337 bis 345 AO) zu entrichten hat.

> **Übung:** 1. Wiederholungsfragen 18 bis 23,
> 2. Aufgaben 6 und 7

1.4 Zusammenfassung und Erfolgskontrolle
1.4.1 Zusammenfassung

Der **Staat** (Bund, Länder und Gemeinden) hat eine Vielzahl von **Aufgaben** zu erfüllen, die der einzelne nicht zu lösen vermag.
Diese Aufgaben können nur erfüllt werden, wenn die Bürger die erforderlichen **Geldmittel** aufbringen.
Die Geldmittel bekommt der Staat vor allem aus öffentlich-rechtlichen Abgaben (Steuern, Gebühren, Beiträgen).
Es fließen zu:
- dem **Bund** insbesondere die Zölle, die Verbrauchsteuern, Teile der Gemeinschaftsteuern und ein Teil der Gewerbesteuerumlage,
- den **Ländern** insbesondere die Vermögensteuer, Kraftfahrzeugsteuer, Teile der Gemeinschaftsteuern und ein Teil der Gewerbesteuerumlage,
- den **Gemeinden** vor allem die Gewerbesteuer, die Grundsteuer und ein Teil der Einkommensteuer.
Die **Höhe der Steuereinnahmen** ist abhängig von der **gesamtwirtschaftlichen Entwicklung** und dem **geltenden Steuerrecht**.
Die volkswirtschaftliche Steuerquote spiegelt die Relation zwischen Steueraufkommen und Bruttosozialprodukt wider. Sie hat 1993 **24,2 %** betragen.
Die **Gemeinschaftsteuern und** die **Gewerbesteuer** sind die größten Posten unter den Steuereinnahmen. Ihr prozentualer Anteil am gesamten Steueraufkommen hat 1993 rund **79 %** betragen.

1.4.2 Erfolgskontrolle

WIEDERHOLUNGSFRAGEN

1. In welchen Bereichen haben Bund, Länder und Gemeinden Aufgaben zu erfüllen?

2. Welche öffentlich-rechtlichen Abgaben fließen dem Staat zu, damit er seine Aufgabe erfüllen kann?

3. Wie wird der Begriff "Steuern" im § 3 Abs. 1 AO definiert?

4. Welche fünf Merkmale kennzeichnen den Begriff Steuern?

5. Welche Steuern sind nach der Ertragshoheit zu unterscheiden?

6. Warum bezeichnet man verschiedene Steuern als Gemeinschaftsteuern?

7. Welche Steuern sind Gemeinschaftsteuern?

8. Welche Steuern fließen dem Bund allein zu?

9. Welche Steuern fließen den Ländern allein zu?

10. Welche Steuern fließen den Gemeinden allein zu?

11. Von welchen Faktoren ist die Höhe der Steuereinnahmen abhängig?

12. Was versteht man unter der volkswirtschaftlichen Steuerquote?

13. Welche fünf Steuern stehen am Anfang der Steuerspirale?

14. Was versteht man unter Gebühren?

15. Was versteht man unter Beiträgen?

16. Welcher Unterschied besteht zwischen Steuern einerseits und Gebühren und Beiträgen andererseits?

17. Welcher Unterschied besteht zwischen Gebühren und Beiträgen?

18. Welche steuerlichen Nebenleistungen nennt die AO in § 3 Abs. 3?

19. Gegen wen kann ein Verspätungszuschlag festgesetzt werden?

20. Für welche Ansprüche ist eine Verzinsung gesetzlich vorgeschrieben?

21. In welchem Falle hat der Steuerpflichtige einen Säumniszuschlag zu entrichten?

22. Wann kann die Finanzbehörde ein Zwangsgeld auferlegen?

23. Was versteht man unter Kosten im Sinne steuerlicher Nebenleistungen?

AUFGABEN

Aufgabe 1:

Um wieviel Prozent haben sich die Steuereinnahmen des Staates ab 1983 von Jahr zu Jahr gegenüber dem Vorjahr erhöht (zwei Stellen hinter dem Komma)?

Aufgabe 2:

Um wieviel Prozent haben sich in 1993 gegenüber 1992

      a) die Gemeinschaftsteuern,
      b) die Bundessteuern,
      c) die Landessteuern,
      d) die Gemeindesteuern

erhöht (zwei Stellen hinter dem Komma)?

Aufgabe 3:

a) Welche Landessteuer ist in 1993 gegenüber 1992 am meisten gestiegen?
b) Wieviel Prozent beträgt die Steigung?
c) Worauf ist diese Steigung zurückzuführen?

Aufgabe 4:

Entscheiden Sie, ob die folgenden Steuern **Bundes-**, **Landes-**, **Gemeinschaft-** oder **Gemeindesteuern** sind.

      1. Grundsteuer
      2. Einkommensteuer
      3. Vermögensteuer
      4. Umsatzsteuer
      5. Zölle
      6. Körperschaftsteuer
      7. Biersteuer
      8. Kraftfahrzeugsteuer

Aufagbe 5:

Entscheiden Sie, ob folgende Abgaben **Steuern**, **Gebühren** oder **Beiträge** sind.

1. Zölle
2. Kurtaxen
3. Branntweinabgaben
4. Zahlung für Kanalbenutzung
5. Zahlung an die Sozialversicherung
6. Zahlung für die Zulassung eines Pkw
7. Abschöpfungen
8. Zahlung für die Zustellung eines Pakets
9. Zahlung für die Ausstellung einer Heiratsurkunde

Aufgabe 6:

Die Steuerpflichtige Julia Schmidt, München, gab ihre **USt-Voranmeldung** für August 1995, die eine Zahllast von 6.580,30 DM aufwies, am Montag, dem 04.09.1995, beim zuständigen Finanzamt fristgerecht ab.
Die **Zahlung** des genannten Betrages wurde **nicht fristgerecht** dem Bankkonto der Finanzkasse gutgeschrieben.
Die Steuerpflichtige hat einen **Zuschlag** zu entrichten.

Wie wird dieser **Zuschlag** bezeichnet?

Aufgabe 7:

Sachverhalt wie in Aufgabe 6 mit dem Unterschied, daß die Steuer fristgerecht entrichtet wird und die **USt-Voranmeldung** für August 1995 **nicht fristgerecht** beim zuständigen Finanzamt abgegeben wird.

Wie heißt in diesem Fall der **Zuschlag**, den das Finanzamt berechnet?

2 Einteilung der Steuern

Die **Steuern** können unter verschiedenen Gesichtspunkten eingeteilt werden. Häufig werden sie unter folgenden **Merkmalen** eingeteilt:

1. Einteilung nach der **Ertragshoheit**
2. Einteilung nach der **Überwälzbarkeit**
3. Einteilung nach dem **Gegenstand** der Besteuerung
4. Einteilung nach der **Abzugsfähigkeit** bei der Gewinnermittlung
5. Einteilung nach dem **Erhebungsverfahren**

2.1 Einteilung nach der Ertragshoheit

In **Artikel 106 GG** ist festgelegt, **wem** die <u>Ertragshoheit</u> zusteht, d.h. **wie** der **Ertrag der Steuern** auf Bund, Länder und Gemeinden **zu verteilen ist.**

Danach ist **einerseits** zu unterscheiden zwischen Steuern, die einer der genannten Gebietskörperschaften in voller Höhe **allein** zufließen (**Bundes-, Landes- und Gemeindesteuern**) und **andererseits** Steuern, die Bund und Ländern und Gemeinden **gemeinschaftlich** zufließen (**Gemeinschaftsteuern**):

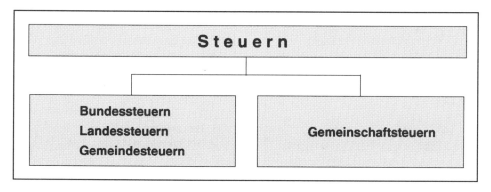

Um welche Steuern es sich im einzelnen handelt und welche Schlüssel bei der Aufteilung der Gemeinschaftsteuern angewendet werden, wurde bereits in Abschnitt "1.1.2 Haushaltsmäßige Bedeutung der Steuern" dargestellt.

<u>Übung</u>: 1. Wiederholungsfragen 1 und 2,
2. Aufgabe 1

2.2 Einteilung nach der Überwälzbarkeit

Nach dem Merkmal der **Überwälzbarkeit** werden die Steuern in **direkte** und **indirekte** Steuern eingeteilt.
Sind Steuer**schuldner** und Steuer**träger identisch**, wie z.B. bei der Einkommensteuer, so handelt es sich bei der betreffenden Steuer um eine <u>**direkte Steuer**</u>.

Sind Steuer**schuldner** und Steuer**träger nicht identisch**, wie z.B. bei der Umsatzsteuer, so spricht man von einer **indirekten Steuer**.

Die **Einteilung** in direkte und indirekte Steuern ist **problematisch**, weil die Überwälzbarkeit nicht von der Steuerart abhängt, sondern davon, ob die **allgemeine Marktsituation** und die **besondere Stellung des Steuerschuldners** wirtschaftlich eine Überwälzung zulassen.

So kann es z.B. möglich sein, daß in einer bestimmten Marktsituation eine "**direkte**" Steuer überwälzt wird (z.B. die Körperschaftsteuer), während in einer anderen Situation die Überwälzbarkeit einer "**indirekten**" Steuer (z.B. der Biersteuer) nicht oder nur teilweise gelingt.

Als **direkte und indirekte Steuern** werden insbesondere bezeichnet:

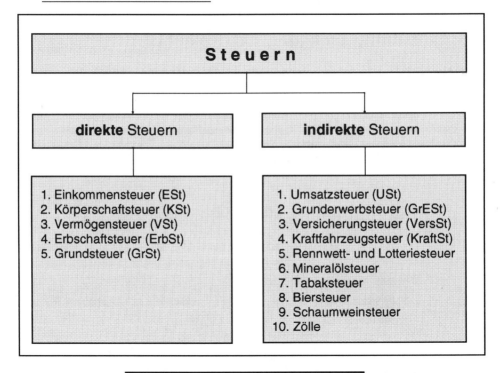

	Steuern	
direkte Steuern		**indirekte** Steuern
1. Einkommensteuer (ESt) 2. Körperschaftsteuer (KSt) 3. Vermögensteuer (VSt) 4. Erbschaftsteuer (ErbSt) 5. Grundsteuer (GrSt)		1. Umsatzsteuer (USt) 2. Grunderwerbsteuer (GrESt) 3. Versicherungsteuer (VersSt) 4. Kraftfahrzeugsteuer (KraftSt) 5. Rennwett- und Lotteriesteuer 6. Mineralölsteuer 7. Tabaksteuer 8. Biersteuer 9. Schaumweinsteuer 10. Zölle

Übung: 1. Wiederholungsfragen 3 bis 6,
2. Aufgaben 2 und 3

2.3 Einteilung nach dem Gegenstand der Besteuerung

Nach dem **Steuergegenstand** (Steuerobjekt) werden die Steuern einerseits in **Besitz- und Verkehrsteuern** und andererseits in **Zölle und Verbrauchsteuern** eingeteilt.

Diese **Einteilung** hat vor allem **verwaltungstechnische Bedeutung**. So werden auf der unteren Verwaltungsebene **Besitz- und Verkehrsteuern** grundsätzlich von den **Finanzämtern** und die **Zölle und Verbrauchsteuern** von den **Hauptzollämtern** verwaltet.

Besitzsteuern sind Steuern, deren Gegenstand Besitzwerte (Einkommen, Vermögen) sind. Sie werden wiederum unterteilt in **Personensteuern,** die an **persönliche Ver-hältnisse** (z.B. Familienstand) und **Leistungsfähigkeit** (z.B. Einkommen) einer Person anknüpfen, und **Realsteuern,** die an ein **Objekt** (z.B. Grund und Boden) anknüpfen.

Verkehrsteuern sind Steuern, die an **rechtliche bzw. wirtschaftliche Vorgänge** gebunden sind. Steuergegenstand ist ein Verkehrsakt, also ein Vorgang im Rahmen einer Tauschbeziehung. Die **Umsatzsteuer** ist eine **allgemeine** Verkehrsteuer, während die Kraftfahrzeugsteuer, Grunderwerbsteuer, Versicherungsteuer **spezielle** Verkehrsteuern sind.

Zölle sind Steuern, die bei der **Einfuhr bzw. Ausfuhr** von Gegenständen anfallen.

Verbrauchsteuern sind Steuern, die in der Regel an den **Verbrauch von Waren** anknüpfen (z.B. Tabaksteuer, Biersteuer).

Nach dem Merkmal des **Steuergegenstandes** werden die Steuern wie folgt unterteilt:

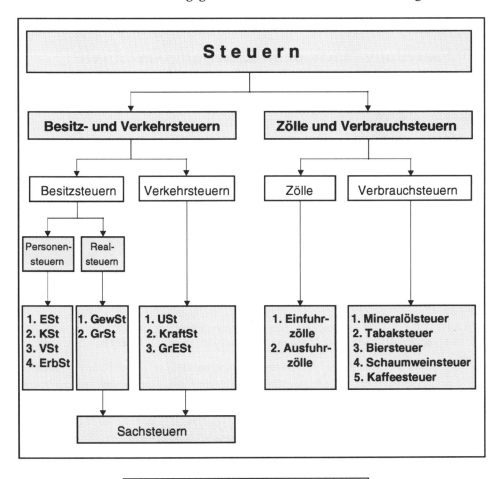

Übung: 1. Wiederholungsfragen 7 bis 11,
————— 2. Aufgabe 4

2.4 Einteilung nach der Abzugsfähigkeit bei der Gewinnermittlung

In der Praxis unterscheidet man zwischen **Personensteuern**, die **nicht abzugsfähig** sind (§ 12 Nr. 3 EStG), und **Sachsteuern**, die **abzugsfähig** sind.

Der Begriff **Sachsteuern** ist **umfassender als** der Begriff **Realsteuern**.

<u>Sachsteuern</u> sind Steuern, die an einen **Gegenstand** sowie an einen **Verkehrsvorgang** anknüpfen. Zu den Sachsteuern gehören demnach die **Realsteuern** und die **Verkehrsteuern**.

Sachsteuern, die **betrieblich** veranlaßt sind, sind grundsätzlich bei der Gewinnermittlung **abzugsfähig**.

> **Übung:** 1. Wiederholungsfragen 12 bis 16,
> 2. Aufgabe 5

2.5 Einteilung nach dem Erhebungsverfahren

Die Steuern können nach unterschiedlichen Verfahren erhoben werden. Nach dem Merkmal **Erhebungsverfahren** unterscheidet man zwischen **Veranlagungssteuern und Abzugssteuern**.

Bei <u>Veranlagungssteuern</u> (z.B. ESt, KSt, GewSt, VSt) wird die Steuer in einem förmlichen Verfahren (Veranlagungsverfahren) festgesetzt.

Bei <u>Abzugssteuern</u> (Lohnsteuer, Kapitalertragsteuer) wird aus Gründen der Verwaltungsvereinfachung und der Sicherung des Steueraufkommens die Steuer nicht in einem förmlichen Verfahren festgesetzt, sondern bereits an der "Quelle" erhoben. Man bezeichnet diese Steuern auch als **Quellensteuern**.

> **Übung:** Wiederholungsfragen 17 bis 19

2.6 Grundsätze der Besteuerung

Im Laufe der Zeit sind zahlreiche **Grundsätze der Besteuerung** entwickelt worden, die sowohl den Interessen des Staates als auch denen seiner **Bürger** dienen sollen.

Im folgenden werden einige der **Besteuerungsgrundsätze** kurz erläutert, nämlich

> der Grundsatz des **objektiven Steuermaßes**,
> der Grundsatz des **subjektiven Steuermaßes**,
> der Grundsatz der **steuerlichen Gerechtigkeit**,
> der Grundsatz der **sparsamen Steuerverwaltung**.

Der Grundsatz des <u>objektiven Steuermaßes</u> (auch Grundsatz der Steuerdeckung genannt) besagt, daß das Steuersystem, d.h. die Gesamtheit der Einzelsteuern, so gestaltet sein soll, daß der in der Regel steigende **Finanzbedarf** des Staates - auf längere Sicht gesehen - **gedeckt** werden kann.

Der Grundsatz des **subjektiven Steuermaßes** (auch Grundsatz der Steuerbemessung genannt) beinhaltet, daß der Bürger entsprechend seiner **persönlichen Leistungsfähigkeit** (gemessen an seinen Einkommens und/oder Vermögensverhältnissen) zur Finanzierung des Staates beitragen soll.

Der Grundsatz der **steuerlichen Gerechtigkeit** vereinigt in sich den Grundsatz der **Allgemeinheit** und den Grundsatz der **Gleichmäßigkeit.** Der Grundsatz der **Allgemeinheit** besagt, daß **alle** Personen, ohne Rücksicht auf Staatsangehörigkeit, Stand, Klasse, Religion usw. zur Steuer heranzuziehen sind. Der Grundsatz der **Gleichmäßigkeit** verlangt, daß Personen, die sich in **gleichen** oder **gleichartigen** Verhältnissen befinden, steuerlich gleich zu behandeln sind.

Der Grundsatz der **sparsamen Steuerverwaltung** drückt aus, daß die Steuererhebung **einfach und billig sein** soll. Es soll die Möglichkeit einer **einfachen Kontrolle** gegeben sein.

> **Übung:** Wiederholungsfragen 20 bis 23

2.7 Zusammenfassung und Erfolgskontrolle

2.7.1 Zusammenfassung

Die **Steuern** können unter verschiedenen Gesichtspunkten eingeteilt werden.

Nach der **Ertragshoheit** werden die Steuern in **Bundes-, Landes-, Gemeinde- und Gemeinschaftsteuern** unterteilt

Nach der **Überwälzbarkeit** unterscheidet man zwischen **direkten Steuern** (Steuerschuldner = Steuerträger) und **indirekten Steuern** (Steuerschuldner $\neq$ Steuerträger)

Nach dem Merkmal des **Steuergegenstandes** werden die Steuern einerseits in **Besitz- und Verkehrsteuern** und andererseits in **Zölle und Verbrauchsteuern** unterteilt. Die Besitzsteuern werden wiederum unterteilt in **Personensteuern** und **Realsteuern. Realsteuern** sind Steuern, die an ein bestimmtes Objekt (z.B. Grundstück, Betrieb) anknüpfen. **Personensteuern** sind Steuern, die eine bestimmte Person nach Maßgabe ihrer persönlichen Verhältnisse und ihrer Leistungsfähigkeit erfassen.

Nach der **Abzugsfähigkeit** bei der Gewinnermittlung werden die Steuern in **Personen- und Sachsteuern** unterteilt. **Personensteuern** dürfen bei der Gewinnermittlung **nicht** abgezogen werden. **Sachsteuern,** die betrieblich veranlaßt sind, sind grundsätzlich bei der Gewinnermittlung **abzugsfähig.**

Nach dem **Erhebungsverfahren** unterscheidet man zwischen Veranlagungssteuern (z.B. ESt) und **Abzugssteuern** (z.B. Lohnsteuer).

Um den Interessen des Staates und seiner Bürger gerecht zu werden, sind **Grundsätze der Besteuerung** entwickelt worden. Zu diesen Grundsätzen gehören: der Grundsatz der **Steuerdeckung,** der Grundsatz der **Steuerbemessung,** der Grundsatz der **steuerlichen Gerechtigkeit** und der Grundsatz der **sparsamen Steuerverwaltung.**

2.7.2 Erfolgskontrolle

WIEDERHOLUNGSFRAGEN

1. Nach welchen Gesichtspunkten werden die Steuern häufig eingeteilt?
2. Wie werden die Steuern nach der Ertragshoheit unterteilt?
3. Wie werden die Steuern nach der Überwälzbarkeit unterschieden?
4. Wie bezeichnet man die Steuern, bei denen Steuerträger und Steuerschuldner identisch sind?
5. Wie bezeichnet man die Steuern, bei denen Steuerträger und Steuerschuldner nicht identisch sind?
6. Warum ist die Einteilung in direkte und indirekte Steuern problematisch?
7. Wie werden die Steuern nach dem Steuergegenstand eingeteilt?
8. Was versteht man unter Besitzsteuern? Wie werden sie weiter unterteilt?
9. Was versteht man unter Verkehrsteuern?
10. Was sind Zölle?
11. Was versteht man unter Verbrauchsteuern?
12. Wie werden die Steuern nach der Abzugsfähigkeit bei der Gewinnermittlung unterteilt?
13. Was versteht man unter Personensteuern?
14. Dürfen Personensteuern bei der Gewinnermittlung abgezogen werden?
15. Was versteht man unter Sachsteuern?
16. Welche Sachsteuern sind bei der Gewinnermittlung abzugsfähig?
17. Wie werden die Steuern nach dem Erhebungsverfahren unterteilt?
18. Was versteht man unter Veranlagungssteuern?
19. Was versteht man unter Abzugssteuern?
20. Wem sollen die Grundsätze der Besteuerung dienen?
21. Was besagt der Grundsatz der Steuerdeckung?
22. Was besagt der Grundsatz des subjektiven Steuermaßes?
23. Was besagt der Grundsatz der sparsamen Steuerverwaltung?

AUFGABEN

Aufgabe 1:

Wem steht die **Ertragshoheit** der folgenden Steuern zu:

1. Einkommensteuer
2. Umsatzsteuer
3. Kraftfahrzeugsteuer
4. Mineralölsteuer
5. Tabaksteuer
6. Branntweinabgaben
7. Biersteuer
8. Vermögensteuer
9. Grundsteuer
10. Versicherungsteuer

Aufgabe 2:

Welche der folgenden Steuern werden insbesondere als **direkte Steuern** und welche als **indirekte Steuern** bezeichnet:

1. Mineralölsteuer
2. Einkommensteuer
3. Erbschaftsteuer
4. Umsatzsteuer
5. Tabaksteuer
6. Zölle
7. Biersteuer
8. Vermögensteuer

Aufgabe 3:

Sie bzw. einige Ihrer Mitschüler sind heute mit dem Pkw zur Ausbildungsstätte gefahren.

Welche **Steuern** gehören zu den Kosten dieser Fahrt?

Aufgabe 4:

Sind die folgenden Steuern **Besitz-, Verkehr- oder Verbrauchsteuern:**

1. Mineralölsteuer
2. Biersteuer
3. Einkommensteuer
4. Grundsteuer
5. Kraftfahrzeugsteuer
6. Gewerbesteuer
7. Körperschaftsteuer

Aufgabe 5:

Sind folgende Steuern bei der Gewinnermittlung **abzugsfähig:**

1. Einkommensteuer
2. Gewerbesteuer (wird von einem Gewerbebetrieb gezahlt)
3. Vermögensteuer
4. Kraftfahrzeugsteuer für betrieblichen Pkw
5. Grundsteuer für ein Grundstück, das nicht zum Betriebsvermögen gehört

3 Steuergesetzgebung und rechtliche Grundlagen der Besteuerung

Aus dem **Steuerbegriff** und den **Grundsätzen der Besteuerung** ergibt sich, daß Steuern nur aufgrund von **Gesetzen** erhoben werden dürfen.

Die **Gesetzgebungshoheit,** d.h. das Recht, Gesetze zu erlassen, ist für die Bundesrepublik Deutschland im **Grundgesetz (GG)** geregelt.

3.1 Steuergesetzgebung

Die **Bundesrepublik Deutschland** ist ein demokratischer und sozialer **Bundesstaat** (Art. 20 Abs. 1 GG).

In einem **Bundesstaat** ist die **Gesetzgebungsbefugnis** und damit das **Steuergesetzgebungsrecht** zwischen **Bund** und **Ländern aufgeteilt.**

Das Grundgesetz unterscheidet im Bereich der **Steuergesetzgebung** zwischen

> 1. **ausschließliche** Gesetzgebung des **Bundes,**
>
> 2. **konkurrierende** Gesetzgebung und
>
> 3. **ausschließliche** Gesetzgebung der **Länder.**

3.1.1 Ausschließliche Gesetzgebung des Bundes

Der **Bund** hat die **ausschließliche** Gesetzgebung auf dem Gebiet der **Zölle** und der **Finanzmonopole** (Art. 105 Abs. 1 GG).

Das bedeutet, daß grundsätzlich der Bund das Recht hat, für Zölle und Finanzmonopole (z.B. Branntweinmonopol) **Steuergesetze** zu erlassen.

Im Bereich der **ausschließlichen** Gesetzgebung des **Bundes** haben die Länder die Befugnis zur Gesetzgebung nur, wenn und soweit sie hierzu in einem **Bundesgesetz** ausdrücklich ermächtigt werden (Art. 71 GG).

3.1.2 Konkurrierende Gesetzgebung

Konkurrierende Gesetzgebung bedeutet, daß **Bund und Länder** Gesetzgebungsrechte haben.

Im Rahmen der Steuergesetzgebung hat der **Bund** die **konkurrierende** Gesetzgebung über die wichtigsten Steuerarten (Art. 105 Abs. 2 GG). So hat der Bund z.B. die konkurrierende Gesetzgebung für die **Gemeinschaftsteuern.**

Bundesgesetze über Steuern, deren **Aufkommen** den **Ländern** oder den Gemeinden ganz oder zum Teil zufließen, bedürfen der **Zustimmung des Bundesrates** (Art. 105 Abs. 3 GG).

3.1.3 Ausschließliche Gesetzgebung der Länder

Die **Länder** haben die Befugnis zur Gesetzgebung über die **örtlichen Verbrauch- und Aufwandsteuern,** solange und soweit sie nicht bundesgesetzlich geregelten Steuern gleichartig sind (Art. 105 Abs. 2a GG). Die Länder haben z.B. das ausschließliche Gesetzgebungsrecht für die **Hundesteuer und Vergnügungsteuer.**

Die **Länder** haben ihre Befugnis **zum Teil durch Gesetz auf** die **Gemeinden übertragen.**

> <u>Übung:</u> 1. Wiederholungsfragen 1 bis 4,
> 2. Aufgabe 1

3.2 Rechtliche Grundlagen der Besteuerung

Zu den **rechtlichen Grundlagen der Besteuerung** gehören vor allem:

1. Gesetze 2. Durchführungsverordnungen	Rechtsnormen
3. Richtlinien 4. Entscheidungen der Steuergerichte	**keine** Rechtsnormen

3.2.1 Gesetze

Nach § 4 AO sind **Gesetze Rechtsnormen,** die in einem **förmlichen Gesetzgebungsverfahren** zustandekommen. Sie **binden** die **Bürger,** die **Verwaltung** und die **Gerichte.**

Steuergesetze können **Bundes**gesetze oder **Landes**gesetze sein.

Bundesgesetze werden vom Bundes**tag** beschlossen, Gesetzes**vorlagen** werden durch die Bundes**regierung** (Regelfall), aus der Mitte des Bundes**tages** oder durch den Bundes**rat** eingebracht.

Das Zustandekommen und Inkrafttreten eines **Bundesgesetzes** vollzieht sich in folgenden Schritten (**Gang der Gesetzgebung**):

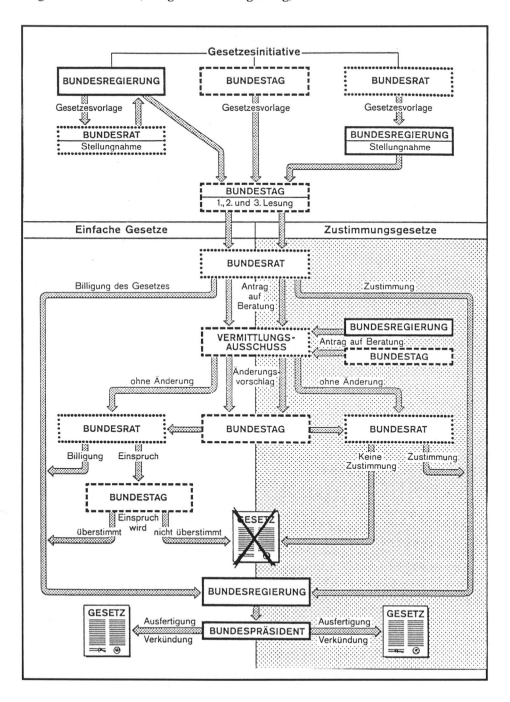

Bei den Steuergesetzen ist zwischen **allgemeinen** Steuergesetzen und **Einzel**steuerge-setzen zu unterscheiden.

Für die Anwendung der Steuergesetze gilt der **Grundsatz, daß Einzelsteuergesetze** den **Vorrang vor allgemeinen** Steuergesetzen haben.

Die **allgemeinen** Steuergesetze enthalten Vorschriften, die für alle Steuern oder mehrere Steuerarten Geltung haben. Zu den allgemeinen Steuergesetzen gehören insbesondere:

> die **Abgabenordnung (AO)** und
> das **Bewertungsgesetz (BewG).**

Zu den **Einzelsteuergesetzen** gehören z.B.:

> das **Einkommensteuergesetz (EStG),**
> das **Umsatzsteuergesetz (UStG),**
> das **Gewerbesteuergesetz (GewStG),**
> das **Vermögensteuergesetz (VStG).**

Diese sechs Steuergesetze sind der Hauptgegenstand der steuerlichen Berufsausbil-dung zum **Fachgehilfen in steuer- und wirtschaftsberatenden Berufen.**

3.2.2 Durchführungsverordnungen

Die steuerrechtlichen **Durchführungsverordnungen** sind Rechtsverordnungen, die der Ergänzung und Erläuterung der Steuergesetze dienen.

Rechtsverordnungen sind **Rechtsnormen,** die nicht in einem förmlichen Gesetzge-bungsverfahren zustandekommen, sondern von der Exekutive erlassen werden. Sie haben jedoch die **Verbindlichkeit von Gesetzen.**

Nach Art. 80 GG können die **Bundesregierung,** ein **Bundesminister** oder die **Lan-desregierungen** durch Gesetz **ermächtigt** werden, **Rechtsverordnungen zu erlassen.** Dabei müssen **Inhalt, Zweck** und **Ausmaß** der Ermächtigung im **Gesetz** bestimmt sein.

Beispiele:

a) Nach § 51 EStG wird die Bundesregierung ermächtigt, mit Zustimmung des Bundesrates Rechtsverordnungen zu erlassen.

Die **Einkommensteuerdurchführungsverordnung** (EStDV) ist die auf § 51 EStG beruhende Rechtsverordnung.

b) Nach § 35c GewStG wird die Bundesregierung ermächtigt, mit Zustimmung des Bundesrates Rechtsverordnungen zu erlassen.

Die **Gewerbesteuerdurchführungsverordnung** (GewStDV) ist die auf diesem Gesetz beruhende Rechtsverordnung.

3.2.3 Richtlinien

Richtlinien sind steuerliche Verwaltungsanordnungen, die der Gleichmäßigkeit der Verwaltungsausübung und damit der Gleichmäßigkeit der Besteuerung dienen.

Verwaltungsanordnungen sind allgemeine Weisungen (Vorschriften) vorgesetzter Behörden, an die die nachgeordneten Behörden gebunden sind.

Es sind zu unterscheiden:

1. **Allgemeine** Gesetzesanwendungsvorschriften; hierzu gehören z.B.:

   Einkommensteuer-Richtlinien (**EStR**)
   Umsatzsteuer-Richtlinien (**UStR**)
   Lohnsteuer-Richtlinien (**LStR**)
   Gewerbesteuer-Richtlinien (**GewStR**)
   Vermögensteuer-Richtlinien (**VStR**)
   Schreiben des Bundesfinanzministers der Finanzen (**BMF-Schreiben**)
   BMF-Erlasse
   Verfügungen der Oberfinanzdirektionen (OFD-Verfügungen);

2. **spezielle** Gesetzesanwendungsvorschriften; hierzu gehören z.B. Erlasse und Verfügungen im Einzelfall.

Nach Art. 108 Abs. 7 GG kann die **Bundesregierung** allgemeine Verwaltungsvorschriften erlassen, und zwar mit Zustimmung des Bundesrates, soweit die Verwaltung den Landesfinanzbehörden oder Gemeinden (Gemeindeverbänden) obliegt.

Richtlinien, Erlasse und Verfügungen binden **nicht** die **Bürger** und die **Gerichte**, sondern lediglich die Finanzbehörden.

3.2.4 Entscheidungen der Steuergerichte

Die **Finanzgerichtsbarkeit** wird nach § 1 der Finanzgerichtsordnung (FGO) durch **unabhängige,** von den Verwaltungsbehörden getrennte, **besondere Verwaltungsgerichte** ausgeübt.

Die **Gerichte** der Finanzgerichtsbarkeit sind die **Finanzgerichte** (FG) der Länder und der **Bundesfinanzhof** (BFH) mit Sitz in München (§ 2 FGO). Die Finanzgerichtsbarkeit ist **zweistufig** aufgebaut.

Die **Entscheidungen der Steuergerichte** (FG-Urteile, BFH-Urteile) haben **keine allgemeine Bindung.** Rechtskräftige Urteile **binden** nur die **Beteiligten** so weit, als über den Streitgegenstand entschieden worden ist (§ 110 Abs. 1 FGO).

Weitere Einzelheiten zur Finanzgerichtsbarkeit ergeben sich aus Teil B, Kapitel 9 dieses Buches.

> **Übung**: 1. Wiederholungsfragen 5 bis 14,
> 2. Aufgabe 2

3.3 Zusammenfassung und Erfolgskontrolle

3.3.1 Zusammenfassung

> Steuern dürfen nur aufgrund von **Gesetzen** erhoben werden.
>
> Das Recht, Gesetze zu erlassen (**Gesetzgebungshoheit**), haben **Bund** und **Länder.**
>
> Der **Bund** hat die **ausschließliche Gesetzgebung** über **Zölle** und **Finanzmonopole.**
>
> Der **Bund** hat die **konkurrierende Gesetzgebung** über alle **übrigen Steuern,** vorausgesetzt, daß es sich nicht um eine örtliche Verbrauch- und Aufwandsteuer handelt.
>
> Die **Länder** haben die **ausschließliche Befugnis zur Gesetzgebung** über die **örtlichen Verbrauch- und Aufwandsteuern;** diese Befugnis erstreckt sich jedoch nur auf solche Steuern, die bundesgesetzlich geregelten Steuern **nicht gleichartig** sind.
>
> Zu den **rechtlichen Grundlagen** der Besteuerung gehören: **Gesetze, Durchführungsverordnungen, Richtlinien und Entscheidungen der Steuergerichte.**
>
> **Gesetze** sind Rechtsnormen, die in einem förmlichen Gesetzgebungsverfahren zustandekommen und Bürger, Verwaltung und Gerichte binden.

Die **Steuergesetze** werden wie folgt unterteilt:

1. **allgemeine** Steuergesetze (z.B. **AO, BewG**)

2. **Einzel**steuergesetze   (z.B. **EStG, UStG, GewStG, VStG**)

Durchführungsverordnungen (Rechtsverordnungen) sind Rechtsnormen, die nicht in einem förmlichen Gesetzgebungsverfahren zustandekommen, sondern von der Exekutive erlassen werden. Sie haben die **Verbindlichkeit von Gesetzen.**

Durchführungsverordnungen sind z.B. **EStDV, GewStDV, UStDV.**

Richtlinien (Verwaltungsanordnungen) sind behördeninterne Vorschriften, welche die nachgeordneten Behörden binden.

Richtlinien wie **EStR, UStR, LStR, GewStR, VStR** binden **nicht** die Bürger und die Gerichte.

Entscheidungen der Steuergerichte (**FG-Urteile, BFH-Urteile**) binden nur die **Beteiligten.**

3.3.2 Erfolgskontrolle

WIEDERHOLUNGSFRAGEN

1. Was versteht man unter der Gesetzgebungshoheit?
2. Über welche Steuern hat der Bund die ausschließliche Gesetzgebung?
3. Wer hat die konkurrierende Gesetzgebung über die wichtigsten Steuerarten?
4. Über welche Steuerarten haben die Länder die ausschließliche Gesetzgebung?
5. Was versteht man unter einem Gesetz?
6. Wer kann Gesetzesvorlagen im Bundestag einbringen?
7. Wie entsteht ein Bundesgesetz?
8. Welche allgemeinen Steuergesetze kennen Sie?
9. Welche Einzelsteuergesetze kennen Sie?
10. Was sind Durchführungsverordnungen?
11. Welche Durchführungsverordnungen kennen Sie? Nennen Sie Beispiele.
12. Was sind Richtlinien?
13. Welche Gerichte der Finanzgerichtsbarkeit unterscheidet man?
14. Wen binden die Entscheidungen der Steuergerichte?

AUFGABEN

Aufgabe 1:

Steht bei folgenden Steuern dem Bund oder den Ländern die **Gesetzgebungs-kompetenz** zu:

1. ESt
2. GewSt
3. USt
4. Hundesteuer
5. Zölle
6. KSt
7. Finanzmonopole
8. Vergnügungsteuer

Aufgabe 2:

Sind die folgenden Vorschriften **Gesetze, Rechtsverordnungen (Durchführungs-verordnungen)** oder **Verwaltungsanordnungen (Richtlinien)**:

1. AO
2. BMF-Schreiben
3. UStR
4. EStDV
5. GewStR
6. OFD-Verfügung
7. EStG
8. UStDV
9. FGO

Aufgabe 3:

Stellen Sie fest, von wem folgende rechtliche Grundlagen **erlassen werden** und für wen sie **bindend** sind:

rechtliche Grundlagen	erlassen vom	bindend für
1. Gesetze		
2. Durchführungsverordnungen		
3. Richtlinien		
4. Urteile der Steuergerichte		

4 Steuerverwaltung

Die **Steuerverwaltung** vollzieht die durch den Gesetzgeber erlassenen Steuergesetze. Sie sorgt dafür, daß die durch die Steuergesetze entstandenen Steuern **festgesetzt** und **entrichtet** werden.

4.1 Steuerverwaltungshoheit

Unter der **Steuerverwaltungshoheit** versteht man das Recht und die Pflicht, Steuern zu verwalten (d.h. festzusetzen und einzuziehen).
Die Steuerverwaltungshoheit basiert auf Art. 108 GG. Danach fallen unter die **Steuerverwaltungshoheit:**

Für die den **Gemeinden allein** zufließenden Steuern (z.B. Grundsteuer) kann die den Ländern zustehende **Verwaltung** ganz oder zum Teil den **Gemeinden übertragen** werden (Art. 108 Abs. 4 GG).

4.2 Aufbau und Aufgaben der Steuerverwaltungsbehörden

Entsprechend der Aufteilung der Steuerverwaltungshoheit ist zwischen **Bundes-, Landes- und Gemeindefinanzbehörden** zu unterscheiden.

Der Aufbau der **Bundes- und Landesfinanzbehörden** ist im **Gesetz über die Finanzverwaltung (FVG)** und in **§ 6 AO** geregelt. Aus diesen Gesetzen ergibt sich folgender Aufbau dieser Behörden:

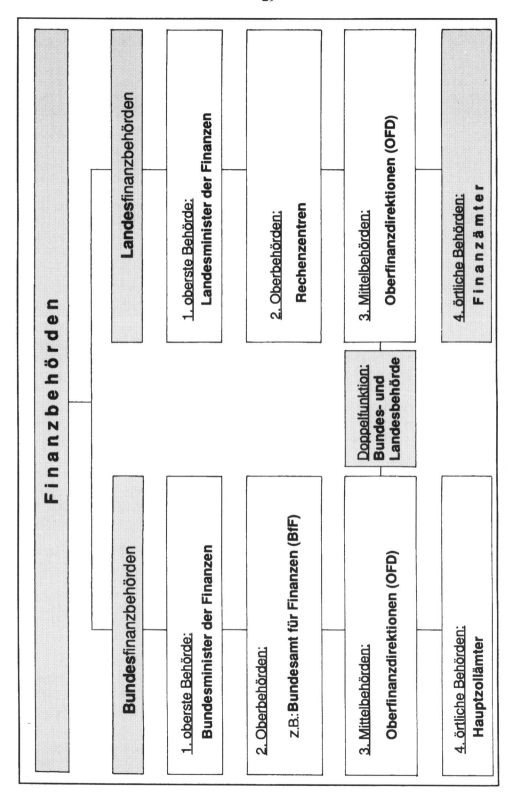

Der **Bundesminister der Finanzen** leitet die **Bundes**finanzverwaltung; die **Finanz-minister (Finanzsenatoren) der Länder** leiten die **Landes**finanzverwaltung (§ 3 FVG).

Zu den **Aufgaben der Ministerien** gehören die Organisation ihrer Verwaltung, die Personalführung und die oberste Sachleitung, soweit ihnen die Steuerverwaltungs-hoheit zusteht. Dazu gehört auch das Recht, im Einzelfall Weisung zu erteilen.

Die Entwürfe von Steuergesetzen bzw. Steueränderungsgesetzen werden in der Regel in den Ministerien erarbeitet (Referentenentwurf) und dann durch die Regierung als Gesetzesvorlage im Parlament eingebracht.

Zu den Aufgaben des **Bundesamtes für Finanzen** gehören z.B. die Mitwirkung bei Außenprüfungen, die von den Landesfinanzbehörden durchgeführt werden, die Entlastung von deutschen Abzugsteuern zur Vermeidung der Doppelbesteuerung, die zentrale Sammlung und Auswertung von Unterlagen über steuerliche Auslandsbeziehungen nach näherer Weisung des Bundesministers der Finanzen, die Vergütung der Vorsteuerbeträge in den besonderen Verfahren nach § 18 Abs. 9 UStG (§ 5 FVG).

Die 21 **Oberfinanzdirektionen** der Bundesrepublik sind sowohl Bundes- als auch Landesfinanzbehörden. Sie werden jeweils von einem Oberfinanzpräsidenten geleitet, der sowohl Bundesbeamter als auch Landesbeamter ist.

Die OFD leitet die Finanzverwaltung des Bundes und des Landes in ihrem Bezirk (§ 8 FVG). Sie gliedert sich in der Regel in folgende Abteilungen, die von Verwaltungsangehörigen des Bundes und des Landes besetzt sind:

Sachliche Gliederung	Personelle Struktur
1. Zoll- und Verbrauchsteuerabteilung, 2. Bundesvermögensabteilung,	Verwaltungsangehörige des **Bundes**
3. **Besitz- und Verkehrsteuerabteilung,** 4. Landesvermögens- und Bauabteilung.	Verwaltungsangehörige der **Länder**

Die OFD ist Aufsichtsbehörde der örtlichen Behörden des Bundes (Hauptzollämter) und der Länder (Finanzämter) und überwacht in dieser Eigenschaft die Gleichmäßigkeit der Gesetzesanwendung.

Die **Hauptzollämter** verwalten die Zölle und bundesgesetzlich geregelten Verbrauchsteuern (z.B. Mineralölsteuer, Kaffeesteuer, Tabaksteuer) einschließlich der Einfuhrumsatzsteuer und der Biersteuer (§ 12 FVG).

Die **Finanzämter** sind als örtliche Landesbehörden für die Verwaltung der Steuern mit Ausnahme der Zölle und der bundesgesetzlich geregelten Verbrauchsteuern zuständig, soweit die Verwaltung nicht den Bundesfinanzbehörden oder den Gemeinden übertragen ist.

Zur Verwaltung dieser Steuern gehört deren Festsetzung, Erhebung und Einziehung, die Durchführung der Steueraufsicht, der Steuererlaß und die Steuerstundung, letzteres allerdings nur soweit, als nicht OFD oder BdF sich wegen der Höhe des Steuerbetrages den Erlaß bzw. die Stundung vorbehalten haben.

Zu den **Gemeindefinanzbehörden** gehören die Steuerämter in den Städte- und Gemeindeverwaltungen. Ihre Aufgaben ergeben sich aus den jeweiligen Kommunalverwaltungsgesetzen der Länder. Die Steuerämter verwalten insbesondere die Getränkesteuer, Vergnügungsteuer, Schankerlaubnissteuer, Hundesteuer und gemeinsam mit den Finanzämtern die Grundsteuer und die Gewerbesteuer.

> **Übung**: 1. Wiederholungsfragen 1 bis 15,
> 2. Aufgabe 1

4.3 Organisation der Finanzämter

Das **Finanzamt** ist in der Regel für die meisten Steuerpflichtigen die **wichtigste Finanzbehörde.**

Die **sachliche Gliederung und personelle Struktur** der Finanzämter ergibt sich aus der "**Geschäftsordnung für die Finanzämter (FAGO)",** die am 2.12.1985 von den obersten Finanzbehörden der Länder neu erlassen wurde (BStBl 1985 I S. 685 - 692).

Die Geschäftsordnung regelt im Anschluß an das Finanzverwaltungsgesetz (FVG) die **Grundsätze der Organisation** sowie den **Geschäftsgang** (Arbeitsablauf) bei den Finanzämtern.

Das **Finanzamt** gliedert sich in **Sachgebiete.**
Ein **Sachgebiet** umfaßt mehrere **Arbeitsgebiete.**

Das Arbeitsgebiet ist die kleinste Organisationseinheit, der bestimmte, abgegrenzte Aufgaben zugewiesen sind.

Leiter des Finanzamtes ist der **Vorsteher.** Er trägt die Verantwortung für die rechtzeitige, sachgerechte und wirtschaftliche Erfüllung der Aufgaben des Finanzamtes.

An der **Spitze eines Sachgebiets** steht der **Sachgebietsleiter.** Er ist für die rechtzeitige, sachgerechte und wirtschaftliche Erfüllung der Aufgaben in seinem Sachgebiet verantwortlich.

Die **Aufgaben eines Arbeitsgebiets** werden von einem **Sachbearbeiter** (Bearbeiter) in eigener Verantwortung erledigt. Zur Unterstützung können ihm Mitarbeiter zugewiesen werden. Der Sachbearbeiter ist für die rechtzeitige, sachgerechte und wirtschaftliche Erfüllung der Aufgaben in seinem Arbeitsgebiet verantwortlich.

Der **Vorsteher** des Finanzamtes stellt jährlich einen **Geschäftsverteilungsplan** auf. Im Geschäftsverteilungsplan werden die Aufgaben der Sachgebiete und Arbeitsgebiete abgegrenzt und alle Amtsangehörigen ihrem tatsächlichen Einsatz entsprechend ausgewiesen.

Der **Vorsteher** ist stets **Sachgebietsleiter** für Organisation, Haushalt und Personal (Geschäftsstelle).

Der folgende **vereinfachte Geschäftsverteilungsplan** soll einen Einblick in die organisatorische Struktur eines Finanzamtes ermöglichen:

Finanzamt

Vorsteher: Dr. Amann, Leitender Regierungsdirektor

Sachliche Gliederung	Personelle Struktur
Sachgebiet I	**Sachgebietsleiter:** Vorsteher
- Arbeitsgebiet I / 1: Geschäftsstelle für allgemeine Verwaltung, Organisation und Personalangelegenheiten, Poststelle, Kanzlei	**Sachbearbeiter:** Bemann, Steueroberinspektor **Mitarbeiter:** Beamte des einfachen, mittleren und gehobenen Dienstes, Verwaltungsangestellte
- Arbeitsgebiet I / 2: Vollstreckungsstelle	**Sachbearbeiter:** Cemann, Steueramtmann **Mitarbeiter:** Beamte des mittleren und gehobenen Dienstes
Sachgebiet II	**Sachgebietsleiter:** Demann, Regierungsdirektor
- Arbeitsgebiete II / 1 - 3: Verwaltungsstellen für Körperschaften, eingeteilt in Steuerbezirke	**Sachbearbeiter mit** Beamte und Verwaltungsangestellte **Mitarbeitern**
Sachgebiet III	**Sachgebietsleiter:** Emann, Regierungsrat
- Arbeitsgebiete III / 1-3: Veranlagungsstellen für Personengesellschaften, freie Berufe, Gewerbetreibende, eingeteilt in Steuerbezirke	**Sachbearbeiter mit** Beamte **Mitarbeitern**

Sachgebiet IV

- Arbeitsgebiet IV / 1-3: Veranlagungsstellen für Land- und Forst-, wirte und sonstige Steuerpflichtige (z.B. Arbeitnehmer), eingeteilt in Steuerbezirke

Sachgebietsleiter: Effmann, Steueroberamtsrat

Sachbearbeiter mit Mitarbeitern | Beamte

Sachgebiet V

- Arbeitsgebiete V / 1 - 5:
Lohnsteuer 1 (Arbeitnehmer-Veranlagung)
Lohnsteuer 2 (Arbeitnehmer-Veranlagung)
Lohnsteuer 3 (Arbeitnehmer-Veranlagung)
Kraftfahrzeugsteuerstelle 1
Kraftfahrzeugsteuerstelle 2

Sachgebietsleiter: Gemann, Regierungsrat

Sachbearbeiter mit Mitarbeitern | Beamte und Verwaltungsangestellte

Sachgebiet VI

- Arbeitsgebiete VI / 1 - 2: Grunderwerbsteuerstelle 1
Grunderwerbsteuerstelle 2

Sachgebietsleiter: Hamann, Regierungsrat

Sachbearbeiter mit Mitarbeitern | Beamte und Verwaltungsangestellte

Sachgebiet VII

- Arbeitsgebiete VII / 1 - 2: Bewertungsstelle für Grundbesitz 1
Bewertungsstelle für Grundbesitz 2

Sachgebietsleiter: Kamann, Steuerrat

Sachbearbeiter mit Mitarbeitern | Beamte und Verwaltungsangestellte

Sachgebiet VIII

- Aufgabengebiete: Zahlungsverkehr, Kontenführung, Datenerfassung

Sachgebietsleiter: Ellmann, Steuerrat

je ein Aufgabengebietsleiter | Beamte und Verwaltungsangestellte

Sachgebiet IX

- Außenprüfung

Sachgebietsleiter: Omann, Oberregierungsrat

Außenprüfer, Innendienstmitarbeiter

> **Übung**: 1. Wiederholungsfragen 16 bis 20,
> 2. Aufgabe 2

Um die Veranlagungen schneller und damit zeitnäher durchführen zu können, haben die Finanzminister (Finanzsenatoren) der Länder **"Grundsätze zur Neuorganisation der Finanzämter und zur Neuordnung des Besteuerungsverfahrens (GNOFÄ)"** erlassen.

Die GNOFÄ sind im Bundessteuerblatt von 1981, Teil I, Seiten 270 folgende (BStBl 1981 I S 270 ff.) veröffentlicht.

In den einzelnen Ländern sind die **GNOFÄ** inzwischen **zum Teil durch Neuregelungen ersetzt,** die sich aber im Grundsätzlichen an den GNOFÄ orientieren.

Nach den **GNOFÄ** werden die Steuerfälle des Veranlagungsbereichs (dazu gehören im Beispiel auf den S. 32 und 33 die Sachgebiete II - IV) unter dem Gesichtspunkt ihrer steuerlichen Bedeutung in **drei Fallgruppen eingeteilt:**

Fallgruppe 1: - Steuerfälle, die der **regelmäßigen Außenprüfung** unterliegen,
- Steuerfälle, in denen innerhalb der nächsten **drei Jahre** eine **Außenprüfung** vorgesehen ist

Fallgruppe 2: - Steuerfälle mit **Gewinneinkünften** (Einkünfte aus Land- und Forstwirtschaft, Einkünfte aus Gewerbebetrieb, Einkünfte aus selbständiger Arbeit), wenn es sich um **Kleinbetriebe** handelt (siehe Seite 126),
- Steuerfälle mit **Überschußeinkünften** (Einkünfte aus nichtselbständiger Arbeit, Einkünfte aus Kapitalvermögen, Einkünfte aus Vermietung und Verpachtung und sonstige Einkünfte im Sinne des § 22 EStG)

Fallgruppe 3: - Steuerfälle, die **nicht** zu den **Gruppen 1 und 2** gehören

---

Zur **Fallgruppe 1** gehören z.B. **Großbetriebe** (siehe Seite 126). In der Fallgruppe 1 beschränkt sich das Ermittlungsverfahren zur Feststellung der Besteuerungsgrundlagen auf eine formelle Überprüfung der Steuererklärung. Die anschließende **Festsetzung** der Steuer erfolgt unter dem **Vorbehalt der Nachprüfung** (siehe Seite 94 ff.). Die Steuer wird endgültig nach der Betriebsprüfung festgesetzt.

Zur **Fallgruppe 2** gehören z.B. **Kleinbetriebe** (siehe Seite 126). Die Steuern werden im Rahmen der Fallgruppe 2 in der Regel nach überschlägiger Prüfung der Steuererklärung **endgültig festgesetzt.** Bei schwierigen oder bestimmten in der GNOFÄ genannten Fällen folgt eine intensive Prüfung.

Zur **Fallgruppe 3** gehören z.B. **Mittel- und Kleinbetriebe** (siehe Seite 126). Die **Steuerfestsetzung** erfolgt im Rahmen der Fallgruppe 3 nach intensiver Prüfung anhand der Akten, in der Regel **endgültig.** Die Fälle können aber auch unter dem Vorbehalt der Nachprüfung veranlagt werden.

> **Übung**: 1. Wiederholungsfragen 21 bis 26,
> 2. Aufgabe 3

4.4 Zusammenfassung und Erfolgskontrolle
4.4.1 Zusammenfassung

Die **Steuerverwaltungshoheit** ist zwischen Bund, Ländern und Gemeinden geteilt.

Dementsprechend ist zwischen **Bundes-, Landes- und Gemeindefinanzbehörden** zu unterscheiden.

Der **Aufbau** der Bundesfinanzbehörden und der Landesfinanzbehörden ist vierstufig.

Aufbau und Aufgaben dieser Behörden sind im **FVG** gesetzlich geregelt.

Die Aufgaben der **Gemeindefinanzbehörden** ergeben sich aus den Landesgesetzen zur kommunalen Verwaltung.

Die für den Steuerpflichtigen wohl wichtigste Finanzbehörde ist das **Finanzamt**.

Wichtige Organisationsmittel der Finanzämter sind die **FAGO** und die **GNOFÄ**.

4.4.2 Erfolgskontrolle

WIEDERHOLUNGSFRGAGEN

1. Was versteht man unter der Steuerverwaltungshoheit?
2. Welche Steuern fallen unter die Verwaltungshoheit des Bundes?
3. Welche Steuern fallen unter die Verwaltungshoheit der Länder?
4. Für welche Steuern können die Länder die ihnen zustehende Verwaltung auf die Gemeinden übertragen?
5. Welche Bundesfinanzbehörden gibt es?
6. Welche Landesfinanzbehörden gibt es?
7. Welche besondere Stellung nehmen die Oberfinanzdirektionen ein?
8. Welche Aufgaben haben die Ministerien?
9. Was gehört zu den Aufgaben des Bundesamtes für Finanzen?
10. Wo ist die für Ihren Ausbildungsort zuständige Oberfinanzdirektion?
11. Welche Abteilungen gehören zu einer Oberfinanzdirektion?
12. Welche wichtige Aufgabe hat die OFD als Aufsichtsbehörde zu erfüllen?
13. Welche Steuern verwalten die Hauptzollämter?
14. Welche Steuern verwalten die Finanzämter?
15. Welche Steuern verwalten die Gemeindefinanzbehörden?
16. Wer leitet die Dienstgeschäfte eines Finanzamtes?
17. Was gehört u.a. zu seinen Aufgaben?
18. Wie ist ein Finanzamt nach der FAGO sachlich gegliedert?
19. Wer steht an der Spitze eines Sachgebiets?
20. Aus welchem Organisationsmittel sind alle Arbeitskräfte eines Finanzamtes und deren tatsächlicher Einsatz ersichtlich?
21. Was bedeutet die Abkürzung "GNOFÄ"?
22. Welches Hauptziel verfolgt die Neuorganisation der Finanzämter?

23. In wieviel Fallgruppen werden die Steuerfälle des Veranlagungsbereichs eingeteilt?
24. Welche Steuerfälle umfaßt die Gruppe 1?
25. Welche Steuerfälle umfaßt die Gruppe 2?
26. Welche Steuerfälle umfaßt die Gruppe 3?

AUFGABEN

Aufgabe 1:

Welche **Behörde** (Hauptzollamt, Finanzamt oder Steueramt der Gemeinde) ist für die Verwaltung folgender Steuern zuständig:

1. Umsatzsteuer

2. Einkommensteuer

3. Gewerbesteuer

4. Vermögensteuer

5. Grundsteuer

6. Einfuhrumsatzsteuer

7. Vergnügungsteuer

8. Mineralölsteuer

9. Getränkesteuer

Aufgabe 2:

Welches **Sachgebiet** des **Finanzamtes** ist für die Erfüllung folgender Verwaltungsaufgaben zuständig:

1. Ausfertigung eines Kraftfahrzeugsteuerbescheids,

2. Bearbeitung eines Antrags auf Arbeitnehmer-Veranlagung,

3. Festsetzung und Erhebung der Grunderwerbsteuer,

4. Bewertung eines bebauten Grundstücks,

5. Durchführung einer Außenprüfung bei einem mittleren Handwerksbetrieb,

6. Entgegennahme und Prüfung einer Umsatzsteuer-Voranmeldung einer Personengesellschaft,

7. Erinnerung zur Abgabe einer Vermögensteuererklärung,

8. Aufforderung zur Abgabe einer Gewerbesteuererklärung,

9. Gewährung einer Stundung von Einkommensteuer in Höhe von 2.000,-- DM.

Aufgabe 3:

Welchen **Fallgruppen** sind die Steuererklärungen für 1995 der folgenden Steuerpflichtigen zuzuordnen:

a) Gerd Mettler, Steuerfachgehilfe
   Einkünfte aus nichtselbständiger Arbeit   42.754,— DM
   Einkünfte aus Kapitalvermögen   4.276,— DM
   Einkünfte aus Vermietung und Verpachtung   15.796,— DM

b) Heidi Schomisch, Modeboutique
   steuerlicher Gewinn   93.254,— DM
   Gesamtumsatz   727.117,— DM

c) Dr. Fritz Böhm, Facharzt
   steuerlicher Gewinn aus ärztlicher Tätigkeit   207.240,— DM
   Betriebseinnahmen   458.618,— DM
   Einkünfte aus Kapitalvermögen   120.374,— DM
   Einkünfte aus Vermietung und Verpachtung   10.000,— DM

d) Ernst Bertling, Maschinenbau
   steuerlicher Gewinn   216.123,— DM
   Gesamtumsatz   4.322.460,— DM
   Einkünfte aus Vermietung und Verpachtung   12.378,— DM
   In 1996 ist eine **Außenprüfung** vorgesehen.

e) Volkswagenwerk AG, Wolfsburg

5 Hilfeleistung in Steuersachen

Steuerpflichtige lassen sich im Rahmen des Besteuerungsverfahrens häufig beraten und vertreten. Damit diese Hilfeleistung möglichst nur von Sachkundigen geleistet wird, ist sie gesetzlich im **Steuerberatungsgesetz (StBerG)** geregelt.

5.1 Befugnis zur Hilfeleistung

Die Hilfeleistung in Steuersachen darf **geschäftsmäßig,** d.h. selbständig und in Wiederholungsabsicht, nur von Personen und Vereinigungen ausgeübt werden, die hierzu **befugt** sind (§ 2 StBerG).

Das gilt **ohne Unterschied** für hauptberufliche, nebenberufliche, entgeltliche oder unentgeltliche Tätigkeiten.

Das StBerG unterscheidet zwischen der Befugnis zu **unbeschränkter** Hilfeleistung und der Befugnis zu **beschränkter** Hilfeleistung.

Zur **unbeschränkten** geschäftsmäßigen Hilfeleistung sind befugt:

> 1. **Steuerberater**, Steuerbevollmächtigte und Steuerberatungsgesellschaften
>
> 2. **Rechtsanwälte, Wirtschaftsprüfer**, Wirtschaftsprüfungsgesellschaften, **vereidigte Buchprüfer** und Buchprüfungsgesellschaften (§ 3 StBerG).

Zur **beschränkten** geschäftsmäßigen Hilfeleistung sind z.B. befugt:

> 1. **Notare** und Patentanwälte im Rahmen ihrer Befugnis nach der Bundesnotarordnung bzw. Patentanwaltsordnung,
>
> 2. **Vereine von Land- und Forstwirten**, zu deren satzungsmäßiger Aufgabe die Hilfeleistung für land- und forstwirtschaftliche Betriebe im Sinne des BewG gehört, soweit sie diese Hilfe durch Personen leisten, die berechtigt sind, die Bezeichnung **"Landwirtschaftliche Buchstelle"** zu führen,
>
> 3. **Arbeitgeber**, soweit sie für ihre Arbeit**nehmer** Hilfe **in Lohnsteuersachen** leisten,
>
> 4. **Lohnsteuerhilfevereine**, soweit sie für ihre Mitglieder Hilfe bei **Einkünften aus nichtselbständiger Arbeit** und bei **sonstigen Lohnsteuersachen** leisten. Im **Veranlagungsverfahren** darf Hilfe nur geleistet werden, wenn in dem Einkommen **ausschließlich** enthalten sind
>
>   a) Einkünfte aus nichtselbständiger Arbeit oder
>   b) sonstige Einkünfte aus wiederkehrenden Bezügen (§ 22 Nr. 1 EStG) oder neben solchen Einkünften noch
>   c) Einkünfte aus Kapitalvermögen, wenn die Einnahmen in dieser Einkunftsart 2.000 DM, im Falle der Zusammenveranlagung von Ehegatten 4.000 DM nicht übersteigen, oder
>   d) Einkünfte aus Vermietung und Verpachtung eines selbstgenutzten Einfamilienhauses, einer selbstgenutzten Eigentumswohnung oder eines teilweise als eigene Wohnung genutzten Zweifamilienhauses des Mitglieds (§ 4 StBerG).

Das **Verbot** der unbefugten Hilfeleistung in Steuersachen **gilt nicht** für

1. die Erstattung **wissenschaftlich** begründeter Gutachten,

2. die **unentgeltliche** Hilfeleistung in Steuersachen für **Angehörige** im Sinne des § 15 AO (z.B. Verlobte, Ehegatten, Eltern, Geschwister),

3. die Durchführung **mechanischer** Arbeitsgänge bei der Führung von Büchern und Aufzeichnungen, die für die Besteuerung von Bedeutung sind,

4. das **Buchen laufender Geschäftsvorfälle**, die **laufende Lohnabrechnung** und das Fertigen der **Lohnsteuer-Anmeldungen** durch **Buchführungshelfer (Kontierer)**.
   Buchführungshelfer darf nur sein, wer **nach** Bestehen der Abschlußprüfung im steuer- und wirtschaftsberatenden oder einem kaufmännischen Ausbildungsberuf oder nach Erwerb einer gleichwertigen Vorbildung **mindestens drei Jahre** auf dem Gebiet des Buchhaltungswesens hauptberuflich tätig gewesen ist (§ 6 Nr. 4 StBerG).

Übung: 1. Wiederholungsfragen 1 und 2,
2. Aufgabe 1

5.2 Umfang der Hilfeleistung

Die **Hilfeleistung** in Steuersachen umfaßt die Erteilung von Rat und Hilfe in Angelegenheiten

- von **Steuern** und Vergütungen, die von **Bundes**finanzbehörden oder **Landes**finanzbehörden verwaltet werden,

- die **Realsteuern** betreffen,

- von **Monopolsachen** (§ 1 Abs. 1 StBerG).

Die Hilfeleistung in Steuersachen umfaßt **auch**

- Hilfeleistung in **Steuerstrafsachen** und in **Steuerbußgeldsachen**,

- Hilfeleistung bei der **Führung von Büchern und Aufzeichnungen** für steuerliche Zwecke,

- Hilfeleistung bei der **Aufstellung von Abschlüssen** für steuerliche Zwecke,

- Hilfeleistung bei der **Einziehung von Steuererstattungs- oder Vergütungsansprüchen** (§ 1 Abs. 2 StBerG).

5.3 Rechte und Pflichten der steuerberatenden Berufe

Rechte und Pflichten der steuerberatenden Berufe sind im einzelnen in den §§ 57 bis 72 StBerG geregelt.

Zu den **allgemeinen Berufspflichten** gehört, daß Steuerberater und Steuerbevollmächtigte ihren Beruf

- unabhängig,
- eigenverantwortlich,
- gewissenhaft,
- verschwiegen und unter
- Verzicht auf berufswidrige Werbung

ausüben (§ 57 Abs. 1 StBerG).

Sie haben sich jeder Tätigkeit zu enthalten, die mit ihrem Beruf oder mit dem Ansehen des Berufs nicht vereinbar ist.

Sie haben sich **auch außerhalb** der Berufstätigkeit des Vertrauens und der Achtung würdig zu erweisen, die ihr Beruf erfordert (§ 57 Abs. 2 StBerG).

Vereinbar mit dem Beruf eines Steuerberaters oder eines Steuerbevollmächtigten sind z.B. (§ 57 Abs. 3 StBerG)

- die Tätigkeit als **Wirtschaftsprüfer** oder **vereidigter Buchprüfer**,
- eine **wirtschaftsberatende, gutachtliche** oder **treuhänderische** Tätigkeit,
- die Tätigkeit als **Hochschullehrer** oder **Fachhochschullehrer**,
- eine freie **schriftstellerische** Tätigkeit,
- eine freie **Vortrags-** und **Lehrtätigkeit**.

Nicht vereinbar mit dem Beruf eines Steuerberaters oder eines Steuerbevollmächtigten sind

- eine gewerbliche Tätigkeit,
- eine Tätigkeit als **Arbeitnehmer** (**ausgenommen** die Angestelltentätigkeit im Sinne des § 58 StBerG).

Zu den **besonderen Berufspflichten** gehören

- das Verbot, Dienste zur geschäftsmäßigen Hilfeleistung in Steuersachen unaufgefordert anzubieten,
- die eigenen Gehilfen zur Verschwiegenheit zu verpflichten,
- die Ablehnung eines Auftrags, der nicht angenommen wird, unverzüglich zu erklären (sonst Schadenersatzpflicht),
- die Gebundenheit an die berufliche Gebührenordnung,
- die Aufbewahrungspflicht von Handakten für einen bestimmten Zeitraum,
- der Abschluß einer angemessenen Berufshaftpflichtversicherung.

Gegenüber der Finanzverwaltung haben Steuerberater und Steuerbevollmächtigte zum Schutz des Berufsgeheimnisses ein uneingeschränktes **Auskunftsverweigerungsrecht** (§ 102 Abs. 1 Nr. 3 AO).

Sie dürfen jedoch die Auskunft nicht verweigern, wenn sie von der Verschwiegenheitspflicht entbunden wurden (§ 102 Abs. 3 AO). Dasselbe gilt im finanzgerichtlichen Verfahren (§ 84 Abs. 1 FGO).

Soweit die Auskunft verweigert werden darf, kann auch die Vorlage von Urkunden verweigert werden (§ 104 Abs. 1 AO).

Im Zivilprozeß, im Verwaltungsgerichtsverfahren, im Arbeitsgerichts- und Sozialgerichtsverfahren sowie im Strafverfahren haben Steuerberater und Steuerbevollmächtigte ein Zeugnisverweigerungsrecht, es sei denn, sie sind von der Verpflichtung zur Verschwiegenheit befreit worden.

> **Übung**: 1. Wiederholungsfragen 3 bis 7,
> 2. Aufgabe 2

5.4 Zusammenfassung und Erfolgskontrolle
5.4.1 Zusammenfassung

Die **Hilfeleistung in Steuersachen** darf geschäftsmäßig nur von Personen und Vereinigungen ausgeübt werden, die dazu befugt sind.
Es ist zu unterscheiden zwischen der Befugnis zu **unbeschränkter** Hilfeleistung und der Befugnis zu **beschränkter** Hilfeleistung.
Vom Verbot der unbeschränkten Hilfeleistung gibt es einige Ausnahmen.
Die Hilfeleistung erstreckt sich insbesondere auf Angelegenheiten in Bundes-, Landes- und Real**steuern**, sowie die **Buchführung** und die **Aufstellung von Abschlüssen**.
Die steuerberatenden Berufe müssen bei der Ausübung ihrer Tätigkeit eine Reihe von **allgemeinen** und **besonderen** Berufspflichten beachten.
Gegenüber der Finanzverwaltung und den Finanzgerichten haben sie ein **Auskunftsverweigerungsrecht**.

5.4.2 Erfolgskontrolle

WIEDERHOLUNGSFRAGEN

1. Wer ist zu unbeschränkter geschäftsmäßiger Hilfeleistung in Steuersachen befugt?
2. Wer ist zu beschränkter geschäftsmäßiger Hilfeleistung in Steuersachen befugt?
3. Welche allgemeinen Berufspflichten werden Steuerberatern und Steuerbevollmächtigten nach § 57 Abs. 1 und 2 StBerG auferlegt?
4. Welche Tätigkeiten sind z.B. mit dem Beruf eines Steuerberaters oder Steuerbevollmächtigten vereinbar?
5. Welche Tätigkeiten sind nicht mit dem Beruf eines Steuerberaters oder Steuerbevollmächtigten vereinbar?
6. Welche besonderen Berufspflichten haben Steuerberater und Steuerbevollmächtigte?
7. Was wissen Sie über das Auskunftsverweigerungsrecht der Steuerberater und Steuerbevollmächtigten?

AUFGABEN

Aufgabe 1:

Entscheiden Sie, ob folgende Hilfeleistungen in Steuersachen zulässig sind.

1. Ein Steuerfachgehilfe erstellt die Einkommensteuererklärung für einen Steuerpflichtigen und erhält dafür 150 DM.

2. Ein hauptamtlicher Lehrer, der in Klassen für Steuerfachgehilfen unterrichtet, erstellt die Einkommensteuererklärung für einen Kollegen und erhält dafür 200 DM.

3. Ein Auszubildender in steuer- und wirtschaftsberatenden Berufen hilft seiner Verlobten unentgeltlich beim Lohnsteuerjahresausgleich.

4. Ein Lohnsteuerhilfeverein berät eines seiner Mitglieder über die einkommensteuerrechtlichen Folgen der Veräußerung eines bebauten Grundstücks.

5. Ein Rechtsanwalt erstellt die Vermögensteuererklärung für einen seiner Mandanten und erhält dafür 345 DM.

6. Ein Arbeitgeber läßt von einem seiner Angestellten die Lohn- und Gehaltsabrechnung durchführen.

7. Ein Steuerfachgehilfe bucht in seiner Freizeit mit Zustimmung seines Arbeitgebers entgeltlich laufende Geschäftsvorfälle mehrerer Steuerpflichtiger.

8. Ein Lohnsteuerhilfeverein berät die Eheleute Tapper, die beide Arbeitnehmer sind. Neben ihrem Arbeitslohn von jeweils 50.000 DM haben sie im Kalenderjahr Zinseinnahmen von 4.000 DM bezogen. Sie sind außerdem Eigentümer eines Zweifamilienhauses; eine Wohnung wird zu eigenen Wohnzwecken genutzt, die zweite Wohnung ist fremdvermietet.

Aufgabe 2:

Entscheiden Sie, welche Tätigkeiten mit dem Beruf eines Steuerberaters vereinbar sind.

1. Ein Steuerberater ist Autor des Buches "So spare ich Steuern".

2. Ein Steuerberater unterrichtet an der Berufsbildenden Schule Siegerstadt angehende Steuerfachgehilfen im Fach Steuerlehre.

3. Ein Steuerberater betreibt in Neustadt ein Einzelhandelsgeschäft (Gewerbebetrieb).

4. Ein Steuerberater übt eine Lehrtätigkeit an der Fachhochschule für Steuerrecht in Worms aus.

B. Abgabenordnung

1 Zuständigkeit der Finanzbehörden

Um die vielfältigen Aufgaben der Steuerverwaltung reibungslos erfüllen zu können, ist es notwendig, klare **Zuständigkeitsregeln** aufzustellen.

Bei den **Zuständigkeitsregeln** unterscheidet man zwischen

1. der sachlichen Zuständigkeit und

2. der örtlichen Zuständigkeit.

1.1 Sachliche Zuständigkeit

Die **sachliche** Zuständigkeit betrifft den einer Behörde dem **Gegenstand und der Art nach** durch Gesetz ausgewiesenen **Aufgabenbereich.**

> Beispiel:
> Für den Erlaß von **ESt-Bescheiden sind die Finanzämter sachlich zuständig,** weil ihnen die Verwaltung der ESt obliegt (§ 17 FVG).

Die **sachliche** Zuständigkeit gibt allerdings noch keine Auskunft darüber, **welches** der vielen Finanzämter der Bundesrepublik Deutschland einen bestimmten ESt-Bescheid zu erlassen hat.

Sachlich zuständig für die **Verwaltung der Steuern** sind die **Bundes-, Landes- und Gemeindefinanzbehörden.**

Eine Entscheidung, die von einer **sachlich nicht zuständigen** Behörde getroffen wird, ist **fehlerhaft** (§ 130 Abs. 2 Nr. 1 AO), bei besonders schwerwiegenden Fehlern **nichtig** (§ 125 Abs. 1 AO).

> Beispiel:
> Ein Teil des Einkommensteueraufkommens fließt den Gemeinden zu. Die Gemeindeverwaltung von Altstadt erläßt deshalb gegen den Bürger A einen **ESt-Bescheid.**
>
> Der ESt-Bescheid ist wegen der **sachlichen Unzuständigkeit nichtig,** d.h. er hat keinerlei Rechtswirkung. Die Gemeindeverwaltung ist zwar eine Behörde, sie ist jedoch in diesem Fall **sachlich nicht zuständig.**

Eine Entscheidung, die von einer **sachlich unzuständigen** Behörde getroffen wird, ist **aufzuheben** oder **zu ändern.**

1.2 Örtliche Zuständigkeit

Die **örtliche** Zuständigkeit regelt die Aufgabenverteilung der sachlich zuständigen Behörde **in räumlicher Hinsicht.**

Die **gesetzlichen Grundlagen** für die **örtliche** Zuständigkeit der Finanzbehörden sind vor allem in den **§§ 17 bis 29 AO** sowie in **Einzelsteuergesetzen** (z.B. § 42c EStG) enthalten.

Die für den Steuerpflichtigen wohl wichtigste Zuständigkeit ist die **örtliche** Zuständigkeit der **Finanzämter.** Sie ist zum Teil von der **Steuerart** und zum Teil von der **gesonderten** bzw. **gesonderten und einheitlichen Feststellung der Besteuerungsgrundlagen** abhängig. Es ist deshalb sinnvoll, die **örtliche** Zuständigkeit

> **1. nach der Steuerart und**
>
> **2. nach der gesonderten und einheitlichen Feststellung der Besteuerungsgrundlagen**

zu erläutern.

1.2.1 Örtliche Zuständigkeit nach der Steuerart

1.2.1.1 Wohnsitzfinanzamt

Für die Besteuerung **natürlicher Personen** nach dem Einkommen (z.B. **ESt**) und **Vermögen** (z.B. **VSt**) ist das Finanzamt örtlich zuständig, in dessen Bezirk der Steuerpflichtige seinen **Wohnsitz** oder in Ermangelung eines Wohnsitzes seinen **gewöhnlichen Aufenthalt** hat (§ 19 Abs. 1 AO).
Dieses Finanzamt wird als **Wohnsitzfinanzamt** bezeichnet.

Einen <u>Wohnsitz</u> hat jemand dort, wo er eine **Wohnung innehat** unter Umständen, die darauf schließen lassen, daß er die Wohnung **beibehalten** und **benutzen** wird (§ 8 AO).

Mit **Wohnung** sind die objektiv zum Wohnen geeigneten Wohnräume gemeint. Es genügt eine bescheidene Bleibe.

Der Steuerpflichtige muß die Wohnung **innehaben,** d.h. er muß tatsächlich über sie verfügen können und sie als Bleibe nicht nur vorübergehend benutzen. Es genügt, daß die Wohnung z.B. über Jahre hinweg jährlich regelmäßig zweimal zu bestimmten Zeiten über einige Wochen benutzt wird.

Die Frage des **Wohnsitzes** ist auch bei Ehegatten für jeden Steuerpflichtigen getrennt zu prüfen. Die An- und Abmeldung bei der Ordnungsbehörde können im allgemeinen als Indizien dafür angesehen werden, daß der Steuerpflichtige seinen Wohnsitz unter der von ihm angegebenen Anschrift begründet bzw. aufgegeben hat (BMF-Schreiben vom 18.01.1990).

<u>Beispiel:</u>
Der Steuerpflichtige A hat seinen **Wohnsitz** in **Darmstadt.**

Für die Besteuerung nach dem Einkommen und Vermögen ist das **Finanzamt Darmstadt** örtlich zuständig, weil A im Bezirk des Finanzamtes Darmstadt seinen **Wohnsitz** hat.

Ist **kein Wohnsitz** vorhanden, so ist das Finanzamt örtlich zuständig, in dessen Bezirk der Steuerpflichtige seinen **gewöhnlichen Aufenthalt** hat.

Den **gewöhnlichen Aufenthalt** hat jemand dort, wo er sich unter Umständen aufhält, die erkennen lassen, daß er an diesem Ort oder in diesem Gebiet **nicht nur vorübergehend** verweilt. Als **nicht nur vorübergehend** ist stets und von Beginn an ein zeitlich zusammenhängender Aufenthalt von **mehr als sechs Monaten** Dauer anzusehen; kurzfristige Unterbrechungen bleiben unberücksichtigt (§ 9 AO).

Beispiel:
Ein italienischer Gastarbeiter reist in die Bundesrepublik ein. Er hat einen Arbeitsvertrag für die Dauer eines Jahres. Er arbeitet in Bochum, hat aber **keine eigene Wohnung**, sondern hält sich bei einer befreundeten Familie in **Bochum** auf.

Der Italiener hat in der Bundesrepublik seinen **gewöhnlichen Aufenthalt** begründet. Die Einreise zur Erfüllung eines Arbeitsvertrages über ein Jahr begründet den gewöhnlichen Aufenthalt, auch wenn die Ausreise bereits vor Ablauf eines Jahres erfolgt. Für die Besteuerung nach dem **Einkommen und Vermögen** ist das **Finanzamt Bochum** örtlich zuständig.

Für die **Umsatzsteuer**, die **natürliche Personen als Nichtunternehmer** zu zahlen haben, gelten die Regelungen des § 19 AO, die grundsätzlich das **Wohnsitzfinanzamt** für zuständig erklären (§ 21 Abs. 2 AO).

Beispiel:
Der Privatmann P, der seinen Wohnsitz in Koblenz hat, erwirbt 1995 einen neuen Pkw von dem dänischen Auothändler U in Alpenrade (Dänemark).

Für die Umsatzbesteuerung des innergemeinschaftlichen Erwerbs (§ 1 Abs. 1 Nr. 5 i.V.m. § 1b UStG) ist das Finanzamt Koblenz örtlich zuständig.

> **Übung:** 1. Wiederholungsfragen 1 bis 6,
> 2. Aufgaben 1 und 2

1.2.1.2 Betriebsfinanzamt

Für die Besteuerung nach dem **Umsatz (USt)** ist, mit Ausnahme der Einfuhrumsatzsteuer, das Finanzamt örtlich zuständig, von dessen Bezirk das **Unternehmen** von seinem Unternehmer ganz oder vorwiegend **betrieben** wird (§ 21 Satz 1 AO).

Dieses Finanzamt wird als **Betriebsfinanzamt** bezeichnet.

Beispiel:
Unternehmer U, Duisburg, betreibt in Krefeld ein gewerbliches Unternehmen. Die Geschäftsleistung des Unternehmens befindet sich in Krefeld.

Für die **Umsatzbesteuerung** ist das **Finanzamt Krefeld** örtlich zuständig, weil von dessen Bezirk aus das Unternehmen betrieben wird. Der Wohnsitz des Unternehmers bleibt unbeachtlich.

Durch die Schaffung des **Binnenmarktes** bewirken viele Unternehmer aus anderen Mitgliedsländern Umsätze im Inland, die der **deutschen** Umsatzsteuer unterliegen.

Der § 21 Abs. 1 **Satz 3** AO ermächtigt das BMF, die örtliche Zuständigkeit für die

Besteuerung **aller Umsätze**, die ein **ausländischer Unternehmer** im **Inland** bewirkt, durch Rechtsverordnung **einem Finanzamt** für das gesamte Bundesgebiet zu übertragen (**Zentralfinanzamt**) (vgl. **Anhang 2**).

Das BMF hat von dieser Ermächtigungsvorschrift Gebrauch gemacht, so daß sich seit **1.3.1995** folgende Zuständigkeiten ergeben (USt-ZuständigkeitsV) vom 21.2.1995:

Unternehmer ist ansässig in	Zuständiges FA
Belgien	Trier
Dänemark	Flensburg
Estland	Rostock I
Frankreich	Kehl
usw. (vgl. **Anhang 2**)	usw.

Unternehmer, die **nicht** in den vorgenannten Ländern ansässig sind und in Deutschland Umsätze tätigen, müssen sich weiterhin bei dem **FA des Umsatzschwerpunktes** umsatzsteuerlich erfassen lassen.

1.2.1.3 Geschäftsleitungsfinanzamt

Bei den **Körperschaften** (z.B. **AG**, **GmbH**), Personenvereinigungen und Vermögensmassen (z.B. Stiftungen), die als solche steuerpflichtig sind und unter das KStG und VStG fallen, ist für die Besteuerung nach dem **Einkommen** (z.B. **KSt**) und dem **Vermögen** (z.B. **VSt**) das Finanzamt örtlich zuständig, in dessen Bezirk sich die **Geschäftsleitung** befindet (§ 20 Abs. 1 AO). Dieses Finanzamt wird als **Geschäftsleitungsfinanzamt** bezeichnet.

Die **Geschäftsleitung** ist der Mittelpunkt der geschäftlichen Oberleitung (§ 10 AO). Der Mittelpunkt der geschäftlichen Oberleitung ist dort, wo der für die Geschäftsleitung maßgebende Wille gebildet wird. In der Regel sind es die **Büroräume** des Unternehmens.

Beispiel:
Der Steuerpflichtige A, der seinen Wohnsitz in Hagen hat, ist Gesellschafter-Geschäftsführer der X-GmbH, die ihre **Geschäftsleitung** in **Hamm** hat.

Für die **Körperschaftsteuer** und die **Vermögensteuer** der GmbH ist das **Finanzamt Hamm** örtlich zuständig, weil die X-GmbH im Bezirk des Finanzamtes Hamm ihre **Geschäftsleitung** hat.

Beim **Fehlen** der **Geschäftsleitung** im Inland tritt eine **Rangfolge** von **Ersatzzuständigkeiten** ein.

Fehlt die inländische Geschäftsleitung, so ist das Finanzamt örtlich zuständig, in dessen Bezirk sich der inländische **Sitz** des Steuerpflichtigen befindet (§ 20 Abs. 2 AO).

Fehlen Geschäftsleitung und Sitz im Inland, ist das Finanzamt örtlich zuständig, in dessen Bezirk sich **Vermögen** bzw. der wertvollste Teil des Vermögen des Steuerpflichtigen im Inland befindet (§ 20 Abs. 3 AO).

Für die **Umsatzsteuer** von Personen, die **Nichtunternehmer** sind, gelten für Körperschaften, Personenvereinigungen und Vermögensmassen, die als solche steuerpflichtig sind, die Zuständigkeitsregeln des **§ 20 AO** (§ 21 Abs. 2 AO).

> **Übung**: 1. Wiederholungsfragen 7 bis 9,
> 2. Aufgaben 3 bis 5

Zusammenfassung zu Abschnitt 1.2.1:

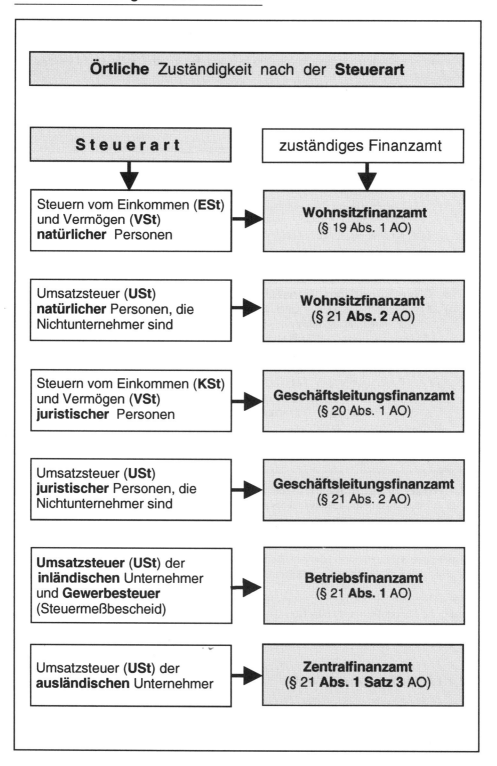

Örtliche Zuständigkeit nach der Steuerart

Steuerart	zuständiges Finanzamt
Steuern vom Einkommen (**ESt**) und Vermögen (**VSt**) **natürlicher** Personen	**Wohnsitzfinanzamt** (§ 19 Abs. 1 AO)
Umsatzsteuer (**USt**) **natürlicher** Personen, die Nichtunternehmer sind	**Wohnsitzfinanzamt** (§ 21 **Abs. 2** AO)
Steuern vom Einkommen (**KSt**) und Vermögen (**VSt**) **juristischer** Personen	**Geschäftsleitungsfinanzamt** (§ 20 Abs. 1 AO)
Umsatzsteuer (**USt**) **juristischer** Personen, die Nichtunternehmer sind	**Geschäftsleitungsfinanzamt** (§ 21 Abs. 2 AO)
Umsatzsteuer (**USt**) der **inländischen** Unternehmer und **Gewerbesteuer** (Steuermeßbescheid)	**Betriebsfinanzamt** (§ 21 **Abs. 1** AO)
Umsatzsteuer (**USt**) der **ausländischen** Unternehmer	**Zentralfinanzamt** (§ 21 **Abs. 1 Satz** 3 AO)

1.2.2 Örtliche Zuständigkeit nach der gesonderten und einheitlichen Feststellung von Besteuerungsgrundlagen

Während die **Steuern** in einem **Steuerbescheid** festgesetzt werden (§ 157 Abs. 1 AO), sind bestimmte **Besteuerungsgrundlagen** in einem **Feststellungsbescheid gesondert** festzustellen.

Die **gesonderte Feststellung von Besteuerungsgrundlagen** ist in den **§§ 179 ff. AO** geregelt.

Sind **mehrere Personen** an einer Besteuerungsgrundlage beteiligt, so wird die **gesonderte** Feststellung gegenüber den Beteiligten **einheitlich** vorgenommen (**gesonderte** und **einheitliche Feststellung**).

In **§ 180 AO** sind einige besonders wichtige **Feststellungen** enthalten.

Nach **§ 180 AO** werden insbesondere **gesondert festgestellt**

---

1. die **Einheitswerte** nach Maßgabe des Bewertungsgesetzes (BewG), z.B. **für Grundstücke und Betriebsvermögen,**
2. a) die **einkommensteuer- und körperschaftsteuerpflichtigen Einkünfte** und mit ihnen im Zusammenhang stehenden Besteuerungsgrundlagen (z.B. anzurechnende **KSt-Beträge,** die den Feststellungsbeteiligten anteilig zustehen), **wenn mehrere Personen** daran beteiligt sind,
   b) die **Einkünfte aus Land- und Forstwirtschaft, Gewerbebetrieb** oder einer **freiberuflichen Tätigkeit, wenn** das nach den Verhältnissen zum Schluß des Gewinnermittlungszeitraums (Wj) für die Feststellung der Einkünfte zuständige **Finanzamt nicht auch** für die **Steuern vom Einkommen** zuständig ist,
3. das **sonstige Vermögen** im Sinne des BewG, **wenn es mehreren Personen** zuzurechnen ist.

Eine **Besteuerungsgrundlage** (z.B. der steuerpflichtige Umsatz) wird **nicht gesondert** in einem Feststellungsbescheid festgestellt, wenn sie nur für **einen** Bescheid (z.B. den USt-Bescheid) bedeutsam ist.

Die **gesonderte** Feststellung in einem Feststellungsbescheid ist **zweckmäßig,** wenn sie für **mehrere Steuerbescheide** von Bedeutung ist, weil sonst die Besteuerungsgrundlage für jeden Steuerbescheid erneut ermittelt und festgesetzt werden müßte.

§ 18 AO regelt die örtliche Zuständigkeit für die Fälle, in denen nach **§ 180 AO** gesonderte Feststellungen zu treffen sind. Sie ergibt sich für die **Gewinneinkünfte** aus § 18 Abs. 1 **Nr. 1 bis 3** AO und für die **Überschußeinkünfte** aus § 18 Abs. 1 **Nr. 4** AO.

1.2.2.1 Lagefinanzamt

Für die **gesonderte** bzw. gesonderte und einheitliche Feststellung der **Einheitswerte der Grundstücke** ist das Finanzamt örtlich zuständig, in dessen Bezirk das Grundstück liegt (**Lagefinanzamt**) (§ 18 Abs. 1 **Nr. 1** AO).

§ 10 AO

Bsp.: Büroräume des Unt.

§ 21 I AO

Bsp.: Steuerpfl. A Wohnsitz Hagen
Gesellschafter- Geschäftsführer X- GmbH m.
Geschäftsleitg. in Hamm

? für KSt u. USt ist FA Hamm örtl. zuständig

- fehlt Geschäftsleitg. im Inland 3 Rangfolge
von Ersatzzuständigkeiten
§ 20 II AO , § 20 III AO

Kopie S. 47

- Gesonderte und einheitl. Feststellg. von Besteuerung
grundlagen -

- Festsetzg. Steuern in Steuerbescheid § 157 I AO
- Besteuerungsgrundlagen gesondert zu Feststellungs-
bescheid : §§ 179 ff. AO

- nach § 180 AO werden gesondert festgestellt
1. Einheitswerte für Grundstücke u. Betriebsvermögen
2a) die einkommensteuer- u. kstpflichtigen Einkünfte
2b) Einkünfte aus Land- u. Forstwirt., Gewerbebetrieb od.

freiberufl. Tätigkeit

3. sonstiges Vermögen, wenn mehreren Personen zuzurechnen

- Feststellg. in gesonderten Bescheid ist zweckmäßig, wenn sie für mehrere Bescheide von Bdtg. ist
- § 18 AO regelt örtl. Zuständigk. für Fälle des § 180 AO

Gewinneinkünfte: § 18 I Nr. 1-3 AO

Überschußeinkünfte: § 18 I Nr. 4 AO

• Lagefinanzamt

§ 18 I Nr. 1 AO   Einheitswerte von Grundstücken

Einheitswerte land-forstwirt. Betriebe

Einkünfte aus Land u. Forstw.

§ 180 I Nr. 2a AO wegen Beteilig. mehrerer Personen od.

§ 180 I Nr. 2b AO auseinanderfallens d. Zuständigkeit

Bsp.: Eheleute Wohnsitz Koblenz

Einfamhaus in Lingerhahn, Eigentümer je zur Hälfte
→ Einheitswert ist gesondert festzustellen, weil für mehrere Steuerbescheide bdt.sam und einheitl. festzustellen weil 2 Personen zuzurechnen!

Beispiel:

Die Eheleute B, die in Koblenz ihren Wohnsitz haben, besitzen ein **Einfamilienhaus in Lingerhahn (Hunsrück),** deren Eigentümer die Eheleute je zur Hälfte sind. Der **Einheitswert des Einfamilienhauses** ist **gesondert** festzustellen, weil er für **mehrere** Steuerbescheide bedeutsam ist, und **einheitlich** festzustellen, weil er zwei Personen zuzurechnen ist.

Für die gesonderte und einheitliche Festellung des Einheitswerts ist das **Lagefinanzamt St. Goar örtlich** zuständig, weil in dessen Bezirk das Grundstück liegt.

Erstreckt sich ein Grundstück auf die Bezirke **mehrerer Finanzämter,** ist Lagefinanzamt das Finanzamt, in dessen Bezirk der **wertvollste Teil** des Gesamtgrundstücks liegt.

Das **Lagefinanzamt** ist örtlich auch zuständig für die gesonderte bzw. gesonderte und einheitliche Festellung der **Einheitswerte der land- und forstwirtschaftlichen Betriebe und** für die gesonderte bzw. gesonderte und einheitliche Festellung der **Einkünfte aus Land- und Forstwirtschaft,** die wegen der Beteiligung **mehrerer Personen** nach § 180 Abs. 1 **Nr. 2a** AO oder wegen des **Auseinanderfallens der Zuständigkeiten** nach § 180 Abs. 1 Nr. 2b AO in Betracht kommt.

1.2.2.2 Betriebsfinanzamt

Für gesonderte bzw. gesonderte und einheitliche Festellung von Besteuerungsgrundlagen bei **gewerblichen Betrieben** ist das Finanzamt örtlich zuständig, in dessen Bezirk sich die **Geschäftsleitung** befindet. Befindet sich die Geschäftsleitung nicht im Inland richtet sich die örtliche Zuständigkeit nach dem Ort der Betriebsstätte (**Betriebsfinanzamt**) (§ 18 Abs. 1 **Nr. 2** AO i.V.m. § 180 Abs. 1 Nr. 2a AO).

Diese Vorschrift hat Bedeutung für die Festellung des

---

1. Einheitswert des gewerblichen Betriebs und

2. Gewinn aus Gewerbebetrieb.

Beispiel:

Der Steuerpflichtige A, der seinen Wohnsitz im Bezirk des Finanzamtes Nürnberg-Nord hat, ist an einer Offenen Handelsgesellschaft (**OHG**) beteiligt, die ihre Geschäftsleitung im Bezirk des Finanzamtes Nürnberg-Ost hat.

Für die gesonderte und einheitliche Festellung des **Gewinns aus Gewerbebetrieb** und die Festellung des **Einheitswerts des gewerblichen Betriebs (des Betriebsvermögens) der** OHG ist das **Betriebsfinanzamt Nürnberg-Ost** örtlich zuständig, weil sich dort die Geschäftsleitung des Betriebes befindet.

1.2.2.3 Tätigkeitsfinanzamt

Für die gesonderte bzw. gesonderte und einheitliche Feststellung von Besteuerungs-
grundlagen bei **freiberuflicher Tätigkeit** ist das Finanzamt örtlich zuständig, von
dessen Bezirk aus die Berufs**tätigkeit vorwiegend ausgeübt** wird (**Tätigkeitsfinanz-
amt**) (§ 18 Abs. 1 **Nr. 3** AO i.V.m. § 180 Abs. 1 **Nr. 1** und **Nr. 2a** AO).

Diese Vorschrift hat Bedeutung für die

> **1. Einheitswerte des freiberuflichen Betriebsvermögens und**
>
> **2. Einkünfte aus selbständiger Arbeit.**

Beispiel:
A, wohnhaft in Köln, B, wohnhaft in Koblenz, betreiben ein **Rechtsanwaltsbüro** in
Form einer Anwaltsgemeinschaft in **Bonn** (Innenstadt).

Zur **ESt-Veranlagung** ist eine **gesonderte und einheitliche Gewinnfeststellung**
erforderlich (§ 180 Abs. 1 Nr. 2a AO). Für die gesonderte und einheitliche Fest-
stellung des Gewinns (= **Einkünfte aus selbständiger Arbeit**) ist örtlich das
Finanzamt Bonn (Innenstadt) zuständig, weil von dessen Bezirk aus die Berufs-
tätigkeit vorwiegend ausgeübt wird (§ 18 Abs. 1 Nr. 3 AO).

1.2.2.4 Verwaltungsfinanzamt

Für die gesonderte und einheitliche Feststellung von Besteuerungsgrundlagen bei einer
Beteiligung **mehrerer Personen** an **anderen** Einkünften **als** Einkünfte aus **Land- und
Forstwirtschaft**, aus **Gewerbebetrieb** oder aus **freiberuflicher Tätigkeit** z. B.

> **1. Einkünfte aus Kapitalvermögen und**
>
> **2. Einkünfte aus Vermietung und Verpachtung**

ist das Finanzamt örtlich zuständig, von dessen Bezirk aus die **Verwaltung** dieser
Einkünfte ausgeht (**Verwaltungsfinanzamt**) (§ 18 Abs. 1 Nr. 4 AO i.V.m. § 180 Abs.
1 Nr. 4 AO).

Beispiel:
Die Erbengemeinschaft S ist Eigentümerin eines in Würzburg gelegenen **Mietwohn-
grundstückes**. Die Mitglieder der Erbengemeinschaft wohnen in verschiedenen
Städten der Bundesrepublik. Die **Verwaltung** des Grundstücks obliegt einem
Immobilienbüro in **Würzburg**.

Für die gesonderte und einheitliche Feststellung der Einkünfte aus Vermietung und
Verpachtung der Erbengemeinschaft ist das Verwaltungsfinanzamt Würzburg örtlich
zuständig.

> **Übung**: 1. Wiederholungsfragen 10 bis 16,
>   2. Aufgaben 5 bis 9

Zusammenfassung zu Abschnitt 1.2.2:

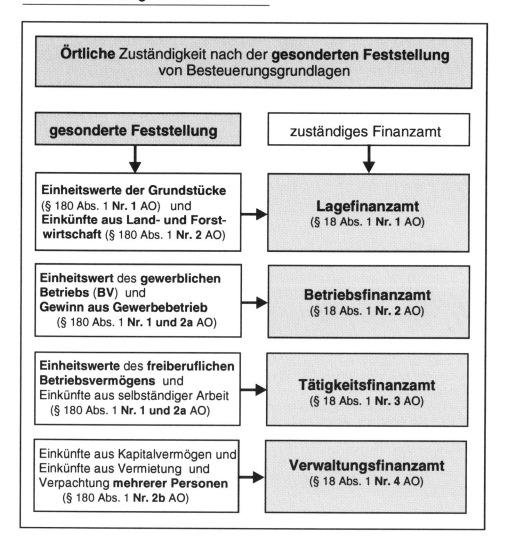

1.3 Erfolgskontrolle

WIEDERHOLUNGSFRAGEN

1. Was wird durch die **sachliche** Zuständigkeit einer Finanzbehörde geregelt?
2. Welche Folgen können sich durch die Verletzung der **sachlichen** Zuständigkeit ergeben?
3. Was wird durch die **örtliche** Zuständigkeit der Finanzbehörden geregelt?
4. Für welche Personen und Steuerarten ist das **Wohnsitzfinanzamt** örtlich zuständig?
5. Was ist unter einem Wohnsitz i. S. des § 8 AO zu verstehen?
6. Was ist unter einem gewöhnlichen Aufenthalt i.S. des § 9 AO zu verstehen?
7. Für welche Steuerarten ist das **Betriebsfinanzamt** nach § 21 Satz 1 AO örtlich zuständig?

8. Für welche Personen und Steuerarten ist das **Geschäftsleitungsfinanzamt** örtlich zuständig?
9. Was ist unter Geschäftsleitung im Sinne des § 10 AO zu verstehen?
10. In welchem Fall wird eine Besteuerungsgrundlage gesondert festgestellt?
11. In welchem Fall wird eine Besteuerungsgrundlage **nicht** gesondert festgestellt?
12. Warum ist die gesonderte Feststellung zweckmäßig?
13. In welchem Fall wird eine Besteuerungsgrundlage gesondert und einheitlich festgestellt?
14. Für welche Feststellung von Besteuerungsgrundlagen ist das **Lagefinanzamt** örtlich zuständig?
15. Für welche Feststellung von Besteuerungsgrundlagen und für welche Personengruppe ist das **Tätigkeitsfinanzamt** nach § 18 Abs. 1 Nr. 3 AO örtlich zuständig?
16. Für welche Feststellung von Besteuerungsgrundlagen ist das **Verwaltungsfinanzamt** nach § 18 Abs. 1 Nr. 4 AO zuständig?

AUFGABEN

Aufgabe 1:

Nach dem Geschäftsverteilungsplan des Finanzamtes Großstadt ist Steuerinspektor Pink für die ESt-Veranlagung der Steuerpflichtigen mit den Buchstaben **A bis K** zuständig.
Aus Versehen bearbeitet er die Steuererklärung des Steuerpflichtigen L, Großstadt, und erläßt für ihn einen Steuerbescheid.

Ist der ESt-Bescheid **wirksam?** Begründen Sie Ihre Antwort.

Aufgabe 2:

Der Steuerpflichtige A wohnt in Koblenz im eigenen Einfamilienhaus. In Neuwied (Rhein) betreibt A in gemieteten Räumen eine Textilgroßhandlung (Gewerbebetrieb).

Welches Finanzamt ist für die **ESt** örtlich **zuständig?**

Aufgabe 3:

Sachverhalt wie in Aufgabe 2.

1. Welches Finanzamt ist für die **USt** örtlich **zuständig?**
2. Welches Finanzamt ist für die Festsetzung des **Gewerbesteuermeßbetrages** örtlich **zuständig?**
3. Welche Behörde ist für den Erlaß des **Gewerbesteuerbescheids** örtlich **zuständig?**

Aufgabe 4:

Die X-GmbH betreibt von Neuwied (Rhein) aus eine Elektrogroßhandlung. Der Steuerpflichtige A, der seinen Wohnsitz in Koblenz hat, ist mit 10 % an der X-GmbH beteiligt.

1. Welches Finanzamt ist für die **KSt** der X-GmbH örtlich **zuständig**?
2. Welches Finanzamt ist für die **VSt** der X-GmbH örtlich **zuständig**?
3. Welches Finanzamt ist für die **VSt** des Steuerpflichtigen A örtlich **zuständig**?

Aufgabe 5:

Der Steuerpflichtige U, Koblenz, betreibt in Neuwied (Rhein) seine Steuerberatungspraxis.

1. Welches Finanzamt ist für die **USt** örtlich **zuständig**?
2. Welches Finanzamt ist für die **ESt** örtlich **zuständig**?

Aufgabe 6:

Nennen Sie unter Angabe der entsprechenden Paragraphen das jeweils örtlich zuständige **Finanzamt:**

a) **Umsatzsteuer** eines Rechtsanwalts,
b) **Vermögensteuer** eines Privatmannes,
c) **Körperschaftsteuer** einer GmbH,
d) **Einheitswert** eines unbebauten Grundstücks eines Privatmannes,
e) **Umsatzsteuer** eines Privatmannes.

Fall 7:

Der Steuerpflichtige Günter Hohmann, geschieden, wohnhaft in Augsburg, ist als Einzelunternehmer Inhaber einer Möbelfabrik in Oberstdorf i. Allgäu. In den genannten Orten bestehen Finanzämter.

1. Welche **gesonderten Feststellungen von Besteuerungsgrundlagen** sind durchzuführen?
2. Welches **Finanzamt** ist für die gesonderte Feststellung der Besteuerungsgrundlagen örtlich zuständig?
3. Welches Finanzamt ist für die Veranlagung zur **ESt** örtlich **zuständig**?
4. Welches Finanzamt ist für die Veranlagung zur **VSt** örtlich **zuständig**?
5. Welches Finanzamt ist für die Veranlagung zur **USt** örtlich **zuständig**?

Aufgabe 8:

Sachverhalt wie in Aufgabe 7 mit der Ergänzung, daß Günter Hohmann außerdem als Kommanditist an einer KG in Füssen i. Allgäu beteiligt ist.

1. Welche **gesonderten Feststellungen von Besteuerungsgrundlagen** sind durchzuführen?
2. Welches **Finanzamt** ist für die gesonderte Feststellung der Besteuerungsgrundlagen örtlich zuständig?

Aufgabe 9:

Der Steuerberater C wohnt in Mainz in einem eigenen Einfamilienhaus und betreibt seine Praxis in Wiesbaden in gemieteten Räumen. Das Praxisvermögen ist Betriebsvermögen im bewertungsrechtlichen Sinne. Für das Einfamilienhaus und das Betriebsvermögen sind Einheitswerte festzustellen.

1. Welche **Finanzämter** kommen für die Feststellung der Besteuerungsgrundlagen in Betracht?
2. Welche **gesonderten Feststellungen von Besteuerungsgrundlagen** sind durchzuführen?
3. Welches Finanzamt ist für welche gesonderte Feststellung zuständig?
4. Welches Finanzamt ist für die **ESt** und **VSt** örtlich zuständig?
5. Welches Finanzamt ist für die **USt** örtlich zuständig?

Aufgabe 10:

Die Klein & Co. KG betreibt ein Kaufhaus in Köln. Das Kaufhaus befindet sich in einem Gebäude, das der KG gehört. Der Gesellschafter Klein wohnt in Köln und der zweite Gesellschafter, Groß, in Bonn. Die Gesellschaft zahlt u.a. **USt** und **GewSt**. Die Gesellschafter Groß und Klein zahlen u.a. **ESt** und **VSt**.

1. Welche **Finanzämter** kommen für die Feststellung von Besteuerungsgrundlagen in Betracht?
2. Welche **gesonderte(n)** Feststellung(en) von Besteuerungsgrundlagen ist (sind) durchzuführen?
3. Welche **gesonderten und einheitlichen** Feststellungen von Besteuerungsgrundlagen sind durchzuführen?
4. Welche **Finanzbehörden** sind zuständig für die Bescheide über die **USt**, **GewSt**, **ESt** und **VSt** der Gesellschaft bzw. der Gesellschafter?

2 Steuerverwaltungsakt

Die **Steuern** werden von den Finanzbehörden grundsätzlich durch **Steuerbescheide** festgesetzt. **Steuerbescheide** sind (Steuer-) **Verwaltungsakte** (§ 155 Abs. 1 AO).

2.1 Begriff

Unter einem **(Steuer-) Verwaltungsakt** versteht man jede Verfügung, Entscheidung oder andere hoheitliche Maßnahme, die eine (Finanz-) **Behörde** zur **Regelung eines Einzelfalles** auf dem Gebiet des **öffentlichen Rechts** (Steuerrechts) trifft und die auf unmittelbare **Rechtswirkung** nach außen gerichtet ist (§ 118 Satz 1 AO).

Diese Gesetzesdefinition enthält folgende **Begriffsmerkmale:**

> 1. es muß sich um eine (finanz-) **behördliche Maßnahme** (z.B. ESt-Bescheid) handeln
> 2. zur **Regelung eines Einzelfalles**
> 3. auf dem Gebiet des **öffentlichen Rechts (Steuerrechts)**
> 4. mit unmittelbarer **Rechtswirkung** nach außen.

Zu 1. Behördliche Maßnahme

Es muß sich um eine **behördliche Maßnahme** handeln.
Finanzbehördliche Maßnahmen i.S. des § 118 AO sind Willensäußerungen einer Finanzbehörde, die auf Rechtsfeststellung oder Rechtsgestaltung gerichtet sind. Sie werden häufig auch als **Bescheide** bezeichnet.

Zu 2. Einzelfallregelung

Die finanzbehördlichen Maßnahmen müssen zur **Regelung eines Einzelfalles** getroffen werden, d.h. sie müssen in die Rechtsverhältnisse einer **einzelnen** Person eingreifen. Maßnahmen, die nicht zur Regelung eines Einzelfalles getroffen werden, z.B. Festsetzung der Steuerkurswerte nach § 70 BewG, sind keine Verwaltungsakte.

Zu 3. Öffentliches Recht

Es muß sich um eine Maßnahme auf dem Gebiet des **öffentlichen Rechts** handeln. Eine finanzbehördliche Maßnahme auf dem Gebiet des öffentlichen Rechts (**Steuerrechts**) liegt vor, wenn sie auf steuerrechtlichen Vorschriften beruht. Willensäußerungen der Finanzbehörden, die nicht auf steuerrechtlichen Vorschriften beruhen, z.B. eine Anordnung über die Versetzung eines Finanzbeamten, sind keine Verwaltungsakte.

Zu 4. Rechtswirkung

Die finanzbehördlichen Maßnahmen müssen schließlich eine unmittelbare **Rechtswirkung** nach außen haben, d.h. sie müssen den Steuerpflichtigen unmittelbar in seinen Rechten und Pflichten berühren.

Beispiel:
Das Finanzamt Siegen erläßt einen Vermögensteuerbescheid gegen den Steuerpflichtigen Geldmacher in Siegen.

Der Steuerbescheid ist ein Verwaltungsakt, denn er ist eine **Maßnahme des Finanzamtes** Siegen, die einen **Einzelfall** auf dem Gebiet des Vermögen**steuerrechts** regelt und die den Steuerpflichtigen Geldmacher in seinen **Pflichten und Rechten berührt.**

> **Übung**: 1. Wiederholungsfrage 1,
> 2. Aufgabe 1

2.2 Arten

Verwaltungsakte können in **begünstigende und belastende** Verwaltungsakte unterschieden werden.

2.2.1 Begünstigende Verwaltungsakte

Begünstigende Verwaltungsakte sind Verwaltungsakte, die für einen Steuerpflichtigen ein Recht oder einen rechtlich erheblichen Vorteil begründen oder bestätigen (§ 130 Abs. 2 AO).

Begünstigende Verwaltungsakte sind z.B.

> - **Fristverlängerung** (§ 109 AO)
> - Gewährung von Buchführungserleichterungen (§ 148 AO)
> - **Steuerstundung** (§ 222 AO)
> - Steuererlaß (§ 227 AO)
> - Gewährung einer Entschädigung (§ 107 AO)

2.2.2 Belastende Verwaltungsakte

Belastende Verwaltungsakte sind Verwaltungsakte, die für den Steuerpflichtigen belastende Rechtsfolgen enthalten. Sie verlangen von ihm ein Tun, Dulden oder Unterlassen.

Belastende Verwaltungsakte sind z.B.

> - **Steuerbescheid** (§ 155 AO)
> - Aufforderung zur Buchführung (§ 141 Abs. 2 AO)
> - Prüfungsanordnung (§ 196 AO)
> - Pfändung (§ 281 AO)

2.3 Voraussetzung für das Wirksamwerden eines Verwaltungsaktes

Ein **Verwaltungsakt** wird gegenüber demjenigen, für den er bestimmt ist oder der von ihm betroffen wird, **in dem Zeitpunkt wirksam,** in dem er ihm **bekanntgegeben** wird (§ 124 Abs. 1 AO).

Bekanntgabe bedeutet, dem Beteiligten, für den der Verwaltungsakt bestimmt ist oder der von ihm betroffen wird, die Möglichkeit zu verschaffen, **von dem Inhalt des Verwaltungsakts Kenntnis zu nehmen.**

Bis zur Bekanntgabe ist ein **Verwaltungsakt** nur ein behördeninterner Vorgang **ohne Wirkung** für den Betroffenen.

Beispiel:
Der Steuerinspektor Willig fertigt einen Vermögensteuerbescheid für den Steuerpflichtigen Silbermann aus. Aus Versehen bleibt der Steuerbescheid in der Steuerakte liegen.

Er wird **nicht wirksam,** weil er **nicht bekanntgegeben** wurde.

Merke: Bekanntgabe ist die **Voraussetzung** für das **Wirksamwerden eines Verwaltungsaktes**

Richtet sich der Verwaltungsakt gegen **mehrere Personen** und enthält er für jede dieser Personen eine besondere Regelung, so muß er grundsätzlich jedem **einzelnen** bekanntgegeben werden.

Der Verwaltungsakt wird (nur) mit dem **Inhalt** wirksam, mit dem er **bekanntgegeben** wird (§ 124 Abs. 1 Satz 2 AO).

2.4 Formen der Bekanntgabe

Ein Verwaltungsakt kann **schriftlich, mündlich** oder in anderer Weise (schlüssiges Verhalten) erlassen werden (§ 119 Abs. 2 Satz 1 AO).

Ein **mündlicher** Verwaltungsakt ist schriftlich zu bestätigen, wenn hieran ein berechtigtes Interesse besteht und der Betroffene dies unverzüglich verlangt (§ 119 Abs. 2 Satz 2 AO).

Für die Bekanntgabe **schriftlicher** Verwaltungsakte nennt § 122 Abs. 2 bis 5 AO **drei Formen:**

---

1. Übermittlung durch die **Post mittels gewöhnlichem Brief,**

2. **öffentliche Bekanntgabe,**

3. **Zustellung** nach dem Verwaltungszustellungsgesetz.

2.4.1 Übermittlung durch die Post

Bei der **Übermittlung durch die Post** wird der Verwaltungsakt dem Adressaten mittels **gewöhnlichem Brief** durch die Post zugestellt.

Schriftliche Verwaltungsakte, insbesondere **Steuerbescheide,** die durch die Post übermittelt werden, **gelten grundsätzlich als bekanntgegeben** (§ 122 Abs. 2 AO)

---

1. bei einer Übermittlung **im Geltungsbereich** der Abgabenordnung **am dritten Tag nach der Aufgabe zur Post,**
2. bei einer Übermittlung an einen Beteiligten **außerhalb des Geltungsbereichs** der Abgabenordnung **einen Monat nach Aufgabe zur Post.**

Beispiel:
Ein Finanzbeamter des Finanzamtes Koblenz gibt am 04.09.1995 einen ESt-Bescheid für den Steuerpflichtigen Müller, Koblenz, bei der Post ab.

Der ESt-Bescheid gilt als am **07.09.1995 bekanntgegeben** (Zugangsvermutung), auch wenn er tatsächlich schon früher zugegangen ist.

Die Zugangsvermutung (Bekanntgabefiktion) des § 122 Abs. 2 AO gilt auch dann, wenn der **angenommene Bekanntgabetag** auf einen **Sonntag oder gesetzlichen Feiertag** fällt.

Beispiel:
Das Finanzamt Koblenz gibt am 05.10.1995 einen Steuerbescheid für einen Koblenzer Steuerpflichtigen mittels gewöhnlichem Brief zur Post.

Der Steuerbescheid gilt als am **08.10.1995 bekanntgegeben**, ungeachtet dessen, daß der 08.10.1995 ein Sonntag ist.

Die Zugangsvermutung gilt **nicht,** wenn der Verwaltungsakt **nicht oder** zu einem **späteren Zeitpunkt** zugegangen ist.
Im Zweifel muß die **Behörde** den Zugang und den Zeitpunkt des Zugangs **nachweisen.**

2.4.2 Öffentliche Bekanntgabe

Ein Verwaltungsakt darf **öffentlich bekanntgegeben** werden, wenn dies durch Rechtsvorschriften zugelassen ist (§ 122 Abs. 3 AO).

Die öffentliche Bekanntgabe eines Einzelverwaltungsaktes (im Gegensatz zur Allgemeinverfügung) hat in der Praxis nur geringe Bedeutung. Ein Beispielsfall für eine Allgemeinverfügung ist die öffentliche Aufforderung zur Abgabe der Steuererklärungen.

2.4.3 Zustellung

Ein schriftlicher Verwaltungsakt wird **zugestellt,** wenn dies **gesetzlich** vorge-schrieben ist oder **behördlich** angeordnet wird. Die Zustellung richtet sich nach den Vorschriften des VwZG (§ 122 Abs. 5 AO).

Eine **Zustellung** ist demnach **nur** dann erforderlich, **wenn** dies **gesetzlich vorge-schrieben** ist **oder** die **Finanzbehörde** von sich aus die Zustellung **anordnet.**

Die **förmliche Zustellung** von **Rechtsbehelfsentscheidungen** ist nach § 366 AO **nicht** mehr zwingend vorgeschrieben.
Eine **förmliche Zustellung** der **Rechtsbehelfsentscheidung** ist **nur erforderlich, wenn** sie **ausdrücklich angeordnet** wird (§ 122 Abs. 5 Satz 1 AO). Sie sollte insbesondere dann angeordnet werden, wenn ein eindeutiger Nachweis des Zugangs für erforderlich gehalten wird (BMF-Schreiben vom 26.03.1992).

Unter **Zustellung** ist die **förmliche Übergabe eines Schriftstücks** in der gesetzlich vorgeschriebenen Art und Weise zu verstehen.

Zustellungsarten sind insbesondere

> 1. die **Zustellung** durch die Post mit **Postzustellungsurkunde**
> 2. die **Zustellung** durch die Post mittels **eingeschriebenem Brief**
> 3. die **Zustellung** durch die Behörde gegen **Empfangsbekenntnis**

Bei **Zustellung** durch die Post mit **Postzustellungsurkunde** ist für die **Bekanntgabe** des Verwaltungsaktes der Zeitpunkt der **tatsächlichen Zustellung** maßgebend und **nicht der dritte Tag nach Aufgabe zur Post** (BFH-Urteil vom 19.06.1991).

Bei **Zustellung** mit **eingeschriebenem Brief** gilt die **Bekanntgabe mit dem dritten Tag nach Aufgabe zur Post** als bewirkt, es sei denn, daß der Bescheid zu einem späteren Zeitpunkt zugegangen ist (OFD Köln, Verfügung vom 02.04.1992).

2.5 Bestandskraft des Verwaltungsaktes

Ein **Verwaltungsakt** (z.B. Steuerbescheid) ist grundsätzlich **bestandskräftig, wenn** er **nicht mehr** mit einem Rechtsbehelf **angefochten werden kann.**

Von der Bestandskraft und Wirksamkeit des Verwaltungsaktes macht die AO **zahl-reiche Ausnahmen.**

Nach § 129 AO kann die **Finanzbehörde** Schreibfehler, Rechenfehler und ähnliche **offenbare Unrichtigkeiten,** die beim Erlaß eines Verwaltungsaktes unterlaufen sind, **jederzeit berichtigen.**
Die **Berichtigung** bei **Steuerbescheiden** ist jedoch **nur** innerhalb der **Festsetzungs-frist** (§ 169 Abs. 1 Satz 2 AO) **zulässig.**

Beispiel:
Das Finanzamt Großstadt erläßt einen ESt-Bescheid, in dem die ESt-Schuld durch falsches Ablesen in der Einkommensteuertabelle um 1.500 DM zu niedrig angegeben wird.

Der ESt-Bescheid wird **durch die Bekanntgabe** zunächst mit dem sachlich falschen Inhalt **wirksam.** Er kann jedoch nach § 129 Satz 1 AO auch noch nach der Bekanntgabe vom Finanzamt berichtigt werden, weil eine **offenbare Unrichtigkeit** vorliegt. Die Berichtigung ist jedoch nur innerhalb der **Festsetzungsfrist** (§ 169 Abs. 1 Satz 2 AO) zulässig.

Sind die Voraussetzungen des § 129 AO **nicht** gegeben, d.h. **liegt keine offenbare Unrichtigkeit** vor, hat die Finanzbehörde alle Möglichkeiten der **Rücknahme**, des **Widerrufs**, der **Aufhebung** oder **Änderung** des Verwaltungsaktes zu prüfen.

Ein Verwaltungsakt bleibt nach der Bekanntgabe solange und soweit **wirksam**, als er **nicht zurückgenommen, widerrufen, anderweitig aufgehoben** (z.B. durch Rechtsbehelfsentscheidung), **durch Zeitablauf** oder **auf andere Weise erledigt** ist (z.B. durch Zahlung eines gestundeten Betrages) (§ 124 Abs. 2 AO).

> **Übung**: 1. Wiederholungsfragen 2 bis 8,
> 2. Aufgaben 2 bis 5

2.6 Zusammenfassung und Erfolgskontrolle
2.6.1 Zusammenfassung

Steuerverwaltungsakte sind finanzbehördliche Maßnahmen, die auf dem Gebiet des Steuerrechts erfolgen und zur Regelung eines Einzelfalles mit unmittelbarer Rechtswirkung nach außen ergehen.

Steuerverwaltungsakte sind z.B. **Steuerbescheide**.

Die **Bekanntgabe** ist die **Voraussetzung** für das Wirksamwerden des Verwaltungsaktes.

Ein **Verwaltungsakt gilt** grundsätzlich **am dritten Tage nach Aufgabe zur Post** als **bekanntgegeben**.

An den **bekanntgegebenen Verwaltungsakt** sind sowohl das Finanzamt als auch der **Steuerpflichtige gebunden**, falls keine Korrekturvorschrift (z.B. § 129 AO) eingreift oder der Steuerpflichtige nichts gegen den Verwaltungsakt unternimmt (z.B. Einspruch einlegt).

2.6.2 Erfolgskontrolle

WIEDERHOLUNGSFRAGEN

1. Was versteht man unter einem Verwaltungsakt?
2. Welche Arten von Verwaltungsakten können unterschieden werden?
3. Was versteht man **unter begünstigenden** Verwaltungsakten?
4. Was versteht man unter **belastenden** Verwaltungsakten?
5. Was setzt das Wirksamwerden eines Verwaltungsaktes voraus?
6. Welche Formen der Bekanntgabe werden in § 122 Abs. 2 - 5 AO unterschieden?
7. Wann gilt ein Steuerbescheid, der mittels gewöhnlichem Brief zugestellt wird, als bekanntgegeben?
8. In welchen Fällen können Steuerbescheide jederzeit von der Finanzbehörde berichtigt werden?

AUFGABEN

Aufgabe 1:

Der Vorsteher des Finanzamtes Koblenz kauft bei dem Heizölhändler Müller 10.000 l Heizöl für sein Amt.

Ist die **Bestellung des Finanzamtes** ein Verwaltungsakt?
Begründen Sie Ihre Antwort.

Aufgabe 2:

Der Steuerpflichtige Säumig hat sein Finanzamt um Stundung seiner ESt-Abschluß-zahlung gebeten. Das Finanzamt hat Säumig schriftlich mitgeteilt, daß es die Steuer seinem Antrag entsprechend stundet.

Ist die **Entscheidung des Finanzamtes** ein Verwaltungsakt?
Begründen Sie Ihre Antwort.

Aufgabe 3:

Die Steuerpflichtige Cony Schäfer, Köln, hat am 04.10.1995 mittels gewöhnlichem Brief (Poststempel 03.10.1995) einen ESt-Bescheid vom Finanzamt Köln erhalten.

Wann gilt der **ESt-Bescheid** als wirksam **bekanntgegeben?**

Aufgabe 4:

Das Finanzamt gab einen Umsatzsteuerbescheid am Gründonnerstag dem 13.04.1995, mit einfachem Brief zur Post.

Nennen Sie das **Datum** der **Bekanntgabe** und begründen Sie Ihre Antwort.

Aufgabe 5:

Der Steuerpflichtige B, Bonn, der während der Osterferien einen Skiurlaub in Öster-reich verbracht hat, entnimmt nach der Rückkehr aus dem Urlaub am 25.04.1995 aus seinem Briefkasten einen ESt-Bescheid, der am 03.04.1995 vom Finanzamt Bonn zur Post gegeben wurde.

Wann gilt der **ESt-Bescheid** als wirksam **bekanntgegeben?**

3 Fristen

Die Fristbestimmung und die Einhaltung von Fristen haben in der Praxis der steuerbe-ratenden Berufe und der Finanzbehörden eine große Bedeutung.

3.1 Begriffe

Eine **Frist** ist ein **abgegrenzter** bestimmter **Zeitraum**, vor dessen Ablauf eine Hand-lung **oder** ein Ereignis wirksam werden muß, um fristgerecht zu sein (Anwendungs-erlaß zur AO (AE AO) zu § 108 Nr. 1 Satz 1).

> Beispiel:
> Dem Steuerpflichtigen A wird am 10.01.1995 sein ESt-Bescheid **bekanntgegeben.** Gegen diesen Steuerbescheid will A Einspruch einlegen.
>
> Der Steuerpflichtige kann den Einspruch nur innerhalb der **Einspruchsfrist** von **einem Monat** einlegen (§ 355 AO). Diese **Monatsfrist** ist eine Frist i.S. des § 108 AO.

Ein **Termin** ist ein **bestimmter Zeitpunkt,** an dem etwas geschehen soll oder zu dem eine **Wirkung** eintritt. Ein sogenannter "**Fälligkeitstermin**" ist der **Endzeitpunkt einer Frist;** er gibt das Ende einer Frist an (zu § 108 Nr. 1 Sätze 2 und 3 AE AO).

3.2 Arten der Fristen

Man unterscheidet **behördliche** und **gesetzliche** Fristen. Den Begriff **Ausschlußfrist** nennt die AO nicht mehr.

3.2.1 Behördliche Fristen

Behördliche Fristen sind Fristen, die im Einzelfall von der Behörde festgelegt werden, z.B. Stundungsfristen.

Nach § 109 Abs. 1 AO können behördliche Fristen **verlängert** werden.

3.2.2. Gesetzliche Fristen

Gesetzliche Fristen sind Fristen, die gesetzlich genau bestimmt sind, z.B. Rechts-behelfsfristen (§ 355 AO).

Gesetzliche Fristen können **nur verlängert** werden, **wenn** dies **gesetzlich** vorgesehen ist, z.B. Steuererklärungsfristen (§ 109 Abs. 1 Satz 1 AO).

Zur Vermeidung unbilliger Härten besteht jedoch die Möglichkeit, beim Versäumen einer **gesetzlichen Frist**, die **Wiedereinsetzung in den vorigen Stand** zu gewähren (§ 110 AO).

Übung: Wiederholungsfragen 1 bis 6

3.3 Berechnung von Fristen

Für die Berechnung von Fristen gelten grundsätzlich die Vorschriften des **Bürgerlichen Gesetzbuches** (BGB) (§ 108 Abs. 1 AO).

Für die Berechnung einer Frist ist wichtig zu wissen, wann der Lauf einer Frist beginnt.

3.3.1 Fristbeginn

Das BGB unterscheidet für die Bestimmung des Fristbeginns zwei Arten von Fristen, nämlich

---

die **Ereignisfristen** (§ 187 Abs. 1 BGB) und
die **Beginnfristen** (§ 187 Abs. 2 BGB).

Bei **Beginnfristen,** die vor allem bei der Lebensaltersberechnung von Bedeutung sind, zählt der **Anfangstag** bei der Fristberechnung **mit**, d.h. die Frist **beginnt** mit Ablauf des Vortages um 24.00 Uhr.

Bei den **Ereignisfristen** bleibt der **Tag des Ereignisses** (z.B. Bekanntgabe des ESt-Bescheids) **unberücksichtigt**, d.h. die Frist **beginnt mit Ablauf des Tages.**

Für den **Beginn** einer Frist ist es **belanglos**, ob der **Anfangstag** auf einen **Samstag, Sonntag oder gesetzlichen Feiertag** fällt.

Beispiel:
Dem Steuerpflichtigen Müller wird am 08.10.1995 (= **Sonntag**) sein ESt-Bescheid **bekanntgegeben.**

Die Rechtsmittelfrist, d.h. die Frist, in der ein Rechtsmittel (z.B. Einspruch) eingelegt werden kann, **beginnt** mit **Ablauf** des **08.10.1995** (§ 355 Abs. 1 AO).

3.3.2 Fristdauer

Eine Frist kann nach **Tagen, Wochen, Monaten oder Jahren** (halbes Jahr, Vierteljahr) bestimmt sein.

Hinsichtlich der Dauer einer Frist unterscheidet man deshalb zwischen

Jahresfristen, z.B.	Festsetzungsfrist (§ 169 Abs. 2 AO),
	Verjährungsfrist (§ 228 AO),
	Aufbewahrung von Unterlagen (§ 147 Abs. 3 AO),
Monatsfristen, z.B.	Rechtsbehelfsfrist (§ 355 Abs. 1 AO),
	Klagefrist (§ 47 Abs. 1 FGO),
Wochenfristen, z.B.	Mahnfrist (§ 259 AO),
	Vollstreckungsschutzfrist (§ 254 Abs. 1 AO),
Tagesfristen, z.B.	Schonfrist bei Zahlung (§ 240 Abs. 3 AO).

3.3.3 Fristende

Das **Fristende** ist abhängig von der **Fristdauer.**

Tagesfristen enden mit Ablauf des **letzten** Tages der Frist um $24.^{00}$ Uhr (§ 188 Abs. 1 BGB).

Beispiel:
Der Unternehmer U hat seine **USt-Voranmeldung** für Juli 1995 fristgerecht am 10.08.1995 beim zuständigen Finanzamt eingereicht. Die **USt-Vorauszahlung** ist ebenfalls am 10. Tag nach Ablauf des Voranmeldungszeitraums **fällig**, d.h. am **10.08.1995** (§ 18 Abs. 1 UStG). Nach § 240 Abs. 3 AO wird ein **Säumniszuschlag** bei einer **Säumnis** bis zu **fünf Tagen (Schonfrist) grundsätzlich nicht erhoben.**

Wann ist die **Vorauszahlung** spätestens zu leisten, ohne daß ein Säumniszuschlag erhoben wird?

Beginn der Schonfrist	mit Ablauf des **10.08.1995**
Dauer der Schonfrist:	**fünf Tage**
Ende der Schonfrist:	mit Ablauf des **15.08.1995**

Ein **Säumniszuschlag** entsteht **nicht,** wenn die USt bis zum Ablauf des **15.08.1995** gezahlt wird.

Wochen- und **Monatsfristen enden** grundsätzlich wie folgt:

---

a) Nach **Wochen** zählenden Fristen **enden** mit Ablauf des Tages, der in seiner **Benennung** (z.B. Mittwoch) dem nicht mitgezählten Anfangstag entspricht.

b) Nach **Monaten** zählende Fristen **enden** grundsätzlich mit Ablauf des Tages, der in seiner **Zahl** (z.B. 14.) dem nicht mitgezählten Anfangstag entspricht.

Beispiele:
a) Dem Steuerpflichtigen A ist am **Mittwoch**, dem 01.11.1995, eine Mahnung zuge-gangen. In der Mahnung wird eine (Ereignis-) Frist zur Zahlung von **einer Woche** gesetzt.

Die **Wochenfrist** endet mit Ablauf des Tages in der nächsten Woche, der den **gleichen Wochentagnamen** hat, wie der Ereignistag, nämlich am **Mittwoch,** dem 08.11.1995 um 24.00 Uhr.

b) Dem Steuerpflichtigen B wird am 10.10.1995 ein **ESt-Bescheid bekanntgegeben.** Gegen diesen Bescheid will B Einspruch einlegen. Nach § 355 Abs. 1 AO beträgt die (Ereignis-) Frist für die Einlegung des Rechtsbehelfs **einen Monat.**

Die **Monatsfrist** endet mit Ablauf eines Tages im folgenden Monat, der die **gleiche Zahl** hat wie der Ereignistag, nämlich dem 10.11.1995 um 24.^{00} Uhr.

Fehlt einer nach Monaten bestimmten Frist **in dem folgenden Monat** der für den Ablauf **maßgebenden Tag,** so **endet** die Frist mit Ablauf des **letzten Tages dieses Monats** (§ 188 Abs. 3 BGB).

Beispiel:
Sachverhalt wie zuvor mit dem Unterschied, daß der ESt-Bescheid dem Steuerpflichti-gen am 31.10.1995 **bekanntgegeben** wird.

Die **Monatsfrist** endet in diesem Fall am **30.11.1995.**

Fällt das Ende einer Tages-, Wochen- oder Monatsfrist auf einen **Samstag, Sonntag oder** einen **gesetzlichen Feiertag,** so **endet** die Frist mit Ablauf des **nächstfolgenden Werktags** (§ 108 Abs. 3 AO).

Beispiel:
Dem Steuerpflichtigen A wird am **01.04.1995** sein ESt-Bescheid **bekanntgegeben.** Gegen diesen Bescheid will er Einspruch einlegen.

Die Rechtsbehelfsfrist würde am **01.05.1995** enden. Da dieser Tag jedoch ein Feiertag ist, endet die Frist erst mit dem Ablauf des nächstfolgenden Werktags, nämlich am **02.05.1995** um 24.^{00} Uhr.

Übung: 1. Wiederholungsfragen 7 bis 12,
2. Aufgaben 1 bis 5

3.4 Wiedereinsetzung in den vorigen Stand

War jemand **ohne Verschulden** verhindert, eine gesetzliche Frist einzuhalten, so ist ihm auf Antrag **Wiedereinsetzung in den vorigen Stand (Nachsicht)** zu gewähren (§ 110 Abs. 1 AO).

Mit der **Wiedereinsetzung in den vorigen Stand** wird der Steuerpflichtige so gestellt, als hätte er die **Frist nicht versäumt.**

Auf **Wiedereinsetzung in den vorigen Stand** besteht beim Vorliegen der Voraussetzungen ein **Rechtsanspruch.**

Die Wiedereinsetzung in den vorigen Stand **setzt voraus,** daß den Steuerpflichtigen an der Fristüberschreitung **kein Verschulden** trifft. Das Verschulden des Vertreters (z.B. des Steuerberaters) wird dem Steuerpflichtigen als eigenes Verschulden zugerechnet.

Jemand versäumt eine gesetzliche Frist **nicht schuldhaft,** wenn er z.B. bis zum Ende der Frist durch eine plötzlich eintretende schwere **Krankheit** gehindert war, seine steuerlichen Angelegenheiten selbst zu besorgen oder durch einen Vertreter besorgen zu lassen.

> Beispiel:
> Die Steuerpflichtige Julia Gisecke will gegen den ESt-Bescheid 1994 **Einspruch** einlegen. Durch einen Unfall wird sie so schwer verletzt, daß sie dadurch gehindert ist, den Einspruch fristgerecht einzulegen. Sie ist auch nicht in der Lage, sich einen Vertreter zu bestellen.
>
> Julia Gisecke hat die Frist **unverschuldet** versäumt. Nach Abklingen der entschuldigenden Erkrankung kann die Steuerpflichtige innerhalb **eines Monats** Antrag auf **Wiedereinsetzung in den vorigen Stand** stellen (§ 110 Abs. 3 AO).

Arbeitsüberlastung, ist **kein Grund** für eine **Wiedereinsetzung in den vorigen Stand**.

Abwesenheit wegen Urlaub **kann** bei einem **Privatmann** ein Grund für die Wiedereinsetzung in den vorigen Stand sein.

Der **Antrag** auf Wiedereinsetzung in den vorigen Stand ist **innerhalb eines Monats** nach Wegfall des Hindernisses zu stellen. Innerhalb der Antragsfrist (eines Monats) ist auch die versäumte Rechtshandlung (z.B. Einlegung eines Einspruchs) nachzuholen.

Die **Frist ist nicht verlängerbar.** Bei Versäumung der Frist ist **jedoch wiederum Wiedereinsetzung in den vorigen Stand möglich.**

> Beispiel:
> Sachverhalt wie im Beispiel zuvor. Julia Gisecke will nach Abklingen der Erkrankung Einspruch einlegen. Durch einen **zweiten** Unfall wird sie daran gehindert.
>
> Die Steuerpflichtige kann **nochmals** Antrag auf Wiedereinsetzung in den vorigen Stand stellen.

Nach **einem Jahr** seit dem Ende der versäumten Frist kann der Antrag auf Wiedereinsetzung in den vorigen Stand grundsätzlich **nicht** mehr gestellt werden (§ 110 Abs. 3 AO).

> **Übung:** 1. Wiederholungsfragen 13 und 14,
> 2. Aufgabe 6

3.5 Folgen der Fristversäumnis

Versäumt der Steuerpflichtige eine **Frist**, so können sich für ihn negative **Folgen** ergeben:

---

1. **Verspätungszuschläge (§ 152 AO),**
2. **Säumniszuschläge (§ 240 AO),**
3. **Zinsen (§ 233 bis 237 AO),**
4. **Zwangsgelder (§ 329 AO).**

Zu 1. Verspätungszuschläge

Gegen denjenigen, der seiner Verpflichtung zur **Abgabe einer Steuererklärung nicht fristgerecht** nachkommt, kann ein **Verspätungszuschlag** festgesetzt werden (§ 152 Abs. 1 Satz 1 AO).

Von der Festsetzung eines **Verspätungszuschlags** ist **abzusehen,** wenn die Versäumnis **entschuldbar** erscheint (§ 152 Abs. 1 **Satz 2** AO).

Der **Verspätungszuschlag** darf **10 % der festgesetzten Steuer** oder des festgesetzten Meßbetrags **nicht übersteigen** und **höchstens 10.000,— DM** betragen (§ 152 Abs. 2 Satz 1 AO).

Bei einer bis zu **fünf Tagen** verspäteten Abgabe von Steueranmeldungen (z.B. USt-Voranmeldung) ist grundsätzlich von der Festsetzung eines Verspätungszuschlages abzusehen. Ein **Rechtsanspruch** auf die **Schonfrist** von fünf Tagen hat der Steuerpflichtige bei der Abgabe der Steueranmeldung nicht.

> **Übung:** Wiederholungsfragen 15 bis 17

Zu 2. Säumniszuschläge

Wird eine **Steuer nicht** bis zum Ablauf des Fälligkeitstages **gezahlt**, so hat der Steuerpflichtige einen **Säumniszuschlag** zu entrichten (§ 240 Abs. 1 **Satz 1** AO).

Ein **Säumniszuschlag** wird jedoch bei einer Säumnis bis zu **fünf Tagen nicht** erhoben (§ 240 Abs. 3 **Satz 1** AO). Auf die **Schonfrist** beim Säumniszuschlag hat der Steuerpflichtige - im Gegensatz zum Verspätungszuschlag - einen **Rechtsanspruch. Seit 1.1.1994** fällt die Schonfrist in den Fällen weg, in denen die Steuerzahlung durch **Scheck** oder in **bar** bei der Finanzkasse erfolgen (§ 240 Abs. 3 **Satz 2** AO). Wird die Steuer auf ein Konto des Finanzamtes **überwiesen**, bleibt die Schonfrist von 5 Tagen erhalten.

Beispiel:
Die Steuerpflichtige Annette Döhn (Monatszahlerin) hat ihre USt-Voranmeldung für den Monat Februar 1995 fristgerecht beim Finanzamt eingereicht, jedoch ihre am **10.03.1995 fällige USt-Schuld** in Höhe von 190,— DM nicht fristgerecht gezahlt. Die **Banküberweisung** geht **erst am 15.03.1995** bei der Finanzkasse ein.

Ein **Säumniszuschlag** wird bei einer Säumnis **bis zu fünf Tagen nicht** erhoben (§ 240 Abs. 3 AO).

Fällt der **letzte Tag** der **Schonfrist** auf einen **Sonntag**, einen **gesetzlichen Feiertag** oder einen **Sonnabend**, so tritt an seine Stelle der **nächstfolgende Werktag** (BdF-Schreiben v. 15.2.1971).

Der **Säumniszuschlag** beträgt für jeden **angefangenen Monat der Säumnis 1 %** des rückständigen **auf 100 DM** nach unten **abgerundeten Steuerbetrages** (§ 240 Abs . 1 Satz 1 AO).

> Beispiel:
> Die Steuerpflichtige Heike Utler (Monatszahlerin) reicht die USt-Voranmeldung für den Monat **September 1995** mit einer **USt-Schuld (Zahllast)** von **99,— DM** verspätet ein, ohne eine Zahlung zu leisten.
>
> Es ist **kein Säumniszuschlag** entstanden, weil die **Steuerschuld unter 100,— DM** liegt.

Ein **Säumniszuschlag** entsteht kraft Gesetzes allein durch **Zeitablauf.** Auf ein **Verschulden** des Steuerpflichtigen kommt es **nicht** an (AEAO zu § 240 Nr. 5).

Der **Säumniszeitraum beginnt** mit dem **Ablauf des Fälligkeitstages, nicht** erst **nach Ablauf der Schonfrist.** § 108 AO gilt entsprechend.

Merke: Die **Schonfrist** hat auf die Berechnung der Säumniszuschläge **keine Auswirkung.**

> Beispiel:
> Die Steuerpflichtige Julia Siegismund (Monatszahlerin) hat ihre USt-Voranmeldung für den Monat **März 1995** fristgerecht beim Finanzamt eingereicht. Die **Zahlung** ihrer **USt-Schuld (Zahllast)** in Höhe von **1.180,— DM** geht jedoch erst am **11.05.1995** bei der Finanzkasse ein.
>
> In diesem Fall ist ein **Säumniszuschlag** für **zwei Monate** (10.04. bis 11.05.1995) zu entrichten (= **22,— DM**). Die Schonfrist bewirkt keine Verschiebung der Fälligkeiten, d.h. die Schonfrist hat auf die Berechnung der Säumniszuschläge **keine** Auswirkung.

Fällt der **Beginn** des Säumniszeitraums (= **Ende** der Zahlungsfrist) auf einen **Sonntag,** einen **allgemeinen Feiertag** oder auf einen **Sonnabend,** so **endet** die Frist mit Ablauf des **nächstfolgenden Werktags** (§ 108 Abs. 3 AO).

> Beispiel:
> Die Steuerpflichtige Julia Siegismund (Monatszahlerin) hat ihre USt-Voranmeldung für den Monat **August 1995** fristgerecht beim Finanzamt eingereicht. Die **Zahlung** ihrer **USt-Schuld (Zahllast)** von **2.150 DM**, die durch Banküberweisung erfolgt, geht erst am **12.10.1995** bei der Finanzkasse ein.
>
> In diesem Fall ist ein **Säumniszuschlag** für **zwei Monate** (11.09. bis 12.10. 1995) zu entrichten (= **42,— DM**), weil der **10.09.1995** ein **Sonntag** ist, so daß der Fälligkeitstag auf den nächsten Werktag hinausgeschoben wird (= 11.09.1995).

Nach § 240 Abs. 1 Satz 3 AO tritt eine **Säumnis nicht** ein, bevor die Steuer **festgesetzt** oder **angemeldet** worden ist. Wird z.B. eine USt-Voranmeldung verspätet abgegeben, **beginnt** der Säumniszeitraum erst am Tag nach dem tatsächlichen **Eingangstag** der

Voranmeldung. Das Finanzamt kann **bis zum Eingangstag keinen Säumniszuschlag** erheben, jedoch einen **Verspätungszuschlag** festsetzen (AE AO zu § 240 Nr. 1).

Der Säumniszeitraum **endet** mit dem **Erlöschen der Steuerschuld.** Ansprüche aus dem Steuerschuldverhältnis erlöschen im Regelfall durch **Zahlung** (§ 47 AO).

Bei der **Zahlung endet** der Säumniszeitraum am **Einzahlungstag.**

Liegt der Steuerbehörde eine **Einzugsermächtigung** vor, können **keine Säumniszuschläge** anfallen.

Übung: 1. Wiederholungsfragen 18 bis 20,
2. Aufgabe 7

Zu 3. Zinsen

Zu den **Zinsen**, die sich als Folge der Fristversäumnis ergeben können, gehören

---

1. **Zinsen** bei Steuer**nachforderungen** und Steuer**erstattungen** (§ 233a AO),

2. **Stundungszinsen** (§ 234 AO),

3. Hinterziehungszinsen (§ 235 AO),

4. Prozeßzinsen auf Erstattungsbeträge (§ 236 AO),

5. Zinsen bei Aussetzung der Vollziehung (§ 237 AO).

Im folgenden werden lediglich die **ersten beiden Zinsarten** kurz erläutert.

Die **Zinsen** betragen 0,5 % **für jeden vollen Monat** des Zinslaufs; angefangene Monate bleiben außer Ansatz (§ 238 Abs. 1 AO).
Für ihre Berechnung wird der **zu verzinsende Betrag auf volle 100 DM** nach unten **abgerundet** (§ 238 Abs. 2 AO).
Zinsen werden nur dann festgesetzt, wenn sie **mindestens 20 DM** betragen (§ 239 Abs. 2 AO).

Zu 3.1 Zinsen bei Steuernachforderungen und Steuererstattungen (§ 233a AO)

Die **Verzinsung** von Steuernachforderungen und Steuererstattungen nach § 233a AO (Vollverzinsung) soll einen **Ausgleich** dafür schaffen, daß die Steuern trotz gleichen gesetzlichen Entstehungszeitpunkts gegen den einzelnen Steuerpflichtigen, aus welchen Gründen auch immer, zu unterschiedlichen Zeitpunkten festgesetzt und **erhoben** werden. Die Verzinsung ist gesetzlich vorgeschrieben; die Zinsfestsetzung steht **nicht im Ermessen** der Finanzbehörde.

Die **Verzinsung** nach § 233a AO ist beschränkt auf die Festsetzung der **Einkommen-, Körperschaft-, Vermögen-, Umsatz- und Gewerbesteuer** (§ 233a Abs. 1 AO).

Der Zinslauf **beginnt** grundsätzlich **15 Monate nach Ablauf des Kalenderjahres,** in dem die Steuer entstanden ist **(Karenzzeit).** Die **Karenzzeit** ist **ausgerichtet** an der **längsten allgemeinen Fristverlängerung** für die Abgabe der Steuererklärungen. Für die ESt 1992, KSt 1992, VSt 1992, USt 1992 GewSt 1992 **beginnt** der Zinslauf daher am **1.4.1994**.

Beispiel:
Das Finanzamt Koblenz gibt am **09.10.1995** den ESt-Bescheid **1993** der Steuerpflichtigen Silke Wambach zur Post. Die **ESt-Nachforderung** beträgt 14.000,— DM.

Der Zinslauf **beginnt am 1.4.1995** (1.1.1994 + 15 Monate).

Der Zinslauf **endet** einheitlich sowohl bei Steuernachforderungen als auch bei Steuererstattungen mit **Wirksamkeit der Steuerfestsetzung**, das ist bei Steuerbescheiden der **Tag der Bekanntgabe.**
Dies kann auch ein Sonnabend, ein Sonntag oder ein gesetzlicher Feiertag sein.

Beispiel:
Sachverhalt wie im Beispiel zuvor.

Der Zinslauf **endet** am **12.10.1995** (09.10.1995 + 3 Tage nach Postaufgabe = 12.10.1995).

Ein **voller Zinsmonat** (§ 238 Abs. 1 Satz 2 AO) ist erreicht, wenn der Tag, an dem der Zinslauf endet, hinsichtlich seiner Zahl dem Tag entspricht, der dem Tag vorgeht, an dem die Frist begann (vgl. § 108 Abs. 1 AO).
Begann der Zinslauf z.B. am **01.04.** und wurde die Steuerfestsetzung am **30.04.** **bekanntgegeben**, ist bereits ein **voller Zinsmonat** gegeben (AEAO zu § 233a Nr. 6).

Als **Grundlage** der Verzinsung ist nicht nur der **Zinslauf,** sondern auch der **zu verzinsende Betrag** entscheidend. Der **zu verzinsende Betrag** wird vom Gesetzgeber als **Unterschiedsbetrag** bezeichnet.

Der **Unterschiedsbetrag** ist ein **Sollbetrag**, der wie folgt ermittelt wird:

festgesetztes **Soll**		
festgesetzte Steuer	.... DM	
- anzurechnende Steuerabzugsbeträge	.... DM	
- anzurechnende Körperschaftsteuer	.... DM	.... DM
– Vorauszahlungs**soll**		.... DM
= **Unterschiedsbetrag**		.... DM

Beispiel:

Sachverhalt wie im Beispiel zuvor. Die festgesetzte **Einkommensteuer** beträgt **40.000 DM**, die festgesetzten **Vorauszahlungen 16.000 DM** und die anzurechnende **Lohnsteuer 10.000 DM**.

Die **Nachzahlungszinsen** werden wie folgt berechnet:

festgesetztes **Soll**		
festgesetzte Steuer	40.000 DM	
- anzurechnende Steuerabzugsbeträge	10.000 DM	
- anzurechnende Körperschaftsteuer	0 DM	30.000 DM
– Vorauszahlungs**soll**		16.000 DM
= **Unterschiedsbetrag (Mehrsoll)**		**14.000 DM**

Der Zinslauf **beginnt** am **01.04.1995** und **endet** am **12.10.1995**. Die **Nachzahlungszinsen** betragen **420 DM** (6 volle Monate x 0,5 % von 14.000 DM).

Ergibt sich ein **Unterschiedsbetrag zugunsten** des Steuerpflichtigen (**Mindersoll**), ist dieser ebenfalls Grundlage der Zinsberechnung.

Beispiel:

Dem Steuerpflichtigen Alexander Vogel wird am **03.07.1995** der **Einkommensteuer-Bescheid 1993 bekanntgegeben**. Die festgesetzte **Einkommensteuer** beträgt **68.422DM**. Die festgesetzten und gezahlten **Vorauszahlungen** für 1993 haben **69.820 DM** betragen.

Die **Erstattungszinsen** werden wie folgt berechnet:

festgesetztes **Soll**		
festgesetzte Steuer	68.422 DM	
- anzurechnende Steuerabzugsbeträge	0 DM	
- anzurechnende Körperschaftsteuer	0 DM	68.422 DM
– Vorauszahlungs**soll**		69.820 DM
= **Unterschiedsbetrag (Mindersoll)**		**- 1.398 DM**

Der Zinslauf **beginnt** am **01.04.1995** und **endet** am **03.07.1995** (Bekanntgabe des Steuerbescheids). Die **Erstattungszinsen** betragen **19,50 DM** (3 volle Monate x 0,5 % von 1.300 DM). Da die Zinsen **weniger als 20 DM** betragen, werden sie jedoch **nicht** festgesetzt (§ 239 Abs. 2 AO).

Um **Erstattungszinsen** auf festgesetzte, aber **nicht entrichtete Vorauszahlungen** zu verhindern, ist nur der **tatsächlich zu erstattende Betrag** (nicht der Sollbetrag) zu verzinsen.

Weitere Einzelheiten zur Zinsberechnung ernthält der neue Anwendungserlaß zur Vollverzinsung (AEAO zu § 233a), der mit BMF-Schreiben vom 03.08.1994 an die ab 1994 geänderte Rechtslage angepaßt worden ist.

Übung: 1. Wiederholungsfragen 21 bis 28,
2. Aufgaben 8 bis 10

Zu 3.2. Stundungszinsen (§ 234 AO)

Für die Dauer einer **gewährten** (nicht in Anspruch genommenen) Stundung von Ansprüchen aus dem Steuerschuldverhältnis werden **Stundungszinsen** erhoben (§ 234 Abs. 1 AO). Es gilt wie beim § 233a AO der Grundsatz der Sollverzinsung.

Grundlage der Stundungszinsen sind lediglich die **Stundung einzelner Beträge** sowie die **gewährte Dauer.**

Vorzeitige Zahlungen trotz gewährter Stundung **ändern** an der Zinspflicht grundsätzlich **nichts.**

Zahlt der Verpflichtete die gestundeten Beträge nach Ablauf der Stundung **nicht,** so werden vom Ablauf der Stundung an **Säumniszuschläge** verwirkt (§ 240 AO).

Der Zinslauf **beginnt** mit dem ersten Tag der Stundungswirkung. Das ist in der Regel der **Tag nach dem Fälligkeitstag.** Unter Berücksichtigung des § 108 Abs.3 AO verschiebt sich dieser Tag auf den **nächsten Werktag.**

Der Zinslauf **endet** mit dem in der Stundungsverfügung genannten **letzten Tag der Stundung, bei Ratenzahlung** jeweils für die einzelne Rate mit dem **Fälligkeitstag.** Dieser Tag ist der Berechnung des Zinslaufs **auch** zugrunde zu legen, **wenn** er ein **Sonnabend,** ein **Sonntag** oder ein **gesetzlicher Feiertag** ist (AEAO zu § 234 AO Nr. 5).

Beispiel:
Der Steuerpflichtigen Tina Schlaudt wurde die am **18.07.1995** fällig gewesene Einkommensteuer-Abschlußzahlung 1994 in Höhe von **3.780 DM** bis zum **30.09.1995** gestundet.

Der Zinslauf **beginnt** am **19.07.1995** und **endet** am **30.09.1995**. Die **Stundungszinsen** betragen **37 DM** (2 volle Monate x 0,5 % von 3.700 DM).

> **Übung**: 1. Wiederholungsfrage 29,
> 2. Aufgabe 11

Zu 4. Zwangsgelder (§ 329 AO)

Erfüllt ein Steuerpflichtiger **nicht** die ihm im Rahmen des Ermittlungsverfahrens obliegenden **Mitwirkungspflichten** (z.B. ein Steuerpflichtiger gibt seine Steuererklärung nicht ab, obwohl er dazu verpflichtet ist), so kann die Finanzbehörde ihm ein **Zwangsgeld** auferlegen (§ 328 AO).

Das **Zwangsgeld** muß **schriftlich** angedroht werden (§ 332 AO) und darf im einzelnen **5.000 DM nicht übersteigen** (§ 329 AO).

> **Übung**: 1. Wiederholungsfrage 30,
> 2. Aufgabe 12

3.6. Zusammenfassung und Erfolgskontrolle

3.6.1 Zusammenfassung

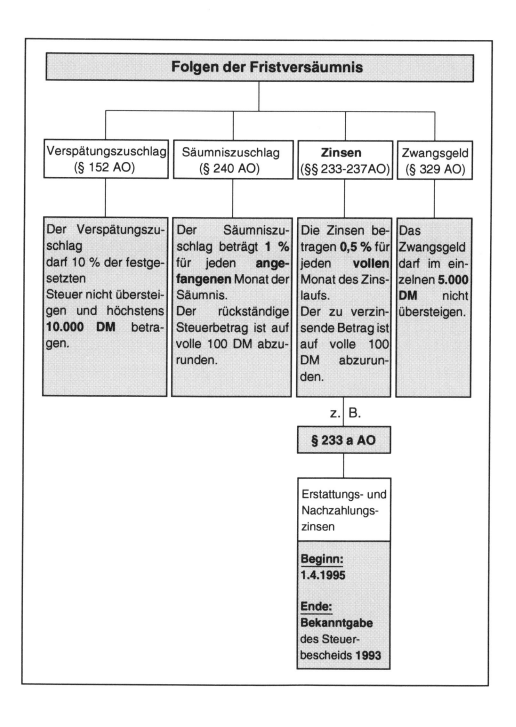

3.6.2 Erfolgskontrolle

WIEDERHOLUNGSFRAGEN

1. Was versteht man unter einer Frist?
2. Was versteht man unter einem Termin?
3. Welche Fristenarten werden in der AO unterschieden?
4. Was versteht man unter **gesetzlichen** Fristen? Nennen Sie ein Beispiel.
5. Was versteht man unter **behördlichen** Fristen? Nennen Sie ein Beispiel.
6. Welcher Unterschied besteht zwischen **gesetzlichen und behördlichen** Fristen?
7. Was versteht man unter Ereignisfristen?
8. Wann **beginnt** eine Ereignisfrist?
9. Wann **enden** Tagesfristen?
10. Wann **enden** Wochenfristen?
11. Wann **enden** Monatsfristen?
12. Wann **enden** Fristen, wenn das Ende einer Frist auf einen **Samstag, Sonntag** oder **gesetzlichen Feiertag** fällt?
13. Unter welchen Voraussetzungen ist die Wiedereinsetzung in den vorigen Stand möglich?
14. Wie wird der Steuerpflichtige mit der Wiedereinsetzung in den vorigen Stand gestellt?
15. In welchen Fällen kann ein Verspätungszuschlag festgesetzt werden?
16. Wie hoch kann dcr Verspätungszuschlag sein?
17. Was wissen Sie über die Schonfrist bei verspäteter Abgabe der Steuervoranmeldungen?
18. In welchem Fall hat der Steuerpflichtige einen Säumniszuschlag zu entrichten?
19. Wie hoch ist der Säumniszuschlag
20. Wie wirkt sich die Schonfrist auf die Berechnung der Säumniszuschläge aus?
21. Welche Zinsarten werden in der AO unterschieden?
22. Wie hoch ist der Zinssatz?
23. Wie hoch muß der Zinsbetrag mindestens sein, damit er festgesetzt wird?
24. Auf welche Steuerarten beschränkt sich die Verzinsung nach **§ 233a AO?**
25. Wann beginnt der Zinslauf grundsätzlich?
26. Wann **endet** der Zinslauf bei **Nachforderungen?**
27. Wann endet der Zinslauf bei Steuererstattungen?
28. Wie wird der **Unterschiedsbetrag** (der zu verzinsende Betrag) ermittelt?
29. Was wissen Sie über die Stundungszinsen?
30. Was wissen Sie über das Zwangsgeld?

AUFGABEN

Aufgabe 1:

Das Finanzamt Freiburg gibt am Dienstag, dem **04.07.1995**, einen ESt-Bescheid mittels gewöhnlichem Brief zur Post.

Wann **beginnt** und wann **endet** die **Rechtsbehelfsfrist** nach § 355 Abs. 1 AO?

Aufgabe 2:

Dem Steuerpflichtigen C gilt als am **08.10.1995** (= Sonntag) der ESt-Bescheid als **bekanntgegeben.**

Wann **endet** die **Rechtsbehelfsfrist** nach § 355 Abs. 1 AO?

Aufgabe 3:

Die Steuerpflichtige Karin Killing erhält ihren ESt-Bescheid 1994 am Mittwoch, dem **01.03.1995**. Der ESt-Bescheid wurde vom Finanzamt am Montag, dem **28.02.1995**, zur Post gegeben (Datum des Poststempels).

Wann **beginnt** und wann **endet** die **Rechtsbehelfsfrist** nach § 355 Abs. 1 AO?

Aufgabe 4:

Das Finanzamt Trier gibt am Mittwoch, dem **18.10.1995**, einen Steuerbescheid mit einem gewöhnlichen Brief zur Post.

Wann **beginnt** und wann **endet** die **Rechtsbehelfsfrist** nach § 355 Abs. 1 AO?

Aufgabe 5:

Das Finanzamt Mainz gibt am Dienstag, dem **18.04.1995**, einen Steuerbescheid mit einem gewöhnlichen Brief zur Post.

Wann **beginnt** und wann **endet** die **Rechtsbehelfsfrist** nach § 355 Abs. 1 AO?

Aufgabe 6:

Der Steuerpflichtige Siegfried Lenz, Münster, geht am **05.05. 1995**, dem letzten Tag der Rechtsbehelfsfrist, zum zuständigen Finanzamt, um den **Einspruch** gegen den ESt-Bescheid 1994 persönlich in den Briefkasten des Finanzamtes zu werfen. An einer ungesicherten Baustelle stürzt er. Wegen einer schweren Gehirnerschütterung wird er in ein Krankenhaus eingeliefert, wo er bis zum **22.05.1995** bleiben muß. Am Tag der Entlassung aus dem Krankenhaus findet er in seiner Jacke das Einspruchschreiben.

Kann Lenz nach Entlassung aus dem Krankenhaus noch **Einspruch** gegen den ESt-Bescheid einlegen? Erläutern Sie Ihre Antwort.

Aufgabe 7:

Der Steuerpflichtige Max Greger (Monatszahler) hat seine USt-Voranmeldung für Juli 1995 mit einer Zahllast von **11.217 DM** am Mittwoch, dem **02.08.1995**, beim zuständigen Finanzamt eingereicht. Die Zahlung wurde am **12.12.1995** dem Bankkonto der Finanzkasse gutgeschrieben.

Wie hoch ist der **Säumniszuschlag?**

Aufgabe 8:

Der Steuerpflichtigen Heike Schmitt wird am **23.06.1995** der ESt-Bescheid 1993 mit einer festgesetzten **Einkommensteuer** in Höhe von **36.429 DM bekanntgegeben.** Die Steuerpflichtige hat für 1993 die **festgesetzten Vorauszahlungen** in Höhe von 33.654 DM geleistet.

Wie hoch ist der **Zinsbetrag?**

Aufgabe 9:

Sachverhalt wie in Aufgabe 8 mit dem Unterschied, daß die Steuerpflichtige die festgesetzten **Vorauszahlungen** für 1993 in Höhe von **43.429 DM** geleistet hat.

Wie hoch ist der **Zinsbetrag**?

Aufgabe 10:

Das Finanzamt Koblenz gibt am 30.11.1995 den ESt-Bescheid 1993 der Steuerpflich-
tigen Andrea Zimmerschied zur Post. Die festgesetzte ESt beträgt 50.060 DM, die
festgesetzten und gezahlten Vorauszahlungen betragen 25.000 DM und die anzurech-
nende Lohnsteuer beträgt 5.000 DM.

Wie hoch ist der **Zinsbetrag?**

Aufgabe 11:

Das zuständige Finanzamt hat dem Steuerpflichtigen Dirk Lauxen die bis zum
16.09.1995 zu zahlende ESt-Abschlußzahlung für das Jahr 1994 in Höhe von
36.510 DM ab Fälligkeitstag gestundet und folgende Teilzahlungen gewährt:

6.510 DM, Zahlung fällig am 30.09.1995,

15.000 DM, Zahlung fällig am 30.10.1995,

15.000 DM, Zahlung fällig am 30.11.1995.

Wie hoch ist der **Zinsbetrag?**

Aufgabe 12:

Der Steuerpflichtige Müller hatte seine Einkommensteuererklärung für 1994 bis zum
31. Mai 1995 abzugeben.
Er hat die Erklärung bis heute trotz Mahnung noch nicht abgegeben.

Er fragt Sie, mit welchen Maßnahmen von seiten des Finanzamtes er zu rechnen habe,
wenn er es auch weiterhin unterläßt, die Erklärung abzugeben?

4 Ermittlungsverfahren

Die Festsetzung der Steuern setzt voraus, daß zuvor die Besteuerungsgrundlagen **ermittelt** worden sind.

Bei der Ermittlung der Besteuerungsgrundlagen haben sowohl die **Finanzbehörden** als auch die **Steuerpflichtigen** mitzuwirken (**Mitwirkungspflichten**).

4.1 Pflichten der Finanzbehörden und Steuerpflichtigen

4.1.1 Allgemeine Mitwirkungspflichten

Die **Finanzbehörden** haben die **Steuern** nach Maßgabe der Gesetze **gleichmäßig festzusetzen und zu erheben.** Insbesondere haben sie sicherzustellen, daß **Steuern nicht verkürzt** oder **zu Unrecht erhoben** werden (**allgemeiner Besteuerungsgrundsatz; § 85 AO**).

Die **Finanzbehörden** haben den **Sachverhalt** von Amts wegen **zu ermitteln.** Sie haben alle für den Einzelfall **bedeutsamen, auch** die für den Steuerpflichtigen **günstigen Umstände** zu berücksichtigen (**allgemeiner Untersuchungsgrundsatz; § 88 AO**).

Die **Finanzbehörden** sollen die Abgabe von Erklärungen, die Stellung von Anträgen oder die Berichtigung von Erklärungen oder von Anträgen **anregen,** wenn diese offensichtlich nur versehentlich oder aus Unkenntnis unterblieben oder unrichtig abgegeben oder gestellt worden sind (§ 89 AO).

Die Finanzbehörden wären überfordert, wenn sie die Besteuerungsgrundlagen ohne Mitwirkung der Steuerpflichtigen ermitteln müßten.
Den **Steuerpflichtigen** ist deshalb eine **gesetzliche Mitwirkungspflicht** auferlegt, die in § 90 Abs. 1 AO allgemein beschrieben wird.

Die **Steuerpflichtigen** sind zur Mitwirkung bei der Ermittlung des Sachverhalts verpflichtet. Sie kommen der Mitwirkungspflicht insbesondere dadurch nach, daß sie die für die Besteuerung **erheblichen Tatsachen** vollständig und wahrheitsgemäß **offenlegen.**

4.1.2 Besondere Mitwirkungspflichten

Neben der allgemeinen Mitwirkungspflicht gibt es eine Reihe **besonderer Mitwirkungspflichten**, wie z.B. die in der folgenden Übersicht aufgeführten Pflichten:

Mitwirkungspflicht bei Personenstands- und Betriebsaufnahme	Die **Grundstückseigentümer** haben insbesondere die Personen anzugeben, die auf dem Grundstück eine Wohnung, Wohnräume, eine Betriebstätte, Lagerräume oder sonstige Geschäftsräume haben (§ 135 Abs. 1 AO). Die **Wohnungsinhaber** und die Untermieter haben über sich und über die zu ihrem Haushalt gehörenden Personen Angaben zu machen über Namen, Familienstand, Geburtstag und Geburtsort, Religionszugehörigkeit, Wohnsitz, Erwerbstätigkeit oder Beschäftigung, Betriebsstätten (§ 135 Abs. 2 AO). Die **Inhaber von Betriebsstätten**, Lagerräumen und sonstigen Geschäftsräumen haben Angaben zu machen über Art und Größe des Betriebes und über die Betriebsinhaber (§ 135 Abs. 3 AO).
Anzeigepflichten	Wer einen Betrieb der **Land- und Forstwirtschaft**, einen **gewerblichen Betrieb** oder eine Betriebsstätte eröffnet, hat dies der zuständigen **Gemeinde** mitzuteilen. **Die Gemeinde unterrichtet unverzüglich das zuständige Finanzamt** (§ 138 Abs. 1 AO). Wer eine **freiberufliche Tätigkeit** aufnimmt, hat dies dem zuständigen **Finanzamt** mitzuteilen (§ 138 Abs. 1 AO).
Buchführungs- und Aufzeichnungspflichten	Der Umfang der steuerlichen Buchführungs- und Aufzeichnungspflichten sowie die Ordnungsvorschriften zu diesen Pflichten werden im folgenden Abschnitt erläutert.
Pflicht zur Abgabe von Steuererklärungen	Wer zur Abgabe von Steuererklärungen (Steueranmeldungen) verpflichtet ist und wann die Steuererklärungen abzugeben sind, bestimmen die Steuergesetze. Zur Abgabe einer Steuererklärung ist auch verpflichtet, wer hierzu persönlich oder durch öffentliche Bekanntmachung von der Finanzbehörde aufgefordert wird (§ 149 AO). Die Angaben in den Steuererklärungen sind wahrheitsgemäß und nach bestem Wissen und Gewissen zu machen (§ 150 Abs. 2 AO). Erkennt ein Steuerpflichtiger nachträglich vor Ablauf der Festsetzungsfrist, daß eine Erklärung unrichtig oder unvollständig ist, und daß es dadurch zu einer Verkürzung von Steuern kommen kann oder bereits gekommen ist, so ist er verpflichtet, dies unverzüglich anzuzeigen und die erforderliche Richtigstellung vorzunehmen (§ 153 Abs. 1 AO).

Auskunftspflicht	Die Steuerpflichtigen haben der Finanzbehörde die zur Feststellung eines für die Besteuerung erheblichen Sachverhalts erforderlichen Auskünfte zu erteilen.
	Andere Personen als die Steuerpflichtigen sollen erst dann zur Auskunft angehalten werden, wenn die Sachverhaltsaufklärung durch die Steuerpflichtigen nicht zum Ziele führt oder keinen Erfolg verspricht (§ 93 Abs. 1 AO).
	Im Besteuerungsverfahren hat der Steuerpflichtige **kein** gesetzliches Auskunftsverweigerungsrecht (AEAO zu § 101 Nr. 1).

> **Übung**: 1. Wiederholungsfragen 1 bis 12,
> 2. Aufgaben 1 und 2

4.2 Umfang der steuerlichen Buchführungs- und Aufzeichnungspflichten

Im Steuerrecht wird zwischen Buchführung und Aufzeichnungen unterschieden.

Eine **Buchführung** erfaßt **alle** Geschäftsvorfälle nach einem bestimmten System (z.B. doppelte Buchführung).

Aufzeichnungen erfassen **nur bestimmte** steuerlich bedeutsame Sachverhalte.

Eine Buchführung ist also umfassender als Aufzeichnungen.

4.2.1 Steuerliche Buchführungspflichten

Die steuerrechtliche Buchführungspflicht knüpft für einen großen Kreis der Steuerpflichtigen an deren **handelsrechtliche** Buchführungspflicht an (= **abgeleitete** Buchführungspflicht).

Die **steuerrechtliche** Buchführungspflicht geht jedoch über die handelsrechtliche hinaus und wird insoweit im § 141 AO begründet; dieser Teil der steuerrechtlichen Buchführungspflicht wird als **originäre** Buchführungspflicht bezeichnet.

4.2.1.1 Abgeleitete Buchführungspflicht

Jeder **Kaufmann** ist nach § 238 Abs. 1 Handelsgesetzbuch (HGB) verpflichtet, Bücher zu führen und in diesen seine Handelsgeschäfte und die Lage seines Vermögens nach den Grundsätzen ordnungsmäßiger Buchführung (GoB) ersichtlich zu machen.

<u>Kaufmann</u> ist, wer ein Handelsgewerbe betreibt (§ 1 Abs. 1 HGB).

Als **Handelsgewerbe** gilt jeder Gewerbebetrieb, der eine der in § 1 Abs. 2 HGB bezeichneten Arten von Geschäften (= sogenannte **Grundhandelsgewerbe**) zum Gegenstand hat.

Kaufleute, die ein Grundhandelsgewerbe betreiben (z.B. Einzelhändler, Großhändler), werden als <u>**Mußkaufleute**</u> bezeichnet, weil sie die Kaufmannseigenschaft ohne weiteres durch die Ausübung des Grundhandelsgewerbes besitzen.

Bedarf der Gewerbebetrieb eines Mußkaufmanns nach Art oder Umfang einen in kaufmännischer Weise eingerichteten Geschäftsbetrieb (= **kaufmännische Organisation**), so ist der Gewerbetreibende <u>**Vollkaufmann.**</u>

Bedarf es bei einem Mußkaufmann **nicht** der kaufmännischen Organisation, so ist er **Minderkaufmann.**

Für Vollkaufleute gilt das HGB in **vollem Umfang,** während es für **Minderkaufleute nicht in vollem** (= vermindertem) Umfang gilt.
Die Buchführungspflicht findet auf Minderkaufleute keine Anwendung (§ 4 Abs. 1 HGB).

Gewerbetreibende, die nicht bereits nach § 1 Abs. 2 HGB die Kaufmannseigenschaft besitzen (z.B. Bauunternehmer), deren Betrieb jedoch eine kaufmännische Organisation erfordert, sind verpflichtet, sich in das Handelsregister eintragen zu lassen (<u>**Sollkaufleute**</u>; § 2 HGB).
Sie erwerben durch die Eintragung in das Handelsregister die Kaufmannseigenschaft und sind **Vollkaufleute.**

Land- und Forstwirte können sich mit ihrem Hauptbetrieb oder einem Nebenbetrieb (z.B. Mühle, Sägewerk) in das Handelsregister eintragen lassen, wenn der Betrieb eine kaufmännische Organisation erfordert (<u>**Kannkaufleute**</u>; § 3 HGB).
Auch sie erwerben durch die Eintragung ins Handelsregister die Kaufmannseigenschaft und sind **Vollkaufleute.**
Land- und Forstwirte sind berechtigt, aber nicht verpflichtet, sich in das Handelsregister eintragen zu lassen.

Alle **Kapitalgesellschaften** (AG, GmbH, KGaA) und **Genossenschaften** (eG) erwerben durch die Eintragung in das Handelsregister bzw. Genossenschaftsregister die Kaufmannseigenschaft (<u>**Formkaufleute**</u>; § 6 HGB), auch wenn sie kein Handelsgewerbe betreiben. Sie sind ebenfalls **Vollkaufleute.**

Alle **Vollkaufleute** sind nach dem Handelsrecht **buchführungspflichtig.**

Vollkaufleute sind auch **steuerrechtlich** zur Buchführung verpflichtet.

Die **steuerrechtliche** Buchführungspflicht der **Vollkaufleute** wird in § **140 AO** aus der handelsrechtlichen Buchführungspflicht abgeleitet. § 140 AO hat folgenden Wortlaut:

" Wer nach **anderen Gesetzen** als den Steuergesetzen Bücher ... zu führen hat, die für die Besteuerung von Bedeutung sind, hat die Verpflichtung, die ihm nach den anderen Gesetzen obliegen, auch für die Besteuerung zu erfüllen."

4.2.1.2 Originäre Buchführungspflicht

Der Kreis der steuerrechtlich Buchführungspflichtigen wird durch § 141 AO erweitert.

§ 141 AO gilt für **bestimmte** gewerbliche Unternehmer und Land- und Forstwirte, **nicht** jedoch für **selbständig Tätige** mit Einkünften im Sinne des § 18 Einkommensteuergesetz.

Gewerbliche Unternehmer sowie **Land- und Forstwirte, die** nach den Feststellungen der Finanzbehörde für den einzelnen Betrieb **die folgenden Umsatz-, Vermögens- oder Gewinngrenzen überschreiten, sind** auch dann **verpflichtet,** für diesen Betrieb **Bücher zu führen,** wenn sich eine Buchführungspflicht aus § 140 AO nicht ergibt:

---

1. **Umsätze** von mehr als **500.000 DM** im Kalenderjahr
   oder

2. **Betriebsvermögen** von mehr als **125.000 DM**
   oder

3. selbstbewirtschaftete land- und forstwirtschaftliche Fläche mit einem **Wirtschaftswert** (§ 46 Bewertungsgesetz) von mehr als **40.000 DM**
   oder

4. **Gewinn aus Gewerbebetrieb** von mehr als **48.000 DM**
   im Wirtschaftsjahr
   oder

5. **Gewinn aus Land- und Forstwirtschaft** von mehr als **48.000 DM**
   im Kalenderjahr.

Übung: 1. Wiederholungsfragen 13 bis 18,
2. Aufgaben 3 bis 5

4.2.2 Steuerliche Aufzeichnungspflichten

Wie bei den Buchführungspflichten kann man auch bei den Aufzeichnungspflichten zwischen **originären** und **abgeleiteten** Aufzeichnungspflichten unterscheiden.

4.2.2.1 Originäre Aufzeichnungspflichten

Unter **originären** steuerrechtlichen Aufzeichnungspflichten sind solche zu verstehen, die sich unmittelbar aus Steuergesetzen ergeben.

Zu diesen **originären** Aufzeichnungspflichten gehören:

a) Umsatzsteuerliche Aufzeichnungen (§ 22 UStG)
b) Aufzeichnung des Wareneingangs (§ 143 AO)
c) Aufzeichnung des Warenausgangs (§ 144 AO)
d) Aufzeichnung bestimmter Betriebsausgaben (§ 4 Abs. 5 und 7 EStG)
e) Aufzeichnung geringwertiger Anlagegüter (§ 6 Abs. 2 EStG)

4.2.2.2 Abgeleitete Aufzeichnungspflichten

Aufzeichnungspflichten, die nach anderen als steuerrechtlichen Vorschriften bestehen, sind nach § 140 AO auch für die Besteuerung zu erfüllen, wenn sie für diese von Bedeutung sind.

Von den vielen sogenannten **außersteuerlichen** Aufzeichnungspflichten werden im folgenden einige betroffene Betriebe und Berufe genannt:

Apotheker, Herstellungsbücher;
Banken, Depotbücher;
Bauträger und Baubetreuer, Bücher nach der Gewerbeordnung;
Fahrschulen, Fahrschüler-Ausbildungsbücher;
Gebrauchtwagenhändler, Gebrauchtwagenbücher;
Handelsmakler, Tagebuch nach HGB;
Heimarbeiter, Entgeltbücher;
Hotel, Gaststätten und Pensionsgewerbe, Fremdenbücher;
Metallhändler, Einkaufsbücher;
Reisebüro, Bücher nach der Gewerbeordnung;
Vieh- und Fleischverkäufer, Bücher nach dem Vieh- und Fleischgesetz;
Winzer-, Kellerbücher und Weinlagerbücher nach dem Weingesetz.

Weitere außersteuerliche Aufzeichnungspflichten sind aus dem Einführungserlaß zur AO 1977 zu ersehen (BStBl 1976 I, S. 576).

Übung: 1. Wiederholungsfragen 19 bis 22,
2. Aufgaben 6 und 7

4.3 Ordnungsvorschriften für die Buchführung und für Aufzeichnungen

Allgemein muß die **Buchführung** so beschaffen sein, daß sie einem sachverständigen Dritten innerhalb angemessener Zeit einen Überblick über die Geschäftsvorfälle und über die Lage des Unternehmens vermitteln kann. Die Geschäftsvorfälle müssen sich in ihrer Entstehung und Abwicklung verfolgen lassen (§ 238 Abs. 1 HGB, § 145 Abs. 1 AO).

Aufzeichnungen sind allgemein so vorzunehmen, daß der Zweck, den sie für die Besteuerung erfüllen sollen, erreicht wird (§ 145 Abs. 2 AO).

Neben diesen allgemeinen Ordnungsvorschriften werden in § 239 HGB und den §§ 146 und 154 AO noch besondere Ordnungsvorschriften aufgeführt:

1. Die Buchungen und die sonst erforderlichen Aufzeichnungen sind

   vollständig,
   richtig,
   zeitgerecht und
   geordnet

   vorzunehmen.
   Kasseneinnahmen und Kassenausgaben sollen täglich festgehalten werden.

2. Die Buchungen und die sonst erforderlichen Aufzeichnungen sind in einer lebenden Sprache vorzunehmen. Wird eine andere als die deutsche Sprache verwendet, so kann die Finanzbehörde Übersetzungen verlangen.

3. Werden Abkürzungen, Ziffern, Buchstaben oder Symbole verwendet, muß im Einzelfall deren Bedeutung eindeutig festliegen.

4. Eine Buchung oder eine Aufzeichnung darf nicht so verändert werden, daß der ursprüngliche Inhalt nicht mehr feststellbar ist.

5. Auch solche Veränderungen dürfen nicht vorgenommen werden, die es ungewiß lassen, ob sie ursprünglich oder erst später gemacht worden sind.

6. Es ist unzulässig, Konten auf falsche oder erdichtete Namen zu führen.

Bücher und Aufzeichnungen sind **zehn Jahre** aufzubewahren (§ 257 Abs. 1 und 4 HGB, § 147 Abs. 1 und 3 AO).

Die **Aufbewahrungsfrist** beginnt mit dem Schluß des Kalenderjahres, in dem die letzte Eintragung in das Buch gemacht oder die Aufzeichnungen vorgenommen worden sind (§ 257 Abs. 5 HGB, § 147 Abs. 4 AO).

Wer entweder **keine** Bücher oder Aufzeichnungen führt, obwohl er dazu verpflichtet ist, **oder** wer Bücher oder Aufzeichnungen **mangelhaft** führt, verstößt gegen seine gesetzliche Buchführungs- oder Aufzeichnungspflichten.

Bei **mangelhafter** Führung ist zwischen formellen und sachlichen Mängeln zu unterscheiden.

Hat ein zur Buchführung oder zu Aufzeichnungen Verpflichteter **keine Bücher geführt oder Aufzeichnungen vorgenommen,** kann die Finanzbehörde die Erfüllung der Pflicht durch Auferlegung eines Zwangsgeldes erzwingen (§ 328 AO).
Das einzelne **Zwangsgeld** kann **bis zu 5.000 DM** betragen (§ 329 AO). Bei fehlender Buchführung oder fehlenden Aufzeichnungen hat das Finanzamt die Besteuerungsgrundlagen zu schätzen (§ 162 AO).

Bei **formellen** Mängeln wird die Ordnungsmäßigkeit der Buchführung oder der Aufzeichnungen grundsätzlich nicht berührt, wenn die formellen Mängel so **gering** sind, daß das sachliche Ergebnis nicht beeinflußt wird (R 29 Abs. 6 EStR 1993).

Schwere und gewichtige formelle Mängel können dagegen zur **Verwerfung der Buchführung bzw. der Aufzeichnungen** führen.

Enthalten die Buchführung bzw. die Aufzeichnungen **materielle** Mängel, so wird ihre Ordnungsmäßigkeit dadurch nicht berührt, wenn es sich um **unwesentliche** Mängel handelt, z.B. nur unbedeutende Vorgänge sind nicht oder falsch dargestellt. Derartige Fehler sind dann **zu berichtigen** oder das Ergebnis ist durch eine **Zuschätzung** (Ergänzungsschätzung) richtigzustellen.

Enthalten die Buchführung bzw. die Aufzeichnungen dagegen **wesentliche**, also **schwerwiegende materielle** Mängel, so sind sie **nicht mehr ordnungsgemäß.**

Eine **Vollschätzung** ist nach § 162 AO dann vorzunehmen, wenn die Buchführung bzw. die Aufzeichnungen so **schwerwiegende formelle und/oder materielle** Mängel enthalten, daß das ausgewiesene Ergebnis auch durch eine Zuschätzung nicht richtig gestellt werden kann.

Werden buchungs- bzw. aufzeichnungspflichtige Vorfälle vorsätzlich oder leichtfertig nicht oder falsch gebucht und wird dadurch eine Verkürzung der Steuereinnahmen ermöglicht, liegt eine **Steuergefährdung** (= Ordnungswidrigkeit) vor, die mit einer **Geldbuße bis zu 10.000 DM** geahndet werden kann (§ 379 AO).

Bei einer leichtfertigen **Steuerverkürzung** im Sinne des § 378 AO kann die Geldbuße sogar **bis zu 100.000 DM** betragen.

Liegt der Tatbestand der **Steuerhinterziehung** vor (§ 370 AO), können Geldstrafen oder **Freiheitsstrafen bis zu fünf Jahren,** in besonders schweren Fällen **bis zu 10 Jahren** verhängt werden.

Übung: 1. Wiederholungsfragen 23 bis 36,
2. Aufgaben 8 und 9

4.4 Zusammenfassung und Erfolgskontrolle

4.4.1 Zusammenfassung

In den Schaubildern auf den folgenden Seiten werden die wesentlichen Pflichten der Finanzbehörden und Steuerpflichtigen im Erhebungsverfahren noch einmal kurz zusammengestellt und ein zusammenfassender Überblick über die steuerlichen Buchführungspflichten gegeben.

4.4.2 Erfolgskontrolle

WIEDERHOLUNGSFRAGEN

1. Was verlangt der allgemeine Besteuerungsgrundsatz des § 85 AO von den Finanzbehörden?
2. Was besagt der allg. Untersuchungsgrundsatz des § 88 AO?
3. Was besagt die allgemeine Mitwirkungspflicht der Steuerpflichtigen nach § 90 AO?
4. Wie kommen die Steuerpflichtigen dieser allgemeinen Mitwirkungspflicht insbesondere nach?
5. Welche besonderen Mitwirkungspflichten haben die Steuerpflichtigen (Aufzählung genügt)?
6. Wer ist von der Mitwirkungspflicht bei der Personenstandsaufnahme und Betriebsaufnahme betroffen?
7. Welche Anzeigepflichten bestehen nach § 138 AO gegenüber der zuständigen Gemeinde?
8. Wer ist zur Abgabe von Steuererklärungen (Steueranmeldungen) verpflichtet?
9. Welche Anforderungen werden an die Angaben in den Steuererklärungen gestellt?
10. Was hat der Steuerpflichtige zu tun, wenn er nachträglich feststellt, daß seine Steuererklärung diesen Anforderungen nicht genügt?
11. Was besagt die Auskunftspflicht des § 93 AO?
12. Hat der Steuerpflichtige im Besteuerungsverfahren ein gesetzliches Auskunftsverweigerungsrecht?
13. Welcher Unterschied besteht zwischen einer Buchführung und Aufzeichnungen?
14. Welche beiden Arten der steuerrechtlichen Buchführungspflicht gibt es?
15. Wer unterliegt der abgeleiteten Buchführungspflicht nach § 140 AO?
16. Welche Vollkaufmannsarten gibt es?
17. In welchem Fall ist ein Mußkaufmann Vollkaufmann?
18. Wer unterliegt der originären Buchführungspflicht nach § 141 AO?
19. Welche beiden Arten der steuerrechtlichen Aufzeichnungspflichten kann man unterscheiden?
20. Welche originären Aufzeichnungspflichten gibt es?
21. Was versteht man unter abgeleiteten Aufzeichnungspflichten?
22. Welche außersteuerlichen Aufzeichnungspflichten, die auch im Interesse der Besteuerung zu erfüllen sind, gibt es?
23. Welche allgemeine Anforderung wird an die Ordnungsmäßigkeit der Buchführung gestellt?
24. Welche allgemeine Anforderung wird an die Ordnungsmäßigkeit von Aufzeichnungen gestellt?

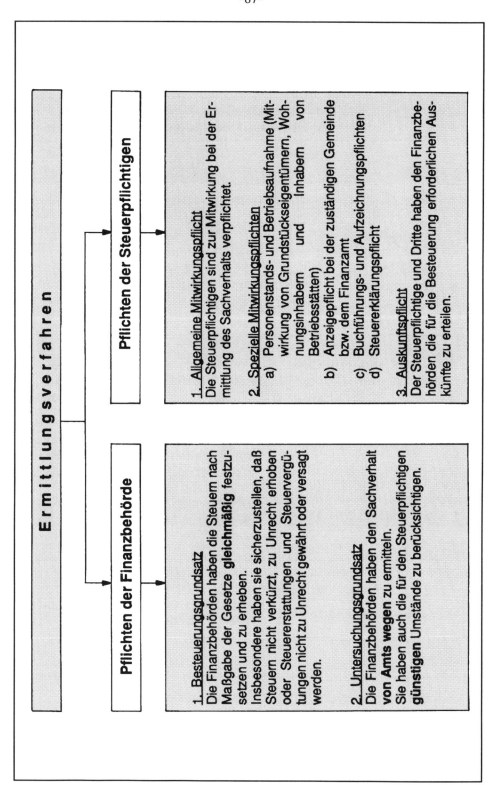

Ermittlungsverfahren

Pflichten der Finanzbehörde

1. Besteuerungsgrundsatz

Die Finanzbehörden haben die Steuern nach Maßgabe der Gesetze **gleichmäßig** festzusetzen und zu erheben.

Insbesondere haben sie sicherzustellen, daß Steuern nicht verkürzt, zu Unrecht erhoben oder Steuererstattungen und Steuervergütungen nicht zu Unrecht gewährt oder versagt werden.

2. Untersuchungsgrundsatz

Die Finanzbehörden haben den Sachverhalt **von Amts wegen** zu ermitteln.

Sie haben auch die für den Steuerpflichtigen **günstigen** Umstände zu berücksichtigen.

Pflichten der Steuerpflichtigen

1. Allgemeine Mitwirkungspflicht

Die Steuerpflichtigen sind zur Mitwirkung bei der Ermittlung des Sachverhalts verpflichtet.

2. Spezielle Mitwirkungspflichten

a) Personenstands- und Betriebsaufnahme (Mitwirkung von Grundstückseigentümern, Wohnungsinhabern und Inhabern von Betriebsstätten)

b) Anzeigepflicht bei der zuständigen Gemeinde bzw. dem Finanzamt

c) Buchführungs- und Aufzeichnungspflichten

d) Steuererklärungspflicht

3. Auskunftspflicht

Der Steuerpflichtige und Dritte haben den Finanzbehörden die für die Besteuerung erforderlichen Auskünfte zu erteilen.

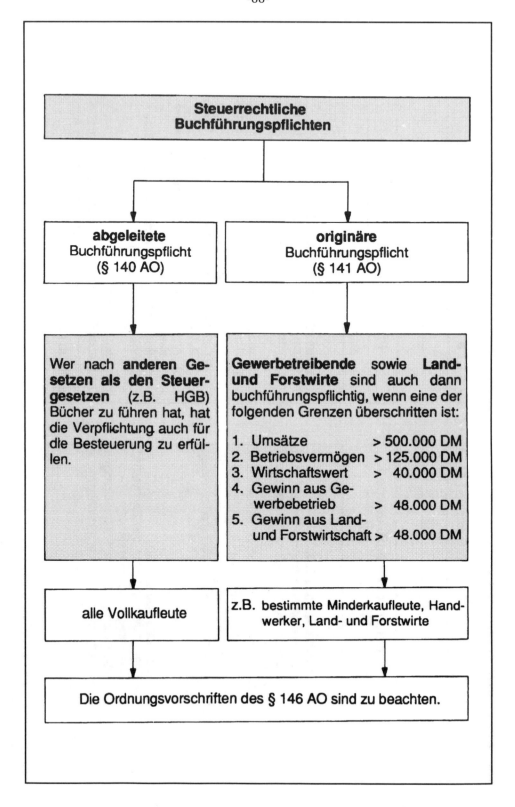

Steuerrechtliche Buchführungspflichten

abgeleitete Buchführungspflicht (§ 140 AO)

originäre Buchführungspflicht (§ 141 AO)

Wer nach **anderen Gesetzen als den Steuergesetzen** (z.B. HGB) Bücher zu führen hat, hat die Verpflichtung auch für die Besteuerung zu erfüllen.

Gewerbetreibende sowie **Land- und Forstwirte** sind auch dann buchführungspflichtig, wenn eine der folgenden Grenzen überschritten ist:

1. Umsätze > 500.000 DM
2. Betriebsvermögen > 125.000 DM
3. Wirtschaftswert > 40.000 DM
4. Gewinn aus Gewerbebetrieb > 48.000 DM
5. Gewinn aus Land- und Forstwirtschaft > 48.000 DM

alle Vollkaufleute

z.B. bestimmte Minderkaufleute, Handwerker, Land- und Forstwirte

Die Ordnungsvorschriften des § 146 AO sind zu beachten.

Verstöße gegen steuerrechtliche Buchführungs- und Aufzeichnungsvorschriften und mögliche Folgen	
Verstöße	mögliche Folgen
Verpflichteter führt **keine** Bücher oder Aufzeichnungen	Zwangsgeld bis 5.000 DM Vollschätzung bei Steuergefährdung Geldbuße bis 10.000 DM bei Steuerverkürzung Geldbuße bis 100.000 DM bei Steuerhinterziehung Geld- oder Freiheitsstrafen
Verpflichteter führt Bücher oder Aufzeichnungen mit a) geringfügigen formellen oder unwesentlichen sachlichen Mängeln	Berichtigung durch Zuschätzung
b) schweren und gewichtigen formellen oder sachlichen Mängeln	Verwerfung der Buchführung Vollschätzung bei Steuergefährdung Geldbuße bis 10.000 DM bei Steuerverkürzung Geldbuße bis 100.000 DM bei Steuerhinterziehung Geld- oder Freiheitsstrafen

25. Welche besonderen Ordnungsvorschriften gelten für die Buchungen und die sonst erforderlichen Aufzeichnungen?
26. Wie lange dauert die Aufbewahrungsfrist für Bücher und Aufzeichnungen?
27. Wann beginnt die Aufbewahrungsfrist?
28. Wer verstößt allgemein gegen die Buchführungs- und Aufzeichnungspflichten?
29. Welche Arten von Mängeln können Bücher und Aufzeichnungen allgemein aufweisen?
30. In welchem Fall wird bei formellen Mängeln die Ordnungsmäßigkeit grundsätzlich nicht berührt?
31. Welche formellen Mängel führen allgemein zur Verwerfung?
32. In welchem Fall wird bei materiellen Mängeln die Ordnungsmäßigkeit nicht berührt?
33. Wie werden diese Mängel behoben?
34. In welchem Fall sind bei materiellen Mängeln Buchführung oder Aufzeichnungen nicht mehr ordnungsgemäß?
35. In welchem Fall ist eine Vollschätzung vorzunehmen?
36. In welchem Fall liegt nach § 379 AO eine Steuergefährdung vor?

AUFGABEN

Aufgabe 1:

Bei Überprüfung der ESt-Erklärung des Steuerpflichtigen Willi Weyer, Großstadt, stellt der zuständige Sachbearbeiter des Finanzamtes Großstadt fest, daß Weyer im Gegensatz zu den Vorjahren bei der Ermittlung der Einkünfte aus Vermietung und Verpachtung keine Gebäude-AfA angesetzt hat.
Der Sachbearbeiter ist der Auffassung, daß er nichts zu unternehmen brauche, weil sich eine Berichtigung des Sachverhalts zugunsten des Steuerpflichtigen auswirken würde.

Ist der Sachbearbeiter verpflichtet, diesen Sachverhalt aufzuklären? Begründen Sie Ihre Antwort.

Aufgabe 2:

Der Steuerpflichtige Emil Bach hat in seiner ESt-Erklärung als Werbungskosten 560 DM für Fachliteratur belegmäßig nicht nachgewiesen.
Er wird gebeten, die entsprechenden Belege nachzureichen.

Ist Bach verpflichtet, die Belege nachzureichen? Begründen Sie Ihre Antwort.

Aufgabe 3:

Werner Klein betreibt in Düsseldorf ein Elektrowaren-Einzelhandelsgeschäft.

Er fragt Sie, ob er steuerrechtlich zur Buchführung verpflichtet sei.
Was antworten Sie ihm?

Aufgabe 4:

Der Steuerpflichtige Fritz Wepper betreibt seit Jahren ein Lebensmitteleinzelhandels-geschäft in Fulda, das keine kaufmännische Organisation erfordert. Eine Eintragung im Handelsregister ist bisher nicht erfolgt. Wepper ermittelt seinen Gewinn zulässiger-weise nach § 4 Abs. 3 EStG (= Überschuß der Betriebseinnahmen über die Betriebs-ausgaben).
Wepper hat in den letzten Jahren folgende Umsatze und Gewinne erzielt:

Jahr	Umsatz	Gewinn
1993	70.000 DM	20.000 DM
1994	90.000 DM	25.000 DM
1995	120.000 DM	48.800 DM

Ist Wepper nach Handels- bzw. Steuerrecht **buchführungspflichtig**?

Aufgabe 5:

Der Steuerberater Bodo Müller, Frankfurt, hat 1995 einen Gewinn von 240.000 DM ermittelt und versteuert.

Ist Müller nach Handels- bzw. Steurrecht **buchführungspflichtig**?

Aufgabe 6:

Herbert Blau, München, betreibt einen Andenkenladen. Er ist Minderkaufmann. Die Wertgrenzen des § 141 AO werden von ihm nicht überschritten.

Er fragt Sie, zu welchen Aufzeichnungen er verpflichtet ist.
Welche Auskunft geben Sie ihm?

Aufgabe 7:

Zu den Mandanten des Steuerberaters Werner Müller, Stuttgart, gehören u.a.

ein Fahrlehrer mit einer Fahrschule,
vier Winzer mit Weinbaubetrieben,
ein Gebrauchtwagenhändler und
ein Hotelier mit einem Hotel garni.

Welche außersteuerlichen Aufzeichnungspflichten, die für die Besteuerung von Bedeutung sind, haben diese Mandanten zu beachten?

Aufgabe 8:

Heinz May ist Vollkaufmann. Er hat am 1.7.1995 sein Einzelhandelsgeschäft eröffnet. Im Oktober 1995 beschließt er, sich von einem Steuerberater beraten zu lassen. Beim ersten Beratungsgespräch legt er seine Bücher vor. Eine überschlägige Durchsicht der Bücher ergibt folgendes:

1. Die Kasseneinnahmen und -ausgaben wurden wöchentlich in je einer Summe gebucht.
2. Ein Vergleich der Wareneingangsrechnungen mit dem Wareneingangskonto ergibt, daß fünf Rechnungen nicht gebucht wurden.
3. Ein Geschäftsvorfall wurde in lateinischer Sprache gebucht.
4. Einige Beträge sind durch dicke Tintenbalken unleserlich gemacht; die neuen Beträge wurden daneben geschrieben.
5. Zwei Beträge wurden mit Tintenex entfernt und andere Beträge darüber gesetzt.
6. Drei Buchungen von Kasseneinnahmen wurden mit Bleistift vorgenommen.

Wie beurteilen Sie diese Feststellungen im Hinblick auf die Ordnungsmäßigkeit der Buchführung?

Aufgabe 9:

Herbert Reich, Würzburg, ist Inhaber eines Einzelhandelsgeschäfts. Seine Firma wurde am 3.1.1995 im Handelsregister eingetragen. Die in § 141 AO genannten Wertgrenzen werden von Herbert Reich nicht überschritten. Da er sehr sparsam ist, führt er seine Bücher so einfach wie möglich, d.h. er zeichnet nur seine Betriebseinnahmen und seine Betriebsausgaben auf; seinen Gewinn will er durch Überschußrechnung der Betriebseinnahmen über die Betriebsausgaben ermitteln.

Wird das Finanzamt den so ermittelten Gewinn der Besteuerung zugrunde legen?

5 Festsetzungs- und Feststellungsverfahren

5.1 Grundzüge des Festsetzungs- und Feststellungsverfahrens

Nachdem die Besteuerungsgrundlage (z.B. das zu versteuernde Einkommen, das steuerpflichtige Vermögen) anhand der vom Steuerpflichtigen abgegebenen Steuererklärung ermittelt ist, wird die **Steuer festgesetzt.**
Durch die Steuerfestsetzung wird der Steueranspruch verwirklicht (konkretisiert).

Die Festsetzung der Steuer erfolgt in der Regel durch **Steuerbescheid** (§ 155 Abs. 1 AO).

Steuerbescheide sind, soweit nichts anderes bestimmt ist, **schriftlich** zu erteilen (§ 157 Abs. 1 AO).

Schriftliche **Steuerbescheide** müssen nach § 157 Abs. 1 AO

1. die **festgesetzte Steuer** nach **Art** und **Betrag** bezeichnen,

2. angeben, **wer** die **Steuer schuldet** und

3. eine **Belehrung** darüber enthalten, welcher **Rechtsbehelf** zulässig und binnen welcher **Frist** und bei welcher **Behörde** er einzulegen ist.

Ein schriftlicher Steuerbescheid muß außerdem, weil er ein schriftlicher Verwaltungsakt ist, die erlassende **Behörde** erkennen lassen (§ 119 Abs. 3 AO) und ist schriftlich **zu begründen,** soweit dies zu seinem Verständnis erforderlich ist (§ 121 Abs. 1 AO). In Steuerbescheiden werden deshalb neben den oben genannten Angaben auch die **Besteuerungsgrundlagen** aufgeführt.

Steuererklärungen, in denen der Steuerpflichtige die Steuer auf Grund gesetzlicher Verpflichtung selbst zu berechnen hat (z.B. bei der Umsatzsteuer), werden als "**Steueranmeldungen**" bezeichnet (§ 150 Abs. 1 Satz 2 AO).

Wird eine Steuer auf Grund gesetzlicher Verpflichtung angemeldet, so ist eine **Festsetzung** der Steuer **durch Steuerbescheid nicht erforderlich,** es sei denn, eine Festsetzung würde zu einer von der Anmeldung abweichenden Steuer führen (§ 167 Abs. 1 AO).
Eine **Steueranmeldung** steht einer Steuerfestsetzung unter dem **Vorbehalt der Nachprüfung** gleich (§ 168 AO).
Erkennt der Steuer- oder Haftpflichtschuldner nach Abschluß einer **Außenprüfung** i. S. des § 193 Abs. 2 Nr. 1 AO (Lohnsteueraußenprüfung) seine Zahlungsverpflichtung **schriftlich** an, steht das Anerkenntnis einer **Steueranmeldung** gleich (§ 167 Abs. 1 **Satz 2** AO).

Im allgemeinen werden die Besteuerungsgrundlagen **nicht gesondert** in einem eigenen Bescheid festgestellt, sondern bilden einen mit Rechtsbehelfen nicht selbständig anfechtbaren Teil des Steuerbescheids (§ 157 Abs. 2 AO).

Abweichend davon werden die Besteuerungsgrundlagen durch einen sogenannten **Feststellungsbescheid** (Grundlagenbescheid) **gesondert** festgestellt, **wenn** dies in einem Steuergesetz bestimmt ist, so z.B. wenn die Besteuerungsgrundlage für **mehrere** Steuerarten bedeutsam ist oder Einkünfte **einer** Einkunftsquelle **mehreren** Steuerpflichtigen zuzurechnen sind.

Gesondert festgestellt werden insbesondere:

> 1. die **Einheitswerte** für inländischen Grundbesitz, inländische land- und forstwirtschaftliche Betriebe und für inländische Gewerbebetriebe,
>
> 2. die **Einkünfte** aus Land- und Forstwirtschaft, aus Gewerbebetrieb, aus selbständiger Arbeit und aus Vermietung und Verpachtung, **wenn** an den Einkünften **mehrere Personen** beteiligt sind und die Einkünfte diesen Personen steuerlich zuzurechnen sind (§§ 179, 180 AO).

Die Besteuerungsgrundlagen werden **nicht gesondert** festgestellt, wenn hierfür in der Praxis kein Bedürfnis besteht. Das ist z.B. der Fall, wenn Einkünfte aus einem Mietwohngrundstück Ehegatten gemeinsam zustehen und die Ehegatten zusammen veranlagt werden.

Sind nach einem Einzelsteuergesetz **Steuermeßbeträge** zu ermitteln (z.B. bei der Gewerbesteuer und Grundsteuer), so werden die Steuermeßbeträge durch einen **Steuermeßbescheid** festgesetzt.

In Steuermeßbescheiden wird **keine Steuerschuld** festgesetzt.

Mit der Festsetzung der Steuermeßbeträge wird auch über die persönliche und sachliche Steuerpflicht entschieden (§ 184 Abs. 1 AO).

> **Übung:** Wiederholungsfragen 1 bis 7

5.2 Nicht endgültige Steuerfestsetzungen

Eine Steuer kann unter dem **Vorbehalt der Nachprüfung** bzw. **vorläufig** festgesetzt werden.

5.2.1 Steuerfestsetzung unter dem Vorbehalt der Nachprüfung

Solange ein Steuerfall nicht abschließend geprüft ist, kann sich die Finanzbehörde die spätere Überprüfung vorbehalten und die Steuer aufgrund der Angaben des Steuerpflichtigen oder aufgrund vorläufiger Überprüfung **"unter Vorbehalt der Nachprüfung"** festsetzen (§ 164 AO).

Die Steuerfestsetzung "unter Vorbehalt der Nachprüfung" gibt der Finanzbehörde die Möglichkeit, die Steuer **rascher** festzusetzen, ohne den Steuerfall eingehend und abschließend nachprüfen zu müssen.

Der Vorbehalt der Nachprüfung erfaßt die Festsetzung **insgesamt;** eine Beschränkung auf Einzelpunkte oder Besteuerungsgrundlagen ist nicht zulässig.

Eine **Begründung** dafür, daß die Festsetzung unter Vorbehalt erfolgt, ist **nicht erforderlich.**

Solange der Vorbehalt wirksam ist, bleibt der gesamte Steuerfall **offen.** Die Steuerfestsetzung kann jederzeit also auch nach Ablauf der Rechtsbehelfsfrist und dem Umfang nach uneingeschränkt von Amts wegen oder auch auf Antrag des Steuerpflichtigen aufgehoben oder geändert werden.

Der Vorbehalt der Nachprüfung kann kraft **ausdrücklichen Vermerks** jederzeit aufgehoben werden.

Mit Ablauf der allgemeinen Festsetzungsfrist entfällt kraft Gesetzes der Vorbehalt.

Es sind folgende **Arten der Vorbehaltsfestsetzung** zu unterscheiden:

Die Festsetzung einer **Vorauszahlung** ist **stets** eine Steuerfestsetzung **unter Vorbehalt der Nachprüfung** (§ 164 Abs. 1 Satz 2 AO).

Eine **Steueranmeldung** (d.h. eine Steuerklärung, in der der Steuerpflichtige die Steuer aufgrund gesetzlicher Vorschrift selbst zu berechnen hat) **steht** ebenfalls einer **Steuerfestsetzung unter Vorbehalt der Nachprüfung gleich** (§ 168 AO).

Übung: Wiederholungsfragen 8 bis 13

5.2.2 Vorläufige Steuerfestsetzung

Eine **Steuer kann**, soweit eine **Ungewißheit** über die Besteuerungsgrundlagen besteht, **vorläufig** festgesetzt werden (§ 165 Abs. 1 Satz 1 AO).

Diese Regelung ist **auch** anzuwenden, **wenn**

1. ungewiß ist, ob und wann **Verträge mit anderen Staaten** über die Besteuerung, die sich zugunsten des Steuerpflichtigen auswirken, für die Steuerfestsetzung auswirken,
2. das **Bundesverfassungsgericht** die **Unvereinbarkeit eines Steuergesetzes mit dem Grundgesetz** festgestellt hat und der Gesetzgeber zu einer Neuregelung verpflichtet ist oder
3. die **Vereinbarkeit eines Steuergesetzes mit höherrangigem Recht** Gegenstand eines Verfahrens bei dem **Gerichtshof der Europäischen Gemeinschaften**, dem **Bundesverfassungsgericht** oder einem **obersten Bundesgericht** ist (§ 165 Abs. 1 **Satz 2** AO).

Umfang und Grund der Vorläufigkeit sind anzugeben. Die Vorläufigkeit ist auf die ungewissen Voraussetzungen zu beschränken (§ 165 Abs. 1 **Satz 3** AO).

Soweit die Finanzbehörde eine Steuer **vorläufig** festgesetzt hat, kann sie die Festsetzung **aufheben oder ändern** (§ 165 Abs. 2 Satz 1 AO).

Wenn die **Ungewißheit beseitigt** ist, ist eine vorläufige Steuerfestsetzung aufzuheben, zu ändern oder für endgültig zu erklären (§ 165 Abs. 2 Satz 2 AO).

Die **vorläufige** Steuerfestsetzung kann mit einer Steuerfestsetzung unter **Vorbehalt der Nachprüfung** verbunden werden (§ 165 Abs. 3 AO).

Ist eine Steuer **vorläufig** festgesetzt worden, so **endet** die Festsetzungsfrist nicht vor Ablauf **eines Jahres**, nachdem die Ungewißheit beseitigt ist und die Finanzbehörde hiervon Kenntnis erlangt hat, und in den Fällen des § 165 Abs. 1 **Satz 2** endet die Festsetzungsfrist nicht vor Ablauf von **zwei Jahren** (**Ablaufhemmung**; § 171 Abs. 8 AO).

Übung: Wiederholungsfragen 14 bis 17

5.3 Festsetzungsverjährung bei Steuern

Eine **Steuerfestsetzung** ist nach § 169 Abs. 1 AO **nicht mehr zulässig, wenn** die Festsetzungs**frist abgelaufen ist** (**Festsetzungsverjährung**).

Durch Eintritt der Festsetzungs**verjährung erlischt** der **Steueranspruch** des Steuergläubigers.

Die **Verjährung** dient der **Wahrung des Rechtsfriedens** und der **Rechtssicherheit**. Der Steuerpflichtige soll nach Ablauf einer bestimmten Zeit die Gewißheit haben, daß ein Steueranspruch nicht mehr gegen ihn geltend gemacht werden kann.

Von der **Festsetzungs**verjährung ist die **Zahlungs**verjährung zu unterscheiden. Die Zahlungsverjährung wird im 6. Kapitel erläutert.

Ein Steueranspruch ist innerhalb einer gesetzlich vorgeschriebenen Frist zu konkretisieren, d.h. die Steuer ist innerhalb dieser Frist durch Bescheid festzusetzen. Diese Frist wird als **Festsetzungsfrist** bezeichnet.

Nach Ablauf der Festsetzungsfrist ist eine erstmalige Steuerfestsetzung bzw. Aufhebung oder Änderung einer durchgeführten **Steuerfestsetzung nicht mehr zulässig** (§ 169 Abs. 1 AO).

Die **Festsetzungsfrist** beträgt (§ 169 Abs. 2 AO)

1. für **Zölle und Verbrauchsteuern**:	**ein** Jahr
2. für **alle übrigen Steuern**:	**vier** Jahre
3. für **leichtfertig verkürzte Steuern**:	**fünf** Jahre
4. für **hinterzogene Steuern**:	**zehn** Jahre

Die Festsetzungsfrist **beginnt** allgemein mit Ablauf des Kalenderjahres, in dem die Steuer entstanden ist (§ 170 **Abs. 1** AO).

Davon abweichend beginnt die Festsetzungsfrist in den Fällen, in denen eine **Steuererklärung oder Steueranmeldung** einzureichen ist (z.B. bei der USt, ESt, GewSt) mit Ablauf des Kalenderjahrs, in dem die **Steuererklärung oder Steueranmeldung eingereicht wurde**.

Das **Hinausschieben** des Anlaufs der Festsetzungsfrist wird als **"Anlaufhemmung"** bezeichnet.

Beispiele:
a) Der Steurpflichtige Bausen, Hannover, hat in 1994 ein zu versteuerndes Einkommen von 86.510 DM erzielt. Er reicht seine **ESt-Erklärung** am 15.05.1995 dem zuständigen Finanzamt ein

Die **Festsetzungsfrist beginnt** mit Ablauf des **31.12.1995** und **endet** mit Ablauf des **31.12.1998**.

b) Der Steuerpflichtige Sauer, Bonn, hat in 1993 ein zu versteuerndes Einkommen von 120.730 DM erzielt. Ihm wurde für die Abgabe der **ESt-Erklärung 1993** eine **Fristverlängerung** bis **31.01.1995** gewährt. Er reicht seine ESt-Erklärung am **13.01.1995** dem zuständigen Finanzamt ein.

Die **Festsetzungsfrist beginnt** mit Ablauf des **31. 12.1995** und **endet** mit Ablauf des **31.12.1999.**

Die **Festsetzungsfrist beginnt** jedoch **spätestens** mit Ablauf des **dritten** Kalenderjahres zu laufen, das auf das Kalenderjahr folgt, in dem die Steuer entstanden ist.

Die Festsetzungsfrist ist gewahrt, wenn der Steuerbescheid den Bereich der für die Steuerfestsetzung zuständigen Finanzbehörde vor Ablauf der Frist verlassen hat.

Bestimmte Tatsachen schieben das Ende der Festsetzungsfrist hinaus (**Ablaufhemmung;** § 171 AO). Die Festsetzungsfrist **endet** in diesen Fällen meist nicht wie im Normalfall am Ende, sondern im Laufe eines Kalenderjahres.

Die Festsetzungsfrist läuft nicht ab, solange der Ablauf der Frist **gehemmt** ist, z.B. bei **höherer Gewalt** innerhalb der letzten sechs Monate des Fristlaufes (§ 171 Abs. 1 AO) oder bei rechtzeitigem **Beginn einer Außenprüfung** (§ 171 Abs. 4 AO).

Beispiel:
Die Frist für eine ESt-Festsetzung würde am 31.12.1994 ablaufen. Infolge einer Naturkatastrophe (höhere Gewalt) kann eine Festsetzung in der Zeit vom 30.9.1994 bis 31.1.1995 nicht erfolgen (Ruhezeitraum: 30.9. bis 31.12.1994 = 3 Monate).

Die Festsetzungsfrist läuft erst am **30.4.1995** ab (31.1.1995 + 3 Monate).

Wird vor Ablauf der Festsetzungsfrist mit einer **Außenprüfung** begonnen, so läuft die Festsetzungsfrist für die Steuern, auf die sich die Außenprüfung erstreckt, im allgemeinen nicht ab, bevor die aufgrund der Außenprüfung zu erlassenden Steuerbescheide unanfechtbar geworden sind (§ 171 Abs. 4 AO).

Ein Steuerbescheid ist **unanfechtbar,** wenn kein Rechtsbehelf mehr gegen ihn eingelegt werden kann.

Beispiel:
Am 25.10.1994 wird mit einer Außenprüfung begonnen. Die Außenprüfung erstreckt sich auf die ESt, deren Festsetzungsfrist am 31.12.1994 ablaufen würde. Durch die Außenprüfung ergibt sich eine Mehrsteuer von 5.170 DM.

Der aufgrund der Außenprüfung erlassene Steuerbescheid wird am 15.05.1995 bekanntgegeben und wird am 15.06.1995 unanfechtbar. Die **Festsetzungsfrist** für die betreffende ESt läuft am **15.06.1995** ab.

Für die Auswertung der Feststellungen bei einer Außenprüfung stehen dem Finanzamt die im § 169 Abs. 2 AO genannten Fristen zur Verfügung, d.h. im allgemeinen vier Jahre, gerechnet ab dem Ende des Kalenderjahres, in dem die Schlußbesprechung stattgefunden hat. Erläßt es in dieser Zeit keinen (geänderten) Steuerbescheid, ist der Anspruch auf eine Änderung der Festsetzung erloschen (§ 171 Abs. 4 Satz 3 AO).

> **Übung:** 1. Wiederholungsfragen 18 bis 25,
> 2. Aufgaben 1 bis 7

5.4 Berichtigung von Steuerbescheiden

Im folgenden werden einige in der Praxis bedeutsame Vorschriften zur **Berichtigung von Steuerbescheiden** erläutert.

5.4.1 Berichtigung offenbarer Unrichtigkeiten

Die **Finanzbehörde kann** Schreibfehler, Rechenfehler und ähnliche **offenbare Unrichtigkeiten,** die beim Erlaß eines Steuerbescheids unterlaufen sind, innerhalb der Festsetzungsfrist d.h. auch noch nach Unanfechtbarkeit zugunsten wie zuungunsten des Steuerpflichtigen **berichtigen** (§§ 129 und 16 Abs. 1 Satz 2 AO).

Die **Berichtigungsfrist** endet allerdings nicht vor Ablauf **eines Jahres** nach Bekanntgabe des Steuerbescheides (**Ablaufhemmung**; § 171 Abs. 2 AO).

Beispiele:
a) Eine ESt, deren Festsetzungsfrist am 31.12.1994 endet, wird in 1992 festgesetzt und durch Bescheid am 15.12.1992 bekanntgegeben. Der Steuerbescheid enthält einen Rechenfehler.

Der Rechenfehler kann bis zum 31.12.1994 berichtigt werden.

b) Sachverhalt wie zuvor mit dem Unterschied, daß die Steuer in 1994 festgesetzt und durch Bescheid am 16.12.1994 bekanntgegeben wird.

Der Rechenfehler kann bis zum 16.12.1995 berichtigt werden.

Berichtigungsfähig sind in der Regel nur **Fehler der Finanzbehörde.**

Fehler des Steuerpflichtigen können grundsätzlich nur im **Rechtsbehelfsverfahren** berichtigt werden. Ist der Fehler des Steuerpflichtigen jedoch so offensichtlich, daß das Finanzamt ihn klar erkennen konnte und übernimmt es ihn dennoch in den Steuerbescheid, so wird aus dem Fehler des Steuerpflichtigen auch ein Fehler des Finanzamtes.

5.4.2 Aufhebung oder Änderung fehlerhafter endgültiger Steuerbescheide

Unter "**Aufhebung**" wird der ersatzlose Wegfall und unter "**Änderung**" die teilweise Korrektur eines Steuerbescheides verstanden.

"**Endgültige Steuerbescheide**" im Sinne der folgenden Ausführungen sind solche Steuerbescheide, die

> 1. **nicht vorläufig** (§ 165 AO) oder
> 2. **nicht** unter dem **Vorbehalt der Nachprüfung** (§ 164 AO)

ergangen sind. "Endgültig" bedeutet nicht, daß die Steuerbescheide schon unanfechtbar sind.

Endgültige Bescheide über Zölle oder Verbrauchsteuern können bis zum Ablauf der Festsetzungsfrist jederzeit, d.h. auch nachdem sie unanfechtbar geworden sind, sowohl zugunsten als auch zuungunsten des Steuerpflichtigen aufgehoben oder geändert werden (§ 172 Abs. 1 AO).

Ein **fehlerhafter** endgültiger Bescheid über andere Steuern kann

> 1. mit **Zustimmung** oder
> 2. auf **Antrag**

des Steuerpflichtigen aufgehoben oder geändert werden:

> **vor Ablauf der Rechtsbehelfsfrist**
> zugunsten oder zuungunsten des Steuerpflichtigen,
>
> **nach Ablauf der Rechtsbehelfsfrist**
> nur noch zuungunsten des Steuerpflichtigen

(§ 172 Abs. 1 Nr. 2a AO).

Der praktisch wichtigste Anwendungsfall des § 172 Abs. 1 Nr. 2a AO ist die Änderung eines Bescheides nach Einlegung eines Rechtsbehelfs (z.B. Einspruch).

> Beispiel:
> Das Finanzamt hat bei der ESt-Veranlagung des Steuerpflichtigen Parschau einen Teil seiner Spenden nicht als Sonderausgaben berücksichtigt. Der Steuerpflichtige legt fristgerecht gegen den Steuerbescheid Einspruch ein und beantragt, die Spenden in voller Höhe einkommensmindernd zu berücksichtigen.
>
> Das Finanzamt folgt dem Antrag und ändert den ESt-Bescheid nach § 172 Abs. 1 Nr. 2a AO.

Die Vorschrift des § 172 Abs. 1 Nr. 2a AO bietet die Möglichkeit, einen Fehler durch eine sog. **"schlichte Änderung"**, d.h. durch Änderung eines Bescheides außerhalb eines Rechtsbehelfsverfahrens, zu berichtigen. Die Bekanntgabe des Änderungsbescheides ist seit 1987 nicht mehr fristgebunden.

Der Antrag auf schlichte Änderung, der vor Ablauf der Rechtsbehelfsfrist beim Finanzamt eingehen muß, bietet den **Vorteil,** daß er formfrei gestellt werden kann und die **Gefahr einer Verböserung** des ursprünglichen Bescheides **vermeidet.**
Weitere Einzelheiten hierzu vgl. AE AO zu § 172 Nr. 2.

> Beispiel:
> Das Finanzamt hat bei der Berechnung des zu versteuernden Einkommens den Altersentlastungsbetrag des Steuerpflichtigen Link nicht abgesetzt, obwohl aus der ESt-Erklärung klar hervorgeht, daß die Voraussetzungen dafür erfüllt sind.
>
> Das Finanzamt kann den Fehler aufgrund eines formfreien Antrags außerhalb eines Rechtsbehelfsverfahrens durch schlichte Änderung berichtigen.

Ein Steuerbescheid kann ferner aufgehoben oder geändert werden, wenn er

> a) von einer sachlich **unzuständigen Behörde** erlassen worden ist,
> b) durch **unlautere Mittel** (z.B. Drohung oder Bestechung) erwirkt worden ist oder
> c) aufgrund **anderer gesetzlicher Vorschriften** (z.B. nach § 129 AO) berichtigt werden darf.

5.4.3 Aufhebung oder Änderung von Steuerbescheiden wegen neuer Tatsachen oder Beweismittel

Steuerbescheide sind bis zum Ablauf der Festsetzungsfrist aufzuheben oder zu ändern

---

1. soweit Tatsachen oder Beweismittel **nachträglich** bekanntwerden, die zu einer **höheren** Steuer führen (§ 172 Abs. 1 Nr. 1 AO);

2. soweit Tatsachen oder Beweismittel **nachträglich** bekanntwerden, die die zu einer **niedrigeren** Steuer führen und den Steuerpflichtigen kein grobes Verschulden daran trifft, daß die Tatsachen oder Beweismittel erst nachträglich bekanntwerden (§ 173 Abs. 1 Nr. 2 AO).

Eine Änderung ist nur insoweit zulässig, wie sich die neuen Tatsachen oder Beweismittel auswirken (**punktuelle Änderung**), d.h. der Steuerfall darf nicht mehr insgesamt aufgerollt werden (AE AO zu § 173 Nr. 1).

Unter **Tatsachen** versteht man Sachverhalte oder Vorgänge, die ganz oder teilweise den Tatbestand einer gesetzlichen Steuervorschrift erfüllen (z.B. Familienstand, Erzielung eines steuerpflichtigen Gewinns, Verwendung eines betrieblichen Anlagegutes für private Zwecke).

Beweismittel sind insbesondere Urkunden, Akten, Auskünfte und Sachverständigengutachten (§ 92 AO).

"**Nachträgliches**" Bekanntwerden heißt, daß die Tatsachen oder Beweismittel der Behörde erst bekanntwerden, nachdem die Willensbildung über die Steuerfestsetzung abgeschlossen ist (AE AO zu § 173 Nr. 2).

Als **bekannt** gilt alles, was im Zeitpunkt der Willensbildung Inhalt derjenigen Akten ist, die von der organisatorisch zuständigen Dienststelle der Finanzbehörde für den Steuerpflichtigen geführt werden.

Als **grobes Verschulden** hat der Steuerpflichtige Vorsatz und grobe Fahrlässigkeit zu vertreten.
Grobe Fahrlässigkeit ist anzunehmen, wenn er die ihm zumutbare Sorgfalt in ungewöhnlichem Maße und in nicht entschuldbarer Weise verletzt.

Ein **grobes Verschulden** kann im allgemeinen angenommen werden, wenn der Steuerpflichtige trotz Aufforderung eine Steuererklärung nicht abgegeben hat, allgemeine Grundsätze der Buchführung verletzt, oder ausdrückliche Hinweise in ihm zugegangenen Vordrucken, Merkblättern oder sonstigen Hinweisen der Finanzbehörde nicht beachtet.

Die Unkenntnis steuerlicher Bestimmungen alleine begründet noch nicht den Vorwurf groben Verschuldens. Der Steuerpflichtige hat aber ein grobes Verschulden seines steuerlichen Beraters in gleicher Weise zu vertreten wie das Verschulden eines Bevollmächtigten (AE AO zu § 173 Nr. 4).

Steuerbescheide, die aufgrund einer Außenprüfung ergangen sind, können nur aufgehoben oder geändert werden, wenn eine Steuerhinterziehung oder eine leichtfertige Steuerverkürzung vorliegt (§ 173 Abs. 2 AO).

Übung: 1. Wiederholungsfragen 26 bis 40,
2. Aufgaben 8 bis 21

5.5 Zusammenfassung und Erfolgskontrolle

5.5.1 Zusammenfassung

In den Schaubildern auf den folgenden Seiten werden wesentliche Inhalte des Festsetzungs- und Feststellungsverfahrens zusammengestellt.

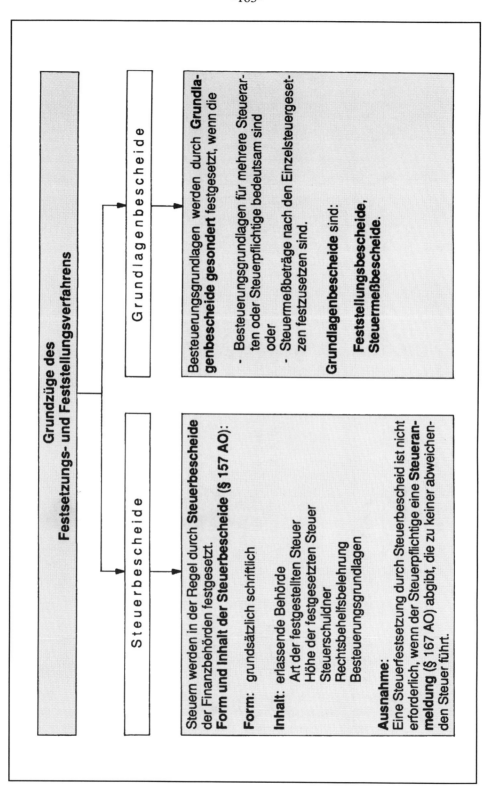

**Grundzüge des
Festsetzungs- und Feststellungsverfahrens**

Steuerbescheide

Steuern werden in der Regel durch **Steuerbescheide** der Finanzbehörden festgesetzt. **Form und Inhalt der Steuerbescheide (§ 157 AO):**

Form: grundsätzlich schriftlich

Inhalt: erlassende Behörde
Art der festgestellten Steuer
Höhe der festgesetzten Steuer
Steuerschuldner
Rechtsbehelfsbelehrung
Besteuerungsgrundlagen

Ausnahme:
Eine Steuerfestsetzung durch Steuerbescheid ist nicht erforderlich, wenn der Steuerpflichtige eine **Steueranmeldung** (§ 167 AO) abgibt, die zu keiner abweichenden Steuer führt.

Grundlagenbescheide

Besteuerungsgrundlagen werden durch **Grundlagenbescheide gesondert** festgesetzt, wenn die

- Besteuerungsgrundlagen für mehrere Steuerarten oder Steuerpflichtige bedeutsam sind oder
- Steuermeßbeträge nach den Einzelsteuergesetzen festzusetzen sind.

Grundlagenbescheide sind:

**Feststellungsbescheide,
Steuermeßbescheide.**

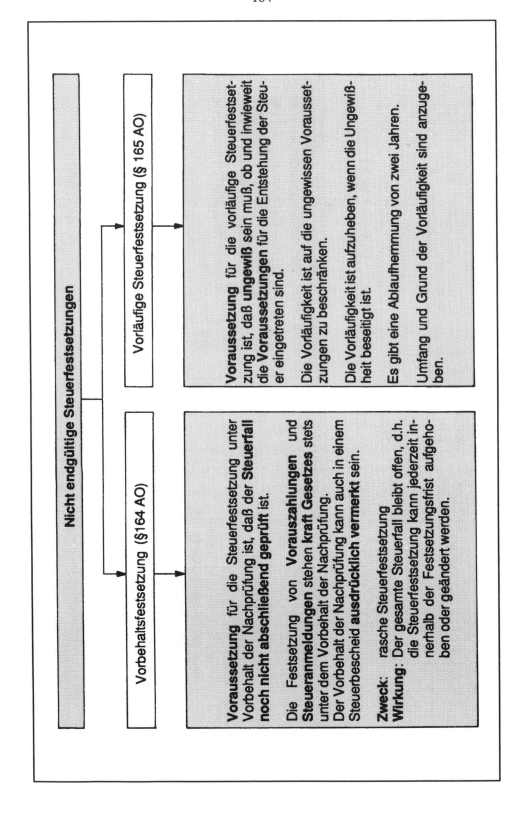

Nicht endgültige Steuerfestsetzungen

Vorbehaltsfestsetzung (§164 AO)

Voraussetzung für die Steuerfestsetzung unter Vorbehalt der Nachprüfung ist, daß der **Steuerfall noch nicht abschließend geprüft ist**.

Die Festsetzung von **Vorauszahlungen** und **Steueranmeldungen** stehen **kraft Gesetzes stets** unter dem Vorbehalt der Nachprüfung.
Der Vorbehalt der Nachprüfung kann auch in einem Steuerbescheid **ausdrücklich vermerkt** sein.

Zweck: rasche Steuerfestsetzung
Wirkung: Der gesamte Steuerfall bleibt offen, d.h. die Steuerfestsetzung kann jederzeit innerhalb der Festsetzungsfrist aufgehoben oder geändert werden.

Vorläufige Steuerfestsetzung (§ 165 AO)

Voraussetzung für die vorläufige Steuerfestsetzung ist, daß **ungewiß sein muß**, ob und inwieweit die **Voraussetzungen** für die Entstehung der Steuer eingetreten sind.

Die Vorläufigkeit ist auf die ungewissen Voraussetzungen zu beschränken.

Die Vorläufigkeit ist aufzuheben, wenn die Ungewißheit beseitigt ist.

Es gibt eine Ablaufhemmung von zwei Jahren.

Umfang und Grund der Vorläufigkeit sind anzugeben.

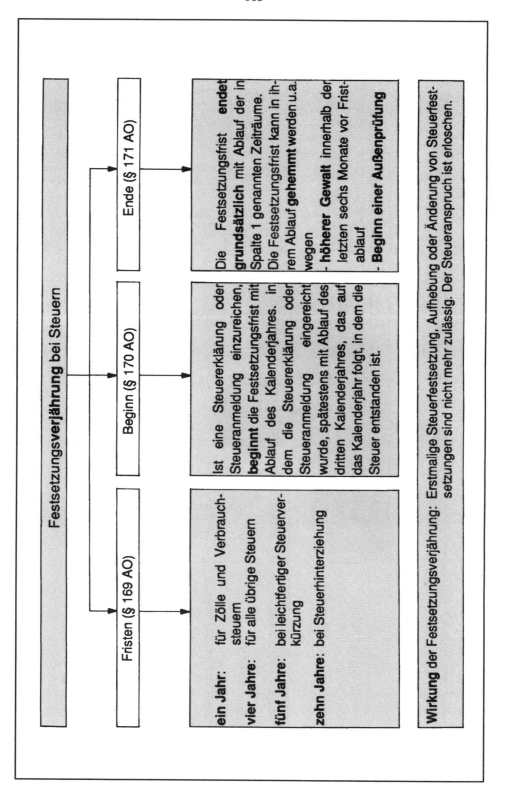

Festsetzungsverjährung bei Steuern

Fristen (§ 169 AO)

ein Jahr: für Zölle und Verbrauch-steuern

vier Jahre: für alle übrige Steuern

fünf Jahre: bei leichtfertiger Steuerver-kürzung

zehn Jahre: bei Steuerhinterziehung

Beginn (§ 170 AO)

Ist eine Steuererklärung oder Steueranmeldung einzureichen, **beginnt** die Festsetzungsfrist mit Ablauf des Kalenderjahres, in dem die Steuererklärung oder Steueranmeldung eingereicht wurde, spätestens mit Ablauf des dritten Kalenderjahres, das auf das Kalenderjahr folgt, in dem die Steuer entstanden ist.

Ende (§ 171 AO)

Die Festsetzungsfrist **endet grundsätzlich** mit Ablauf der in Spalte 1 genannten Zeiträume.

Die Festsetzungsfrist kann in ih-rem Ablauf **gehemmt** werden u.a. wegen

- **höherer Gewalt** innerhalb der letzten sechs Monate vor Frist-ablauf
- **Beginn einer Außenprüfung**

Wirkung der Festsetzungsverjährung: Erstmalige Steuerfestsetzung, Aufhebung oder Änderung von Steuerfest-setzungen sind nicht mehr zulässig. Der Steueranspruch ist erloschen.

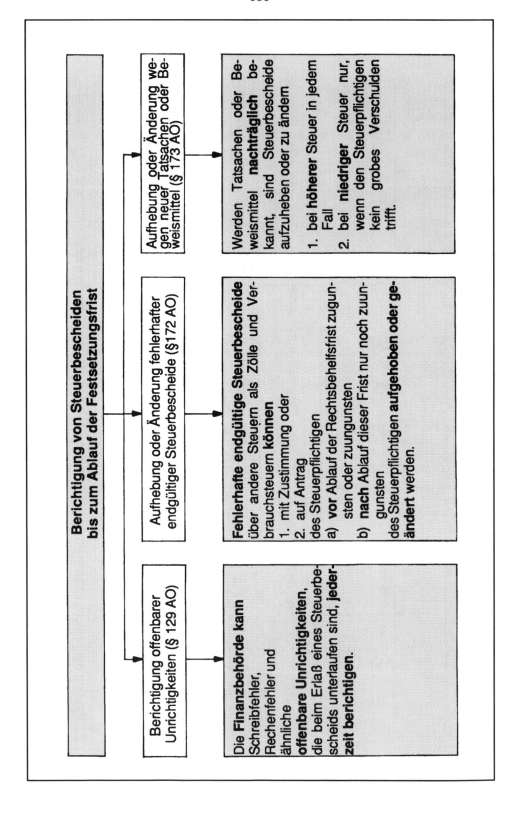

Berichtigung von Steuerbescheiden bis zum Ablauf der Festsetzungsfrist

Berichtigung offenbarer Unrichtigkeiten (§ 129 AO)

Die Finanzbehörde kann Schreibfehler, Rechenfehler und ähnliche **offenbare Unrichtigkeiten**, die beim Erlaß eines Steuerbescheids unterlaufen sind, **jederzeit berichtigen.**

Aufhebung oder Änderung fehlerhafter endgültiger Steuerbescheide (§172 AO)

Fehlerhafte endgültige Steuerbescheide über andere Steuern als Zölle und Verbrauchsteuern **können**
1. mit Zustimmung oder
2. auf Antrag
des Steuerpflichtigen
a) **vor** Ablauf der Rechtsbehelfsfrist zugunsten oder zuungunsten
b) **nach** Ablauf dieser Frist nur noch zuungunsten
des Steuerpflichtigen **aufgehoben oder geändert** werden.

Aufhebung oder Änderung wegen neuer Tatsachen oder Beweismittel (§ 173 AO)

Werden Tatsachen oder Beweismittel **nachträglich** bekannt, sind Steuerbescheide aufzuheben oder zu ändern
1. bei **höherer** Steuer in jedem Fall
2. bei **niedriger** Steuer nur, wenn den Steuerpflichtigen kein grobes Verschulden trifft.

5.5.2 Erfolgskontrolle

WIEDERHOLUNGSFRAGEN

1. In welcher Form werden Steuerbescheide i.d.R. erteilt?
2. Welche Angaben müssen schriftliche Steuerbescheide nach § 157 AO enthalten?
3. Welche Angaben sind außerdem nach §§ 119, 121 AO in einem schriftlichen Steuerbescheid zu machen?
4. Wie werden Steuererklärungen bezeichnet, in denen der Steuerpflichtige die Steuer selbst zu berechnen hat?
5. In welchem Fall ist bei Abgabe einer Steueranmeldung eine Steuerfestsetzung durch Bescheid erforderlich?
6. In welchen Fällen werden Besteuerungsgrundlagen durch Feststellungsbescheide gesondert festgestellt? Nennen Sie Beispiele.
7. In welchen Fällen werden Steuermeßbeträge durch Meßbescheide festgesetzt? Nennen Sie zwei Beispiele.
8. Welche zwei Möglichkeiten der nicht endgültigen Steuerfestsetzung gibt es?
9. Welche zwei Arten sind bei der Vorbehaltsfestsetzung zu unterscheiden?
10. Welche Steuerfestsetzungen sind nach der AO stets Vorbehaltsfestsetzungen?
11. Welchem Zweck dient die Vorbehaltsfestsetzung?
12. Welche Wirkung hat die Vorbehaltsfestsetzung?
13. Muß begründet werden, weshalb eine Vorbehaltsfestsetzung durchgeführt wird?
14. In welchem Fall ist eine vorläufige Steuerfestsetzung zulässig?
15. Inwieweit ist eine vorläufige Steuerfestsetzung beschränkt?
16. Wann ist die Vorläufigkeit aufzuheben?
17. Wann endet die Festsetzungsfrist bei einer vorläufig festgesetzten Steuer?
18. Was versteht man unter Festsetzungsverjährung?
19. Welche Wirkung hat die Festsetzungsverjährung?
20. Wieviel Jahre betragen die einzelnen Festsetzungsfristen?
21. Wann beginnen die Festsetzungsfristen in den Fällen, in denen eine Steuererklärung oder Steueranmeldung einzureichen ist?
22. Was versteht man unter Ablaufhemmung?
23. Welche Gründe können den Ablauf der Festsetzungsfrist hemmen?
24. Wie lange ist der Ablauf der Festsetzungsfrist bei höherer Gewalt gehemmt?
25. Wie lange ist der Ablauf der Festsetzungsfrist bei rechtzeitigem Beginn einer Außenprüfung gehemmt?
26. Welche praktisch bedeutsamen Berichtigungen von Steuerbescheiden kennen Sie?
27. Welche Fehler kann die Finanzbehörde innerhalb der Festsetzungsfrist jederzeit berichtigen?
28. Unter welchen Voraussetzungen kann ein endgültiger Steuerbescheid zugunsten des Steuerpflichtigen nach § 172 Abs. 1 Nr. 2a AO aufgehoben oder geändert werden?
29. Unter welchen Voraussetzungen kann ein endgültiger Steuerbescheid zuungunsten des Steuerpflichtigen nach § 172 Abs. 1 Nr. 2a AO aufgehoben oder geändert werden?
30. In welchen Fällen ist ein Steuerbescheid nach § 173 Abs. 1 Nr. 1 AO aufzuheben oder zu ändern?
31. In welchen Fällen ist ein Steuerbescheid nach § 173 Abs. 1 Nr. 2 AO aufzuheben oder zu ändern?

32. Bedarf es bei diesen Berichtigungen eines Antrags oder der Zustimmung des Steuerpflichtigen?
33. Ist die Berichtigung auch möglich, wenn der Steuerbescheid bereits unanfechtbar geworden ist?
34. Bis zu welchem Zeitpunkt ist eine Berichtigung zulässig?
35. Was ist unter Tatsachen im Sinne dieser Vorschriften zu verstehen? Nennen Sie Beispiele.
36. Was sind insbesondere Beweismittel?
37. Was heißt "nachträgliches Bekanntwerden"?
38. Was gilt als bekannt?
39. Was heißt, daß nach § 173 AO nur eine "punktuelle" Änderung möglich ist?
40. In welchen Fällen können Steuerbescheide, die aufgrund einer Außenprüfung ergangen sind, nur noch berichtigt werden?

AUFGABEN

Aufgabe 1:

Der Steuerpflichtige Breitbach, Stuttgart, reicht am 15.6.1995 dem zuständigen Finanzamt seine USt-, ESt- und GewSt-Erklärung 1994 ein.

Wann endet die Festsetzungsfrist?

Aufgabe 2:

Dem Steuerpflichtigen Bußmann, Kiel, wird für die Abgabe seiner USt-, ESt- und GewSt-Erklärung 1994 eine Fristverlängerung bis zum 28.2.1996 gewährt.

Wann läuft die Festsetzungsfrist ab?

Aufgabe 3:

Die Frist für eine ESt-Festsetzung würde am 31.12.1995 ablaufen. Infolge höherer Gewalt kann eine Festsetzung in der Zeit vom 31.10.1995 bis 31.1.1996 nicht erfolgen.

Wann läuft die Festsetzungsfrist ab?

Aufgabe 4:

Die Frist für eine ESt-Festsetzung würde am 31.12.1995 ablaufen. Am 12.12.1995 wird mit einer Außenprüfung begonnen. Durch die Außenprüfung ergibt sich eine Mehrsteuer von 2.760 DM, die durch einen Steuerbescheid festgesetzt wird, den das zuständige Finanzamt am 21.4.1996 bei der Post aufgibt. Der Steuerpflichtige legt gegen den Bescheid keinen Rechtsbehelf ein

Wann läuft die Festsetzungsfrist ab?

Aufgabe 5:

Der Steuerpflichtige Lux, München, hat am 20.7.1995 dem zuständigen Finanzamt seine ESt-Erklärung für 1994 eingereicht.

1. Wann läuft die Festsetzungsfrist ab?
2. Wann würde die Festsetzungsfrist ablaufen, wenn am 15.07.1998 eine Außenprüfung begänne, die sich auf die ESt 1994 erstreckte und die Mehrsteuer aufgrund der Außenprüfung mit einem Steuerbescheid vom 15.11.1998 endgültig festgesetzt würde?

Aufgabe 6:

Der Steuerpflichtige Eck, Hamburg, reicht am 30.3.1995 dem zuständigen Finanzamt seine ESt-Erklärung für 1994 ein.

Wann läuft die Festsetzungsfrist für

1. leichtfertig verkürzte ESt 1994
2. hinterzogene ESt 1994

ab?

Aufgabe 7:

Das zuständige Finanzamt des Steuerpflichtigen Vogler, Duisburg, hat die ESt 1994 unter Vorbehalt der Nachprüfung aufgrund der eingereichten Steuererklärung am 17.08.1995 festgesetzt.

Wann läuft die Festsetzungsfrist ab, wenn vor deren Ablauf weder höhere Gewalt eintritt noch mit einer Außenprüfung begonnen wird?

Aufgabe 8:

Eine ESt, deren Festsetzungsfrist am 31.12.1995 endet, wird in 1994 festgesetzt und durch Bescheid am 09.09.1994 bekanntgegeben. Der Bescheid enthält einen Rechenfehler zugunsten des Steuerpflichtigen. Das Finanzamt entdeckt diesen Fehler am 16.10.1995.

Kann der Fehler noch berichtigt werden? Begründen Sie Ihre Antwort.

Aufgabe 9:

Eine ESt, deren Festsetzungsfrist am 31.12.1995 endet, wird durch Bescheid, der am 11.11.1995 bekanntgegeben wird, festgesetzt. Der Bescheid enthält einen Rechenfehler zuungunsten des Steuerpflichtigen. Der Steuerpflichtige entdeckt den Fehler am 15.01.1996.

Kann der Fehler noch berichtigt werden? Begründen Sie Ihre Antwort.

Aufgabe 10:

Der Steuerpflichtige Kemp stellt bei Erhalt seines ESt-Bescheides fest, daß er vergessen hat, in seiner ESt-Erklärung einen Teil seiner Mieteinnahmen anzugeben. Er berichtigt seine Erklärung unverzüglich nach § 153 AO.

Kann das Finanzamt den Steuerbescheid ändern? Begründen Sie Ihre Antwort.

Aufgabe 11:

Der Steuerpflichtige Holzmeister stellt fest, daß er in seiner ESt-Erklärung übersehen hat, seine Kirchensteuerzahlungen als Sonderausgaben anzugeben. Er beantragt beim Finanzamt, den Steuerbescheid zu ändern.

Ist eine Änderung möglich

1. wenn der Bescheid noch nicht unanfechtbar ist,
2. wenn der Bescheid schon unanfechtbar ist?

Aufgabe 12:

Das Finanzamt hat bei der ESt-Veranlagung des Steuerpflichtigen Josten einen Teil seiner Werbungskosten aus Vermietung und Verpachtung nicht anerkannt. Der Steuerpflichtige legt sofort nach Erhalt des Steuerbescheids Einspruch ein.

Nach welcher Vorschrift kann das Finanzamt den Steuerbescheid ändern?

Aufgabe 13:

Das Finanzamt hat bei der ESt-Veranlagung des Steuerpflichtigen Kanisch den Altersentlastungsbetrag nicht abgesetzt, obwohl aus der ESt-Erklärung klar hervorgeht, daß die Voraussetzungen dafür erfüllt sind.

Muß der Steuerpflichtige Kanisch einen förmlichen Rechtsbehelf (Einspruch) einlegen oder gibt es noch eine andere Möglichkeit der Berichtigung?

Aufgabe 14:

Bei einer Außenprüfung stellt der Prüfer fest, daß der Steuerpflichtige Kloth einen betrieblichen Pkw für private Zwecke verwendet hat, ohne daß Kloth die private Nutzung als solche gebucht hat. Die Mehrsteuer beträgt 600 DM. Der ESt-Bescheid ist bereits unanfechtbar.

Kann der Bescheid noch geändert werden? Begründen Sie Ihre Antwort.

Aufgabe 15:

Bei einer Außenprüfung stellt der Prüfer fest, daß der Steuerpflichtige Knorr Herstellungsaufwand eines Betriebsgebäudes als Erhaltungsaufwand (= sofort abzugsfähige Betriebsausgaben) behandelt hat. Die Mehrsteuer beträgt 2.000 DM.

Inwieweit können Steuerbescheide, die bereits unanfechtbar sind, geändert werden? Begründen Sie Ihre Antwort.

Aufgabe 16:

Bei der Steuerpflichtigen Maria Püschel, Kiel, wurde die ESt 1995 endgültig mit 27.484 DM festgesetzt. Wegen neuer Tatsachen, die in 1995 entdeckt wurden, würde sich die ESt auf 27.754 DM erhöhen.

Unterbleibt eine Änderung nach § 173 Abs. 2 AO?

Aufgabe 17:

Bei dem Steuerpflichtigen Gerd Bach, Dortmund, wurde die ESt 1995 endgültig mit 54.968 DM festgesetzt. Wegen neuer Tatsachen, die in 1995 entdeckt wurden, würde sich die ESt auf 55.478 DM erhöhen.

Unterbleibt eine Änderung nach § 173 Abs. 2 AO?

Aufgabe 18:

Die Steuerpflichtige Anneliese Freitag, München, ist seit fünf Jahren verwitwet. Bisher wurde ihre ESt zutreffend nach der Grundtabelle festgesetzt. Für 1993 erfolgte die Festsetzung fälschlicherweise nach der Splittingtabelle. Der Steuerbescheid wurde am 15.9.1995 unanfechtbar.

Kann er noch berichtigt werden?

Aufgabe 19:

Der Steuerpflichtige Werner Nink, Hamburg, der seine Einkünfte aus Gewerbebetrieb durch Gegenüberstellung von Betriebseinnahmen und Betriebsausgaben ermittelt, hat in seiner Überschußrechnung, die er seiner ESt-Erklärung beifügt, einen Verlust von 3.000 DM ermittelt. In seiner ESt-Erklärung gibt er versehentlich einen Gewinn von 3.000 DM an. Das Finanzamt übernimmt diesen Gewinn bei der Steuerfestsetzung. Ein Jahr später, die Steuerfestsetzung ist bereits unanfechtbar geworden, bemerkt Nink den Fehler. Er bittet das Finanzamt, den Steuerbescheid zu berichtigen.

Wie beurteilen Sie die Rechtslage?

Aufgabe 20:

Der Steuerpflichtige Waldemar Boos, Düsseldorf, hat bei der Ermittlung seiner Einkünfte Werbungskosten nicht berücksichtigt. Der endgültige Steuerbescheid ist inzwischen unanfechtbar geworden. Boos bittet das Finanzamt nachträglich, den Steuerbescheid zu seinen Gunsten zu ändern und fügt die entsprechenden Belege bei. Er begründet seine Bitte mit der Kompliziertheit des Steuerrechts.

Prüfen Sie, ob eine Berichtigung nach § 172 oder § 173 AO möglich ist.

Aufgabe 21:

Ein Mandant stellt am 13.11.1995 fest, daß im Steuerbescheid für den VZ 1989 vom 22.06.1990 ein Rechenfehler zu seinen Ungunsten enthalten ist. Die Steuerschuld wurde deshalb um 1.500 DM zu hoch festgesetzt.

Kann er gegen Diesen Bescheid noch etwas unternehmen?
Begründen Sie Ihre Antwort.

6 Erhebungsverfahren

Steuern können nur **erhoben** werden, **wenn** sie

> 1. **entstanden,**
> 2. **festgesetzt** und
> 3. **fällig**

sind.

Entstehung, Festsetzung und Fälligkeit einer Steuer sind genau auseinanderzuhalten.

6.1 Entstehung der Steuer

Eine Steuer **entsteht** allgemein, **sobald der Tatbestand verwirklicht ist,** an den das Gesetz die Leistungspflicht knüpft (§ 38 AO).

Die Steuergesetze regeln im einzelnen, wann die Steuern konkret **entstehen.** So **entsteht z.B.** die

Lohnsteuer	in dem Zeitpunkt, in dem der Arbeitslohn dem Arbeitnehmer zufließt (§ 38 Abs. 2 Satz 2 EStG)
ESt-Vorauszahlung	jeweils mit Beginn des Kalendervierteljahres, in dem die Vorauszahlung zu entrichten ist (§ 37 Abs. 1 Satz 2 EStG)
ESt-Abschlußzahlung	mit Ablauf des Veranlagungszeitraums (§ 36 Abs. 1 EStG)
GewSt-Vorauszahlung	mit Beginn des Kalendervierteljahres, in dem die Vorauszahlung zu entrichten ist (§ 21 GewStG)
GewSt-Abschlußzahlung	mit Ablauf des Erhebungszeitraums, für den die Festsetzung vorgenommen wird (§ 18 GewStG)
Umsatzsteuer	mit Ablauf des Voranmeldungszeitraums, in dem der Umsatz ausgeführt wurde (Sollbesteuerung) bzw. das Entgelt vereinnahmt wurde (Istbesteuerung) (§§ 13 und 20 UStG)
Vermögensteuer	mit Beginn des Kalenderjahres (§ 5 Abs. 2 VStG)

Nur eine **entstandene** Steuer kann **festgesetzt** und **fällig** werden.

Der Entstehungszeitpunkt ist von Bedeutung für den Beginn der Festsetzungsfrist (vgl. 5. Kapitel).

> **Übung**: Wiederholungsfragen 1 bis 3

6.2 Festsetzung der Steuer

Durch die **Steuerfestsetzung** wird der Steueranspruch **verwirklicht (konkretisiert)**.

Die Festsetzung erfolgt in der Regel durch einen **Steuerbescheid** (§§ 218 und 155 AO).

Beispiel:
Der Steuerpflichtige Neuerburg, Frankfurt, hat in 1994 ein zu versteuerndes Einkommen von 110.250 DM erzielt.

Die ESt ist spätestens mit Ablauf des Kalenderjahres 1994 **entstanden** (soweit ESt-Vorauszahlungen festgesetzt wurden, ist sie schon früher entstanden). Durch die Festsetzung der für 1994 geschuldeten ESt im ESt-Bescheid ist der Steueranspruch des Steuergläubigers verwirklicht.

Weitere Einzelheiten zur Steuerfestsetzung wurden bereits bei der Erläuterung des Festsetzungsverfahrens im 5. Kapitel dargestellt.

> **Übung**: Wiederholungsfragen 4 und 5

6.3 Fälligkeit der Steuer

Fälligkeit der Steuer bedeutet, daß der Steuergläubiger zu einem bestimmten Zeitpunkt vom Steuerschuldner die Zahlung verlangen kann.

Die **Fälligkeit** richtet sich nach den **Einzelsteuergesetzen** (§ 220 AO).

Die Steuern, deren Fälligkeit gesetzlich kalendermäßig genau geregelt ist, werden allgemein als **"Fälligkeitssteuern"** bezeichnet.

Beispiele für einzelsteuergesetzliche **Fälligkeitsregelungen:**

Lohnsteuer	10. Tag nach Ablauf des Lohnsteuer-Anmeldungs-zeitraums (§ 41a Abs. 1 EStG)
ESt-Vorauszahlung	10. März, 10. Juni, 10. September, 10. Dezember (§ 37 Abs. 1 EStG)
ESt-Abschlußzahlung	1 Monat nach Bekanntgabe des ESt-Bescheides (§ 36 Abs. 4 EStG)
GewSt-Vorauszahlungen	15. Februar, 15. Mai, 15. August, 15. November (§ 19 Abs. 1 GewSt)
GewSt-Abschlußzahlung	1 Monat nach Bekanntgabe des GewSt-Bescheides (§ 20 Abs. 2 GewSt)
USt-Vorauszahlungen	10. Tag nach Ablauf des USt-Voranmeldungs-zeitraums (§ 18 UStG)
USt-Abschlußzahlung	1 Monat **nach** dem **Eingang** der Jahressteuer-**erklärung** (§ 18 Abs. 4 UStG)
VSt-Vorauszahlungen	10. Februar, 10. Mai, 10. August, 10. November (§ 27 Abs. 2 VStG)
VSt-Abschlußzahlung	1 Monat nach Bekanntgabe des VSt-Bescheides (§ 22 Abs. 1 VStG)

Wird eine Steuer **nicht** bis zum Ablauf des **Fälligkeitstages** entrichtet, so ist für jeden vollen und angefangenen Monat der Säumnis ein **Säumniszuschlag** von **eins vom Hundert** des rückständigen auf hundert DM abgerundeten **Steuerbetrags** zu entrichten (§ 240 Abs. 1 AO).

Ein **Säumniszuschlag** wird bei einer Säumnis bis zu **fünf Tagen** (= Schonfrist) **nicht** erhoben (§ 240 Abs. 3 **Satz 1** AO).
Diese **Schonfrist** gilt seit 1994 **nicht** mehr für **Bar- und Scheckzahlungen** (§ 224 Abs. 2 Nr. 1 und § 240 Abs. 3 **Satz 2** AO).

Bei Zahlung **nach** Ablauf der Schonfrist ist der Säumniszuschlag **ab Fälligkeit** zu berechnen, denn durch die Schonfrist wird die Fälligkeit nicht geändert.

> **Übung**: 1. Wiederholungsfragen 6 bis 10,
> 2. Aufgaben 1 bis 4

6.4 Steuerstundung

Durch die **Stundung** wird der Fälligkeitstermin einer Steuer hinausgeschoben.

Die **Finanzbehörden können** Steuern ganz oder teilweise **stunden , wenn**

1. die Einziehung bei Fälligkeit eine **erhebliche Härte** für den Schuldner bedeuten würde
   und
2. der **Anspruch** durch die Stundung **nicht gefährdet** erscheint (§ 222 AO).

Eine **erhebliche Härte** kann sich aus **sachlichen** Gründen und aus den **persönlichen** Verhältnissen des Steuerschuldners ergeben.

Als <u>sachliche</u> Gründe kommen z.B. der Konkurs eines wichtigen Kunden des Steuer-schuldners, unerwartet hohe Steuernachzahlungen aufgrund einer Außenprüfung oder wirtschaftliche Schwierigkeiten als Folge einer Naturkatastrophe (z.B. Hochwasser) in Betracht.

Als **persönlicher** Grund kommt z.B. eine längere schwere Krankheit in Betracht.

Die Stundung soll in der Regel nur **auf Antrag** und gegen Sicherheitsleistung gewährt werden (§ 222 Satz 2 AO).

Die Stundung ist eine **Ermessensentscheidung** der Finanzbehörden.

Gegen die **Ablehnung** eines Stundungsantrags durch das Finanzamt kann der Steuer-schuldner bei der Oberfinanzdirektion **Beschwerde** einlegen.

Für die Dauer einer gewährten Stundung werden Zinsen (**Stundungszinsen**) erhoben (§ 234 Abs. 1 AO).

Die Zinsen betragen **für jeden vollen Monat 1/2 Prozent** von dem auf volle 100 DM abgerundeten Steuerbetrag. Angefangene Monate bleiben außer Ansatz (§ 238 AO).

Auf die Zinsen kann ganz oder teilweise verzichtet werden, wenn ihre Erhebung nach Lage des einzelnen Falles unbillig wäre (§ 234 Abs. AO).

Steueransprüche, gegen den Steuerschuldner können **nicht** gestundet werden, soweit ein Dritter (z.B. ein Arbeitgeber) die Steuer (z.B. die LSt) für Rechnung des Steuer-schuldners zu entrichten, insbesondere einzubehalten und abzuführen hat (§ 222 **Satz 3** AO).

<u>Übung:</u> 1.Wiederholungsfragen 11 bis 19,
2. Aufgaben 5 bis 8

6.5 Erlöschen des Steueranspruchs

Der Steueranspruch **erlischt** insbesondere durch **Zahlung, Aufrechnung, Erlaß** oder **Verjährung** (§ 47 AO).

6.5.1 Zahlung

Der Steueranspruch wird im Regelfall durch **Zahlung erfüllt.**

Die **Zahlungsschuld** ist eine **Bringschuld.** Der Steueranspruch erlischt nur, wenn die Zahlung wirksam, d.h. an die zuständige Kasse (z.B. Finanzkasse) geleistet wurde (§ 224 AO).

Eine wirksam geleistete **Zahlung** gilt als **entrichtet:**

> 1. bei Übergabe oder Übersendung von Zahlungsmitteln (auch Schecks, wenn diese gedeckt sind)
>   **am Tage des Eingangs,**
> 2. bei Überweisung oder Einzahlung auf ein Konto der Finanzbehörde und bei Einzahlung mit Zahlschein oder Postanweisung
>   an dem Tag, an dem der Betrag **der Finanzbehörde gutgeschrieben wird,**
> 3. bei Vorliegen einer Einzugsermächtigung
>   **am Fälligkeitstag.**

Für die **Kosten der Zahlung** gilt § 270 Abs. 1 BGB, d.h. der **Zahlende hat die Kosten** des Zahlungsvorgangs **zu tragen.**

> Übung: 1. Wiederholungsfragen 20 bis 25,
>   2. Aufgabe 9

6.5.2 Aufrechnung

Unter Aufrechnung versteht man die wechselseitige Tilgung zweier sich gegenüberstehender Forderungen durch Verrechnung.

Sowohl die Finanzbehörde als auch der Steuerschuldner können die Aufrechnung erklären. Durch die Aufrechnung erlischt der Steueranspruch.

Voraussetzung für eine wirksame Aufrechnung ist, daß die sogenannte **"Aufrechnungslage"** gegeben ist.

Die **Aufrechnungslage** ist gegeben bei:

- Gegenseitigkeit der Forderungen	Schuldner der einen Forderung muß Gläubiger der anderen Forderung sein. Als Gläubiger eines Steueranspruches gilt auch die Körperschaft, die die Steuer verwaltet (§ 226 Abs. 4 AO). So kann z.B. ein Finanzamt eine von einem Steuerpflichtigen geforderte Landessteuer (z.B. Vermögensteuer) gegen die an diesen Steuerpflichtigen zu erstattende Bundessteuer (z.B. Mineralölsteuer) aufrechnen.
- Gleichheit der Forderungen	Sie ist gegeben, wenn sich Geldforderungen gegenüberstehen.

- **Erfüllbarkeit** der Hauptforderung:	Die Forderung, die dem Empfänger der Aufrechnungserklärung gegen den Aufrechnenden zusteht, muß entstanden sein. Die Steuerpflichtigen können nur mit unbestrittenen oder rechtskräftig festgestellten Gegenansprüchen aufrechnen (§ 226 Abs. 3 AO).
- **Fälligkeit** der Gegenforderung:	Die Forderung, die dem Aufrechnenden zusteht, muß fällig sein.

Im übrigen gelten die Vorschriften des bürgerlichen Rechts über die Aufrechnung sinngemäß (§ 387 ff. BGB).

Die Aufrechnung erfolgt durch **Erklärung** gegenüber dem anderen Teil.

Die Aufrechnungserklärung des **Steuerpflichtigen** ist eine **einseitige empfangsbedürftige Willenserklärung.**

Die Aufrechnungserklärung des Finanzamtes ist ein **Verwaltungsakt** i.S des § 118 AO, der mit Beschwerde angefochten werden kann.

> **Übung:** 1. Wiederholungsfragen 26 bis 29,
> 2. Aufgabe 10

6.5.3 Erlaß

Unter **Erlaß** versteht man den endgültigen Verzicht des Steuergläubigers auf eine entstandene Steuer.

Der Erlaß kommt nur in **Ausnahmefällen** in Betracht. Grundsätzlich müssen Steuern beglichen werden.

Die Finanzbehörden können Steuern ganz oder zum Teil erlassen, wenn deren Einziehung nach Lage des einzelnen Falles **unbillig** wäre (§ 227 Abs. 1 AO).

In der Rechtssprechung werden **zwei Arten der Unbilligkeit** unterschieden:

> 1. **persönliche** Unbilligkeit,
> 2. **sachliche** Unbilligkeit.

Persönliche Unbilligkeit ist in der Person des Steuerpflichtigen und seiner wirtschaftlichen Lage begründet.

Erlaß aus persönlichen Billigkeitsgründen setzt voraus, daß der **Steuerpflichtige erlaßbedürftig** und **erlaßwürdig** ist.

Erlaßbedürftigkeit ist gegeben, wenn der Steuerpflichtige durch die Zahlung in seiner wirtschaftlichen Existenz gefährdet würde.

Erlaßwürdigkeit liegt vor, wenn der Steuerpflichtige seine mangelnde wirtschaftliche Leistungsfähigkeit nicht selbst verschuldet hat.

Sachliche Unbilligkeit, die in der Praxis sehr selten gegeben ist, liegt nach der Rechtsprechung vor, wenn die Besteuerung als solche, unabhängig von den persönlichen Verhältnissen des Steuerpflichtigen, unbillig wäre.

Der Erlaß ist eine **Ermessensentscheidung** der Finanzbehörden.

Übung: Wiederholungsfragen 30 bis 37

6.5.4 Zahlungsverjährung

Die **Verjährung** bewirkt, daß der Steueranspruch durch Zeitablauf erlischt.

Die AO unterscheidet zwischen der **Festsetzungsverjährung,** die bereits dargestellt wurde, und der Verjährung des Zahlungsanspruchs (**Zahlungsverjährung).**

Die **Verjährungsfrist** der Zahlungsverjährung beträgt **fünf Jahre** (§ 228 AO).

Die Verjährungsfrist **beginnt grundsätzlich mit Ablauf des Kalenderjahres,** in dem der Anspruch erstmals fällig geworden ist (§ 229 Abs. 1 AO).

Beispiel:
Die ESt-Abschlußzahlung des Steuerpflichtigen Rump für 1993 war am 19.8.1994 fällig.

Der Zahlungsanspruch verjährt mit Ablauf des 31.12.1999.

Der Lauf der Verjährungsfrist beginnt jedoch **nicht vor** Ablauf des Kalenderjahres, in dem die Festsetzung eines Steueranspruchs, ihre Aufhebung, Änderung oder Berichtigung nach § 129 AO wirksam geworden ist; eine Steueranmeldung steht einer Steuerfestsetzung gleich (§ 229 Abs. 1 Satz 2 AO).

Diese Regelung hat Bedeutung für die sogenannten **Fälligkeitssteuern,** d.h. Steuern, deren Fälligkeit gesetzlich festgelegt ist (z.B. Umsatzsteuer und Lohnsteuer).

Sie gewährleistet, daß die Finanzbehörde die Verjährungsfrist von fünf Jahren ausschöpfen kann, wenn der Steuerpflichtige seine Erklärungspflicht verspätet oder nicht erfüllt.

Beispiel:
Der Steuerpflichtige Mang hat die USt-Voranmeldung für November 1994 erst im Januar 1995 abgegeben.

Der USt-Zahlungsanspruch für November 1994 verjährt nicht bereits mit Ablauf des 31.12.1999, sondern erst am 31.12.2000, weil die Steueranmeldung erst in 1995 wirksam geworden ist.

Die Verjährung kann **gehemmt** oder **unterbrochen** werden.

Die Verjährung ist **gehemmt,** solange der Steueranspruch wegen **höherer Gewalt innerhalb** der letzten sechs Monate der Verjährungsfrist nicht verfolgt werden kann. **Höhere Gewalt** sind z.B. Naturkatastrophen. Die Verjährungsfrist **verlängert sich um den Zeitraum der Hemmung** (§ 230 AO).

Der Lauf der Verjährungsfrist wird z.B. **unterbrochen** durch

- schriftliche Geltendmachung des Steueranspruchs,
- Stundung,
- Aussetzung der Vollziehung (wegen eines schwebenden Rechtsbehelfs),
- Anmeldung im Konkurs (§ 231 Abs. 1 AO).

Die **Verjährungsfrist beginnt im Fall der Unterbrechung** mit Ablauf des Kalenderjahres, in dem die Unterbrechung geendet hat, **neu zu laufen** (§ 231 Abs. 3 AO).

Übung: 1. Wiederholungsfragen 38 bis 45,
2. Aufgabe 11

6.6 Zusammenfassung und Erfolgskontrolle

6.6.1 Zusammenfassung

Steuern können nur erhoben werden, wenn sie **entstanden**, **festgesetzt** und **fällig** sind.

Die Steuer **entsteht**, sobald der Tatbestand verwirklicht ist, an den das Gesetz die Leistungspflicht knüpft.

Durch die Steuer**festsetzung** wird der Steueranspruch konkretisiert.

Fälligkeit der Steuer bedeutet, daß der Steuergläubiger die Zahlung verlangen kann.

Die Finanzbehörden können unter bestimmten Voraussetzungen Steuern ganz oder teilweise **stunden**, d.h. den Fälligkeitstermin hinausschieben.

> Der Steueranspruch **erlischt** insbesondere durch **Zahlung, Aufrechnung, Erlaß** oder **Verjährung.**
>
> Unter **Aufrechnung** versteht man die wechselseitige Tilgung zweier Forderungen durch Verrechnung.
>
> Unter **Erlaß** versteht man den endgültigen Verzicht auf eine entstandene Steuer aus Billigkeitsgründen.
>
> Die **Verjährung** bewirkt, daß der Steueranspruch durch Zeitablauf erlischt.
>
> Bei einer **Unterbrechung** beginnt die fünfjährige Verjährungsfrist neu zu laufen.

6.6.2 Erfolgskontrolle

WIEDERHOLUNGSFRAGEN

1. Welche Voraussetzungen müssen erfüllt sein, damit eine Steuer erhoben werden kann?
2. Wann entsteht nach § 38 AO allgemein eine Steuer?
3. Wann entstehen konkret folgende Steuern: Lohnsteuer, ESt-Vorauszahlung, ESt-Abschlußzahlung, GewSt-Vorauszahlung, GewSt-Abschlußzahlung, USt, VSt?
4. Wodurch wird der Steueranspruch konkretisiert?
5. Wodurch werden Steuern in der Regel festgesetzt?
6. Was bedeutet die Fälligkeit einer Steuer?
7. Welche Steuern werden allgemein als Fälligkeitssteuern bezeichnet?
8. Wann werden folgende Steuern fällig: Lohnsteuer, ESt-Vorauszahlungen, ESt-Abschlußzahlung, GewSt-Vorauszahlungen, GewSt-Abschlußzahlung, USt-Vorauszahlungen, USt-Abschlußzahlung, VSt-Vorauszahlungen, VSt-Abschluß zahlung?
9. In welchem Fall ist ein Säumniszuschlag zu entrichten?
10. Wie hoch ist der Säumniszuschlag?
11. Welche Wirkung hat eine Steuerstundung?
12. Welche Voraussetzungen müssen erfüllt sein, damit eine Steuer gestundet werden kann?
13. Aus welchen Gründen können sich Härten ergeben?
14. Welche sachlichen Gründe kommen z.B. in Betracht?
15. Welcher persönliche Grund kommt z.B. in Betracht?
16. Wie soll die Stundung in der Regel nach § 222 letzter Satz AO nur gewährt werden?
17. Welcher Rechtsbehelf kann der Steuerschuldner gegen die Ablehnung eines Stundungsantrags durch das Finanzamt einlegen?
18. Wie hoch sind die Stundungszinsen?
19. In welchem Fall kann auf Stundungszinsen ganz oder teilweise verzichtet werden?
20. Wodurch erlischt der Steueranspruch insbesondere?
21. In welchem Fall ist eine Zahlung wirksam geleistet?
22. Wann gilt eine Zahlung bei Übergabe oder Übersendung von Zahlungsmitteln als entrichtet?
23. Wann gilt eine Zahlung durch gedeckten Scheck als entrichtet?

24. Wann gilt eine Zahlung bei Überweisung oder Einzahlung auf ein Konto der Finanzbehörde und bei Einzahlung mit Zahlschein oder Postanweisung als entrichtet?

25. Wann gilt eine Zahlung beim Vorliegen einer Einzugsermächtigung als entrichtet?

26. Was versteht man unter Aufrechnung?

27. Wer kann aufrechnen?

28. Beim Vorliegen welcher Voraussetzungen ist die Aufrechnungslage gegeben, d.h. kann wirksam aufgerechnet werden?

29. Wodurch erfolgt die Aufrechnung?

30. Was versteht man unter Erlaß?

31. In welcher Lage können Finanzbehörden Steuern erlassen?

32. Welche zwei Arten der Unbilligkeit werden in der Rechtsprechung unterschieden?

33. Worin ist die persönliche Unbilligkeit begründet?

34. Was setzt Erlaß aus persönlichen Billigkeitsgründen voraus?

35. In welcher Lage ist Erlaßbedürftigkeit gegeben?

36. In welchem Fall liegt Erlaßwürdigkeit vor?

37. Wer ist für den Erlaß sachlich zuständig?

38. Was bewirkt die Verjährung?

39. Wieviel Jahre beträgt die Verjährungsfrist der Zahlungsverjährung?

40. Wann beginnt die Verjährungsfrist?

41. Wodurch wird die Verjährungsfrist allgemein verlängert?

42. Wodurch wird die Verjährung gehemmt?

43. Wie wirkt die Hemmung auf die Verjährung?

44. Wodurch wird z.B. die Verjährung unterbrochen?

45. Wie wirkt die Unterbrechung auf die Verjährung?

AUFGABEN

Aufgabe 1:

Helga Wirz, Köln, ist als Steuerfachgehilfin bei einem Kölner Steuerberater angestellt. Ihr Monatsgehalt wird jeweils zum Monatsletzten überwiesen. Die Lohnsteuer wird monatlich vom Arbeitgeber einbehalten und angemeldet.

1. Wann **entsteht** die Lohnsteuer?
2. Wodurch wird der Steueranspruch **festgesetzt**?
3. Wann wird die Lohnsteuer **fällig**?

Aufgabe 2:

Die X-GmbH, Bonn, die ihre Umsätze nach vereinbarten Entgelten versteuert (= Sollbesteuerung), ist Monatszahlerin. Sie reicht ihre USt-Voranmeldung für den Monat August 1995 am 16.9.1995 beim zuständigen Finanzamt in Bonn ein.

1. Wann ist die USt **entstanden**?
2. Wodurch wird der Steueranspruch **konkretisiert**?
3. Wann wird die USt-Vorauszahlung **fällig**?

Aufgabe 3:

Der Steuerpflichtige Walter Schneider, Münster, schuldet dem Finanzamt folgende Steuern, die er am 23.10.1995 entrichtet:

a) ESt-Abschlußzahlung 1993	2.560 DM, fällig am	08.07.1995
b) einbehaltene Lohnsteuer	5.650 DM, fällig am	10.09.1995
c) VSt-Vorauszahlung	270 DM, fällig am	10.08.1995
d) USt-Vorauszahlung	3.750 DM, fällig am	10.09.1995

Berechnen Sie die entstandenen **Säumniszuschläge** nach § 240 Abs. 1 AO.

Aufgabe 4:

Die Steuerpflichtige Edith Jung, Wiesbaden, erhielt am 16.9.1995 ihren ESt-Bescheid 1993 und ihren VSt-Bescheid 1994. Beide Bescheide wurden am 14.9.1995 vom Finanzamt zur Post gegeben.
Sie hat noch nachzuzahlen:

Einkommensteuer 1993	2.360 DM
Vermögensteuer 1994	470 DM

Wann sind beide Steuern **entstanden** und wann waren sie **fällig**?

Aufgabe 5:

Halten Sie bei den folgenden Sachverhalten eine **Stundung** für gerechtfertigt? Es ist davon auszugehen, daß der Steueranspruch durch eine Stundung nicht gefährdet erscheint.
Begründen Sie Ihre Antwort.

1. Die Steuerpflichtige Christine Meran, Oldenburg, muß für das Vorjahr eine erwartete ESt-Abschlußzahlung von 20.000 DM leisten. Da sie ihr Bargeld vor einem Vierteljahr für ein Jahr fest angelegt hat, bittet sie das Finanzamt um Stundung.

2. Der Steuerpflichtige Valentin Fuchs, Berlin, hat aufgrund einer Außenprüfung unerwartet eine größere Steuernachzahlung zu leisten. Er bittet das Finanzamt um Stundung.

3. Der Steuerpflichtige Adrian Kubig bittet das Finanzamt um Stundung einer ESt-Abschlußzahlung für das Vorjahr, weil einer seiner Kunden, an den er eine größere Forderung hat, in Konkurs geraten ist.

4. Die Getreidefelder des Landwirts Fabian Horch wurden z.T. durch Hagelschlag verwüstet. Er bittet das Finanzamt um Stundung der ESt-Vorauszahlungen.

5. Der Steuerpflichtige Paul Hauck, Hamburg, bittet das Finanzamt um Stundung einer für das Vorjahr (erwarteten) zu leistenden Abschlußzahlung. Zur Begründung führt er an, daß er z.Z. nicht flüssig sei, weil er seinen Kindern vor kurzem einen größeren Geldbetrag geschenkt habe.

Aufgabe 6:

Der Steuerpflichtige Hugo Leitner, 56073 Koblenz, Cusanusstr. 25, hat nach dem Einkommensteuerbescheid vom 08.09.1995 für 1994 eine Abschlußzahlung in Höhe von 12.410 DM zu leisten. Die Steuer ist am 13.10.1995 fällig.
Infolge längerer, schwerer Krankheit ist Leitner nicht in der Lage, den gesamten Betrag am Fälligkeitstermin zu zahlen. Durch die Krankheit sind ihm rd. 20.000 DM Aufwendungen entstanden, die die Krankenversicherung nicht erstattet hat. Er will einen Betrag von 2.410 DM zum 13.10.1995 zahlen und bittet das Finanzamt rechtzeitig um Stundung des Restes und Bewilligung von Teilzahlungen von monatlich 2.000 DM.

Entwerfen Sie einen entsprechenden **Brief** an das Finanzamt Koblenz (Postfach 709, 56007 Koblenz). Leitner hat die Steuernummer 22/038/2722/9.

Aufgabe 7:

Sachverhalt wie in Aufgabe 6. Das Finanzamt hat dem Antrag des Steuerpflichtigen entsprochen und folgende Teilzahlungen bewilligt:

2.000 DM am 15.11.1995
2.000 DM am 15.12.1995
7.000 DM am 15.01.1996
2.000 DM am 15.02.1996
2.000 DM am 15.03.1996

Berechnen Sie die **Stundungszinsen**.

Aufgabe 8:

Das Finanzamt hat dem Steuerpflichtigen Alexander Fischer die am 12.09.1995 fällige ESt-Abschlußzahlung 1994 von 32.720 DM ab Fälligkeit gestundet und folgende Teilzahlungen bewilligt:

7.000 DM, fällig am 30.09.1995
10.000 DM, fällig am 31.10.1995
10.720 DM, fällig am 30.11.1995

Berechnen Sie die **Stundungszinsen**.

Aufgabe 9:

Der Steuerpflichtige Fritz Barden, Düsseldorf, schuldet für 1994 eine ESt-Abschluß-
zahlung in Höhe von 1.500 DM, fällig am 18.08.1995. Er begleicht die Schuld am
18.08.1995 durch Banküberweisung an die zuständige Finanzkasse.

1. Ist die Zahlung **wirksam** geleistet?
2. Ist die Zahlung **rechtzeitig** geleistet?

Aufgabe 10:

Der Steuerpflichtige Guido Rönn, Düsseldorf, hat laut ESt-Bescheid vom 11.08.1995
einen Erstattungsanspruch in Höhe von 2.500 DM.
Gleichzeitig hat er eine USt-Vorauszahlung für den Monat August 1995 in Höhe von
3.000 DM zu leisten.

Kann der Steuerpflichtige **aufrechnen**? Begründen Sie Ihre Antwort.

Aufgabe 11:

Der Steuerpflichtige Dirk Pütz, Essen, hat die ESt-Abschlußzahlung, fällig am
17.03.1995, noch nicht geleistet.
Am 21.04.1995 wird er vom zuständigen Finanzamt aufgefordert, seiner Zahlungsver-
pflichtung nachzukommen. Pütz kommt der Zahlungsaufforderung des Finanzamtes
nicht nach, weil er der Auffassung ist, daß der Zahlungsanspruch bereits verjährt ist.

1. Ist der Zahlungsanspruch des Finanzamtes bereits **verjährt**?

2. Wann **beginnt** die Verjährungsfrist der Zahlungsverjährung?

3. Wann **endet** die Verjährungsfrist der Zahlungsverjährung?

7 Außenprüfung

Die **Außenprüfung** dient der Ermittlung der steuerlichen Verhältnisse des Steuerpflichtigen.

Sie ist gesetzlich in der **Abgabenordnung** (§§ 193 bis 207) geregelt. Erläuternde Einzelheiten zu den Vorschriften der Abgabenordnung ergeben sich aus dem **Anwendungserlaß zur** AO (**AE AO**) vom 24.09.1987, BStBl I S. 664 ff.

Eine weitere rechtliche Grundlage der Außenprüfung ist die neue Allgemeine Verwaltungsvorschrift für die Betriebsprüfung - **Betriebsprüfungsordnung** - (**BpO**), die die Bundesregierung in 1987 erlassen hat (BStBl 1987 I S. 802 bis 807).

7.1 Persönlicher Umfang

Eine **Außenprüfung ist zulässig** bei

1. Steuerpflichtigen, die einen **land- und forstwirtschaftlichen Betrieb** unterhalten,

2. Steuerpflichtigen, die einen **Gewerbebetrieb** unterhalten,

3. Steuerpflichtigen, die **freiberuflich Tätig** sind,

4. Steuerpflichtigen, die Steuern einzubehalten und abzuführen haben (z.B. Kapitalertragsteuer) oder Steuern für Rechnung eines anderen zu entrichten haben (z.B. Versicherungssteuer),

5. Steuerpflichtigen, wenn die für die Besteuerung erheblichen Verhältnisse der Aufklärung bedürfen und eine Prüfung an Amtsstelle nach Art und Umfang nicht zweckmäßig ist (§ 193 AO).

Die Betriebe der Steuerpflichtigen, die unter die **Nr. 1 bis 3** fallen, werden in **Größenklassen** eingeordnet. Man unterscheidet **Großbetriebe, Mittelbetriebe, Kleinbetriebe und Kleinstbetriebe.** Merkmale für die Einordnung sind im allgemeinen die Höhe des **Jahresumsatzes** und des steuerlichen **Gewinns** (§ 3 BpO).

Auf der folgenden Seite wird das **ab 01.01.1995** gültige Schema zur **Einordnung der Betriebe in Größenklassen** wiedergegeben.

Die Einordnung der Betriebe in Größenklassen ist **bedeutsam** dafür, welche **Betriebsprüfungsstelle** zuständig ist und auf welche **Besteuerungszeiträume** sich die Prüfung zu erstrecken hat.
Es liegt im pflichtgemäßen **Ermessen der Finanzbehörden** zu entscheiden, **ob eine Außenprüfung durchgeführt wird.** Der Steuerpflichtige hat **kein Recht auf** Durchführung einer **Außenprüfung** (zu § 193 AE AO).

Einheitliche Abgrenzungsmerkmale für den XV. Prüfungsturnus
(Merkmale für den Stichtag 1. Januar 1995)

Betriebsart[1]	Betriebsmerkmale[2]	Großbetriebe (G)	Mittelbe- triebe (M)	Kleinbetriebe (K)
Handelsbetriebe (H)	Gesamtumsatz oder steuerlicher Gewinn	über 11,5 Mio über 450.000	über 1,3 Mio über 90.000	über 250.000 über 48.000
Fertigungsbetriebe (F)	Gesamtumsatz oder steuerlicher Gewinn	über 6,5 Mio über 400.000	über 800.000 über 90.000	über 250.000 über 48.000
Freie Berufe (FB)	Gesamtumsatz oder steuerlicher Gewinn	über 6,5 Mio über 850.000	über 1,2 Mio über 200.000	über 250.000 über 48.000
Andere Leistungsbetriebe (AL)	Gesamtumsatz oder steuerlicher Gewinn	über 8,0 Mio über 450.000	über 1,1 Mio über 90.000	über 250.000 über 48.000
Kreditinstitute (K)	Aktivvermögen oder steuerlicher Gewinn	über 200 Mio über 750.000	über 50 Mio über 250.000	über 15 Mio über 60.000
Versicherungsunternehmen[3] (V)	Jahresprämieneinnahmen	über 40 Mio	über 6,5 Mio	über 2,5 Mio
Land- und forstwirtschaft- liche Betriebe (LuF)	Wirtschaftswert der selbstbe- wirtschafteten Fläche oder steuerlicher Gewinn	über 250.000 über 150.000	über 125.000 über 80.000	über 60.000 über 48.000
sonstige Fallart	**Erfassungsmerkmale**	**nachrichtliche Erfassung in der Betriebskartei wie ein Großbetrieb**		
Verlustzuweisungsgesell- schaften (VZG)	Personenzusammenschlüsse i. S. der Nr. 1.2 des BMF- Schreibens vom 13.07.1992 IV A 5 - S 0361 - 19/92 (BStBl. 1992 I; S. 404)	alle		
Bauherrengemeinschaften (BHG)	Gesamtobjekte i. S. der Nr. 1.3 des BMF-Schreibens vom 13.07.1992 IV A 5 - S 0361 - 19/92 (BStBl. 1992 I; S. 404)	alle		
bedeutende steuerbegün- stigte Körperschaften und Berufsverbände (BKÖ)	Summe der Einnahmen	über 20 Mio		
Einkunftsmillionäre (MIO)	Summe der Einkünfte gem. § 2 Abs. 1 Nrn. 4 - 7 EStG	über 1 Mio		

[1] Die Zuordnung nach Betriebsarten richtet sich nach der Klassifikation der Wirtschaftszweige (Fassung für Steuerstatistiken; siehe Zuordnungstabelle).

[2] Bei Organgesellschaften mit EAV ist für die Ermittlung der Gewinngrenze die Gewinnabführung vom Einkommen des Organträgers abzuziehen und dem Einkommen des Organs zuzurechnen.

[3] Pensionskassen sind entsprechend den Merkmalen von Versicherungsunternehmen einzuordnen; Unterstützungskassen sind wie Kleinbetriebe einzustufen.

7.2 Sachlicher und zeitlicher Umfang

Den **sachlichen** Umfang der Außenprüfung bestimmt die **Finanzbehörde.**

Sie kann **eine oder mehrere Steuerarten** umfassen **oder** sich auf **bestimmte Sachverhalte** beschränken (§ 194 Abs. 1 AO).

In **zeitlicher** Hinsicht soll bei **Großbetrieben** der Prüfungszeitraum an den vorhergehenden Prüfungszeitraum anschließen (**Anschlußprüfung**).

Bei **anderen Betrieben** soll der Prüfungszeitraum **nicht über die letzten drei Besteuerungszeiträume,** für die bis zur Unterzeichnung der Prüfungsanordnung Steuererklärungen abgegeben wurden, zurückreichen (§ 4 Abs. 3 BpO).

Können jedoch die Besteuerungsgrundlagen nicht ohne Erweiterung des Prüfungszeitraums festgestellt werden oder ist mit erheblichen Steuernachforderungen oder -erstattungen zu rechnen oder besteht der Verdacht einer Steuerstraftat oder einer Steuerordnungswidrigkeit, dann kann der **Prüfungszeitraum ausgedehnt werden,** d.h. mehr als drei Besteuerungszeiträume umfassen (§ 4 BpO).

> **Übung:** Wiederholungsfragen 1 bis 12

7.3 Prüfungsdurchführung

Die Finanzbehörde, d.h. in erster Linie das zuständige **Finanzamt, ordnet die Außenprüfung mit Rechtsbehelfsbelehrung** (§ 356 AO) **schriftlich an** (§ 196 AO).

Die **Prüfungsanordnung,** die **zu prüfenden Steuerarten, zu prüfende bestimmte Sachverhalte,** der **Prüfungszeitraum,** der voraussichtliche **Prüfungsbeginn** und der **Name des Prüfers,** sind **dem Steuerpflichtigen** angemessene Zeit (bei Mittelbetrieben in der Regel zwei Wochen, bei Großbetrieben vier Wochen) vor Beginn der Prüfung **bekanntzugeben,** wenn der Prüfungszweck dadurch nicht gefährdet wird (§§ 196, 197 AO, § 5 BpO).

Auf Antrag des Steuerpflichtigen soll der **Beginn** der Prüfung auf einen anderen Zeitpunkt **verlegt werden, wenn** dafür **wichtige Gründe** (z.B. Erkrankung, beträchtliche Betriebsstörungen durch Umbau oder höhere Gewalt) **glaubhaft gemacht werden** (§ 197 Abs. 2 AO).

Der **Prüfer hat sich** bei Erscheinen unverzüglich **auszuweisen** (§ 198 AO).

Der **Beginn der Prüfung ist** unter Angabe von Datum und Uhrzeit **aktenkundig zu machen.** Der Nachweis des Prüfungsbeginns kann für die **Berechnung der Ablaufhemmung** und die **Erstattung einer Selbstanzeige** (vgl. 10. Kapitel) **wichtig** sein.

Der **Prüfer hat** die tatsächlichen und rechtlichen **Verhältnisse,** die für die Steuerpflicht und für die Bemessung der Steuer maßgebend sind (Besteuerungsgrundlagen) **zugunsten wie zuungunsten** des Steuerpflichtigen **zu prüfen** (§ 199 Abs. 1 AO).

Die Prüfung ist auf das **Wesentliche** abzustellen.

Ihre Dauer ist auf das **notwendige Maß** zu beschränken.

Die Prüfung hat sich in erster Linie auf solche Sachverhalte zu erstrecken, die zu endgültigen Steuerausfällen oder -erstattungen oder zu nicht unbedeutenden Gewinnverlagerungen führen können (§ 6 BpO).

Der Steuerpflichtige ist während der Prüfung über die festgestellten Sachverhalte und die möglichen steuerlichen Auswirkungen **zu unterrichten** (§ 199 Abs. 2 AO).

Ergibt sich während einer Betriebsprüfung der Verdacht einer Straftat oder Ordnungswidrigkeit, so ist die für die Bearbeitung dieser Straftat bzw. Ordnungswidrigkeit zuständige Stelle unverzüglich zu unterrichten (§§ 9 und 10 BpO).

Der **Steuerpflichtige hat** bei der Prüfung bestimmte in § 200 AO geregelte **Mitwirkungspflichten.**

Er hat insbesondere Auskünfte zu erteilen, Aufzeichnungen, Bücher, Geschäftspapiere und andere Urkunden zur Einsicht und Prüfung vorzulegen.

Der Steuerpflichtige ist zu Beginn der Prüfung darauf hinzuweisen, daß er **Auskunftspersonen** benennen kann.
Die Auskunfts- und Mitwirkungspflicht des Steuerpflichtigen erlischt nicht mit der Bestellung von Auskunftspersonen.

Ein zur Durchführung der Prüfung **geeigneter Raum oder Arbeitsplatz** sowie die erforderlichen Hilfsmittel **sind** vom Steuerpflichtigen **unentgeltlich zur Verfügung zu stellen.**

Der Prüfer hat das Recht, Grundstücke und Betriebsräume zu betreten und zu besichtigen.

Bei der Betriebsbesichtigung soll der Betriebsinhaber oder sein Beauftragter hinzugezogen werden.

Übung: Wiederholungsfragen 13 bis 23

7.4 Schlußbesprechung und Prüfungsbericht

Über das Ergebnis der Prüfung ist nach § 201 AO eine Besprechung abzuhalten **(Schlußbesprechung).**

Sie **entfällt, wenn sich** durch die Prüfung die **Besteuerungsgrundlagen nicht ändern oder der Steuerpflichtige** auf die Besprechung **verzichtet.**

Findet eine Schlußbesprechung statt, so sind die Besprechungspunkte und der Termin der Schlußbesprechung dem Steuerpflichtigen angemessene Zeit vor der Besprechung bekanntzugeben (§ 11 BpO).

In der Schlußbesprechung sind insbesondere strittige Sachverhalte sowie die rechtliche Beurteilung der Prüfungsfeststellungen und ihre steuerlichen Auswirkungen zu erörtern.

Die Schlußbesprechung hat den **Sinn**, bestehende Unklarheiten zu beseitigen und nach Möglichkeit zu einer unstreitigen Gesamtregelung zu kommen.

Über das Ergebnis der Prüfung ergeht nach § 202 AO ein schriftlicher Bericht (**Prüfungsbericht**).

Im Prüfungsbericht sind die Prüfungsfeststellungen in tatsächlicher und rechtlicher Hinsicht sowie die Änderungen der Besteuerungsgrundlagen darzustellen.

Der **Steuerpflichtige hat Anspruch auf** Übersendung des **Prüfungsberichtes.**

Auf Antrag hat die Finanzbehörde dem Steuerpflichtigen den Prüfungsbericht vor seiner Auswertung zu übersenden und ihm Gelegenheit zu geben, in angemessener Zeit dazu Stellung zu nehmen.

Führt die Außenprüfung zu keiner Änderung der Besteuerungsgrundlagen, so genügt es, wenn dies dem Steuerpflichtigen schriftlich mitgeteilt wird.
Die Mitteilung über die ergebnislose Prüfung hat Bedeutung für spätere Änderungen (§ 173 Abs. 2 AO) und für die Ablaufhemmung (§ 171 Abs. 4 AO).

> **Übung:** Wiederholungsfragen 24 bis 33

7.5 Sonderformen der Außenprüfung

7.5.1 Abgekürzte Außenprüfung

Bei Steuerpflichtigen, bei denen die Finanzbehörde eine Außenprüfung in regelmäßigen Zeitabständen **nicht** für erforderlich hält (z.B. kleinere Betriebe und Steuerpflichtige ohne betriebliche Einkünfte), kann sie aus Vereinfachungsgründen eine **abgekürzte Außenprüfung** durchführen.

Die Prüfung hat sich auf die **wesentlichen Besteuerungsgrundlagen** zu beschränken (§ 203 AO).

Auf die abgekürzte Außenprüfung finden alle Vorschriften über die Außenprüfung Anwendung, mit Ausnahme der Vorschriften über die Schlußbesprechung und die Übersendung des Prüfungsberichts auf Antrag vor dessen Auswertung (zu § 203 AE AO).

7.5.2 Lohnsteuer-Außenprüfung

Das Finanzamt überwacht die ordnungsgemäße Einhaltung und Abführung der Lohnsteuer durch eine **Lohnsteuer-Außenprüfung.**

Die LohnsteuerAußenprüfung wird in der Regel von der **Lohnsteuerstelle des Finanzamtes der Betriebsstätte** durchgeführt.

Die Außenprüfung hat sich hauptsächlich darauf zu erstrecken, ob sämtliche Arbeitnehmer erfaßt sind und alle zum Arbeitslohn gehörenden Einnahmen dem Steuerabzug unterworfen werden.

Die Lohnsteuer-Außenprüfung ist eine Außenprüfung im Sinne der Vorschriften der Abgabenordnung, auf die die Vorschriften der §§ 193 ff. AO anzuwenden sind.

Sie ist jedoch eine besondere Außenprüfung, für die die Vorschriften der BpO-St grundsätzlich nicht gelten. Gleichwohl sind die Vorschriften für die Durchführung der Betriebsprüfung §§ 5 bis 12 BpO sinngemäß anzuwenden (Abschn. 148 LStR).

7.5.3 Umsatzsteuer-Sonderprüfung

Die USt ist im Rahmen einer Außenprüfung grundsätzlich für die Jahre zu prüfen, für die auch die übrigen Steuerarten geprüft werden.

Es hat sich jedoch nach Ansicht der Finanzbehörden als notwendig erwiesen, zeitnahe örtliche **USt-Sonderprüfungen** unabhängig vom Turnus der allgemeinen Außenprüfung durch besonders im Umsatzsteuerrecht erfahrene Fachprüfer vorzunehmen.

Bei den USt-Sonderprüfungen sind **sogenannte Erstprüfungen** und **Bedarfsprüfungen** zu unterscheiden.

Erstprüfungen sind bei allen Unternehmen vorzunehmen, die bestimmte Steuervergünstigungen erstmals in Anspruch nehmen. Zu diesen Vergünstigungen gehören z.B. die steuerfreien Umsätze nach § 4 Nr. 1 bis 7 UStG, bei denen der Unternehmer die Vorsteuer absetzen darf.

Bedarfsprüfungen sind innerhalb angemessener Zeit u.a. in folgenden Fällen durchzuführen:

a) bei Neugründungen mit unverhältnismäßigen hohen Vorsteuern,

b) in sonstigen Fällen von Vorsteuer-Überschüssen oder unverhältnismäßig hohen Vorsteuern, die zu Zweifeln Anlaß geben,

c) wenn bei Unternehmern, die ihre Rechnung üblicherweise erst längere Zeit nach bewirkter Leistung erteilen, die Vermutung besteht, daß die Umsätze nicht rechtzeitig versteuert werden,

d) wenn sich bei der letzten Prüfung erhebliche Beanstandungen ergeben haben.

Bei USt-Sonderprüfungen sind die §§ 5 bis 12 BpO-St- sinngemäß anzuwenden.

> **Übung:** Wiederholungsfragen 34 bis 40

7.6 Zusammenfassung und Erfolgskontrolle

7.6.1 Zusammenfassung

Prüfungszweck:	Ermittlung der steuerlichen Verhältnisse
Persönlicher Umfang:	bei allen Steuerpflichtigen mit betrieblichen Einkünften, Steuerpflichtigen mit Abzugssteuern und Steuerpflichtigen mit steuererheblichen Unklarheiten zulässig
Sachlicher Umfang:	alle Steuerarten
Zeitlicher Umfang:	Großbetriebe = Anschlußprüfungen (lückenlos) andere Betriebe = regelmäßig die letzten drei Jahre
Prüfungs- durchführung:	Bekanntgabe der Prüfungsordnung Ausweispflicht des Prüfers Beachtung der Prüfungsgrundsätze Schwergewichte bei Prüfung Mitwirkungspflichten des Steuerpflichtigen
Schluß- besprechung und Prüfungsbericht:	dienen der Klärung und Information über die Prüfungs- feststellungen
Sonderformen:	abgekürzte Außenprüfung Lohnsteuer-Außenprüfung USt-Sonderprüfungen

7.6.2 Erfolgskontrolle

WIEDERHOLUNGSFRAGEN

1. Welchem Zweck dient die Außenprüfung?
2. Welche gesetzlichen und anderen rechtlichen Grundlagen der Außenprüfung gibt es?
3. Bei welchen Steuerpflichtigen ist eine Außenprüfung zulässig?
4. In welche Größenklassen werden die zu prüfenden Steuerpflichtigen, soweit sie einen Betrieb unterhalten, eingeordnet?
5. Nach welchen Merkmalen erfolgt die Einordnung im allgemeinen?
6. Wofür ist die Einordnung von Bedeutung?
7. Wer entscheidet, ob eine Außenprüfung durchgeführt wird?
8. Hat der Steuerpflichtige ein Recht auf Durchführung einer Außenprüfung?
9. Worauf kann sich eine Außenprüfung in sachlicher Hinsicht erstrecken?
10. Welchen Zeitraum soll die Außenprüfung bei Großbetrieben umfassen?
11. Welchen Zeitraum soll die Außenprüfung bei anderen Betrieben in der Regel umfassen?
12. In welchen Fällen kann bei anderen Betrieben der Prüfungszeitraum ausgedehnt werden?
13. Wer ordnet die Außenprüfung an?
14. Was ist dem Steuerpflichtigen, bei dem die Außenprüfung durchgeführt werden soll, mitzuteilen?
15. Wann ist ihm dies mitzuteilen?
16. In welchen Fällen kann der Prüfungsbeginn verlegt werden?
17. Was hat der Prüfer unverzüglich bei Erscheinen zu tun?
18. Was hat der Prüfer bei Beginn der Prüfung zu tun?
19. Warum kann dieser Aktenvermerk wichtig sein?
20. Was hat der Prüfer zu prüfen?
21. Hat er auch zugunsten des Steuerpflichtigen zu prüfen?
22. Worauf soll das Schwergewicht der Prüfung nach § 5 BpO gelegt werden?
23. Welche Mitwirkungspflichten hat der Steuerpflichtige bei der Prüfung?
24. Was versteht man unter der Schlußbesprechung?
25. Muß eine Schlußbesprechung abgehalten werden?
26. Was ist nach § 5 BpO zu beachten, wenn eine Schlußbesprechung stattfindet?
27. Welchen Sinn hat die Schlußbesprechung?
28. Was versteht man unter dem Prüfungsbericht?
29. Was ist im Prüfungsbericht darzustellen?
30. Hat der Steuerpflichtige Anspruch auf den Prüfungsbericht?
31. Kann der Steuerpflichtige verlangen, daß ihm der Prüfungsbericht schon vor seiner Auswertung zugesandt wird?
32. Was kann bei ergebnisloser Prüfung an die Stelle des Prüfungsberichtes treten?
33. Welche Bedeutung hat diese Mitteilung für das Besteuerungsverfahren?
34. Welche Sonderformen der Außenprüfung gibt es?
35. Bei welchen Steuerpflichtigen kann die Finanzbehörde eine abgekürzte Außenprüfung durchführen?
36. Wer führt in der Regel die Lohnsteuer-Außenprüfung durch?
37. Worauf soll sich diese Außenprüfung hauptsächlich erstrecken?
38. Welche beiden Arten von USt-Sonderprüfungen sind zu unterscheiden?
39. Aus welchem Anlaß sind Erstprüfungen durchzuführen? Nennen Sie Beispiele.
40. In welchen Fällen sind Bedarfsprüfungen durchzuführen?

8 Rechtsbehelfe

Unter einem **Rechtsbehelf** versteht man die Erklärung eines Steuerpflichtigen, mit der er die Nachprüfung eines Verwaltungsaktes der Finanzbehörden begehrt.

Man unterscheidet **zwei Gruppen** von Rechtsbehelfen

> 1. **außergerichtliche** Rechtsbehelfe und
>
> 2. **gerichtliche** Rechtsbehelfe.

8.1 Außergerichtliche Rechtsbehelfe

Die **außergerichtlichen** Rechtsbehelfe sind bei der zuständigen Finanzbehörde einzulegen. Sie sollen der Finanzbehörde die Möglichkeit geben, ihre Entscheidung noch einmal zu prüfen, bevor ggf. ein gerichtlicher Rechtsbehelf eingelegt wird.

Außergerichtliche Rechtsbehelfe sind

> 1. der **Einspruch** (§ 348 AO) und
>
> 2. die **Beschwerde** (§ 349 AO).

Ab 01.01.1996 werden **Einspruch und Beschwerde** zu dem **einheitlichen Rechtsbehelf** des "Einspruchs" zusammengefaßt (Art. 4 des Grenzpendlergesetzes vom 24.06.1994).

8.1.1 Einspruch

Der **Einspruch** kann gegen folgende (einspruchsfähigen) Verwaltungsakte eingelegt werden (§ 348 Abs. 1 AO):

> 1. **Steuerbescheide** (z.B. ESt-Bescheid),
>
> 2. **Steuervergütungsbescheide** (z.B. Erstattungsbescheid bei der Arbeitnehmerveranlagung),
>
> 3. **Steueranmeldungen** (z.B. USt-Erklärung),
>
> 4. **Feststellungsbescheide** (z.B. Gewinnfeststellungsbescheid einer OHG),
>
> 5. **Steuermeßbescheide** (z.B. GewSt-Meßbescheid).

Ein Einspruch kann nur einlegen, wer durch einen Verwaltungsakt **beschwert**, d.h. in seinen Rechten beeinträchtigt ist (§ 350 AO).

Beispiel:
Der Steuerpflichtige A legt gegen einen ESt-Bescheid, in dem die ESt mit 0 DM festgesetzt worden ist, Einspruch mit der Begründung ein, seine Rente sei statt mit einem Ertragsanteil von 20 % mit 24 % angesetzt worden.

Der Einspruch des A ist **unzulässig,** weil A **nicht beschwert**, d.h. in seinen Rechten nicht beeinträchtigt ist (§ 350 AO).

Der Einspruch gegen einen Verwaltungsakt ist **innerhalb eines Monats** nach Bekanntgabe des Verwaltungsaktes einzulegen (§ 355 Abs. 1 AO).

Beispiel:
Dem Steuerpflichtigen A wird am 14.10.1995 sein ESt-Bescheid bekanntgegeben. Gegen diesen Bescheid will A Einspruch einlegen.

Die Rechtsbehelfsfrist endet am 14.11.1995 um 24.00 Uhr. Bis dahin muß der Einspruch beim Finanzamt eingetroffen sein. Trifft er später ein (z.B. am 15.11.1995) ist der Einspruch unzulässig.

Über den Einspruch entscheidet die Finanzbehörde, die den Verwaltungsakt erlassen hat, durch **Einspruchsentscheidung** (§ 367 Abs. 1 Satz 1 AO).

Der durch einen Einspruch angegriffene Verwaltungsakt kann auch zum **Nachteil** des Steuerpflichtigen geändert ("verbösert") werden, wenn dem Steuerpflichtigen vorher rechtliches Gehör gewährt worden ist (§ 367 Abs. 2 Satz 2 AO).
In diesem Falle kann der Steuerpflichtige den Einspruch jedoch **zurücknehmen** (§ 362 Abs. 1 AO).

Beispiel:
Der Steuerpflichtige A macht mit seinem Einspruch gegen den ESt-Bescheid geltend, daß die Werbungskosten um 200 DM zu niedrig berücksichtigt wurden.
Der Sachbearbeiter des Finanzamtes stellt fest, daß der Einspruch zwar zu Recht erhoben, die Sonderausgaben jedoch um 300 DM zu hoch angesetzt wurden, so daß sich das zu versteuernde Einkommen um 100 DM erhöht.

Das Finanzamt wird A darauf hinweisen, daß es den Einspruch als unbegründet zurückweisen und das zu versteuernde Einkommen um 100 DM erhöhen wird.
Dem kann A entgegenwirken, indem er seinen Einspruch zurücknimmt. Damit entfällt für das Finanzamt die Möglichkeit, den Steuerfall in vollem Umfang erneut aufzurollen.

An Stelle eines Einspruchsentscheids kann die Finanzbehörde auch einen **Abhilfebescheid**, d.h. einen geänderten Verwaltungsakt erlassen, wenn sie dem Einspruch **stattgibt**. Dadurch wird das Einspruchsverfahren in einfacher Weise erledigt (§ 367 Abs. 2 letzter Satz AO).

Das Einspruchsverfahren ist **kostenfrei**.

Übung: Wiederholungsfragen 1 bis 5

8.1.2 Beschwerde

Ist ein Verwaltungsakt **nicht in § 348 AO aufgeführt,** so ist er mit dem Rechtsbehelf der **Beschwerde** anfechtbar (§ 349 Abs.1 AO).

Die **Beschwerde** ist gegen folgende (beschwerdefähigen) Verwaltungsakte gegeben (§ 349 Abs. 1 AO):

> 1. Festsetzung von Verspätungszuschlägen (§ 152 AO),
>
> 2. Ablehnung von Stundungsanträgen (§ 222 AO),
>
> 3. Ablehnung von Erlaßanträgen (§ 227 AO),
>
> 4. Festsetzung von Zwangsgeldern (§ 328 AO),
>
> 5. Ablehnung eines Antrags über die Aussetzung der Vollziehung eines Verwaltungsaktes (§ 361 AO).

Die Beschwerde ist außerdem nach § 349 Abs. 2 AO gegeben, wenn jemand geltend macht, daß über einen von ihm gestellten Antrag auf Erlaß eines Verwaltungsaktes ohne Mitteilung eines zureichenden Grundes binnen angemessener Frist (sechs Monaten) sachlich nicht entschieden worden ist (**Untätigkeitsbeschwerde**).

Ab 01.01.1996 wird **§ 349 AO aufgehoben** (Art. 4 des Grenzpendlergesetzes vom 24.06.1994).

Die Beschwerde kann wie der Einspruch nur von Personen erhoben werden, die durch einen Verwaltungsakt **beschwert** sind (§ 350 AO).

Die Beschwerde kann ebenfalls nur innerhalb der Rechtsbehelfsfrist von **einem Monat** nach Bekanntgabe des Verwaltungsaktes erhoben werden (§ 355 Abs. 1 AO).

Wird einer eingelegten Beschwerde **stattgegeben,** so erläßt die Finanzbehörde einen **geänderten Verwaltungsakt** (§ 368 Abs. 1 Satz 1 AO).

Wird einer eingelegten Beschwerde **nicht stattgegeben,** entscheidet die nächsthöhere Behörde durch **Beschwerdeentscheidung** (§ 368 Abs. 2 Satz 2 AO).

Beispiel:
Der Steuerpflichtige A hat beim Finanzamt Koblenz einen Stundungsantrag gestellt, der abgelehnt worden ist. Gegen diesen Ablehnungsbescheid legt A Beschwerde ein.

Wird der eingelegten Beschwerde nicht stattgegeben, entscheidet die nächsthöhere Behörde, die OFD Koblenz, durch Beschwerdeentscheidung.

Eine **Verböserung** ist bei der Beschwerde **unzulässig.**

Das Beschwerdeverfahren ist **kostenfrei.**

> **Übung:** 1. Wiederholungsfragen 6 und 7,
> 2. Aufgaben 1 bis 3

8.2 Gerichtliche Rechtsbehelfe

Macht der Steuerpflichtige geltend, daß er durch die Entscheidung im **außer**gerichtlichen Verfahren in seinen Rechten verletzt wurde, kann er **gerichtlich** gegen den Verwaltungsakt der Finanzbehörde vorgehen.

Gerichtliche Rechtsbehelfe sind

> 1. die **Klage** (§§ 40 ff. FGO) und
> 2. die **Revision** (§§ 115 ff. FGO).

8.2.1 Klage

Die **Klage** ist beim zuständigen Finanzgericht (FG) schriftlich zu erheben (§ 64 FGO).

Die **Frist** zur Erhebung der Klage beträgt **einen Monat** nach Bekanntgabe der Entscheidung über den außergerichtlichen Rechtsbehelf.

Das Finanzgericht entscheidet durch Urteil **(FG-Urteil).**

Neben der Entscheidung über den Streitgegenstand muß das Gericht auch eine **Kostenentscheidung** treffen, die Auskunft darüber gibt, wer die Kosten des Verfahrens zu tragen hat bzw. wie die Kosten auf die Beteiligten zu verteilen sind.

8.2.2 Revision

Gegen das Urteil des Finangerichts können die Beteiligten (der Steuerpflichtige und/oder die Finanzbehörde) in bestimmten Fällen **Revision** beim Bundesfinanzhof (BFH) einlegen (§ 115 FGO).

Bis 1985 war die Revision ohne weiteres zulässig, wenn der Streitwert 10.000 DM überstieg bzw. wenn wesentliche Verfahrensmängel i.S. des § 116 FGO gerügt wurden. **In 1985** wurde die sogenannte **Streitwertrevision abgeschafft.**

Revision kann nur noch eingelegt werden, wenn das **Finanzgericht** die Revision **zugelassen** hat. Das Finanzgericht kann die Revision zulassen, wenn die Rechtssache **grundsätzliche Bedeutung** hat, oder wenn das Urteil des Finanzgerichts von einer **Entscheidung des Bundesfinanzhofs abweicht,** oder auf einem geltend gemachten **Verfahrensmangel** beruhen kann (§ 115 Abs. 2 FGO).
Die Revision ist innerhalb **eines Monats** nach Zustellung des Urteils schriftlich einzulegen (§ 120 Abs. 1 FGO). Sie muß **innerhalb eines weiteren Monats** begründet werden.

Der Bundesfinanzhof entscheidet durch Urteil **(BFH-Urteil).**

Neben der Entscheidung über den Streitgegenstand hat der BFH auch eine **Kostenent-scheidung** zu treffen.

> **Übung:** 1. Wiederholungsfragen 8 bis 10
> 2. Aufgaben 4 bis 9

8.3 Zusammenfassung und Erfolgskontrolle

8.3.1 Zusammenfassung

In der Übersicht auf der folgenden Seite werden die Rechtsbehelfe nochmals zusammengestellt.

8.3.2 Erfolgskontrolle

WIEDERHOLUNGSFRAGEN

1. Was versteht man unter einem Rechtsbehelf?
2. Welche zwei Gruppen von Rechtsbehelfen unterscheidet man?
3. Welche außergerichtlichen Rechtsbehelfe unterscheidet die AO?
4. Gegen welche Verwaltungsakte kann der Einspruch eingelegt werden? Nennen Sie fünf Beispiele.
5. Wer entscheidet über den Einspruch?
6. Gegen welche Verwaltungsakte ist die Beschwerde zulässig? Nennen Sie fünf Beispiele.
7. Wer entscheidet über die Beschwerde?
8. Welche gerichtlichen Rechtsbehelfe unterscheidet die FGO?
9. Was wissen Sie über die Klage?
10. Was wissen Sie über die Revision?

AUFGABEN

Aufgabe 1:

Welcher außergerichtliche Rechtsbehelf (Einspruch oder Beschwerde) kann gegen folgende Verwaltungsakte eingelegt werden?

1. ESt-Bescheid
2. Gewinnfeststellungsbescheid einer OHG
3. Festsetzung von Verspätungszuschlägen
4. USt-Bescheid
5. Ablehnung eines Stundungsantrags durch das Finanzamt
6. Ablehnung eines Antrags auf Aussetzung der Vollziehung
7. GewSt-Meßbescheid
8. Anordnung einer Außenprüfung
9. Ablehnung eines Erlaßantrags

Außergerichtliche Rechtsbehelfe

Einspruch
(§ 348 AO)

Beschwerde
(§ 349 AO)

Einspruch kann eingelegt werden gegen

1. Steuerbescheide
2. Steuervergütungsbescheide
3. Steueranmeldung
4. Feststellungsbescheide
5. Steuermeßbescheide

Beschwerde kann eingelegt werden gegen

1. Festsetzung von Verspätungs-zuschlägen
2. Ablehnung von Stundungs-anträgen
3. Ablehnung von Erlaßanträgen
4. Festsetzung von Zwangs-geldern
5. Ablehnung der Aussetzung der Vollziehung

Abhilfebescheid bzw. **Einspruchsentscheidung** durch Finanzamt

Geänderter Verwaltungsakt bzw. **Beschwerdeentscheidung** durch nächsthöhere Behörde

Gerichtliche Rechtsbehelfe

Klage
beim Finanzgericht
Das Finanzgericht entscheidet durch Urteil (**FG-Urteil**).

Revision
beim Bundesfinanzhof
Der Bundesfinanzhof entscheidet durch Urteil (**BFH-Urteil**).

Aufgabe 2:

Die Eheleute Willi und Helga Schmidt, Hauptstr. 10, 56291 Maisborn, erhalten am 16.10.1995 einen ESt-Bescheid für 1994 vom 13.10.1995, Steuernummer 38/074/2738/2, in dem ihre ESt vom Finanzamt St. Goar, Postfach 1163, 56325 St. Goar, um 200 DM zu hoch festgesetzt ist. Das Finanzamt hat zu Unrecht Ausgaben für Fachbücher in Höhe von 600 DM nicht anerkannt.

1. Welchen außergerichtlichen Rechtsbehelf können die Eheleute einlegen?
2. Bis wann muß der Rechtsbehelf eingelegt sein? Der Bescheid wurde am 11.10.1995 vom Finanzamt mit einfachem Brief bei der Post aufgegeben.
3. Bei welcher Finanzbehörde müssen die Eheleute den Rechtsbehelf einlegen?
4. Entwerfen Sie für die Eheleute ein Schreiben an die zuständige Finanzbehörde, durch das der entsprechende Rechtsbehelf eingelegt wird.

Aufgabe 3:

Der Steuerpflichtige A legt fristgerecht gegen den USt-Bescheid beim Finanzamt statt eines Einspruchs eine Beschwerde ein.

Ist durch die unrichtige Bezeichnung des Rechtsbehelfs die "Beschwerde" unzulässig? (Hinweis: § 357 Abs. 1 Satz 4 AO).

Aufgabe 4:

Die Eheleute Willi und Helga Schmidt (Aufgabe 2) erhielten am 16.10.1995 einen ESt-Bescheid vom Finanzamt St. Goar, gegen den sie frist- und formgerecht Einspruch einlegten.
Der Einspruch wurde abgelehnt.
Die Einspruchsentscheidung wurde den Eheleuten am 16.12.1995 bekanntgegeben.
Gegen die Einspruchsentscheidung des Finanzamtes wollen die Eheleute gerichtlich vorgehen.

1. Welcher gerichtliche Rechtsbehelf ist zulässig?
2. Bis wann muß der Rechtsbehelf erhoben werden?
3. Bei wem muß der Rechtsbehelf erhoben werden?

Aufgabe 5:

Unserem Büro wird von einem Mandanten ein ESt-Bescheid für das Jahr 1994 vorgelegt, in dem der beantragte Ausbildungsfreibetrag nicht berücksichtigt worden ist, weil das Finanzamt - u.E. zu Unrecht - die Auffassung vertritt, daß unserem Mandanten dieser Freibetrag nicht zusteht.

1. Welche Möglichkeit haben wir, eine Berichtigung dieses ESt-Bescheids zu erreichen, wenn wir
   a) den Bescheid 14 Tage nach Bekanntgabe erhalten,
   b) den Bescheid 2 Monate nach Bekanntgabe erhalten?
2. Wie wäre der Sachverhalt zu beurteilen, wenn der Steuerbescheid unter dem Vorbehalt der Nachprüfung zugesandt worden wäre?

Aufgabe 6:

Der ESt-Bescheid 1994 des Steuerpflichtigen Müller wurde am Dienstag, dem 03.05.1995, vom Finanzamt zur Post gegeben. Müller beabsichtigte Einspruch einzulegen, weil das Finanzamt von der Erklärung abgewichen ist. Am 09.06.1995 verunglückte Müller auf dem Weg zum Finanzamt, bei dem er seinen Einspruch einlegen wollte. Er wurde bewußtlos ins Krankenhaus eingeliefert. Am 16.06.1995 erlangte er das Bewußtsein wieder und wurde am 08.07.1995 aus dem Krankenhaus entlassen.

Er möchte am 17.07.1995 den Einspruch nachholen. Ist dies möglich? Begründen Sie Ihre Antwort.

Aufgabe 7:

Das Finanzamt hat gegen den Unternehmer Otto Linde einen Verspätungszuschlag von 3 % = 375 DM festgesetzt, weil dessen USt-Voranmeldung für September 1995 erst am 20.10.1995 beim Finanzamt eingegangen ist. Der Steuerpflichtige hat die Anmeldung am 06.10.1995 ausgefertigt und einem Mitarbeiter übergeben. Dieser hatte wegen eines Unfalls vergessen, die Anmeldung rechtzeitig in den Briefkasten einzuwerfen.

a) Welchen Rechtsbehelf kann der Steuerpflichtige einlegen?
b) Entwerfen Sie einen entsprechenden Rechtsbehelf an das Finanzamt. (Ergänzen Sie die fehlenden Daten nach eigener Wahl.)

Aufgabe 8:

Der Steuerpflichtige Helmar Tran gab seine ESt-Erklärung für 1993 in 1995 verspätet und unvollständig ab. Das Finanzamt sah sich gezwungen, eine Hinzurechnung beim Gewinn vorzunehmen und setzte die ESt mit 30.019 DM fest. Außerdem belegte es den Steuerpflichtigen mit einem Verspätungszuschlag von 300 DM. Die Vorauszahlungen für 1995 wurden mit vierteljährlich 7.500 DM festgesetzt.

a) Nennen Sie die Verwaltungsakte, die sich aus diesem Sachverhalt ergeben.
b) Welche Rechtsbehelfe konnte Tran gegen die einzelnen Verwaltungsakte einlegen?

Aufgabe 9:

Welcher Rechtsbehelf ist gegen die folgenden Verwaltungsakte möglich:

1. Feststellungsbescheid über den Einheitswert eines Gewerbebetriebs,
2. ESt-Vorauszahlungsbescheid,
3. ablehnende Einspruchsentscheidung des Finanzamtes,
4. Erhebung von Verspätungszuschlägen?

9 Finanzgerichtsbarkeit

Macht der Steuerpflichtige geltend, durch die Entscheidung im **außer**gerichtlichen Verfahren in seinen **Rechten verletzt** zu sein, kann er **gerichtlich** gegen den Verwaltungsakt der Finanzbehörde vorgehen.

Die Gerichtsbarkeit auf dem Gebiet des Steuerrechts wird als **Finanzgerichtsbarkeit** bezeichnet. Sie ist gesetzlich in der Finanzgerichtsordnung (FGO) geregelt.
Die Finanzgerichtsbarkeit wird durch unabhängige, von den Verwaltungsbehörden getrennte besondere Gerichte ausgeübt.

Die **Gerichte** der Finanzgerichtsbarkeit sind (§ 2 FGO)

> 1. in den Ländern die **Finanzgerichte (FG)** und
>
> 2. im Bund der **Bundesfinanzhof (BFH)**.

Die Finanzgerichtsbarkeit ist **zweistufig (= zwei Instanzen)**.

9.1 Finanzgerichte

Die **Finanzgerichte** sind grundsätzlich für Rechtsstreitigkeiten in Steuerangelegenheiten in **erster Instanz sachlich zuständig** (§ 35 FGO).

Das Finanzgericht **besteht** aus dem **Präsidenten**, den **Vorsitzenden Richtern** und **weiteren Richtern.**

Bei den Finanzgerichten sind **Senate** gebildet. Die Senate **entscheiden** in der Besetzung mit **drei Richtern** und **zwei ehrenamtlichen Richtern,** soweit nicht ein **Einzelrichter** entscheidet (§ 5 FGO).
Der Senat kann den Rechtsstreit einem seiner Mitglieder, als **Einzelrichter** zur Entscheidung übertragen, **wenn** die Sache **keine besonderen Schwierigkeiten** tatsächlicher oder rechtlicher Art aufweist und die Rechtssache **keine grundsätzliche Bedeutung** hat (§ 6 Abs. 1 FGO).

Örtlich zuständig ist das Finanzgericht (z.B. Neustadt), in dessen Bezirk die **Finanzbehörde** (z.B. Finanzamt Koblenz), gegen die die Klage gerichtet ist, ihren Sitz hat (§ 38 FGO).

Entscheidungen des Finanzgerichts haben **keine allgemeine Bindung.**
Rechtskräftige Urteile (FG-Urteile) binden nur die Beteiligten so weit, als über den Streitgegenstand entschieden worden ist (§ 110 Abs. 1 FGO).
§ 110 Abs. 1 Nr. 3 FGO erstreckt die **Bindungswirkung** rechtskräftiger Urteile auch auf die **Personen**, die im Falle des **§ 60a FGO** einen Antrag auf Beiladung nicht oder nicht fristgerecht gestellt haben. Das ist notwendig, um die Einheitlichkeit der Entscheidung zu wahren.

9.2 Bundesfinanzhof

Der **Bundesfinanzhof** (BFH) ist als **oberstes Gericht** der Finanzgerichtsbarkeit mit Sitz in München für Rechtsstreitigkeiten im Steuerrecht in **letzter Instanz** zuständig.

Der Bundesfinanzhof **besteht** aus dem **Präsidenten,** den **vorsitzenden Richtern** und **weiteren Richtern.**

Beim Bundesfinanzhof sind **Senate** gebildet. Die Senate **entscheiden** in der Besetzung mit **fünf Richtern,** bei Beschlüssen außerhalb der mündlichen Verhandlung mit drei Richtern (§ 10 FGO).

Entscheidungen des Bundesfinanzhofs haben **keine allgemeine Bindung.**
Rechtskräftige Urteile **(BFH-Urteile) binden nur die Beteiligten** so weit, als über den Streitgegenstand entschieden worden ist (§ 110 Abs. 1 FGO).
§ 110 Abs. 1 Satz 1 Nr. 3 FGO erstreckt die **Bindungswirkung** rechtskräftiger Urteile auch auf die **Personen,** die im Falle des § 60a FGO einen Antrag auf Beiladung nicht oder nicht fristgerecht gestellt haben.

Entscheidungen des Bundesfinanzhofs haben jedoch **besondere Bedeutung** für die **Rechtsauslegung** und die **Anwendung auf parallel liegende Fälle.** Deshalb werden wichtige BFH-Entscheidungen im **Bundessteuerblatt, Teil II,** veröffentlicht.

Beim Bundesfinanzhof ist ein **Großer Senat** gebildet. Er **besteht** aus dem **Präsidenten** und **sechs Richtern.**
Will in einer Rechtsfrage ein Senat von der Entscheidung eines anderen Senats oder des Großen Senats abweichen, so entscheidet der Große Senat (§ 11 FGO).

9.3 Zusammenfassung und Erfolgskontrolle

9.3.1 Zusammenfassung

> Die Finanzgerichtsbarkeit wird durch unabhängige **besondere Gerichte** ausgeübt.
>
> Gerichte der Finanzgerichtsbarkeit sind die **Finanzgerichte** (FG) der Länder und der **Bundesfinanzhof** (BFH).

9.3.2 Erfolgskontrolle

WIEDERHOLUNGSFRAGEN

1. Welche Gerichte gehören zur Finanzgerichtsbarkeit?
2. Aus welchen Gerichtspersonen besteht das Finanzgericht?
3. Wer entscheidet beim Finanzgericht in einem Rechtsstreit?
4. Aus welchen Gerichtspersonen besteht der Bundesfinanzhof?
5. Wer entscheidet beim Bundesfinanzhof in einem Rechtsstreit?
6. In welchen Fällen entscheidet der Große Senat des Bundesfinanzhofs?

10 Steuerstraftaten und Steuerordnungs-widrigkeiten

Nach dem Grad der Pflichtverletzung unterscheidet die AO zwei Gruppen von Verstößen gegen Steuergesetze:

> 1. **Steuerstraftaten** und
>
> 2. **Steuerordnungswidrigkeiten**.

Steuerstraftaten sind mit Geld- oder Freiheits**strafen** bedroht, während **Steuerordnungswidrigkeiten** mit Geld**bußen** geahndet werden.

10.1 Steuerstraftaten und Strafmaße

In der AO werden folgende **Steuerstraftaten und Strafmaße** genannt:

> - **Steuerhinterziehung** (§ 370 AO),
>
>   Strafen: Geldstrafe oder
>   bis zu fünf Jahren Freiheitsstrafe;
>   in besonders schweren Fällen ist die Strafe Freiheitsstrafe von
>   sechs Monaten bis zu zehn Jahren,
>
> - **Bannbruch** (§ 372 AO),
>
>   Strafen: wie bei Steuerhinterziehung,
>
> - **gewerbsmäßiger, gewaltsamer und bandenmäßiger Schmuggel**
>   (§ 373 AO),
>
>   Strafe: Freiheitsstrafe von drei Monaten bis zu fünf Jahren,
>
> - **Steuerhehlerei** (§ 374 AO),
>
>   Strafen: wie bei Steuerhinterziehung;
>   bei gewerbsmäßigem Handeln:
>   Freiheitsstrafe von drei Monaten bis zu fünf Jahren.

Steuerhinterziehung begeht, wer vorsätzlich

> 1. den Finanzbehörden oder anderen Behörden über steuerlich erhebliche Tatsachen unrichtige oder unvollständige Angaben macht oder
>
> 2. die Finanzbehörden pflichtwidrig über steuerlich erhebliche Tatsachen in Unkenntnis läßt oder
>
> 3. pflichtwidrig die Verwendung von Steuerzeichen oder Steuerstemplern unterläßt

mit der Folge, daß dadurch Steuern verkürzt oder ungerechtfertigte Steuervorteile erlangt werden.

Vorsätzlich handelt, wer den Tatbestand einer strafbaren Handlung wissentlich und willentlich verwirklicht.

Steuern sind dann **verkürzt,** wenn sie nicht, nicht in voller Höhe oder nicht rechtzeitig festgesetzt werden. Dies gilt auch, wenn die Steuer vorläufig oder unter dem Vorbehalt der Nachprüfung festgesetzt wird.

Auch der Versuch, Steuern zu hinterziehen, ist strafbar.

Bannbruch begeht, wer vorsätzlich Gegenstände entgegen einem Verbot einführt, ausführt oder durchführt, ohne sie der zuständigen Zollstelle ordnungsgemäß anzuzeigen.

Schmuggel begeht, wer Eingangsabgaben (z.B. Einfuhrumsatzsteuer, Einfuhrzoll) hinterzieht.

Steuerhehlerei begeht, wer vorsätzlich Erzeugnisse oder Waren bei denen Verbrauchsteuern oder Zoll hinterzogen wurde, ankauft, um sich oder einen Dritten zu bereichern.

Übung: Wiederholungsfragen 1 bis 6

10.2 Steuerordnungswidrigkeiten und Bußmaße

Steuerordnungswidrigkeiten sind weniger schwere Verstöße gegen Steuergesetze, die keine Straftaten sind und nach dem Gesetz mit **Geldbußen** geahndet werden.

In der AO werden folgende **Steuerordnungswidrigkeiten und Bußmaße** genannt:

- **leichtfertige Steuerverkürzung** (§ 378 AO),
   Buße: Geldbuße bis zu 100.000 DM;

- **allgemeine Steuergefährdung** (§ 379 AO),
   Buße: Geldbuße bis zu 10.000 DM;

- **Gefährdung von Abzugsteuern** (§ 380 AO),
   Buße: wie Steuergefährdung;

- **Verbrauchsteuergefährdung** (§ 381 AO),
   Buße: wie Steuergefährdung;

- **Gefährdung der Eingangsabgaben** (§ 382 AO),
   Buße: wie Steuergefährdung;

- **unzulässiger Erwerb von Steuererstattungsansprüchen** (§ 383 AO),
   Buße: Geldbuße bis zu 100.000 DM;

- **unbefugte Hilfeleistung in Steuersachen** (§ 160 Steuerberatungsgesetz),
   Buße: Geldbuße bis zu 10.000 DM.

Leichtfertige Steuerverkürzung begeht, wer als Steuerpflichtiger oder bei der Wahrnehmung der Angelegenheiten eines Steuerpflichtigen (z.B. Steuerberater, Angestellte) eine der in § 370 Abs. 1 AO bezeichneten Taten leichtfertig (= grob fahrlässig) begeht.

Allgemeine Steuergefährdung sind Vorbereitungshandlungen, die es ermöglichen (= geeignet sind), eine Steuerverkürzung zu bewirken.

Eine allgemeine Steuergefährdung begeht z.B., wer vorsätzlich oder leichtfertig

---
1. Belege ausstellt, die unrichtig sind oder

2. buchungs- oder aufzeichnungspflichtige Vorgänge nicht oder unrichtig bucht oder buchen läßt
---

und dadurch ermöglicht, Steuern zu verkürzen oder nicht gerechtfertigte Steuervorteile zu erlangen.

Eine **Gefährdung von Abzugsteuern** liegt vor, wenn jemand vorsätzlich oder leichtfertig seiner Verpflichtung, Steuerabzugsbeträge (z.B. Lohnsteuer, Umsatzsteuer, Kapitalertragsteuer) einzubehalten und abzuführen, nicht, nicht vollständig oder nicht rechtzeitig nachkommt.

Übung: Wiederholungsfragen 7 bis 13

10.3 Selbstanzeige bei Steuerhinterziehung und leichtfertiger Steuerverkürzung

Im Fall **der Steuerhinterziehung** bleibt der Täter **straffrei,** wenn er

---
- unrichtige oder unvollständige Angaben bei der Finanzbehörde berichtigt oder ergänzt oder

- unterlassene Angaben nachholt (§ 371 Abs. 1 AO).

Sind Steuerverkürzungen bereits eingetreten oder Steuervorteile erlangt, tritt Straffreiheit aber nur ein, wenn die geschuldete verkürzte Steuer nach ihrer Festsetzung innerhalb der vom Finanzamt bestimmten angemessenen Frist entrichtet wird (§ 371 Abs. 3 AO).

Die Straffreiheit tritt in folgenden Fällen **nicht** ein:

---

a) wenn vor Abgabe der Selbstanzeige ein Amtsträger der Finanzbehörde zur steuerlichen Prüfung oder zur Ermittlung einer Steuerstraftat oder einer Steuerordnungswidrigkeit erschienen ist oder

b) wenn vor Abgabe der Selbstanzeige dem Täter oder seinem Vertreter die Einleitung eines Straf- oder Bußgeldverfahrens wegen der Tat bekanntgegeben worden ist oder

c) wenn die Tat im Zeitpunkt der Selbstanzeige ganz oder zum Teil bereits entdeckt war und der Täter dies wußte oder bei verständiger Würdigung der Sachlage damit rechnen mußte (§ 371 Abs. 2 AO).

Im Fall der **leichtfertigen Steuerverkürzung** wird eine **Geldbuße nicht** festgesetzt, wenn der Täter

---

- unrichtige oder unvollständige Angaben bei der Finanzbehörde berichtigt oder ergänzt oder

- unterlassene Angaben nachholt,

---

bevor ihm oder seinem Vertreter die Einleitung eines Straf- oder Bußgeldverfahrens bekanntgegeben worden sind (§ 378 Abs. 3 AO). Auch in diesem Fall müssen die verkürzten Steuern innerhalb einer bestimmten angemessenen Frist nachentrichtet werden , um Bußgeldfreiheit zu erlangen (§ 378 Abs. 3 AO).

Übung: 1. Wiederholungsfragen 14 bis 16,
2. Aufgaben 1 und 2

10.4 Zusammenfassung und Erfolgskontrolle

10.4.1 Zusammenfassung

Im Schaubild auf der folgenden Seite werden wesentliche Inhalte dieses Kapitels zusammengestellt.

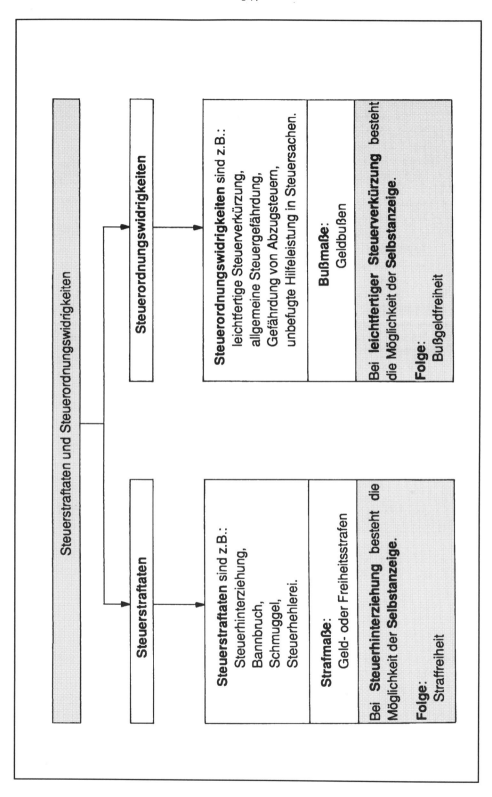

Steuerstraftaten und Steuerordnungswidrigkeiten

Steuerstraftaten

Steuerstraftaten sind z.B.:
Steuerhinterziehung,
Bannbruch,
Schmuggel,
Steuerhehlerei.

Strafmaße:
Geld- oder Freiheitsstrafen

Bei **Steuerhinterziehung** besteht die Möglichkeit der **Selbstanzeige**.

Folge:
Straffreiheit

Steuerordnungswidrigkeiten

Steuerordnungswidrigkeiten sind z.B.:
leichtfertige Steuerverkürzung,
allgemeine Steuergefährdung,
Gefährdung von Abzugsteuern,
unbefugte Hilfeleistung in Steuersachen.

Bußmaße:
Geldbußen

Bei **leichtfertiger Steuerverkürzung** besteht die Möglichkeit der **Selbstanzeige**.

Folge:
Bußgeldfreiheit

10.4.2 Erfolgskontrolle

WIEDERHOLUNGSFRAGEN

1. Welche zwei Gruppen von Verstößen gegen Steuergesetze sind nach der AO zu unterscheiden?
2. Welche Steuerstraftaten werden in der AO genannt?
3. Wer begeht Steuerhinterziehung?
4. Wer handelt vorsätzlich?
5. Wann sind Steuern verkürzt?
6. Welche Strafen können bei Steuerhinterziehung verhängt werden?
7. Welche Steuerordnungswidrigkeiten werden in der AO und dem Steuerberatungsgesetz genannt?
8. Wer begeht leichtfertige Steuerverkürzung?
9. Mit welcher Buße kann leichtfertige Steuerverkürzung geahndet werden?
10. Wer begeht z.B. eine allgemeine Steuergefährdung?
11. Mit welcher Buße können allgemeine Steuergefährdungen geahndet werden?
12. Wer begeht eine Gefährdung von Abzugsteuern?
13. Mit welcher Buße kann diese Ordnungswidrigkeit geahndet werden?
14. Unter welchen Voraussetzungen bleibt der Täter der Steuerhinterziehung straffrei?
15. In welchen Fällen tritt bei einer Selbstanzeige die Straffreiheit nicht mehr ein?
16. In welchem Fall wird bei einer leichtferttigen Steuerverkürzung keine Geldbuße festgesetzt?

AUFGABEN

Aufgabe 1:

Die Steuerpflichtige Martina Roth, Köln, reicht im Mai 1995 dem zuständigen Finanzamt ihre ESt-Erklärung für 1994 ein.
Um weniger ESt zu zahlen, erklärt sie vorsätzlich ihre Einkünfte um 10.000 DM zu niedrig.

1. Hat Martina Roth eine Steuerstraftat oder eine Steuerordnungswidrigkeit begangen?
2. Welche Strafe bzw. Buße kann gegen diesen Verstoß verhängt werden?

Aufgabe 2:

Der Steuerpflichtige Alfred Baum, Bonn, reicht im April 1995 dem zuständigen Finanzamt seine ESt-Erklärung für 1994 ein.
Der ESt-Erklärung fügt er eine Spendenquittung bei, aus der hervorgeht, daß er in 1994 für gemeinnützige Zwecke 500 DM gespendet hat, obwohl dies nicht den Tatsachen entspricht. Das Finanzamt erstattet dem Steuerpflichtigen aufgrund der Spendenquittung 100 DM zuviel.

1. Hat Alfred Blum eine Steuerstraftat oder eine Steuerordnungswidrigkeit begangen?
2. Welche Strafe bzw. Buße kann gegen diesen Verstoß verhängt werden?

C. Umsatzsteuer

1 Aufkommen, Einordnung,rechtliche Grundlagen und System der USt

1.1 Aufkommen, Einordnung und rechtliche Grundlagen

Die **Umsatzsteuer (USt)** ist eine der großen Einnahmequellen des Bundes und der Länder. Ihr **Aufkommen** hat **1993** rund **216 Milliarden DM** betragen.

Das USt-Aufkommen steht nach Artikel 106 Abs. 3 des Grundgesetzes (GG) Bund und Ländern gemeinsam zu.
Da die USt der Gemeinschaft Bund und Ländern zusteht, wird sie als **Gemeinschaftsteuer** bezeichnet.

Von den **216 Milliarden DM** erhielten

der **Bund**	65 %	=	**140 Milliarden DM** und
die **Länder**	35 %	=	**76 Milliarden DM**.

Der Bund hat von seinem Anteil **20,5 Milliarden DM** an die EU abgegeben.

Die USt erfaßt wirtschaftliche Verkehrsvorgänge (Umsätze). Sie gehört deshalb zu den **Verkehrsteuern.**

Die USt wird auf jeder Wirtschaftsstufe (Urerzeugung, Weiterverarbeitung, Großhandel, Einzelhandel) erhoben. Da die USt alle Phasen des Wirtschaftsverkehrs erfaßt, wird sie als **Allphasenumsatzsteuer** bezeichnet.

Schließlich ist die USt eine **indirekte Steuer,** weil Steuerschuldner und wirtschaftliche Träger der USt verschiedene Personen sind.
Der Unternehmer zahlt zwar die USt an das Finanzamt, wirtschaftlich getragen wird sie jedoch vom Letztverbraucher (private und öffentliche Verbraucher).

Rechtsgrundlagen der Umsatzsteuer sind das Umsatzsteuergesetz (**UStG**) und die Umsatzsteuer-Durchführungsverordnung (**UStDV**).

Soweit in diesem Teil des Buches **§§ ohne Gesetzesangabe** genannt werden (z.B. § 4), handelt es sich um **§§ des UStG.**

Das **UStG** ist ein **Gesetz des Bundes.** Nach Art. 105 Abs. 2 GG hat der **Bund** die **konkurrierende Gesetzgebung** über die Umsatzsteuer, d.h. das Gesetzgebungsrecht der Länder erlischt, wenn der Bund Gesetze verabschiedet.

Aufgrund der Ermächtigungsvorschrift in § 26 hat die Bundesregierung mit Zustimmung des Bundesrates zur Wahrung der Gleichmäßigkeit bei der Besteuerung, zur Beseitigung von Unbilligkeiten in Härtefällen oder zur Vereinfachung der Besteuerung eine **Umsatzsteuer-Durchführungsverordnung (UStDV)** erlassen.

Außerdem hat die Bundesregierung mit Zustimmung des Bundesrates **Umsatzsteuer-Richtlinien (UStR)** erlassen. Die UStR wurden 1992 geändert und neu gefaßt . Die Neufassung der **Umsatzsteuer-Richtlinien 1992** sind im Bundessteuerblatt (Sondernummer 1) veröffentlicht. Die UStR 1992 gelten, soweit sich aus ihnen nichts anderes ergibt, für Umsätze, die nach dem 31.12.1991 ausgeführt werden (Abschn. 284 UStR).

Umsatzsteuerliche Vorschriften sind auch in sogenannten **Nebengesetzen** enthalten, z.B. im **Berlinförderungsgesetz (BerlinFG)**.

Die **Verwaltung** der Umsatzsteuer obliegt den **Landesfinanzbehörden** (Art. 108 Abs. 2 GG). Soweit die USt dem Bund zufließt, werden die Landesfinanzbehörden im Auftrag des Bundes tätig (Art. 108 Abs. 3 GG).

1.2 System der Umsatzsteuer

Der Umsatzsteuer unterliegen bestimmte im UStG genau beschriebene **wirtschaftliche Vorgänge**. Das UStG bezeichnet sie als **steuerbare Umsätze**.
Steuerbare Umsätze können sein:

> 1. **entgeltliche Lieferungen und sonstige Leistungen,**
> 2. **Eigenverbrauch,**
> 3. **unentgeltliche Lieferungen und sonstige Leistungen,**
> 4. **Einfuhr aus Drittlandsgebieten,**
> 5. **innergemeinschaftlicher Erwerb.**

Ein Umsatz ist **steuerbar,** wenn er bestimmte in § 1 UStG genannte Merkmale erfüllt.

Ein Umsatz, der diese Merkmale **nicht** erfüllt, ist **nicht steuerbar.** Er wird vom UStG nicht erfaßt.
Ein steuerbarer Umsatz ist entweder steuerpflichtig oder steuerfrei.
Ist ein steuerbarer Umsatz **steuerfrei,** dann entsteht keine Umsatzsteuer.
Ist ein steuerbarer Umsatz nicht steuerfrei, dann ist er **steuerpflichtig.** Es entsteht Umsatzsteuer.
Bemessungsgrundlage eines steuerpflichtigen Umsatzes ist sein gesetzlich festgelegter Wert.
Auf die Bemessungsgrundlage wird der **Steuersatz** angewandt.
Durch die Anwendung des Steuersatzes auf die Bemessungsgrundlage ergibt sich die **Umsatzsteuer** (Traglast).

Von der Umsatzsteuer (Traglast) kann der Unternehmer die ihm von anderen Unternehmern gesondert in Rechnung gestellte USt unter bestimmten Voraussetzungen als **Vorsteuer (VoSt)** abziehen.
Umsatzsteuer (Traglast) abzüglich abziehbare Vorsteuer ergibt die **Umsatzsteuerschuld (Zahllast).** Ist die Vorsteuer größer als die USt-Traglast, dann ergibt sich ein **Vorsteuerguthaben.** In der folgenden Übersicht werden die wesentlichen Merkmale des **Umsatzsteuersystems** nochmals zusammengestellt:

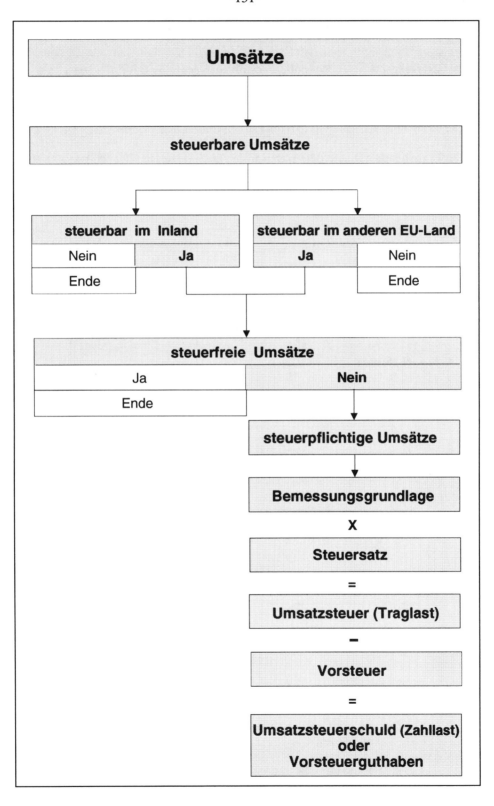

Das **Umsatzsteuersystem** soll mit folgendem Beispiel noch einmal erläutert werden:

Beispiel:
Der **Urerzeuger A** liefert Rohstoffe an den Weiterverarbeiter B für 100 DM + 15 % USt. A hat keinen Vorlieferanten und damit keine Vorsteuer.
B verarbeitet die Rohstoffe und liefert das Fertigerzeugnis an den Großhändler C für 250 DM + 15 % USt.
Der **Großhändler C** liefert das Produkt an den Einzelhändler D für 320 DM + 15 % USt.
Der **Einzelhändler D** liefert die Waren an den Endverbraucher E für 400 DM + 15 % USt.

Die **Umsatzsteuerschuld (Zahllast)** der einzelnen Stufen wird wie folgt berechnet:

Stufe bzw. Phase	Rechnung		USt (Traglast)	Vorsteuer- abzug	Umsatz- steuer- schuld (Zahllast)	Wert- schöpfung = Mehrwert
		DM	DM	DM	DM	DM
A Ur- er- zeuger	Nettopreis + 15 % USt = Verkaufspreis	100,-- 15,-- 115,--	15,--	-	**15,--**	100,--
B Weiter- ver- arbeiter	Nettopreis + 15 % USt = Verkaufspreis	250,-- 37,50 287,50	37,50	15,--	**22,50**	150,--
C Groß- händler	Nettopreis + 15 % USt = Verkaufspreis	320,-- 48,-- 368,--	48,--	37,50	**10,50**	70,--
D Einzel- händler	Nettopreis + 15 % USt = Verkaufspreis	400,-- **60,--** 460,--	60,--	48,--	**12,--**	80,--

Die Summe der Umsatzsteuerschulden aller Stufen beträgt **60,--**

Sie stimmt mit der USt überein, die im Verkaufspreis der letzten Stufe enthalten ist.

Im vorgenannten Beispiel wird das Erzeugnis aus **vier** Wirtschaftsstufen versteuert. **Bemessungsgrundlage** der USt ist auf jeder Wirtschaftsstufe der **Nettopreis**. Der **Vorsteuerabzug** bewirkt jedoch, daß auf **jeder** Stufe nur die **Wertschöpfung** (der Mehrwert) besteuert wird. Die Umsatzsteuer wird deshalb auch als **Allphasen-Netto-Umsatzsteuer** bezeichnet.

Die **Umsatzsteuerschuld**, die im vorangegangenen Beispiel insgesamt 56 DM beträgt, soll nach dem Willen des Gesetzgebers vom **Endverbraucher** (im Beispiel E) **getragen** werden.

Seit 01.01.1993 gibt es den **EG-Binnenmarkt**. Das **Gebiet der EG** ist nun ein weitgehend **vereinheitlichter Wirtschaftsraum**.

Deshalb gibt es **seit** dem **01.01.1993 innerhalb des EG-Binnenmarktes** auch **keine Steuergrenzen** mehr.

Seit dem 1.1.1994 heißt die Europäische Gemeinschaft (EG) Europäische Union **(EU)**.

1.3 Zusammenfassung und Erfolgskontrolle

1.3.1 Zusammenfassung

Die Umsatzsteuer ist eine **Gemeinschaftsteuer**, weil ihr Aufkommen Bund und Ländern gemeinsam zusteht.

Die Umsatzsteuer ist eine **Verkehrsteuer**, weil sie wirtschaftliche Verkehrsvorgänge (Umsätze) besteuert.

Die Umsatzsteuer ist eine **Allphasensteuer**, weil sie auf jeder Wirtschaftsstufe erhoben wird.

Die Umsatzsteuer ist eine **indirekte Steuer**, weil Steuerschuldner und Steuerträger **nicht** identisch sind.

Die **Rechtsgrundlagen** der Umsatzsteuer sind das Umsatzsteuergesetz **(UStG)** und die Umsatzsteuer-Durchführungsverordnung **(UStDV)**.

Das **Gesetzgebungsrech**t der Umsatzsteuer liegt beim **Bund**. Die **Verwaltung** der Umsatzsteuer obliegt den **Landesfinanzbehörden**, die zum Teil im Auftrag des Bundes tätig sind.

Innerhalb der EU gibt es keine Steuergrenzen mehr.

1.3.2 Erfolgskontrolle

WIEDERHOLUNGSFRAGEN

1. Wie hoch war das Umsatzsteuer-Aufkommen 1993?
2. Warum bezeichnet man die Umsatzsteuer als Verkehrsteuer?
3. Warum bezeichnet man die Umsatzsteuer auch als Gemeinschaftsteuer?
4. Warum ist die Umsatzsteuer eine indirekte Steuer?
5. Wer ist Steuerträger der Umsatzsteuer?
6. Welche Rechtsgrundlagen können zur Klärung umsatzsteuerlicher Fragen herangezogen werden?
7. Wem steht das Gesetzgebungsrecht auf dem Gebiet der Umsatzsteuer zu?
8. Wem obliegt die Verwaltung der Umsatzsteuer?
9. Was ist Steuergegenstand der Umsatzsteuer?
10. Welche fünf Arten steuerbarer Umsätze nennt das UStG?
11. Was bewirkt der Vorsteuerabzug?
12. Seit wann gibt es innerhalb der EU keine Steuergrenzen mehr?

FÄLLE

Fall 1:

Der **Urerzeuger A** liefert an das Industrieunternehmen B Rohstoffe für 3.000 DM + 15 % USt. A hat keine Vorlieferanten und deshalb keine Vorsteuer.
Das **Industrieunternehmen B** erstellt aus den Rohstoffen Fertigerzeugnisse und liefert diese an den Großhandler C für 6.000 DM + 15 % USt.
Der **Großhändler C** veräußert diese Waren an den Einzelhändler D für 8.000 DM + 15 % USt.
Der **Einzelhändler D** veräußert diese Waren an die Endverbraucher E für 10.500 DM + 15 % USt.

Zeichnen Sie ein Phasenschema und berechnen Sie die **Umsatzsteuer** (Traglast), den **Vorsteuerabzug**, die Umsatzsteuerschuld (**Zahllast**) und die **Wertschöpfung**.

Fall 2:

Der Unternehmer U, Bonn, hat im Monat Oktober 1995 folgende Umsätze erzielt, die dem allgemeinen Steuersatz von 15 % unterliegen:

1. steuerbare, nicht steuerfreie Lieferungen im Inland netto   50.000,-- DM
2. steuerbare, nicht steuerfreie sonstige Leistungen im Inland netto   20.000,-- DM
3. steuerbare, steuerfreie sonstige Leistungen netto   12.000,-- DM

Ermitteln Sie die **Umsatzsteuer** (Traglast) des Unternehmers U für den Monat Oktober 1995. Verwenden Sie dabei die folgende Lösungstabelle:

Tz.	Umsatzart	nicht steuerbare Umsätze im Inland DM	steuerbare Umsätze im Inland DM	steuerfreie Umsätze im Inland DM	steuerpflichtige Umsätze im Inland DM

2 Steuerbare entgeltliche Leistungen

Der **Umsatzsteuer** unterliegen bestimmte im **UStG** genau beschriebene **wirtschaftliche Vorgänge**.

Das **UStG** bezeichnet diese **Vorgänge** als **steuerbare Umsätze**.

In **§ 1 Abs. 1** werden **fünf Arten steuerbarer Umsätze** genannt:

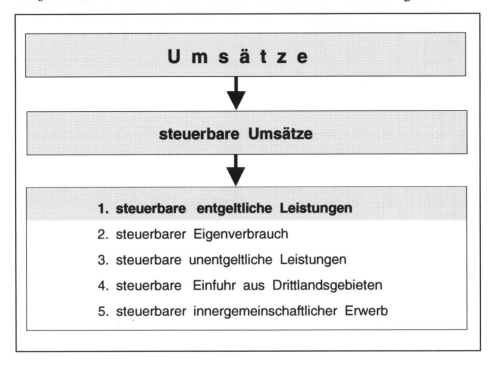

In diesem Kapitel werden die **steuerbaren entgeltlichen Leistungen** erläutert.

2.1 Leistungsbegriff

Unter einer **Leistung** im umsatzsteuerlichen Sinne versteht man jedes Verhalten anderen gegenüber, das Gegenstand des Wirtschaftsverkehrs sein kann, z.B.

- Ein Einzelhändler **liefert** eine Stereoanlage.
- Ein Steuerberater **berät** einen Mandanten.
- Ein Hauseigentümer **vermietet** eine Wohnung.
- Ein Industriebetrieb **verzichtet** zugunsten eines Konkurrenten auf die Produktion eines bestimmten Erzeugnisses.
- Ein Arbeitgeber **überläßt** einem Arbeitnehmer einen betrieblichen Pkw für Privatfahrten.

Aus praktischen Gründen unterscheidet das UStG bei **Leistungen** zwischen **Lieferungen** und **sonstigen Leistungen**:

Diese **Unterscheidung** ist **bedeutsam** für den **Ort der Leistung**. Bestimmte Vorschriften gelten nur für **Lieferungen** (§ 3), andere wiederum nur für **sonstige Leistungen** (§ 3a).

In der Regel beruht eine Leistung auf einem **Vertrag** (z.B. Kaufvertrag, Mietvertrag). Durch den Vertrag verpflichten sich die Vertragsparteien zu Leistungen (**Vertrag = Verpflichtungsgeschäft**).

Allerdings löst **nicht** schon der **Vertragsabschluß** (das Verpflichtungsgeschäft) die Umsatzsteuer aus, **sondern** erst die **Erfüllung** des Vertrages (das **Erfüllungsgeschäft**).

> Beispiel:
> Der Kfz-Händler U, Koblenz, schließt am **10.10.1995** mit dem Kunden A, Koblenz, einen **Kaufvertrag** über einen Pkw ab. U hat den Pkw nicht auf Lager, sondern muß ihn erst beim Hersteller besorgen. Der Pkw wird am **10.12.1996** von U an A **geliefert**.
>
> Der Abschluß des Kaufvertrages (Verpflichtungsgeschäft) am 10.10.1995 löst noch keine USt aus. Erst mit der Übergabe des Pkw (**Erfüllungsgeschäft**) am **10.12.1996** fällt **Umsatzsteuer** an.

Merke: Für die **Umsatzbesteuerung** ist das **Erfüllungsgeschäft**, nicht das Verpflichtungsgeschäft **maßgebend**.

2.1.1 Lieferungen

Unter einer **Lieferung** versteht das UStG die **Verschaffung der Verfügungsmacht** über einen <u>Gegenstand</u> (§ 3 Abs. 1).

Eine **Lieferung** setzt mindestens **zwei Personen** voraus, nämlich den **Lieferer** und den **Abnehmer**.

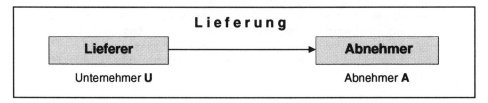

Gegenstände einer Lieferung sind

> 1. **körperliche Gegenstände** (Sachen nach § 90 BGB, Tiere nach § 90a BGB),
> 2. **Sachgesamtheiten** und
> 3. solche Wirtschaftsgüter, die im Wirtschaftsverkehr **wie körperliche Sachen** behandelt werden (z.B. elektrischer Strom, Wärme, Wasserkraft).

Eine **Sachgesamtheit** stellt die Zusammenfassung mehrerer stelbständiger Gegenstände zu einem einheitlichen Ganzen dar, z.B. 12teiliges Kaffeeservice.

Die **Art des Gegenstandes** ist für die Steuerbarkeit einer Lieferung bei **bestimmten Personengruppen** von Bedeutung.

Bei den **Gegenstandsarten** sind umsatzsteuerrechtlich **drei Gruppen** zu unterscheiden.

> 1. **neue Fahrzeuge,**
> 2. **verbrauchsteuerpflichtige Waren** und
> 3. **sonstige Gegenstände.**

Neue Fahrzeuge sind nach § 1b Abs. 2 bestimmte **motorgetriebene Landfahrzeuge** (z.B. Pkw), **bestimmte Wasserfahrzeuge** und **bestimmte Luftfahrzeuge** (vgl. Abschnitt 6.3.2).

Verbrauchsteuerpflichtige Waren sind nach § 1a Abs. 5 Mineralöle, Alkohol und alkoholische Getränke sowie Tabakwaren.
Obwohl es keine deutsche Weinsteuer gibt, zählt Wein als alkoholisches Getränk zu den verbrauchsteuerpflichtigen Waren.

Sonstige Gegenstände sind Gegenstände, die **keine** neuen Fahrzeuge und **keine** verbrauchsteuerpflichtigen Waren sind.

Beim Einkauf von Waren durch **Unternehmer für ihr Unternehmen** kommt es auf die **Warenart nicht** an. Bei ihnen werden **neue Fahrzeuge** und **verbrauchsteuerpflichtige Waren** wie **sonstige Gegenstände** behandelt.
Die **Unterscheidung** in verschiedene Gegenstandsarten hat **nur** für **bestimmte Personengruppen** (z.B. Privatpersonen) Bedeutung.

Die **Verfügungsmacht** versetzt den Abnehmer eines Gegenstandes in die Lage, im eigenen Namen **als** Eigentümer oder **wie** ein Eigentümer, über einen Gegenstand zu verfügen.

Bei der **Verschaffung der Verfügungsmacht** sind **zwei Grundfälle** zu unterscheiden:

> 1. die Verschaffung der Verfügungsmacht **mit** Eigentumsübertragung,
> 2. die Verschaffung der Verfügungsmacht **ohne** Eigentumsübertragung.

Die Verfügungsmacht wird in der Regel **durch Eigentumsübertragung** verschafft. Wie das Eigentum an einer Sache übertragen wird, ist in den §§ 925, 929 ff. des **BGB** geregelt.

Grundsätzlich wird **Eigentum** an **beweglichen** Sachen durch **Einigung und Übergabe** übertragen (§ 929 Satz 1 BGB).

Beispiel:
Der Bäckermeister U, Bonn, **verkauft** (§ 433 BGB) und **übergibt** (§ 929 BGB) in seinem Laden ein kg Brot an eine Kundin. Er überträgt ihr das Eigentum an dem Brot.

U hat **durch** die **Eigentumsübertragung** der Kundin die **Verfügungsmacht** über das Brot **verschafft**. Damit hat er eine **Lieferung** im Sinne des UStG bewirkt.

Die Eigentumsübertragung an **unbeweglichen** Sachen (Grundstücken) erfolgt durch **Einigung** (Auflassung) **und Eintragung** im Grundbuch (§ 873 i.V.m. § 925 BGB).

Bei **Lieferungen unter Eigentumsvorbehalt** sowie bei **Kommissionslieferungen** liegt eine Verschaffung der Verfügungsmacht <u>ohne</u> **Eigentumsübertragung** vor.

Beispiel:
Der Kraftfahrzeughändler U, Köln, liefert einen Pkw an den Abnehmer A, Bonn. Im Kaufvertrag wird vereinbart, daß der Kaufpreis für den Pkw in zehn Monatsraten zu zahlen ist und U bis zur vollständigen Bezahlung des Kaufpreises Eigentümer des Pkw bleibt.

A ist zwar im Zeitpunkt der Übergabe des Pkw **kein Eigentümer**, weil sich U das **Eigentum** bis zur vollen Zahlung des Kaufpreises **vorbehält**. A kann jedoch **wie** ein Eigentümer über den gekauften Pkw verfügen, so daß bereits bei Auslieferung des Pkw eine **Lieferung** im Sinne des UStG vorliegt.

Eine **innergemeinschaftliche Lieferung** lieg vor, wenn ein Gegenstand **vom Inland** in das **übrige Gemeinschaftsgebiet** (ausländische EU-Staaten) gelangt (§ 6a).

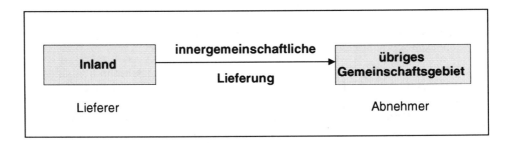

Seit dem 01.01.1993 gilt das **unternehmensinterne Verbringen** eines unternehmerischen Gegenstandes **vom Inland** in das **übrige Gemeinschaftsgebiet** als <u>**fiktive innergemeinschaftliche Lieferung**</u> gegen Entgelt (§ 3 Abs. 1a Nr. 1).

Beispiel:
Der deutsche Unternehmer U verbringt eine Maschine von seinem Betriebssitz in **Stuttgart** zu seinem französischen Auslieferungslager nach **Paris**. Die Maschine soll in Frankreich verkauft werden.

Es liegt eine **fiktive innergemeinschaftliche Lieferung** nach § 1 Abs. 1 Nr. 1 i.V.m. § 3 Abs. 1a Nr. 1 vor.

Das **unternehmensinterne Verbringen** von Gegenständen **im Inland** ist **keine steuerbare Lieferung**. In diesen Fällen liegt ein sog. **nichtsteuerbarer Innenumsatz** vor.

<u>Beispiel:</u>
Der Unternehmer U betreibt in Dortmund eine Metzgerei und eine Gaststätte. U "liefert" aus seiner Metzgerei Fleischwaren an seine Gaststätte.

Es liegt ein sog. **nichtsteuerbarer Innenumsatz** vor.

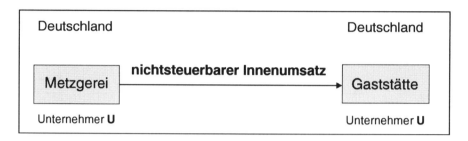

2.1.2 Werklieferungen

Verwendet der Unternehmer zur Herstellung eines Werkes (z.B. eines Einfamilienhauses) **Hauptstoffe**, die er **selbst beschafft**, so liegt eine **Werklieferung** vor (§ 3 Abs. 4).

Die **Leistung** des Unternehmers wird bei einer Werk**lieferung** nach dem Grundsatz der Einheitlichkeit **nicht** in eine Lieferung und eine sonstige Leistung **aufgeteilt**.

Eine Werk**lieferung** wird umsatzsteuerrechtlich wie eine **Lieferung** behandelt.

<u>Beispiel:</u>
Der Kunde A, Bonn, beauftragt den Schneidermeister U, Bad Godesberg, einen Maßanzug anzufertigen. Der Stoff für den Anzug beschafft U.

U erbringt mit der Lieferung des Anzuges eine **Werklieferung**, weil er ein Werk aus von ihm selbst beschafftem Hauptstoff hergestellt hat.

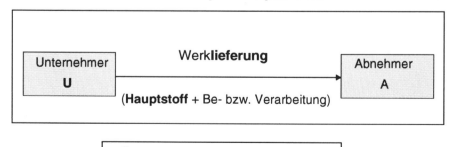

Übung: Wiederholungsfragen 1 bis 16

2.1.3 Sonstige Leistungen

Sonstige Leistungen sind Leistungen, die **keine** Lieferungen sind (§ 3 Abs. 9).

Sonstige Leistungen können in einem **Tun**, **Dulden** oder **Unterlassen** bestehen.

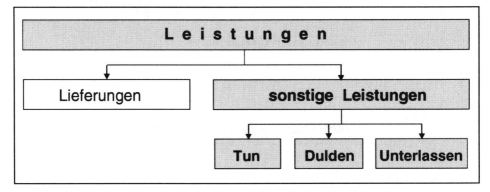

Beispiele:

a) Der Frauenarzt Dr. Knut Viehbahn **behandelt** in seiner Praxis in München eine Patientin.

   Dr. Viehbahn bewirkt eine **sonstige Leistung**, die in einem **Tun** besteht.

b) Der Hauseigentümer Roland Bach, Berlin, **vermietet** eine Wohnung seines Zweifamilienhauses.

   Bach bewirkt eine **sonstige Leistung**, die in einem **Dulden** besteht.

c) Die FAX AG **verzichtet** zugunsten eines Konkurrenten auf die Produktion eines bestimmten Produktes.

   Die FAX AG bewirkt eine **sonstige Leistung**, die in einem **Unterlassen** besteht.

2.1.4 Werkleistungen

Verwendet der Unternehmer zur Herstellung eines Werkes **keine Hauptstoffe**, sondern nur **Nebenstoffe** (Zutaten, sonstige Nebensachen), die er **selbst beschafft**, so liegt eine **Werkleistung** vor.

Beispiel:
Der Kunde A, Bonn, übergibt dem Schneidermeister U, Bad Godesberg, Stoff mit dem Auftrag, ihm daraus einen Anzug anzufertigen. U verbraucht bei der Herstellung des Anzugs selbst beschaffte Futterstoffe, Knöpfe und andere Zutaten.

U erbringt eine **Werkleistung**, weil er bei der Anfertigung des Anzuges nur selbst beschaffte Zutaten und sonstige Nebensachen verwendet.

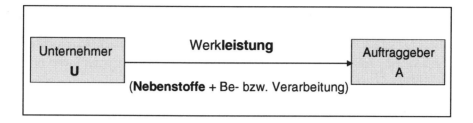

Umsatzsteuerrechtlich wird eine Werkleistung wie eine **sonstige Leistung** behandelt.

Zusammenfassung zu Abschnitt 2.1 bis 2.4:

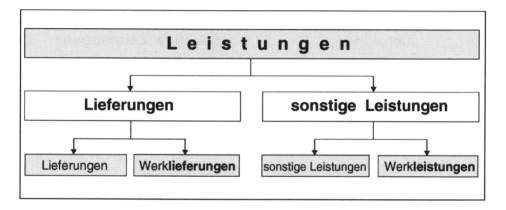

2.1.5 Einheitlichkeit der Leistung

Ein **einheitlicher wirtschaftlicher Vorgang** darf umsatzsteuerrechtlich **nicht** in **mehrere Leistungen aufgeteilt** werden (Abschn. 29 Abs. 1 UStR).

Beispiel:
Eine Maschinenfabrik verkauft und **übereignet** eine **Maschine** an ihren Kunden (= **Lieferung**) und **befördert** sie an den Ort des Abnehmers (= **sonstige Leistung**).

Derartige Vorgänge werden als **eine Leistungseinheit** behandelt. Es liegt insgesamt **eine Lieferung** vor, weil die Nebenleistung (der Transport) gegenüber der Hauptleistung (der Lieferung der Maschine) zurücktritt und deren umsatzsteuerliches Schicksal teilt.

Merke: **Nebenleistungen** teilen umsatzsteuerrechtlich das Schicksal der **Hauptleistung**.

Übung: 1. Wiederholungsfragen 17 bis 21,
2. Fall 1

2.2 Merkmale steuerbarer entgeltlicher Leistungen

Steuerbar im Sinne des § 1 Abs. 1 **Nr. 1** sind **Leistungen**, wenn sie von einem **Unternehmer** im **Inland** gegen **Entgelt** im **Rahmen seines Unternehmens** ausgeführt werden.

Für eine **steuerbare Leistung** im Sinne des § 1 Abs. 1 **Nr. 1** müssen demnach folgende **vier Tatbestandsmerkmale** gegeben sein:

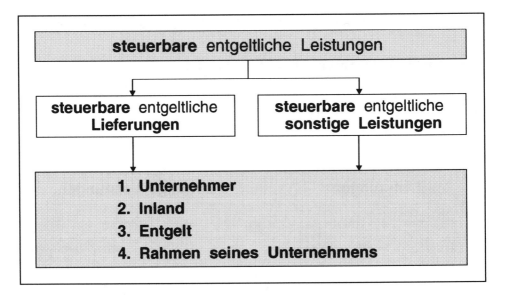

Fehlt eines dieser vier **Tabestandsmerkmale**, dann ist die Leistung **nicht steuerbar** im Sinne des § 1 Abs. 1 **Nr. 1**.

Den **entgeltlichen** Leistungen **gleichgestellt** sind Leistungen des Unternehmers an seine Arbeitnehmer "**ohne besonders berechnetes Entgelt**" (§ 1 Abs. 1 **Nr. 1b**).

2.2.1 Unternehmer

Leistungen können grundsätzlich nur **steuerbar** sein, wenn sie von einem **Unternehmer** ausgeführt werden (§ 1 Abs. 1 **Nr. 1**).

Eine **Ausnahme** von diesem Grundsatz gibt es bei Lieferungen **neuer Fahrzeuge** durch **Nicht**unternehmer. Die **Nicht**unternehmer werden in diesem Falle wie **Unternehmer** behandelt (§ 2a).

Unternehmer ist,

> 1. **wer (Unternehmerfähigkeit)**
> 2. eine **gewerbliche oder berufliche Tätigkeit**
> 3. **selbständig**

ausübt (§ 2 Abs. 1 Satz 1).

Zu 1. Unternehmerfähigkeit

Die **Fähigkeit, Unternehmer zu sein** und damit steuerbare Leistungen ausführen zu können, **besitzen**

natürliche Personen	(Einzelpersonen, die ein Unternehmen im Sinne des UStG betreiben, z.B. Einzelhändler, Handwerker, Ärzte, Steuerberater, Schriftsteller, Hauseigentümer),
juristische Personen	(z.B. AG, GmbH, Genossenschaften, eingetragene Vereine) und
Personenvereinigungen	(z.B. OHG, KG, GdbR, nicht eingetragene Vereine).

Bei **natürlichen Personen beginnt** die Unternehmerfähigkeit mit der **Vollendung der Geburt** und **endet** mit dem **Tod**.

Leben **Ehegatten** im **gesetzlichen Güterstand** (im Güterstand der Zugewinngemeinschaft) **oder** haben sie vertraglich **Gütertrennung** vereinbart, so kann **jeder Ehegatte Unternehmer** sein (**Ausnahme: Gütergemeinschaft**).

Beispiel:
Der Schreinermeister Willi Weiß betreibt in Koblenz eine Möbelschreinerei. Mit seiner Ehefrau Ilse geb. Schwarz lebt er im **Güterstand der Zugewinngemeinschaft**. Die Ehefrau ist Eigentümerin eines Miethauses in Bonn.

Jeder Ehegatte ist **Unternehmer**, und zwar **Willi Weiß** als **Handwerker** und **Ilse Weiß** als **Miethauseigentümerin**.

Zu 2. Gewerbliche oder berufliche Tätigkeit

Gewerblich oder beruflich ist jede **nachhaltige** Tätigkeit zur **Erzielung von Einnahmen**, auch wenn die Absicht, Gewinn zu erzielen, fehlt (§ 2 Abs. 1 Satz 3).

Das **Unternehmen** umfaßt die **gesamte** gewerbliche oder berufliche Tätigkeit des **Unternehmers** (§ 2 Abs. 1 Satz 2).

Daraus folgt, daß **ein Unternehmer** zwar **mehrere Betriebe** (Unternehmensteile), aber **nur ein Unternehmen** haben kann (**Unternehmenseinheit**).Das **Unternehmen** umfaßt somit **alle Betriebe eines Unternehmers**.

Nachhaltig ist jede Tätigkeit, die **fortgesetzt** oder mit **Wiederholungsabsicht** ausgeübt wird. Eine fortgesetzte Tätigkeit ist gegeben, wenn mehrere gleichartige Handlungen vorgenommen werden.

Beispiel:
Ein Lebensmittelhändler verkauft in seinem Ladengeschäft **täglich** Lebensmittel.

Der Einzelhändler übt eine **nachhaltige** Tätigkeit aus.

Nicht nachhaltig tätig ist ein **Angehöriger einer Automobilfabrik**, der von dieser unter Inanspruchnahme des Werksangehörigenrabatts fabrikneue Automobile erwirbt und diese **nach mehr als einem Jahr** wieder verkauft (BFH-Urteil vom 18.7.1991).

Steuerbar sind auch **Hilfsgeschäfte** eines Unternehmers. **Hilfsgeschäfte** sind Geschäfte eines Unternehmers, die durch dessen Haupttätigkeit veranlaßt sind aber nur gelegentlich anfallen. Sie unterliegen auch bei Einmaligkeit der Umsatzsteuer.

> Beispiel:
> Ein **Lebensmitteleinzelhändler verkauft** seinen betrieblich genutzten **Lkw**.
>
> Die Lieferung des Kraftfahrzeugs ist als **Hilfsgeschäft** ein steuerbarer Vorgang.

Eine Tätigkeit wird zur **Erzielung von Einnahmen** ausgeübt, wenn durch sie eine Gegenleistung in irgendeiner Form (z.B. Geld, Sachen) erzielt werden soll. Es ist nicht erforderlich, daß dabei auch Gewinn erzielt wird.

Zu 3. Selbständigkeit

Unternehmer kann schließlich nur sein, wer eine nachhaltige Tätigkeit zur Erzielung von Einnahmen **selbständig** ausübt (§ 2 Abs. 1 Satz 1).

Der Begriff der **Selbständigkeit** ist im UStG nicht definiert. In § 2 Abs. 2 werden lediglich die Fälle der **Unselbständigkeit** bestimmt.

Natürliche Personen sind unselbständig, wenn sie einem Unternehmen so eingegliedert sind, daß sie den Weisungen des Unternehmers zu folgen verpflichtet sind (§ 2 Abs. 2 Nr. 1).

> Beispiel:
> Dr. med. Daniel Bobbert ist **angestellter** Arzt eines Koblenzer Krankenhauses.
>
> Dr. Bobbert ist als **Angestellter unselbständig** und damit **kein Unternehmer**. Die Merkmale der Unselbständigkeit, nämlich Eingliederung in ein Unternehmen und Weisungsgebundenheit, sind bei ihm erfüllt.

> **Merke:** Wer Arbeitnehmer ist, kann für **diese** unselbständige Tätigkeit nicht gleichzeitig Unternehmer sein.

Übt eine natürliche Person **verschiedene** Tätigkeiten aus, dann kann sie **sowohl Arbeitnehmer** als auch **Unternehmer** sein.

> Beispiel:
> Studienrat Müller übt **neben** seiner Lehrtätigkeit eine schriftstellerische Tätigkeit aus.
>
> Müller ist als **Arbeitnehmer unselbständig** und gleichzeitig als **Autor selbständig**. Müller ist als Autor **Unternehmer**, weil er eine berufliche Tätigkeit selbständig ausübt.

> **Merke:** Natürliche Personen, die **verschiedene** Tätigkeiten ausüben, können Arbeitnehmer und Unternehmer in einer Person sein.

Juristische Personen (z.B . AG, GmbH) können ihre Tätigkeit entweder **nur selbständig** oder **nur unselbständig** ausüben.

Eine **juristische Person** ist <u>**unselbständig,**</u> wenn sie in ein anderes Unternehmen

> **1. finanziell,**
>
> **2. wirtschaftlich** und
>
> **3. organisatorisch**

eingegliedert ist (§ 2 Abs. 2 Nr. 2).

Dieses **Eingliederungsverhältnis** wird als <u>**Organschaft**</u> bezeichnet.

Die eingegliederte juristische Person wird als **Organ,** das beherrschende Unternehmen als **Organträger** bezeichnet.

<u>Beispiel:</u>
Die **Klein GmbH** ist ausschließlich als Produktionsgesellschaft der **Groß AG** tätig. Die GmbH-Anteile befinden sich zu 80 % im Besitz der AG. Der Vorstand der Groß AG ist gegenüber der Geschäftsführung der Klein GmbH weisungsberechtigt.

Die Klein GmbH ist **unselbständig,** weil sie <u>**finanziell**</u> (Beteiligung beträgt mehr als 50 %), <u>**wirtschaftlich**</u> (Organ dient Organträger) und <u>**organisatorisch**</u> (Organträger übt Einfluß auf die Willensbildung des Organs aus) in das Unternehmen der Groß AG eingegliedert ist. Die **Groß AG** ist der **Unternehmer.** Das Unternehmen umfaßt die Groß AG und die Klein GmbH.

Personenvereinigungen (z.B. OHG, KG) sind **stets selbständig** (Abschn. 17 Abs. 4 UStR).

> **Übung:** 1. Wiederholungsfragen 22 bis 32,
> 2. Fall 2

Ein **Unternehmer** kann nach außen **im eigenen oder fremden Namen** auftreten und **auf eigene oder fremde Rechnung handeln.**

Dabei können sich folgende **vier Möglichkeiten** ergeben:

1. Handeln im **eigenen Namen** für **eigene Rechnung** (**Eigenhändler**),
2. Handeln im **eigenen Namen** für **fremde Rechnung** (**Kommissionär**),
3. Handeln im **fremden Namen** für **fremde Rechnung** (**echter Agent**),
4. Handeln im **fremden Namen** für **eigene Rechnung** (**unechter Agent**).

Zu 1. Eigenhändler

Tritt ein Unternehmer **im eigenen Namen** und für **eigene Rechnung** auf, so wird er als **Eigenhändler** bezeichnet.

Beispiel:
Der Kfz-Händler U liefert in Köln an den Abnehmer A einen Pkw. Der Verkäufer U ist Eigentümer des Pkw.

U verschafft A im **eigenen Namen** die Verfügungsmacht über das Auto und handelt für **eigene Rechnung.** U handelt als **Eigenhändler.**

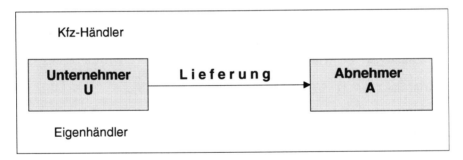

Zu 2. Kommissionär

Tritt ein Unternehmer im **eigenen Namen,** aber für **fremde Rechnung** auf, so ist er **Kommissionär** (§ 383 HGB).

Der **Kommissionär** wird umsatzsteuerrechtlich **wie** ein **Eigenhändler** behandelt. Der Warenkommissionär **bewirkt** wie der Eigenhändler eine **Lieferung.**

Beispiel:
Der Waschmaschinenhersteller U 1 beauftragt den Kommissionär U 2 durch Abschluß eines Kommissionsvertrags, eine Waschmaschine im eigenen Namen zu verkaufen. U2 ist Kommissionär (**Verkaufskommission**). Der Einzelhändler U 2 verkauft diese Waschmaschine an den Dritten A.

Da **U 2** als **Verkaufskommissionär** im **eigenen Namen** auftritt, **bewirkt** er eine **Lieferung.** Der Waschmaschinenhersteller **U1** bewirkt ebenfalls eine **Lieferung** (§ 3 Abs. 3).

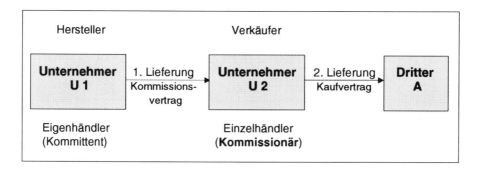

Beispiel:

Der Abnehmer A beauftragt den Kommissionär U 2 durch Abschluß eines Kommissionsvertrages, Waren bei U 1 einzukaufen (**Einkaufskommission**).

In Erfüllung dieses Kommissionsvertrages schließt U 2 im eigenen Namen mit U 1 einen Kaufvertrag ab. Es liegen zwei Lieferungen vor.

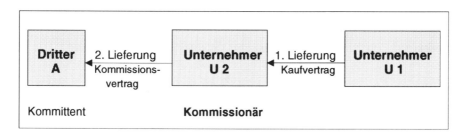

Zu 3. Echter Agent

Tritt ein Unternehmer im **fremden Namen** und für **fremde Rechnung** auf, so wird er als **echter Agent** bezeichnet.

Echte Agenten sind z.B. **Handelsvertreter** (§ 84 HGB) und **Handelsmakler** (§ 93 HGB).

Wer als **echter Agent** auftritt, bewirkt **keine Lieferung,** sondern eine **sonstige Leistung.**
Die sonstige Leistung des echten Agenten besteht darin, daß er Geschäfte **vermittelt.**

Beispiel:

Willi Vetter (U 1) betreibt in Koblenz auf eigenem Grundstück eine Tankstelle. An der Tankstelle veräußert er nur Kraftstoffe der Firma U 2. Aus den Quittungsvordrucken, die er benutzt, geht hervor, daß die Verkäufe im Namen und für Rechnung der Firma U 2 ausgeführt werden. An den Zapfsäulen ist deutlich sichtbar ein Hinweisschild der Firma U 2 angebracht. Vetter erhält eine Provision.

Da **Vetter** als **Agent** im Namen und für Rechnung der Firma U 2 auftritt, bewirkt er gegenüber der Finna U 2 **sonstige Leistungen.**

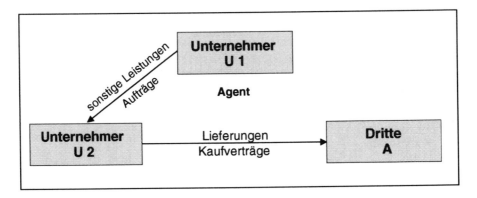

4. Unechter Agent

Tritt ein Unternehmer im **fremden Namen** für **eigene Rechnung** auf, so wird er als **unechter Agent** bezeichnet.

Unechte Agenten sind z.B. Unternehmer, die im fremden Namen Umsätze tätigen, ohne dazu ermächtigt zu sein.

Da der Unternehmer in diesem Falle rechtlich nicht für einen anderen handeln kann, muß er wie ein Unternehmer behandelt werden, der **im eigenen Namen** für **eigene Rechnung** handelt.

Der **unechte Agent** wird daher **wie** ein **Eigenhändler** behandelt.

Seit 1.1.1993 werden auch **Nichtunternehmer** (z.B. Privatpersonen) **wie Unternehmer** behandelt, wenn sie **neue Fahrzeuge** vom **Inland** in das **übrige Gemeinschaftsgebiet** liefern (**§ 2a**).

Der **fiktive Unternehmer** (Fahrzeuglieferer) im Sinne des § 2a erbringt stets eine **steuerfreie innergemeinschaftliche Lieferung** (§ 4 Nr. 1b i.V.m. § 6a).

Beispiel:
Der **Privatmann U** in Saarbrücken liefert 1995 einen **neuen Pkw** an den französichen Abnehmer A in Metz. Der Kaufpreis des neuen Pkw beträgt 30.000,— DM.

Privatmann U wird nach § 2a **wie** ein **Unternehmer** behandelt. Es liegt eine steuerbare **innergemeinschaftliche Lieferung** nach § 1 Abs. 1 **Nr. 1** vor, die jedoch nach § 4 Nr. 1b i.V.m. § 6a **steuerfrei** ist.

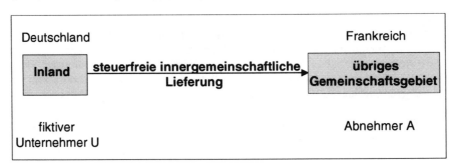

Um eine wirksame **Kontrolle der Umsatzbesteuerung** des innergemeinschaftlichen Handels zu gewährleisten, werden in den Mitgliedstaaten den **Unternehmern** (nicht den fiktiven Unternehmern) **und bestimmten juristischen Personen Umsatzsteuer-Identifikationsnummern (USt-IdNrn.)** erteilt (§ 27a).

Die **Umsatzsteuer-Identifikationsnummer (USt-IdNr.)** wird grundsätzlich auf schriftlichen Antrag des Unternehmers erteilt, der an das

Bundesamt für Finanzen
- Außenstelle -
Industriestraße 6

66740 S a a r l o u i s

zu richten ist.

Die **USt-IdNr.** ist **einmalig** und **bleibt unverändert**, auch wenn sich die Steuernummer beim Wechsel des zuständigen Finanzamtes (z.B. durch Sitzverlegung eines Unternehmers) ändert.

Die **anderen Mitgliedstaaten** geben ebenfalls für ihre Unternehmer und erwerbsteuerpflichtigen Personen **Umsatzsteuer-Identifikationsnummern** aus (vgl. **Anhang**).

Die **USt-IdNr.** dient vorrangig als Anzeichen dafür, daß der **Inhaber der USt-IdNr.** Bezüge aus anderen Mitgliedstaaten als **innergemeinschaftlichen Erwerb** im Sinne des § 1 a **versteuern muß**.

Lieferanten in anderen Mitgliedstaaten können deshalb grundsätzlich **anhand der USt-IdNr. eines deutschen Erwerbers erkennen, daß sie steuerfrei an ihn liefern können**.

Ferner benötigen sie die **USt-IdNr.** des deutschen Erwerbers, um ihren Verpflichtungen zur **Rechnungsausstellung** nachkommen zu können.

Schließlich müssen sie die steuerfreie innergemeinschaftliche Lieferung an einen deutschen Erwerber unter dessen deutscher **USt-IdNr.** in ihrer **Zusammenfassenden Meldung** angegeben.

Der Unternehmer kann nach § 18e beim Bundesamt für Finanzen **Auskunft** darüber einholen, ob

1. eine ausländische USt-IdNr. überhaupt ausgegeben worden ist (Gültigkeit der USt-IdNr.) und

2. die angegegebene USt-IdNr. zu dem angegebenen Namen und der angegebenen Anschrift eines Kunden gehört.

Der Unternehmer kann sich dazu **schriftlich**, **telfonisch** (06831/456-123) oder **per Telekopie** (06831/456-120) an das Bundesamt für Finanzen wenden.

Übung: Wiederholungsfragen 33 bis 41

2.2.2 Inland

Eine Leistung im Sinne des § 1 Abs. 1 **Nr. 1** ist nur steuerbar, wenn sie im **Inland** ausgeführt wird.

Inland im Sinne des UStG ist das Gebiet der Bundesrepublik Deutschland mit Ausnahme des Gebiets von Büsingen, der Insel Helgoland, der Freihäfen, der Gewässer und Watten zwischen der Hoheitsgrenze und der jeweiligen Strandlinie sowie der deutschen Schiffe und der deutschen Luftfahrzeuge in Gebieten, die zu keinem Zollgebiet gehören (§ 1 Abs. 2 Satz 1).

Die bisherigen Begriffe "**Zollausschlüsse**" und "**Zollfreigebiete**"sind **durch** eine **tatsächliche Beschreibung** dieser Begriffe **ersetzt** worden, weil die nationalen Zollvorschriften **zum 1.1.1994** weitgehend durch den **Zollkodex der EU** ersetzt worden sind, der diese Begriffe nicht enthält.

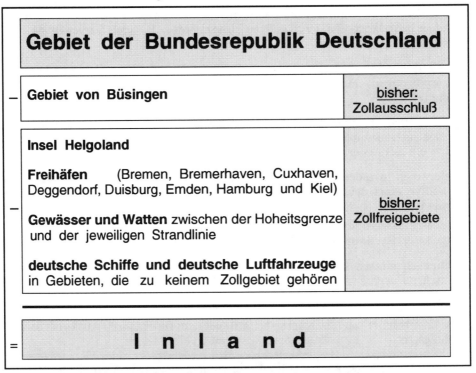

Die in **Freihäfen** und in **Gewässern und Watten** zwischen der Hoheitsgrenze und der jeweiligen Strandlinie ausgeführten Umsätze sind **grundsätzlich nicht steuerbar**, weil sie **nicht** im **Inland** ausgeführt werden.

Bestimmte Umsätze in Freihäfen und in Gewässern und Watten an Endverbraucher werden jedoch **wie Umsätze im Inland behandelt**.

Zu diesen Umsätze gehören insbesondere Lieferungen von Speisen, Getränken und dergleichen in Personalkantinen oder der Verkauf von Tabakwaren aus Automaten in Freihäfen (§ 1 **Abs. 3**).

Ziel dieser Vorschrift ist es, den **Letztverbrauch mit Umsatzsteuer zu belasten**.

Seit 1.1.1995 ist das **deutsche Hoheitsgebiet** der Bundesrepublik Deutschland in der **Nord- und Ostsee** von bisher drei **auf 12 Seemeilen erweitert** worden (BStBl I 1994, S. 428).

Damit erstreckt sich der **Anwendungstatbestand** des § 1 **Abs. 3** (Belastung des Endverbrauchs in den Gebieten zwischen Hoheitsgrenze und Strandlinie) in Zukunft auf den **erweiterten Hoheitsbereich vor den Küsten.**

Wird ein **Umsatz** im **Inland ausgeführt**, so kommt es für die Besteuerung **nicht** darauf an, ob der Unternehmer **deutscher Staatsangehöriger** ist, seinen **Wohnsitz oder Sitz im Inland** hat, im **Inland** eine **Betriebsstätte** unterhält, die **Rechnung** erteilt oder die **Zahlung** empfängt (§ 1 Abs. 2 **Satz 3**).

Beispiel:
Der **türkische** Teppichhändler Noscolak liefert in **Koblenz** gegen Entgelt Teppiche an Privatpersonen.

Die **Lieferung** der Teppiche ist **steuerbar**, da sie im **Inland** erfolgt und die übrigen Voraussetzungen des § 1 Abs. 1 **Nr. 1** erfüllt sind.
Es ist **unerheblich**, daß der Unternehmer **nicht** die **deutsche Staatsangehörigkeit** besitzt.

Ausland ist das Gebiet, das **nicht Inland** ist (§ 1 Abs. 2 Satz 2).

Die folgende Übersicht zeigt die Zusammenhänge zwischen den einzelnen Begriffen:

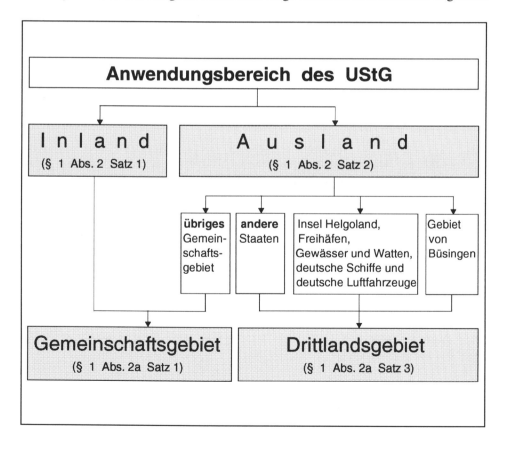

Zum **Ausland** gehören das **übrige** Gemeinschaftsgebiet (die ausländischen EU-Staaten) und das **Drittlandsgebiet**

Das **übrige** Gemeinschaftsgebiet (ausländische EU-Staaten) sind seit dem **1.1.1995** die Gebiete von

Belgien **(BE)**

Dänemark **(DK)**

Finnland **(FI)**   – Åland-Inseln

Frankreich **(FR)** + Fürstentum Monaco

Griechenland **(EL)**

Irland **(IE)**

Italien **(IT)**

Luxemburg **(LU)**

Niederlande **(NL)**

Österreich **(ATU)**

Portugal **(PT)**

Schweden **(SE)**

Spanien **(ES)**

Vereinigtes Königreich **(GB)** + Insel Man

Mit dem Beitritt der Republik **Österreich** zur Europäischen Union gehört das österreichische Hoheitsgebiet (einschließlich der Gemeinden **Mittelberg und Jungholz**) zum **Gemeinschaftsgebiet**.

Auf den innergemeinschaftlichen Warenverkehr zwischen **diesen Gemeinden** und der Bundesrepublik Deutschland finden damit die **allgemeinen Binnenmarkts**regelungen Anwendung, **wie** auf Lieferungen und sonstige Leistungen **zwischen anderen österreichischen Gebieten und der Bundesrepublik Deutschland** (BMF-Schreiben vom 14.12.1994, BStBl I 1995, S. 62).

Andere Staaten sind ausländische Hoheitsgebiete, die **keine ausländischen EU-Staaten** sind.

Das **Gemeinschaftsgebiet** umfaßt das **Inland und das übrige Gemeinschafts**gebiet (die ausländischen EU-Staaten) (§ 1 Abs. 2a Satz 1).

Drittlandsgebiet ist das Gebiet, das **nicht Gemeinschaftsgebiet** ist (§ 1 Abs. 2a Satz 3).

Mit Hilfe der Begriffe **Inland**, **Gemeinschaftsgebiet** und **Drittlandsgebiet** können die neuen Begriffe **innergemeinschaftlicher Erwerb**, **innergemeinschaftliche Lieferung**, **Einfuhr** und **Ausfuhr** aus der Sicht des Inlandes vereinfacht wie folgt veranschaulicht werden:

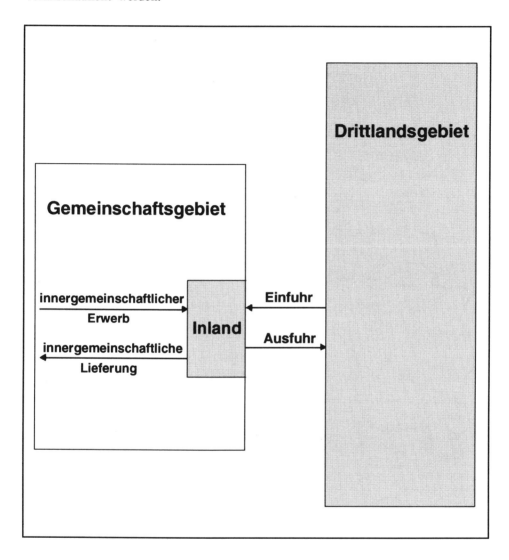

Im **Gemeinschaftsgebiet** gilt für den **gewerblichen Warenverkehr** grundsätzlich das **Bestimmungslandprinzip**, d.h. daß demjenigen Staat das Besteuerungsrecht zusteht, für die die Ware bestimmt ist (**Bestimmungsland besteuert**).

Im **Gemeinschaftsgebiet** gilt für den **privaten Reiseverkehr** das **Ursprungslandprinzip**, d.h. daß demjenigen Staat das Besteuerungsrecht zusteht, aus dem die Ware stammt (**Ursprungsland besteuert**).

> **Übung**: 1. Wiederholungsfragen 42 bis 51,
> 2. Fall 3

Gebiet der Bundesrepublik Deutschland

EU-Mitgliedstaaten

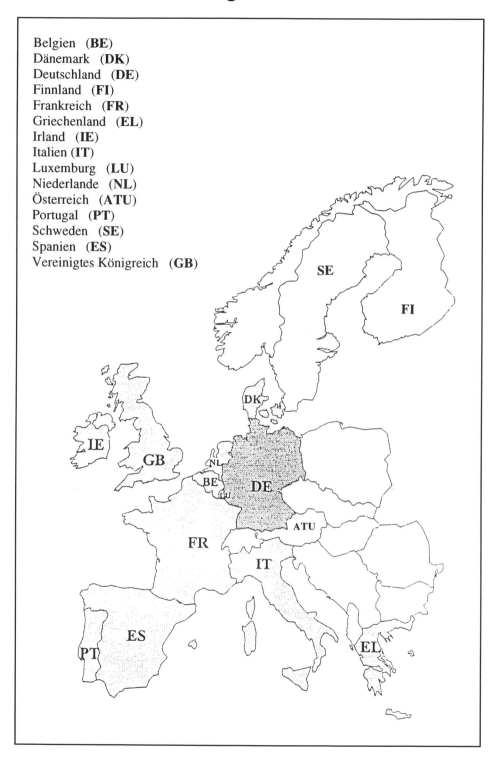

Belgien (**BE**)
Dänemark (**DK**)
Deutschland (**DE**)
Finnland (**FI**)
Frankreich (**FR**)
Griechenland (**EL**)
Irland (**IE**)
Italien (**IT**)
Luxemburg (**LU**)
Niederlande (**NL**)
Österreich (**ATU**)
Portugal (**PT**)
Schweden (**SE**)
Spanien (**ES**)
Vereinigtes Königreich (**GB**)

2.2.3 Entgelt

Die von einem Unternehmer im Rahmen seines Unternehmens im Inland erbrachte **Leistung** ist nur **steuerbar**, wenn eine Gegenleistung, ein **Entgelt**, gegenübersteht.

Gesetzliche **Ausnahmen** von diesem Grundsatz sind in § 1 Abs. 1 **Nr. 1b** und § 1 Abs. 1 **Nr. 3** enthalten.

Entgelt ist alles, was der Leistungsempfänger aufwendet um die Leistung zu erhalten, jedoch abzüglich der Umsatzsteuer (§ 10 Abs. 1 Satz 2).

Die **Umsatzsteuer** gehört demnach **nicht** zum **Entgelt**.

Beispiel:
Der Schuhhändler Wolfgang Rogalla, Erfurt, liefert der Steuerfachgehilfin Andrea Liegl, Erfurt, ein Paar Schuhe zum Preis von **115,— DM** einschließlich 15 % USt.

Das **Entgelt** beträgt **100,— DM** (115,— DM abzüglich 15,— DM Umsatzsteuer).

Wo **kein Entgelt** feststellbar ist, kann grundsätzlich **kein Leistungsaustausch** und damit **keine steuerbare Leistung** vorliegen (z.B. bei einer Schenkung).

Ein **Leistungsaustausch** setzt voraus

> 1. **zwei verschiedene Personen,**
> 2. eine **Leistung und** eine **Gegenleistung** und
> 3. einen **wirtschaftlichen Zusammenhang** zwischen Leistung und Gegenleistung.

Liegen **alle drei Voraussetzungen** vor, ist die Steuerbarkeitsvoraussetzung "**Entgelt**" erfüllt. **Fehlt eine** dieser Voraussetzungen, ist der Vorgang mangels Leistungsaustauschs **nicht steuerbar** im Sinne des § 1 Abs. 1 **Nr. 1**.

Zu 1. zwei verschiedene Personen

Ein **Leistungsaustausch** setzt zunächst **zwei verschiedene Personen** voraus. **Leistender** und **Leistungsempfänger** dürfen **nicht identisch** sein.

Beispiel:
Der Metzgermeister Schmidt führt in Leipzig eine Metzgerei. Er liefert aus seiner Metzgerei Fleischwaren an den Leipziger Gastwirt Oster zum Preis von 230,— DM.

Es liegt ein **Leistungsaustausch** vor, weil Leistender (Schmidt) und Leistungsempfänger (Oster) nicht identisch sind.

Kein Leistungsaustausch liegt vor, wenn **Leistender** und **Leistungsempfänger** **identisch** sind, z.B. bei einer **Unternehmenseinheit** und einer **Organschaft**.

Beispiel:
Der Metzgermeister Schmidt führt in Leipzig eine **Metzgerei und** eine **Gastwirtschaft**. Schmidt "liefert" aus seiner Metzgerei Fleischwaren an seine Gastwirtschaft.

Es liegt **kein Leistungsaustausch** vor , weil **Leistender** (Schmidt) und **Leistungsempfänger** (Schmidt) **identisch** sind. Das **Unternehmen** umfaßt die **gesamte** gewerbliche oder berufliche Tätigkeit des Unternehmers (§ 2 Abs. 1 Satz 2). Das besagt, daß **mehrere Betriebe** in der Hand desselben Unternehmers als **ein Unternehmen** anzusehen sind (**Unternehmenseinheit**).

Leistungen zwischen **verschiedenen Betrieben eines Unternehmens** werden als sogenannte **Innenumsätze** bezeichnet.
Innenumsätze sind, wenn sie im **Inland** ausgeführt werden, **nicht steuerbar**.

Zu 2. Leistung und Gegenleistung

Ein **Leistungsaustausch** setzt zweitens eine **Leistung** und eine **Gegenleistung** voraus.

Die **Gegenleistung**, das **Entgelt**, für eine Leistung kann bestehen in

> a) **G e l d ,**
> b) einer **L i e f e r u n g** oder
> c) einer **s o n s t i g e n   L e i s t u n g .**

In den meisten Fällen des Wirtschaftslebens besteht das **Entgelt** in **Geld** (Bargeld, Scheck, Wechsel usw.).

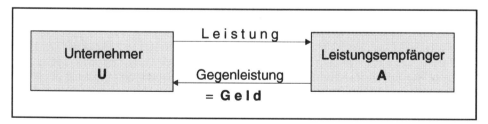

Beispiel:
Der Unternehmer **U**, Dresden, **liefert** dem Abnehmer A, Leipzig, eine **Maschine**. Der Abnehmer **A bezahlt** den Kaufpreis in **Geld**.

Leistung und **Gegenleistung** sind gegeben. Die **Leistung** des U besteht in der **Lieferung** der Maschine. Die **Gegenleistung** des A besteht in der **Zahlung** des Kaufpreises (**Geld**).

Die Zahlung von **Geld** ist eine **Gegenleistung, keine Lieferung oder sonstige Leistung** im Sinne des UStG (Abschn. 1 Abs. 2 Satz 3 UStR).

Das **Entgelt** für eine Leistung kann auch in einer **Lieferung** bestehen. Besteht das Entgelt für eine **Lieferung** in einer **Lieferung**, so liegt ein **Tausch** vor (§ 3 Abs. 12 Satz 1).

Beispiel:
Der Unternehmer U, Magdeburg, **liefert** an den Abnehmer A, Wolfsburg, eine Maschine für 20.000,— DM. Abnehmer A **liefert** als Gegenleistung einen Pkw im Werte von 20.000,— DM.

Leistung und **Gegenleistung** sind gegeben. Die Leistung des U besteht in der **Lieferung** der Maschine. Die Gegenleistung des A besteht in der **Lieferung** des Pkw.

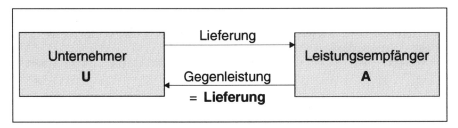

Bei einem **Tausch** erbringt **jeder** Leistungsempfänger gleichzeitig auch eine **Lieferung** im Sinne des UStG.

Falls die Gegenleistung zur Bezahlung des Kaufpreises nicht ausreicht und **Geld zuzuzahlen** ist, spricht man von einem **Tausch mit Baraufgabe**.

Schließlich kann das **Entgelt** für eine Leistung in einer **sonstigen Leistung** bestehen.

Besteht das **Entgelt** für eine **sonstige Leistung** in einer **Lieferung oder** in einer **sonstigen Leistung**, so liegt ein **tauschähnlicher Umsatz** vor (§ 3 Abs. 12 Satz 2).

Beispiel:
Der Klempnermeister U, Rostock, **repariert** bei dem Arzt A, Rostock, eine Wasserleitung für 100 DM. A **behandelt** U für 100 DM.

Leistung und **Gegenleistung** sind gegeben. Die **Leistung** des U besteht in der Reparatur der Wasserleitung (= **sonstige Leistung**). Die **Gegenleistung** des A besteht in der Behandlung des U (= **sonstige Leistung**).

Bei einem **tauschähnlichen Umsatz** erbringt **jeder** Leistungsempfänger auch eine **Leistung** im Sinne des UStG.

Fehlt bei der **Leistung** die **Gegenleistung**, so ist der Vorgang **nicht steuerbar** im Sinne des § 1 Abs. 1 **Nr. 1**, z.B. bei einer **Schenkung**.

Beispiel:
Der Verlag Dr. Th. Gabler, Wiesbaden, überläßt bestimmten Lehrern unentgeltlich Fachbücher.

Es liegt **kein Leistungsaustausch** vor, weil die **Gegenleistung fehlt**.

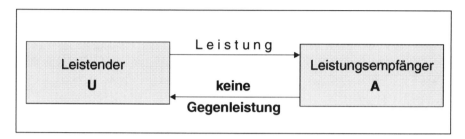

Fehlt bei einer **Gegenleistung** die **Leistung**, so ist der Vorgang ebenfalls **nicht steuerbar** im Sinne des § 1 Abs. 1 **Nr. 1**, z.B. bei einem **echten Schadenersatz**.

Wer einen **echten Schadenersatz** zu leisten hat, tut das nicht, weil er eine Lieferung oder sonstige Leistung erhalten hat, sondern weil er nach dem Gesetz oder Vertrag für den Schaden und seine Folgen einzustehen hat.

Beispiel:
Dem Radiohändler U, Koblenz, wird ein CD-Player gestohlen. Die Versicherung zahlt hierfür Schadenersatz in Höhe von 500,— DM.

Es liegt **kein Leistungsaustausch** vor, weil U **keine Leistung** ausführt, für die der Schadenersatz als Gegenleistung angesehen werden könnte. Es wird lediglich ein Schaden aufgrund eines Versicherungsvertrages ersetzt.

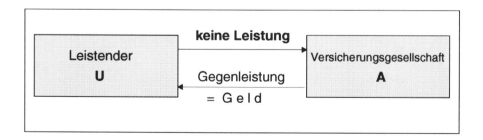

Ein **Schadenersatz** ist dagegen **nicht** anzunehmen, wenn die **Ersatzleistung** tatsächlich die **Gegenleistung** für eine **Lieferung oder sonstige Leistung** darstellt. In solchen Fällen spricht man von einem **unechten Schadenersatz**.

Zu 3. wirtschaftlicher Zusammenhang

Ein **Leistungsaustausch** setzt drittens einen **wirtschaftlichen Zusammenhang** zwischen **Leistung** und **Gegenleistung** voraus.

Dieser Zusammenhang besteht, wenn die **Gegenleistung** aufgewendet wird, um die **Leistung** zu erhalten.

Beispiel:
Ein Lebensmitteleinzelhändler liefert in seinem Ladengeschäft in Erfurt einer Kundin Lebensmittel gegen Barzahlung.

Zwischen der **Leistung** (Lieferung der Lebensmittel) **und** der **Gegenleistung** (Geld) besteht ein **wirtschaftlicher Zusammenhang,** weil das Geld um der Lieferung willen hingegeben wurde.

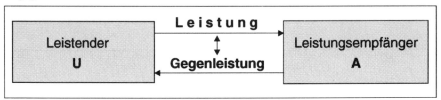

Kein Leistungsaustausch liegt vor, wenn ein **wirtschaftlicher Zusammenhang** zwischen **Leistung und Gegenleistung fehlt,** z.B. bei **echten Mitgliedsbeiträgen.**

Beispiel:
Ein Sportverein in Halle stellt seinen Mitgliedern vereinseigene Sportanlagen, Einrichtungen und Geräte zur Verfügung und erhebt von seinen Mitgliedern Beiträge (= **echte Mitgliedsbeiträge**).

Es liegt **kein Leistungsaustausch** vor, weil der **wirtschaftliche Zusammenhang** zwischen der im einzelnen nicht meßbaren Leistung des Vereins und der Zahlung der Mitgliederbeiträge **fehlt** (Abschn. 4 UStR).

Werden hingegen mit Mitgliedsbeiträgen **konkrete Sonderleistungen** der Vereinigungen gegenüber den Mitlgiedern abgegolten, so stellen die Beiträge die Gegenleistung für die Sonderleistung dar (= **unechte Mitgliedsbeiträge**).

Beispiel:
Der Post Sportverein Koblenz e.V. erhebt neben den echten Mitgliedsbeitragen für die Benutzung seiner Tennishalle eine **spezielle Benutzungsgebühr.**

Es liegt ein **Leistungsaustausch** vor, weil es sich bei den speziellen Benutzungsgebühren um ein **Sonderentgelt** für eine gegenüber dem einzelnen Mitglied erbrachte Leistung handelt (OFD Koblenz vom 25.2.1977).

Merke: Eine **Leistung** ist grundsätzlich nur **steuerbar**, wenn ein **Leistungsaustausch** stattfindet.

Übung: 1. Wiederholungsfragen 52 bis 60,
2. Fall 4

Leistungen des Unternehmers an seine Arbeitnehmer

Nach § 1 Abs. 1 **Nr. 1b** sind Lieferungen oder sonstige Leistungen, die Unternehmer an ihre **Arbeitnehmer** oder deren Angehörige **aufgrund des Dienstverhältnisses** ausführen, auch dann **steuerbar**, wenn die Empfänger der Leistungen dafür **kein besonders berechnetes Entgelt** aufwenden (Abschn. 12 Abs. 2 Satz 1 UStR).

Ein **Leistungsaustausch** im Sinne des § 1 Abs. 1 Nr. 1 Satz 1 ist **nicht Tatbestandsmerkmal** der Vorschrift.

Für die **Steuerbarkeit** kommt es **nicht** darauf an, ob die Zuwendung des Arbeitgebers eine Vergütung für geleistete Dienste des Arbeitnehmers ist (Abschn. 12 Abs. 2 Sätze 2 und 3 UStR).

Beispiel:
Der Unternehmer U, Frankfurt, überläßt einem leitenden Angestellten einen betrieblichen Pkw ständig auch für Privatfahrten. Der Angestellte braucht dafür nichts zu zahlen.

Die sonstige Leistung ist **steuerbar**, weil sie **aufgrund eines Dienstverhältnisses** ausgeführt wird (§ 1 Abs. 1 **Nr. 1b**).

Die **Steuerbarkeit** nach § 1 Abs. 1 **Nr.1b** setzt voraus, daß Leistungen aus unternehmerischen (betrieblichen) Gründen für den **privaten,** außerhalb des Dienstverhältnisses liegenden Bedarf des Arbeitnehmers ausgeführt werden.

Werden **Leistungen** von Unternehmern an **Arbeitnehmer entgeltlich,** aber **verbilligt** ausgeführt, ist für die Besteuerung die **Mindestbemessungsgrundlage** nach § 10 **Abs. 4** i.V.m. § 10 **Abs. 5** zu beachten (siehe Abschnitt 9.5).

Keine steuerbaren **Umsätze** sind **Aufmerksamkeiten** (§ 1 Abs. 1 Nr. 1 Buchstabe b Satz 2)

Zu den **Aufmerksamkeiten** rechnen **gelegentliche Sachzuwendungen** bis zu einem Wert von **60 DM** einschließlich Umsatzsteuer (**Freigrenze**), z.B. Blumen, Genußmittel, ein Buch oder eine Schallplatte, die dem Arbeitnehmer oder seinem Angehörigen aus Anlaß eines besonderen **persönliche Ereignisses** zugewendet werden (Abschn. 73 LStR).

Beispiel:
Steuerberater Bodo Müller, Bonn, **schenkt** seiner Steuerfachgehilfin Helga Sabel ein **Buch** zum Geburtstag. Das Buch hat einen Wert von **45 DM.**

Es handelt sich um eine **Aufmerksamkeit,** die nach § 1 Abs. 1 Nr. 1b Satz 2 **nicht steuerbar** ist.

Gleiches gilt für Getränke und Genußmittel, die der Arbeitgeber den Arbeitnehmern zum Verzehr im Betrieb unentgeltlich überläßt sowie für Speisen, die der Arbeitgeber den Arbeitnehmern anläßlich und während eines außergewöhnlichen Arbeitseinsatzes zum Verzehr unentgeltlich überläßt (Abschn. 12 Abs. 3 UStR).

Keine steuerbaren Umsätze sind auch **Leistungen, die überwiegend durch das betriebliche Interesse des Arbeitgebers** veranlaßt sind (Abschn. 12 Abs. 2 Satz 6 UStR).

Zu den **nicht steuerbaren Leistungen, die überwiegend durch das betriebliche Interesse des Arbeitgebers veranlaßt** sind, gehören insbesondere (Abschn. 12 Abs. 4 UStR):

---

1. Leistungen zur **Verbesserung der Arbeitsbedingungen**, z.B. Bereitstellung von Aufenthalts- und Erholungsräumen sowie von betrieblichen Dusch-, Bade- und Sportanlagen, die grundsätzlich von allen Betriebsangehörigen in Anspruch genommen werden können,

2. die **betriebsärztliche Betreuung** sowie die vom Arbeitgeber übernommenen **Kosten einer Vorsorgeuntersuchung** des Arbeitnehmers, wenn die Vorsorgeuntersuchung im überwiegenden betrieblichen Interesse des Arbeitgebers liegt,

3. betriebliche **Fort- und Weiterbildungsleistungen**,

4. die **Überlassung von Arbeitsmitteln** zur beruflichen Nutzung einschließlich der Arbeitskleidung, wenn es sich um typische Berufskleidung handelt, deren private Nutzung so gut wie ausgeschlossen ist,

5. das **Zurverfügungstellen von Parkplätzen** auf dem Betriebsgelände,

6. Zuwendungen bei **Betriebsveranstaltungen**, soweit der Wert der Zuwendung insgesamt nicht mehr als **200 DM (Freigrenze) je Teilnehmer** beträgt.

7. das **Zurverfügungstellen von Betriebskindergärten**.

Übung: Wiederholungsfragen 61 und 62

2.2.4 Rahmen seines Unternehmens

Steuerbar sind entgeltliche Leistungen, die ein Unternehmer im Inland ausführt, nur dann, wenn sie im **Rahmen seines Unternehmens** bewirkt werden (§ 1 Abs. 1 **Nr. 1**).

In den **Rahmen des Unternehmens** fallen alle Leistungen, die sich als Geschäftsvorfälle aus der gewerblichen oder beruflichen Tätigkeit eines Unternehmens ergeben.

In den **Rahmen des Unternehmens** fallen nicht nur die **Grundgeschäfte**, die den eigentlichen Gegenstand der geschäftlichen Betätigung bilden, sondern auch **Hilfsgeschäfte** sowie **Nebengeschäfte**.

Zu den **Hilfsgeschäften** gehört jede Tätigkeit, die die Haupttätigkeit mit sich bringt.

Nebengeschäfte sind solche, die sich nicht notwendig aus der Haupttätigkeit ergeben, mit dieser aber wirtschaftlich zusammenhängen.

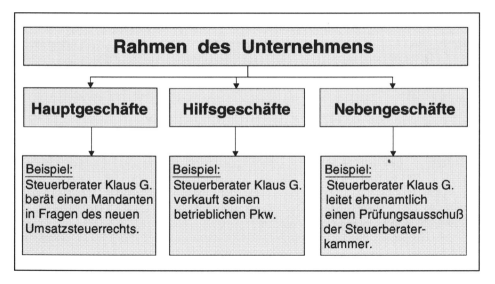

Als letzter Akt der Unternehmertätigkeit ist schließlich die **Geschäftsveräußerung** anzusehen.

Seit dem 1.1.1994 sind sämtliche Umsätze (Einzelleistungen) im Rahmen einer **Geschäftsveräußerung nicht mehr steuerbar** (§ 1 Abs. 1a).

Vorgänge, die in die **Privatsphäre** eines Unternehmers fallen, liegen als Privatvorgänge **außerhalb** des Rahmens seines Unternehmens und sind deshalb **nicht steuerbar**.

Beispiel:
Ein Metzgermeister in Koblenz veräußert aus seinem Privathaushalt ein gebrauchtes Fernsehgerät gegen Entgelt.

Die Veräußerung des Fernsehgeräts wird **nicht** im **Rahmen seines Unternehmens** bewirkt , so daß die Leistung **nicht steuerbar** ist.

> **Übung:** 1. Wiederholungsfragen 63 und 64,
> 2. Fälle 5 bis 17

2.3 Zusammenfassende Erfolgskontrolle

2.3.1 Zusammenfassung

Gegenstand (Objekt) der Umsatzsteuer sind die **steuerbaren Umsätze.**

Nach § 1 werden **fünf Arten steuerbarer Umsätze** unterschieden:

1. steuerbare **entgeltliche Leistungen,**
2. steuerbarer **Eigenverbrauch,**
3. steuerbare **unentgeltliche Leistungen,**
4. steuerbare **Einfuhr** aus Drittlandsgebieten,
5. steuerbarer innergemeinschaftlicher **Erwerb.**

Leistung im umsatzsteuerlichen Sinne ist jedes Verhalten anderen gegenüber, das Gegenstand des Wirtschaftsverkehrs sein kann.

Für die **Leistungsbesteuerung** ist allein das **Erfüllungsgeschäft** und nicht das Verpflichtungsgeschäft (z.B. der Kaufvertrag) **maßgebend.**

Unter einer **Lieferung** versteht das UStG die Verschaffung der Verfügungsmacht über einen Gegenstand.

Die **Verfügungsmacht** wird in der Regel **durch Eigentumsübertragung** (z.B. Einigung rund Übergabe) verschafft.

Sonstige Leistungen sind Leistungen, die keine Lieferungen sind.

Steuerbar sind Lieferungen und sonstige Leistungen nur dann, wenn sie von einem **Unternehmer** im **Inland** gegen **Entgelt** im **Rahmen seines Unternehmens** ausgeführt werden.

Erhält der Unternehmer für seine Leistung ein Entgelt, eine Gegenleistung, so findet ein **Leistungsaustausch** statt.

Ein **Leistungsaustausch** setzt voraus

1. **zwei verschiedene Personen,**
2. eine **Leistung** und eine **Gegenleistung** und
3. einen **wirtschaftlichen Zusammenhang**
   zwischen Leistung und Gegenleistung.

Die Gegenleistung, das **Entgelt**, für eine Leistung besteht in den meisten Fällen des Wirtschaftslebens in **Geld.**

In den **Rahmen des Unternehmens** fallen alle Leistungen, die sich als Geschäftsvorfälle aus der gewerblichen oder beruflichen Tätigkeit ergeben.

2.3.2 Erfolgskontrolle

WIEDERHOLUNGSFRAGEN

1. Welche fünf Arten steuerbarer Umsätze nennt § 1 Abs. 1?
2. Was ist unter einer Leistung im Sinne des UStG zu verstehen?
3. In welche beiden Gruppen werden die Leistungen umsatzsteuerlich unterteilt?
4. Was ist unter einer Lieferung im Sinne des § 3 Abs. 1 zu verstehen?
5. Was versteht man unter Gegenständen einer Lieferung?
6. Welche Gegenstandsarten werden umsatzsteuerrechtlich für bestimmte Personengruppen unterschieden?
7. Was sind neue Fahrzeuge im Sinne des § 1b Abs. 2?
8. Was sind verbrauchsteuerpflichtige Waren im Sinne des § 1a Abs. 5?
9. Was versteht man unter sonstigen Gegenständen?
10. Wie wird in der Regel die Verfügungsmacht über einen Gegenstand verschafft?
11. Ist für die Leistungsbesteuerung das Verpflichtungs- oder das Erfüllungsgeschäft maßgebend?
12. Was ist unter einer innergemeinschaftlichen Lieferung i.S. des § 6a zu verstehen?
13. Was ist unter einer fiktiven innergemeinschaftlichen Lieferung i.S. des § 3 Abs. 1a Nr. 1 zu verstehen?
14. Was versteht man unter einem sogenannten nichtsteuerbaren Innenumsatz?
15. Was ist unter einer Werklieferung im Sinne des § 3 Abs. 6 zu verstehen?
16. Wie wird die Werklieferung umsatzsteuerrechtlich behandelt?
17. Was ist unter einer sonstigen Leistung i.S.d. § 3 Abs. 9 zu verstehen?
18. In welcher Form können sonstige Leistungen bestehen?
19. Was versteht man unter einer Werkleistung?
20. Wie wird eine Werkleistung umsatzsteuerrechtlich behandelt?
21. Was versteht man unter der Einheitlichkeit der Leistung?
22. Unter welchen Voraussetzungen ist eine Leistung i.S. des § 1 Abs. 1 Nr. 1 steuerbar?
23. Wer ist Unternehmer i.S. des § 2 Abs. 1?
24. Was ist unter einer gewerblichen oder beruflichen Tätigkeit i.S. des § 2 Abs. 1 Satz 3 zu verstehen?
25. Was ist unter einer nachhaltigen Tätigkeit i.S. des UStG zu verstehen?
26. Was versteht man unter einem Hilfsgeschäft?
27. In welchem Fall wird eine Tätigkeit zur Erzielung von Einnahmen ausgeübt?
28. In welchem Fall sind natürliche Personen selbständig?
29. Können Arbeitnehmer, die keine verschiedenen Tätigkeiten ausüben, Unternehmer sein?
30. Können natürliche Personen, die verschiedene Tätigkeiten ausüben, Unternehmer und Arbeitnehmer in einer Person sein?
31. In welchem Fall sind juristische Personen nach § 2 Abs. 2 Nr. 2 selbständig?
32. Wie wird das Eingliederungsverhältnis i.S. des § 2 Abs. 2 Nr. 2 bezeichnet?
33. Wer ist Eigenhändler?
34. Wer ist Kommissionär?
35. Wie wird der Kommissionär umsatzsteuerrechtlich behandelt?
36. Bewirkt der Warenkommissionär eine Lieferung oder eine sonstige Leistung?
37. Wer ist echter Agent?
38. Bewirkt der echte Agent eine Lieferung oder eine sonstige Leistung?
39. Was versteht man unter einem fiktiven Unternehmer i.S. des § 2a?
40. Wer kann eine Umsatzsteuer-Identifikationsnummer erhalten?
41. Von wem wird ausschließlich die USt-IdNr. erteilt?

42. Was versteht man unter Inland im Sinne des § 1 Abs. 2 Satz 1?
43. Wie wird seit dem 1.1.1994 das Zollausschlußgebiet in § 1 Abs. 2 Satz 1 tatsächlich beschrieben?
44. Wie werden seit dem 1.1.1994 die Zollfreigebiete in § 1 Abs. 2 Satz 1 tatsächlich beschrieben?
45. Was versteht man unter Ausland im Sinne des § 1 Abs. 2 Satz 2?
46. Welche Staaten gehören seit dem 1.1.1995 zur Europäischen Union?
47. Was versteht man unter dem übrigen Gemeinschaftsgebiet?
48. Was umfaßt das Gemeinschaftsgebiet?
49. Welches Gebiet ist das Drittlandsgebiet?
50. Was versteht man unter dem Bestimmungslandprinzip?
51. Was versteht man unter dem Ursprungslandprinzip?
52. Was versteht man unter Entgelt?
53. Welche Voraussetzungen müssen für einen Leistungsaustausch erfüllt sein?
54. Worin kann das Entgelt für eine Leistung bestehen?
55. Was versteht man unter einem sogenannten Innenumsatz?
56. Was versteht man unter einem Tausch i.S. des § 3 Abs. 12 Satz 1?
57. Was ist ein Tausch mit Baraufgabe?
58. Was ist ein tauschähnlicher Umsatz i.S. des § 3 Abs. 12 Satz 2?
59. Liegt bei einem sog. echten Schadenersatz ein Leistungsaustausch vor? Begründen Sie Ihre Antwort.
60. Was versteht man unter einem unechten Schadenersatz? Nennen Sie ein Beispiel.
61. Welche Umsätze sind nach § 1 Abs. 1 Nr.1b steuerbar?
62. Welche Umsätze sind nach § 1 Abs. 1 Nr. 1b nicht steuerbar?
63. Welche Leistungen fallen in den Rahmen des Unternehmens?
64. Welche Leistungen fallen nicht in den Rahmen des Unternehmens? Nennen Sie ein Beispiel.

FÄLLE

Fall 1:

Stellen Sie fest, ob folgende Vorgänge **Lieferungen**, **Werklieferungen**, **sonstige Leistungen** oder **Werkleistungen** sind.

1. Die Buchhandlung Reuffel verkauft ein Buch an einen Kunden.
2. Ein Taxiunternehmer befördert einen Fahrgast.
3. Ein Fachbuchautor veräußert sein Manuskript an einen Verlag zwecks Veröffentlichung.
4. Steuerberater A, Koblenz, bestellt beim Verlag Dr. Th. Gabler, Wiesbaden, das Buch "Steuerlehre 2". Der Verlag verschickt das Buch mit der Post und berechnet 37,— DM + 3,— DM Porto + 2,80 DM USt = 42,80 DM.
5. Ein Klempnermeister repariert die Wasserleitung eines Kunden.
6. Ein Bauunternehmer baut für einen Kunden ein Haus.
7. Ein Steuerberater berät einen Mandanten in Fragen des Einkommensteuerrechts.
8. Ein Hauseigentümer vermietet ein Geschäftslokal an einen Einzelhändler.
9. Der Unternehmer U, Dresden, befördert mit eigenem Lkw eine Maschine zu seinem Kunden nach Hamburg.
10. Ein Bauunternehmer verzichtet auf Wunsch eines Konkurrenten auf die Beteiligung an einer Ausschreibung.
11. Die Edcon Computer GmbH verkauft Standart-Software und sog. Updates mit Anleitungshandbüchern.

Fall 2:

Stellen Sie fest, ob in folgenden Fällen der **Leistungsgeber Unternehmer** ist. Begründen Sie Ihre Antwort.

1. Ein **Studienreferendar** verkauft und übergibt in Koblenz sein gebrauchtes Fahrrad an eine Schülerin für 50,— DM. *Nein*

2. Ein **Lebensmittelhändler** verkauft in seinem Geschäft in Köln Lebensmittel, die er seinen Kunden gegen Barzahlung übergibt. *Ja*

3. Ein **Arzt** behandelt in seiner Praxis in Bonn einen Patienten "auf Krankenschein". *Ja*

4. Ein angestellter **Arzt** behandelt in einem Koblenzer Krankenhaus einen Patienten "auf Krankenschein". *Nein*

5. Studienrat A, Bonn, übt nebenberuflich als **Fachbuchautor** für einen deutschen Verlag eine schriftstellerische Tätigkeit aus, für die er ein Honorar bezieht. *Ja*

6. Der Verlag Dr. Th. **Gabler** GmbH, Wiesbaden, befindet sich zu 100 % im Besitz der Bertelsmann AG. Gabler läßt 1995 20.000 Exemplare der Steuerlehre 1 herstellen. Nach der Produktion übergibt der Gabler-Verlag diese Bücher zum Absatz an die Vertriebsgesellschaft der Bertelsmann AG (VVA) in Gütersloh. *Nein*

7. Der **Schreinermeister A** betreibt in Essen eine Möbelschreinerei. Mit seiner Frau lebt er im gesetzlichen Güterstand (Güterstand der Zugewinngemeinschaft). Die Ehefrau ist Eigentümerin eines gemischtgenutzten Grundstücks in Essen. A betreibt in dem Haus seiner Frau die Schreinerei. In 1995 repariert A die Fenster des Gebäudes und erhält dafür von seiner Frau 1.150 DM.
Die **Ehefrau** erhält von ihrem Mann für die Überlassung der Räume eine monatliche Miete von 1.800 DM. *Ja*

Fall 3:

Welche Gebiete zählen nach § 1 Abs. 2 und 2a UStG seit dem 1.1.1995 zum **Inland**, **Gemeinschaftsgebiet** oder **Drittlandsgebiet**?

1. Koblenz
2. Dresden
3. Insel Helgoland
4. Berlin
5. Insel Sylt
6. Freihafen Duisburg
7. Mittelberg (Kleines Walsertal)
8. Büsingen am Hochrhein
9. Moskau
10. Monaco
11. Rom
12. Insel Man
13. Jungholz (Tirol)

Fall 4:

Stellen Sie fest, ob in folgenden Fällen ein **Leistungsaustausch** stattfindet oder nicht. Begründen Sie Ihre Antwort.

1. Ein Arzt behandelt einen Patienten in seiner Praxis in Koblenz unentgeltlich.

2. Der Klempnermeister U, München, repariert in München die Wasserleitung eines Kunden. U erhält für die Reparatur 100,— DM.

3. Der Bäcker- und Konditormeister U hat in Koblenz eine Bäckerei und in Neuwied ein Café. Die Bäckerei "liefert" Kuchen und Brötchen gegen Rechnungserteilung und Bezahlung an das Café.

4. Der Unternehmer U, Koblenz, versendet mit der Deutschen Bahn AG Waren an den Abnehmer A, Dresden. Während des Transports wird ein Teil der Waren so beschädigt, daß er nicht mehr verkauft werden kann. Die Bahn zahlt U dafür eine Entschädigung.

5. Der Tennisverein Laudert e.V. hat zur Erfüllung seiner satzungsmäßigen Aufgaben Mitgliedsbeiträge von 10.000,— DM vereinnahmt.

6. Der Tennisverein (5.) unterhält in Laudert ein Vereinslokal. Er hat dort Speisen und Getränke für 15.000,— DM verkauft.

7. Ein Radiogeschäft in Koblenz repariert das Autoradio im eigenen Geschäftswagen. Einem Fremden hätte es dafür 50,— DM berechnet.

8. Der Pkw des Unternehmers U wird durch den Autofahrer A beschädigt. Die Haftpflichtversicherung des A zahlt an U 1.150,— DM

9. U ist Inhaber einer Kfz-Werkstatt. A beschädigt den Pkw des U. A beauftragt U mit der Reparatur des Schadens und bezahlt die ihm von U berechneten Reparaturkosten in Höhe von 1.150,— DM.

Fall 5:

Der Student A verkauft und übergibt in Koblenz sein gebrauchtes Fahrrad an einen Fahrradhändler für 100 DM.

1. Hat A eine **Leistung** im Sinne des UStG bewirkt?
2. Hat A eine **steuerbare** Leistung ausgeführt?

Fall 6:

Der Einzelhändler B verkauft und übergibt in Köln an C im eigenen Namen, jedoch für Rechnung des Bonner Fabrikanten A eine Spülmaschine für 2.000 DM. B erhält dafür von A eine Provision.

1. Bewirkt B eine **Lieferung** oder eine **sonstige Leistung**? *Liefg als Kommissionär*
2. Ist die Leistung des B **steuerbar**?
3. Tätigt A eine **Lieferung** oder eine **sonstige Leistung**? *Liefg als Komittent*
4. Führt A eine **steuerbare** Leistung aus?

Fall 7:

Der Unternehmer C, Köln, verkauft im Namen und für Rechnung der Firma Y, Bonn, Staubsauger an Privathaushalte in der Bundesrepublik. Im vergangenen Monat hat C Umsatzgeschäfte für 15.000 DM abgeschlossen. C erhält dafür eine Provision.

1. Bewirkt C **Lieferungen** oder **sonstige Leistungen**? *C → echtes Agent*   *Sonst. Lstg.*
2. Sind die Leistungen des C **steuerbar**?
3. Tätigt die Firma Y **steuerbare** Leistungen?

Fall 8:

Der deutsche Waschmaschinenhersteller D hat in Bern ein Auslieferungslager. Von dort aus liefert er an private Abnehmer in der Schweiz Waschmaschinen für 100.000 DM.

1. Hat D **Leistungen** im Sinne des UStG bewirkt? *ja*
2. Hat D **steuerbare** Leistungen ausgeführt? *nein → nicht Inland*

Fall 9:

Der Klempnermeister F, München, repariert in München die Wasserleitung eines Kunden.
F erhält für die Reparatur 100 DM.

1. Bewirkt F eine **Lieferung** oder eine **sonstige Leistung**? → *Werkleistg.*
2. Ist die Leistung des F **steuerbar**? *ja*

Fall 10:

Der Arzt G behandelt einen Patienten in seiner Praxis in Bremen unentgeltlich.

1. Bewirkt G eine **Lieferung** oder eine **sonstige Leistung**? *sonst. Leistg.*
2. Ist die Leistung des G **steuerbar**? *nein*

Fall 11:

Der Bauunternehmer H, Mainz, verzichtet auf Wunsch eines Konkurrenten auf die Beteiligung an einer Ausschreibung. H erhält dafür von der Konkurrenzfirma eine Abstandszahlung in Höhe von 10.000 DM.

1. Bewirkt H eine **Lieferung** oder eine **sonstige Leistung**? *sonst Lst.*
2. Ist die Leistung des H **steuerbar**? *steuerbar*

Fall 12:

Der Baustoffhändler I, Bonn, lebt mit seiner Ehefrau, die in Köln ein Zweifamilienhaus besitzt, im gesetzlichen Güterstand (im Güterstand der Zugewinngemeinschaft). Im vergangenen Monat hat I Baustoffe für das Zweifamilienhaus im Werte von 1.000 DM geliefert. Seine Ehefrau hat ihm dafür 1.000 DM gezahlt. Einem fremden Abnehmer hätte I für die Baustoffe ebenfalls 1.000 DM berechnet.

1. Hat I eine **Leistung** im Sinne des UStG bewirkt? *ja → Liefg.*
2. Hat I eine **steuerbare** Leistung ausgeführt? *ja*

Fall 13:

Der Bäcker- und Konditormeister J hat in Koblenz eine Bäckerei und in Neuwied ein Café. Die Bäckerei "liefert" Kuchen und Torten gegen Rechnungserteilung und Bezahlung an das Café.

1. Liegt ein **Leistungsaustausch** zwischen den Betrieben des J vor? *nein*
2. Sind die Vorgänge **steuerbar**? *Innenumsätze → nicht steuerbar*

Fall 14:

Der Unternehmer Klaus Ludwig, Koblenz, versendet mit der Deutschen Bahn AG Waren an den Abnehmer Lars Richter, Dresden. Während des Transports wird ein Teil der Waren so beschädigt, daß er nicht mehr verkauft werden kann.
Die Bahn AG zahlt Klaus Ludwig dafür eine Entschädigung.

Ist die Entschädigung **steuerbar**? Begründen Sie Ihre Antwort.

echter Schadensersatz → nicht steuerbar

Fall 15:

Der Kraftfahrzeughändler L, Kiel, verkauft und übergibt an den Steuerfachgehilfen S, Kiel, einen Pkw. Da S den Kaufpreis in Raten zahlt, hat L sich das Eigentum an dem verkauften Pkw bis zur vollständigen Bezahlung vorbehalten.

Liegt eine **steuerbare** Leistung vor? Begründen Sie Ihre Antwort.

ja

Fall 16:

Der Steuerberater M, Mainz, liefert sein Klavier an den Autohändler O, Wiesbaden, der ihm dafür einen gebrauchten Pkw liefert, den der Steuerberater nur privat nutzt.

Sind die Leistungen von M und O **steuerbar**? Begründen Sie Ihre Antwort.

Leistg. d. Steuerberaters → nicht steuerbar
Leistg. d. Autohändlers → steuerbar
↳ gemessen an's
im Rahmen d. Unternehmers

Fall 17:

Der Unternehmer R, Hannover, überläßt seinem Prokuristen einen betrieblichen Pkw regelmäßig für Privatfahrten, ohne ein besonderes Entgelt zu berechnen. R hat ferner seinem Prokuristen eine CD im Wert von 40 DM zum Geburtstag geschenkt.

Liegen **steuerbare** Leistungen vor? Begründen Sie Ihre Antwort.

Pkw-überlassung → steuerbar
CD (Aufmerksamkeit) → nicht steuerbar nach § 1 (1) Nr. 1 Satz 2
(6)

3 Steuerbarer Eigenverbrauch

Der **private** Gebrauch und Verbrauch von Gegenständen des **Unternehmens** durch den **Unternehmer** und seine **private** Inanspruchnahme betrieblicher Leistungen ist **kein Leistungsaustausch** und deshalb auch **nicht steuerbar** im Sinne des § 1 Abs. 1 **Nr. 1.**

Um jedoch den **Unternehmer als Endverbraucher** nicht günstiger zu stellen als andere Verbraucher, hat der Gesetzgeber den Tatbestand des **steuerbaren Eigenverbrauchs** geschaffen (§ 1 Abs. 1 **Nr. 2**).

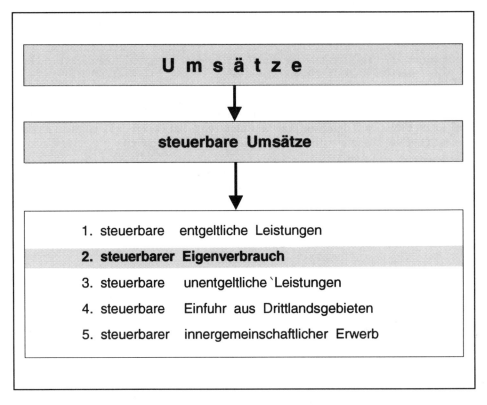

Das UStG unterscheidet **drei Arten** des **Eigenverbrauchs** (§ 1 Abs. 1 **Nr. 2**):

1. **Entnahme von Gegenständen,**
2. **Ausführung von sonstigen Leistungen,**
3. **Tätigung von Repräsentationsaufwendungen.**

Die Beschränkung auf diese drei Tatbestände unterscheidet den **Eigenverbrauch** von dem **einkommensteuerlichen** Begriff der **Entnahme**, der alle Wirtschaftsgüter umfaßt, die der Steuerpflichtige dem Betrieb entnimmt (**Geld**, Waren, Nutzungen, Leistungen).

3.1 Entnahme von Gegenständen

Eigenverbrauch im Sinne des § 1 Abs. 1 **Nr. 2a** ist **steuerbar**, wenn folgende **Tatbestandsmerkmale** vorliegen:

> 1. **Entnahme** eines **Gegenstandes,**
> 2. durch einen **Unternehmer,**
> 3. aus seinem **Unternehmen,**
> 4. im **Inland,**
> 5. für **Zwecke außerhalb des Unternehmens.**

Fehlt eines dieser Tatbestandsmerkmale, so liegt **kein** steuerbarer Eigenverbrauch im Sinne des § 1 Abs. 1 **Nr. 2a** vor.

Unter **Eigenverbrauch** im Sinne des § 1 Abs. 1 Nr. 2a versteht man die tatsächliche vom Willen des Unternehmers gesteuerte **Wertabgabe des Unternehmens zu unternehmensfremden Zwecken** (Abschn. 7 Abs. 1 Satz 1 UStR).

Ein solcher Eigenverbrauch kann deshalb sowohl bei **Einzelunternehmern** als auch bei **Personengesellschaften** (z.B. OHG, KG) und **Kapitalgesellschaften** (z.B. GmbH) in Betracht kommen (Abschn. 7 Abs. 1 Satz 2 UStR).

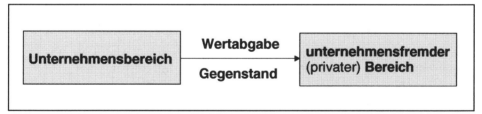

Ein **steuerbarer Eigenverbrauch** in Form einer **Gegenstandsentnahme aus** dem **Unternehmen** liegt nur dann vor, wenn der Vorgang bei entsprechender Ausführung an einen Dritten als **Lieferung** - einschließlich Werk**lieferung** - anzusehen wäre (Abschn. 8 Abs. 2 UStR).

Beispiele:
a) Ein Koblenzer Metzgermeister entnimmt seinem Geschäft Fleisch für den **Privathaushalt.**

   Es liegt **steuerbarer Eigenverbrauch** in Form einer **Gegenstandsentnahme** vor, weil alle Tatbestandsmerkmale des § 1 Abs. 1 **Nr. 2a** erfüllt sind. Der Vorgang wäre bei entsprechender Ausführung an einen Dritten als **Lieferung** anzusehen.

b) Ein Kölner Bauunternehmer, der aus selbstbeschafften Baustoffen schlüsselfertige Einfamilienhäuser errichtet, baut für sich **privat** in Köln ein Einfamilienhaus.

   Es liegt **steuerbarer Eigenverbrauch** in Form einer **Gegenstandsentnahme** vor, weil alle Tatbestandsmerkmale des § 1 Abs. 1 **Nr. 2a** erfüllt sind. Der Vorgang wäre bei entsprechender Ausführung an einen Dritten als **Werklieferung** anzusehen.

Gegenstand im Sinne des § 1 Abs. 1 **Nr. 2a** ist alles, was nach § 3 Abs. 1 **geliefert** werden kann.

Die **Entnahme von Geld** aus dem Unternehmen ist **kein Eigenverbrauch**, weil die entsprechende Wertabgabe an einen Dritten **nicht** als **Lieferung** anzusehen wäre.

Die **Entnahme eines Gegenstandes** aus dem Unternehmen für private Zwecke unterliegt **nicht** der **Umsatzsteuer, wenn** der **Gegenstand nicht** zu einem vollen oder teilweisen **Vorsteuerabzug berechtigt hat** (BMF-Schreiben vom 13.5.1994).

> Beispiel:
> Der Bonner Unternehmer U erwirbt 1994 von einem **Privatmann** einen gebrauchten Pkw für 10.000 DM und ordnet ihn zulässigerweise seinem Unternehmen zu. 1995 entnimmt U den Pkw in sein Privatvermögen.
>
> In einem solchen Falle unterliegt die Entnahme abweichend von § 1 Abs. 1 **Nr. 2a** nicht der Umsatzsteuer. Es liegt zwar eine Entnahme vor, aber **kein Eigenverbrauch**, der der Umsatzsteuer unterliegt.

Der Gegenstand des Eigenverbrauchs muß **aus dem Unternehmen** entnommen sein. Da das **Unternehmen** die **gesamte gewerbliche und berufliche Tätigkeit** eines Unternehmers umfaßt, ist die **Entnahme aus einem Betrieb** in einen **anderen Betrieb desselben Unternehmers keine Entnahme aus dem Unternehmen.**

> Beispiel:
> Der Elektrohändler U, Köln, entnimmt seinem Elektrogeschäft (Betrieb 1) Lampen, die er in Wohnungen seines Mietwohngrundstücks (Betrieb 2) in Bonn einbaut.
>
> Es liegt **kein Eigenverbrauch** vor, weil die Gegenstände nicht den Unternehmensbereich verlassen. Es liegt ein sog. nichtsteuerbarer Innenumsatz vor.

Die Gegenstandsentnahme muß im **Inland** liegen. Nach § 1 Abs. 3 Nr. 3 wird der Eigenverbrauch im **Freihafen** wie ein Umsatz im **Inland** behandelt.

> Beispiel:
> Der Tabakhändler U entnimmt seinem Geschäft, das sich im **Duisburger Freihafen** befindet, für **sich selbst** Tabakwaren.
>
> Es liegt **Eigenverbrauch** vor, weil alle Tatbestandsmerkmale des § 1 Abs. 1 Nr. 2a i.V.m. § 1 Abs. 3 Nr. 3 erfüllt sind.

Die Gegenstandsentnahme muß zu Zwecken erfolgen, die **außerhalb des Unternehmens** liegen. **Außerhalb des Unternehmens** liegt alles, was **außerhalb der gewerblichen oder beruflichen Tätigkeit** des Unternehmers liegt.

> Beispiel:
> Der Getränkehändler U, Dortmund, entnimmt seinem Unternehmen Getränke für den **Privathaushalt**.
>
> Es liegt **Eigenverbrauch** in Form einer **Gegenstandsentnahme** vor, weil die Gegenstandsentnahme für Zwecke erfolgt, die außerhalb des Unternehmens liegen.

Dient die Gegenstandsentnahme **sowohl betrieblichen als auch außerbetrieblichen Zwecken**, ist nach dem Grundsatz der Einheitlichkeit der Leistung, der **überwiegende Zweck maßgebend.**

> Beispiel:
> Die Königsbacher Brauerei AG, Koblenz, schenkt anläßlich Betriebsbesichtigungen den Besuchern Freitrunk aus.

Es liegt **kein Eigenverbrauch** vor, weil die AG mit der Wertabgabe des Freitrunks Werbung für ihr Produkt betreiben will, so daß der betriebliche Zweck überwiegt.

Die unentgeltliche **Abgabe von Speisen und Getränken durch** eine **Gesellschaft** (z.B. OHG, KG, GmbH) im Hotel- und Gaststättenbereich **an** ihre **Gesellschafter** ist - wegen des Steuersatzes - ebenfalls als **Eigenverbrauch** im Sinne des § 1 Abs. 1 **Nr. 2a** zu behandeln (Abschn. 11 Abs. 1 UStR).

> Übung: 1. Wiederholungsfragen 1 bis 3,
> 2. Fall 1

3.2 Ausführung von sonstigen Leistungen

Eigenverbrauch im Sinne des § 1 Abs. 1 **Nr. 2b** ist **steuerbar**, wenn folgende **Tatbestandsmerkmale** vorliegen:

> 1. **Ausführung** einer **sonstigen Leistung**,
> 2. **durch** einen **Unternehmer**,
> 3. im **Rahmen seines Unternehmens** (aus seinem Unternehmensbereich),
> 4. im **Inland**,
> 5. für **Zwecke außerhalb des Unternehmens**.

Fehlt eines dieser Tatbestandsmerkmale, so liegt **kein** steuerbarer Eigenverbrauch im Sinne des § 1 Abs. 1 **Nr. 2b** vor.

Unter **Eigenverbrauch** im Sinne des § 1 Abs. 1 **Nr. 2b** versteht man die tatsächliche vom Willen des Unternehmers gesteuerte **Wertabgabe des Unternehmens zu unternehmensfremden Zwecken** (Abschn. 7 Abs. 1 Satz 1 UStR).

Ein solcher Eigenverbrauch kann deshalb sowohl bei **Einzelunternehmern** als auch bei **Personengesellschaften** (z.B. OHG, KG) und **Kapitalgesellschaften** (z.B. GmbH) in Betracht kommen (Abschn. 7 Abs. 1 Satz 2 UStR).

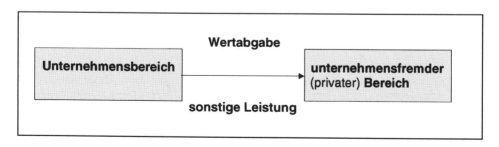

Ein **steuerbarer Eigenverbrauch** in Form einer **sonstigen Leistung** liegt vor, wenn der Vorgang bei entsprechender Ausführung an einen Dritten als **sonstige Leistung** im Sinne des § 3 Abs. 9 anzusehen wäre (Abschn. 9 Abs. 1 UStR).

Zum **Eigenverbrauch** im Sinne des § 1 Abs. 1 **Nr. 2b** gehört **insbesondere** die **Verwendung von Gegenständen** des Unternehmers **für unternehmensfremde Zwecke** (**Verwendungseigenverbrauch**):

Beispiel:
Der Unternehmer U, München, **verwendet** seinen **betrieblichen Pkw** zu 30 % für **private Zwecke**.

Es liegt **steuerbarer Eigenverbrauch** in Form einer **sonstigen Leistung** vor, weil alle Tatbestandsmerkmale des § 1 Abs. 1 Nr. 2b erfüllt sind.

Aus der **Bemessungsgrundlage** für den Verwendungseigenverbrauch sind nach dem BMF-Schreiben vom 28.09.1993 solche **Kosten auszuscheiden**, bei denen **kein Vorsteuerabzug** möglich ist (siehe Abschnitt 9.3.2).
Bei der **Nutzung eines Pkw für private Zwecke** werden dafür erhaltene, durch **Kfz-Steuer und Kfz-Versicherungsbeiträge** entgoltene Leistungen nicht für das Unternehmen bezogen. Insoweit erfolgen **keine Wertabgaben, die als Eigenverbrauch steuerbar sein könnten**.

Die **private Nutzung** der dem Unternehmen dienenden **Fernsprechanschlüsse** ist grundsätzlich **kein Eigenverbrauch** mehr (BMF-Schreiben vom 15.02.1994).

> **Merke:** Die **Besteuerung des Eigenverbrauchs scheidet aus, wenn beim Vorbezug kein Vorsteuerabzug möglich war.**

Über die Verwendung von betrieblichen Gegenständen hinaus werden von § 1 Abs. 1 **Nr. 2b alle anderen sonstigen Leistungen** im Sinne des § 3 Abs. 9 erfaßt, die der **Unternehmer** für Zwecke außerhalb des Unternehmens **selbst ausführt oder** durch **Mitarbeiter** im Rahmen des Unternehmens **ausführen läßt**.

Beispiel:
Steuerberater U, Mainz, läßt durch seinen Mitarbeiter Mathias Meister während der Geschäftszeit seinen Jagdhund ausführen.

Es liegt **steuerbarer Eigenverbrauch** in Form einer **sonstigen Leistung** vor, weil alle Tatbestandsmerkmale des § 1 Abs. 1 Nr. 2b erfüllt sind.

> **Übung:** 1. Wiederholungsfrage 4,
> 2. Fall 2

3.3 Tätigung von Repräsentationsaufwendungen

Nach § 1 Abs. 1 **Nr. 2c** liegt **steuerbarer Eigenverbrauch** vor, wenn ein **Unternehmer** im **Inland Aufwendungen** tätigt, die unter das Abzugsverbot des **§ 4 Abs. 5** oder **Abs. 7** oder **§ 12 Nr. 1 EStG** fallen (**Repräsentationsaufwendungen**).

Das gilt **nicht für Geldgeschenke und** für **Bewirtungsaufwendungen, soweit § 4 Abs. 5** Satz 1 Nr. 2 des EStG **den Abzug von 20 %** der angemessenen und nachgewiesenen Aufwendungen **ausschließt**.

Bei den Aufwendungen im Sinne des **§ 4 Abs. 5 und Abs. 7 EStG** handelt es sich um **Betriebsausgaben** (Aufwendungen, die durch den Betrieb veranlaßt sind), sie dürfen jedoch den **Gewinn nicht mindern**, da sie den außerbetrieblichen Bereich berühren.

Aufwendungen im Sinne des **§ 12 Nr. 1 EStG** sind **nichtabzugsfähige Aufwendungen für die Lebensführung**, die keine Betriebsausgaben sind.

Repräsentationsaufwendungen sind demnach **steuerbarer Eigenverbrauch**, wenn folgende **Voraussetzungen** vorliegen:

---

1. **Tätigung von Aufwendungen,**

2. die nach **§ 4 Abs. 5 oder Abs. 7 EStG**
   (nichtabzugsfähige Betriebsausgaben)
   oder **§ 12 Nr. 1 EStG** (nichtabzugsfähige Aufwendungen für die Lebensführung)
   bei der Gewinnermittlung nicht abzugsfähig sind,

3. durch einen **Unternehmer,**

4. im **Rahmen seines Unternehmens,**
   (aus seinem Unternehmensbereich)

5. im **Inland.**

Fehlt eines dieser Tatbestandsmerkmale, so liegt **kein** steuerbarer Eigenverbrauch im Sinne des § 1 Abs. 1 **Nr. 2c** vor.

Repräsentationsaufwendungen, die nach § 4 Abs. 5 Nr. 1 bis 7 EStG den Gewinn nicht mindern dürfen (**nichtabzugsfähige Betriebsausgaben**), sind:

---

1. **Aufwendungen für Geschenke** an Personen, die nicht Arbeitnehmer des Steuerpflichtigen sind. Dies gilt **nicht, wenn** die **Anschaffungs-** oder Herstellungs**kosten** aller einem Empfänger in einem Wirtschaftsjahr zugewendeten betrieblichen Geschenke insgesamt **weniger als 75,01 DM** betragen;

2. **Aufwendungen für die Bewirtung** von Personen aus geschäftlichem Anlaß, **soweit sie 80 %** der Aufwendungen **übersteigen, die** nach der allgemeinen Verkehrsauffassung als **angemessen** anzusehen **und** deren Höhe und betriebliche Veranlassung **nachgewiesen sind.** Bei Bewirtungen **nach** dem **31.12.1994** werden nur noch Rechnungen anerkannt, die **maschinell** erstellt worden sind;

3. **Aufwendungen für Gästehäuser,** die sich außerhalb des Orts eines Betriebs des Steuerpflichtigen befinden;

4. **Aufwendungen für Jagd** oder **Fischerei,** für **Segeljachten** oder **Motorjachten** sowie für **ähnliche Zwecke** und die hiermit zusammenhängenden Bewirtungen;

5. **Mehraufwendungen für Verpflegung,** soweit bestimmte Höchstbeträge überschritten werden;

6. **Aufwendungen für Fahrten** des Steuerpflichtigen **zwischen Wohnung und Betriebsstätte und** für **Familienheimfahrten,** soweit bestimmte Höchstbeträge überschritten werden;

7. **andere als die genannten Aufwendungen,** die die **Lebensführung** des Steuerpflichtigen oder anderer Personen **berühren, soweit** sie nach allgemeiner Verkehrsauffassung als **unangemessen** anzusehen sind.

Seit dem 1.1.1980 gehören auch jene Repräsentationsaufwendungen zum Eigenverbrauch, die **nicht nach § 4 Abs. 7 EStG gesondert** von den sonstigen Betriebsausgaben **aufgezeichnet** sind und deshalb bei der Gewinnermittlung nicht berücksichtigt werden dürfen, z.B. Aufwendungen für Geschenke nach § 4 Abs. 5 Nr. 1 EStG werden nicht auf ein spezielles Konto (z.B. Geschenke bis 75 DM) gebucht, sondern auf einem allgemeinen Aufwandskonto (z.B. sonstige betriebliche Aufwendungen) erfaßt.

Seit dem 1.1.1990 unterliegen auch die nach § 12 Nr. 1 EStG nicht abzugsfähigen Aufwendungen der Eigenverbrauchsbesteuerung.
Während die Aufwendungen nach **§ 4 Abs. 5 EStG betrieblich veranlaßt** sind, erfaßt **§ 12 Nr. 1 EStG** Aufwendungen, die ganz oder zum Teil durch die **private Lebensführung veranlaßt** sind, gleichzeitig aber der Förderung des Berufs dienen, z.B. Aufwendungen eines Unternehmers für die Bewirtung von Geschäftsfreunden anläßlich seines 60. Geburtstages.

Im folgenden werden lediglich **Geschenke** und **Bewirtungen** als Repräsentationsaufwendungen besprochen. Zu den Einzelheiten der übrigen Aufwendungen vergleiche R 21 und R 22 EStR 1993.

Aufwendungen für Geschenke

Betriebliche **Geschenke** an Geschäftsfreunde sind **Eigenverbrauch,** wenn die **Netto-Anschaffungs- oder Herstellungskosten** der dem Empfänger im Wirtschaftsjahr zugewendeten Gegenstände insgesamt **75 DM (Freigrenze) übersteigt** (§ 4 Abs. 5 Nr. 1 EStG).

Beispiel:
Der Teppichhändler Fritz Müller, Köln, schenkt einem guten Kunden aus geschäftlichen Gründen einen Teppich im Wert von 1.000 DM

Es liegt **steuerbarer Eigenverbauch** im Sinne des § 1 Abs. 1 **Nr. 2c** UStG vor, weil der Unternehmer im Inland Aufwendungen tätigt, die nach § 4 Abs. 5 EStG bei der Gewinnermittlung nichtabzugsfähige Betriebsausgaben sind.

Bei der Ermittlung der **Wertgrenze von 75 DM** sind **Geldgeschenke nicht einzubeziehen**, da sie nach § 1 Abs. 1 Nr. 2c **Satz 2** außer Ansatz bleiben.

Beispiel:
Der Buchhändler Willi Weiler, Koblenz, hat in einem Wirtschaftsjahr einem Kunden ein **Sachgeschenk (Buch)** im Wert von **30 DM** und ein **Geldgeschenk** von **50 DM** gemacht.

Es liegt **kein steuerbarer Eigenverbrauch** im Sinne des § 1 Abs. 1 Nr. 2c vor, weil die Aufwendungen für **Sachgeschenke 75 DM nicht übersteigen.**

Keine Geschenke sind beispielsweise **Kränze und Blumen bei Beerdigungen** (R 21 Abs. 3 Nr. 1 EStR 1993).

Merke: Betriebliche **Sachgeschenke** an Geschäftsfreunde **pro Wirtschaftsjahr**

über 75 DM	=	**Eigenverbrauch**
bis 75 DM	=	**kein** Eigenverbrauch

Seit 1990 dürfen **Bewirtungsaufwendungen nur noch** in Höhe von **80 %** der **angemessenen und nachgewiesenen** Aufwendungen als Betriebsausgaben abgezogen werden.

20 % der angemessenen und nachgewiesenen Bewirtungsaufwendungen dürfen als **Betriebsausgaben nicht** abgezogen werden. Sie **unterliegen auch nicht** der **Eigenverbrauchsbesteuerung** (§ 1 Abs. 1 **Nr. 2c** Satz 2).

Die **unangemessenen** bzw. **nicht nachgewiesenen Bewirtungsaufwendungen**, die als Betriebsausgaben den Gewinn nicht mindern dürfen, sind als **Eigenverbrauch** zu versteuern.

Nach dem 30.6.1994 sind die Bewirtungsaufwendungen im einzelnen zu bezeichnen; die Angabe "**Speisen und Getränke**" und die Angabe der für die Bewirtung in Rechnung gestellten **Gesamtsumme reichen nicht.**
Bezeichnungen wie z.B. "**Menü 1**", "**Tagesgericht 2**" oder "**Lunch-Buffet**" und aus sich selbst heraus verständliche Abkürzungen sind jedoch **nicht zu beanstanden** (BMF-Schreiben vom 21.11.1994).

Nach dem 31.12.1994 werden Bewirtungsaufwendungen nur noch nach **maschinell** erstellten und **maschinell** registrierten **Rechnungen** anerkannt (R 21 Abs. 7 Satz 13 EStR 1993).
Rechnungen in anderer Form, z.B. handschriftlich erstellte oder nur maschinell erstellte, **erfüllen** die **Nachweisvoraussetzungen** des R 21 Abs. 7 Satz 13 EStR 1993 **nicht**; die darin ausgewiesenen **Bewirtungsaufwendungen** sind vollständig **vom Betriebsausgabenabzug ausgeschlossen** (BMF-Schreiben vom 21.11.1994).

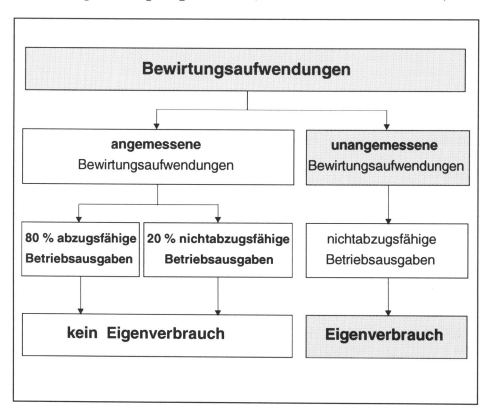

Beispiele:

a) Der Unternehmer U, Köln, hat 1995 für die **Bewirtung von Geschäftsfreunden** in einer Gaststätte **500 DM** netto aufgewendet. Die Aufwendungen sind angemessen und durch eine maschinell erstellte und registrierte Rechnung **nachgewiesen.** Die Speisen und Getränke werden in der Rechnung **im einzelnen bezeichnet.**

Es liegt **kein Eigenverbrauch** vor, auch wenn 20 % dieser Aufwendungen als Betriebsausgaben nicht abgezogen werden dürfen, weil die Aufwendungen **angemessen** sind und **nachgewiesen** werden. Dazu gehört auch der Anteil, der auf den Steuerpflichtigen selbst entfällt.

b) Sachverhalt wie zuvor mit dem **Unterschied,** daß von den Aufwendungen **100 DM** als **unangemessen** anzusehen sind.

Es liegt **steuerbarer Eigenverbrauch** in Höhe von 100 DM vor, weil diese Aufwendungen **unangemessen** sind.

c) Sachverhalt wie im Beispiel a) mit dem **Unterschied,** daß die Rechnung lediglich den Hinweis "**Speisen und Getränke**" enthält.

Es liegt **steuerbarer Eigenverbrauch** in Höhe von 500 DM vor, weil die Speisen und Getränke nicht im einzlnen bezeichnet worden sind.

d) Sachverhalt wie im Beispiel a) mit dem **Unterschied,** daß die Rechnung mit der **Schreibmaschine** erstellt worden ist.

Es liegt **steuerbarer Eigenverbrauch** in Höhe von 500 DM vor, weil die Rechnung nicht maschinell erstellt und registriert worden ist.

Übung: 1. Wiederholungsfragen 5 und 6,
2. Fall 3

3.4 Zusammenfassung und Erfolgskontrolle

3.4.1 Zusammenfassung

In der **Übersicht** auf der folgenden Seite werden die wesentlichen Merkmale der **bisher erläuterten steuerbaren Umsätze** nochmals hervorgehoben.

Steuerbare U m s ä t z e

1. Steuerbare entgeltliche Leistungen (§ 1 Abs. 1 **Nr. 1** UStG)

1. **Unternehmer**
2. **Inland**
3. **Entgelt**
4. **Rahmen seines Unternehmens**

2. Steuerbarer Eigenverbrauch (§ 1 Abs. 1 **Nr. 2** UStG)

a) Entnahme von Gegenständen

1. **Entnahme von Gegenständen**
2. durch einen **Unternehmer**
3. aus seinem **Unternehmen**
4. im **Inland**
5. für **Zwecke außerhalb des Unternehmens**

b) Ausführung von sonstigen Leistungen

1. **Ausführung einer sonstigen Leistung**
2. durch einen **Unternehmer**
3. im **Rahmen seines Unternehmens**
4. im **Inland**
5. für **Zwecke außerhalb des Unternehmens**

c) Tätigung von Repräsentationsaufwendungen

1. **Tätigung von Aufwendungen,**
2. die nach **§ 4 Abs. 5 oder Abs. 7** oder § 12 Nr. 1 **EStG** bei der Gewinnermittlung **nicht abzugsfähig** sind
3. durch einen **Unternehmer**
4. im **Rahmen seines Unternehmens**
5. im **Inland**

3.4.2 Erfolgskontrolle

WIEDERHOLUNGSFRAGEN

1. Welche Arten des Eigenverbrauchs unterscheidet das UStG?
2. Unter welchen Voraussetzungen ist die Entnahme eines Gegenstandes steuerbarer Eigenverbrauch?
3. Bei welchen Entnahmen liegt umsatzsteuerlich kein Eigenverbrauch vor?
4. Unter welchen Voraussetzungen ist eine sonstige Leistung steuerbarer Eigenverbrauch?
5. Unter welchen Voraussetzungen sind Repräsentationsaufwendungen steuerbarer Eigenverbrauch?
6. Welche Aufwendungen dürfen den Gewinn nach § 4 Abs. 5 EStG nicht (stichwortartige Aufzählung genügt)?

FÄLLE

Fall 1:

Prüfen Sie, ob in folgenden Fällen **Eigenverbrauch** i.S.d. § 1 Abs. 1 **Nr. 2a** vorliegt.

1. Unternehmer U betreibt in Koblenz eine Getränkegroßhandlung. Er entnimmt seinem Unternehmen Getränke für den Privathaushalt.

2. Gastwirt U, Stuttgart, ißt regelmäßig in seiner Gaststätte zu Mittag.

3. Gastwirt U, München, schenkt anläßlich seines 50. Geburtstages seinen Freunden unentgeltlich Getränke aus.

4. Unternehmer U betreibt in Freiburg eine Möbelfabrik. Er hat in Zürich (Schweiz) ein Auslieferungslager. Anläßlich einer Geschäftsreise entnimmt er dort eine Truhe und schenkt sie seiner in Zürich wohnenden Tochter.

5. Die U-GmbH unterhält in Hamburg eine Gaststätte. Ein Gesellschafter des Unternehmens ißt in der Gaststätte unentgeltlich zu Mittag.

6. Der französische Unternehmer U betreibt in Straßburg (Frankreich) eine Weinhandlung. Er hat in Freiburg ein Auslieferungslager. Seinem Sohn, der in Freiburg wohnt, schenkt er fünf Flaschen Wein im Wert von insgesamt 50 DM, die er dem Freiburger Lager entnimmt.

7. Ein Trierer Weingutsbesitzer besucht auf einer Geschäftsreise durch Ostfrankreich auch einen guten Kunden in Metz. Er schenkt diesem Kunden ein Bild der Metzer Kathedrale, das er in Metz gekauft hat, im Wert von umgerechnet 250 DM.

8. Bauunternehmer U ist Eigentümer eines bisher vermieteten Einfamilienhauses in Bonn. Das Einfamilienhaus gehört einkommensteuerrechtlich zu seinem Privatvermögen. Anläßlich der bestandenen Steuerfachgehilfenprüfung seiner Tochter schenkt er ihr dieses Einfamilienhaus. Die Tochter zieht sofort in das Haus ein.

Fall 2:

Prüfen Sie, ob in folgenden Fällen **Eigenverbrauch** i.S.d. § 1 Abs. 1 **Nr. 2b** vorliegt.

1. Unternehmer U, Bonn, benutzt den betrieblichen Pkw zu 30 % für Privatfahrten.

2. Unternehmer U, Köln, benutzt das gemietete betriebliche Telefon zu 20 % für private Telefongespräche.

3. Unternehmer U, der in Bonn eine Reparaturwerkstatt betreibt, läßt durch einen Arbeitnehmer seines Betriebes ein defektes Gerät in seiner Privatwohnung reparieren.

4. Malermeister U, Dresden, läßt von Arbeitnehmern seines Betriebes sämtliche Malerarbeiten in seinem neuen, selbstgenutzten Einfamilienhaus ausführen.

5. Unternehmer U ist Eigentümer eines in Mainz gelegenen Zweifamilienhauses. Die Wohnung im Erdgeschoß bewohnt U selbst.

6. Unternehmer U, München, beschäftigt in seinem Betrieb eine Putzfrau. Die Raumpflegerin hilft der Ehefrau des U beim Frühjahrsputz der Privatwohnung.

7. Steuerberater U, Koblenz, läßt durch seinen Auszubildenden A den privaten Pkw seiner Ehefrau waschen.

8. Steuerberater U, Essen, fertigt in seinem Büro während der Geschäftszeit seine Vermögensteuererklärung an.

9. Steuerberater U, Bochum, fertigt in seinem Büro während der Geschäftszeit seine Umsatzsteuererklärung an.

Fall 3:

Prüfen Sie, ob in folgenden Fällen **Eigenverbrauch** i.S.d. § 1 Abs. 1 **Nr. 2c** vorliegt.

1. Unternehmer U, Köln, schenkt einem Kunden aus geschäftlichen Gründen zu Weihnachten eine Uhr im Wert von 250 DM.

2. Unternehmer U, Bonn, schenkt 1995 einem Kunden ein Sachgeschenk (Kugelschreiber) im Wert von 20 DM und ein weiteres Sachgeschenk (Buch) im Wert von 60 DM.

3. Unternehmer U, Düsseldorf, macht 1995 einem Kunden ein Sachgeschenk (Buch) im Wert von 20 DM und ein Geldgeschenk von 60 DM.

4. Unternehmer U, Wiesbaden, hat 1995 für die Bewirtung von zwei Geschäftsfreunden in einer Gaststätte 300 DM zuzüglich USt aufgewendet. Die Aufwendungen sind angemessen und durch eine ordnungsmäßige Rechnung nachgewiesen. Von den Aufwendungen entfallen 100 DM auf den Unternehmer selbst.

5. Unternehmer U, Hamburg, hat 1995 einen Geschäftsfreund in einem Nachtclub bewirtet. Die Aufwendungen in Höhe von 4.000 DM werden durch einen Beleg nachgewiesen.

6. Unternehmer U, Trier, bewirtet einen Geschäftsfreund in einer Gaststätte. Die angemessenen Aufwendungen in Höhe von 150 DM werden jedoch nicht nachgewiesen.

7. Unternehmer U, Ludwigshafen, bewirtet einen Geschäftsfreund in einer Gaststätte. Die angemessenen und ordnungsgemäß nachgewiesenen Aufwendungen in Höhe von 200 DM werden auf das Konto "**4900** (6300) Sonstige betriebliche Aufwendungen" gebucht.

4 Steuerbare unentgeltliche Leistungen

Lieferungen und sonstige Leistungen von **Gesellschaften** an ihre **Gesellschafter oder** diesen **nahestehende Personen** sind unter bestimmten Voraussetzungen auch dann steuerbar, wenn sie **unentgeltlich** erfolgen (sog. steuerbarer **Gesellschafter-verbrauch; § 1 Abs. 1 Nr. 3**).

Ziel dieser Vorschrift ist es, den **Letztverbrauch** im privaten Bereich umsatzsteuerlich möglichst vollständig **zu erfassen.**

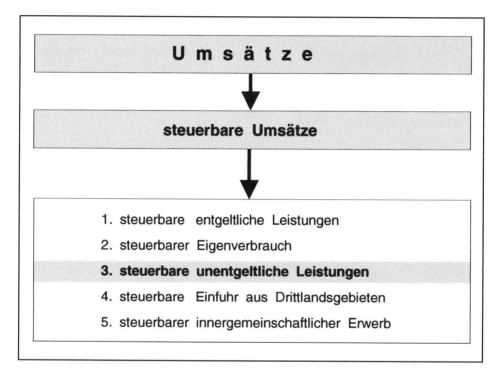

Unentgeltliche Leistungen im Sinne des § 1 Abs. 1 **Nr. 3** sind **steuerbar,** wenn folgende **Tatbestandsmerkmale** vorliegen:

1. **Lieferung** oder **sonstige Leistung,**

2. durch **Vereinigungen** (z.B. Gesellschaften),

3. im **Rahmen ihres Unternehmens,**

4. im **Inland,**

5. an **Mitglieder** oder diesen **nahestehende Personen.**

Fehlt eine dieser Voraussetzungen, dann ist die Leistung **nicht steuerbar** im Sinne des § 1 Abs. 1 **Nr.3.**

Die **steuerbaren unentgeltlichen Leistungen** werden auch als **steuerbarer Gesellschafterverbrauch** bezeichnet.

Im folgenden werden **nur** die Tatbestandsmerkmale näher erläutert, die **nicht** schon im Kapitel "Steuerbare **entgeltliche** Leistungen" erläutert wurden, nämlich

> die "**Vereinigungen**" und
>
> die "**Mitglieder** oder diesen **nahestehende Personen**".

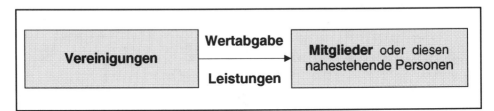

4.1 Vereinigungen

Nach dem Wortlaut des UStG (§ 1 Abs. 1 **Nr. 3**) handelt es sich hierbei um

> a) Körperschaften und Personenvereinigungen i.S.d. § 1 Abs. 1 Nr. 1 bis 5 Körperschaftsteuergesetz (**juristische Personen**) und
>
> b) nichtrechtsfähige Personenvereinigungen sowie Gemeinschaften (**Personengesellschaften**).

Zu a) juristische Personen

Zu den **Körperschaften und Personenvereinigungen** i.S.d. § 1 Abs. 1 Nr. 1 bis 5 Körperschaftsteuergesetz gehören AG, KGaA, **GmbH**, Genossenschaften, sonstige juristische Personen des privaten Rechts (z.B. **eingetragene Vereine**) und nichtrechtsfähige Vereine.

Zu b) Personengesellschaften

Zu den **nichtrechtsfähigen Personenvereinigungen sowie Gemeinschaften** zählen insbesondere die Handelsgesellschaften des HGB (**OHG und KG**) und die **Gesellschaft des bürgerlichen Rechts** (**GdbR**) sowie die Erbengemeinschaften.

Die zum 1.1.1980 neu in das UStG aufgenommene Vorschrift des § 1 Abs. 1 **Nr. 3** dient der Gleichmäßigkeit der Besteuerung. Die Heranziehung der Leistungen der Vereinigungen an ihre Mitglieder ist **vergleichbar mit** der Steuerbarkeit des **Eigenverbrauchs der Einzelunternehmer.**

4.2 Mitglieder oder diesen nahestehende Personen

Das UStG nennt als **Empfänger** der unentgeltlichen Leistungen neben den **Mitgliedern auch Anteilseigner, Gesellschafter und Teilhaber** (§ 1 Abs. 1 **Nr. 3**).

Aber nicht nur die unentgeltlichen Leistungen an diese Personen sind steuerbar, sondern auch die Leistungen an **Personen,** die diesen **nahestehen.** Dazu gehören insbesondere die **Angehörigen** im Sinne des § 15 AO.

Angehörige im Sinne des § 15 AO sind z.B.: der **Ehegatte, der Verlobte, Verwandte gerader Linie** (Kinder und Eltern), **Geschwister** und **Kinder der Geschwister.**

Beispiele:

a) Die Groß & Klein **OHG**, betreibt in Bonn eine Lederwarengroßhandlung. Im vergangenen Monat hat der **Gesellschafter** Groß aus dem Unternehmen eine Handtasche im Wert von 200 DM entnommen.

Die **Lieferung,** die die **Vereinigung** (OHG) an ihr **Mitglied** (Gesellschafter Groß) ausführt, ist **steuerbar,** weil alle Voraussetzungen des § 1 Abs. 1 **Nr. 3** vorliegen.

b) Die Müller & Maier **OHG** betreibt in Köln eine Lebensmittelgroßhandlung. Mit gegenseitigem Einverständnis benutzen die Gesellschafter Müller und Maier einen Firmenwagen abwechselnd jedes Wochenende zu Privatfahrten mit ihren Familien.

Die **sonstige Leistung,** die die **OHG** an ihre **Gesellschafter** ausführt, ist **steuerbar,** weil alle Voraussetzungen des § 1 Abs. 1 **Nr. 3** vorliegen.

4.3 Zusammenfassung und Erfolgskontrolle

4.3.1 Zusammenfassung

Im folgenden **Schaubild** werden die wesentlichen Merkmale der **bisher erläuterten steuerbaren Umsätze** nochmals hervorgehoben.

Steuerbare Umsätze

1. Steuerbare entgeltliche Leistungen (§ 1 Abs. 1 **Nr. 1** UStG)

1. **Unternehmer**
2. **Inland**
3. **Entgelt**
4. **Rahmen seines Unternehmens**

2. Steuerbarer Eigenverbrauch (§ 1 Abs. 1 **Nr. 2** UStG)

a) Entnahme von Gegenständen

1. **Entnahme von Gegenständen**
2. durch einen **Unternehmer**
3. aus seinem **Unternehmen**
4. im **Inland**
5. für **Zwecke außerhalb des Unternehmens**

b) Ausführung von sonstigen Leistungen

1. **Ausführung einer sonstigen Leistung**
2. durch einen **Unternehmer**
3. im **Rahmen seines Unternehmens**
4. im **Inland**
5. für **Zwecke außerhalb des Unternehmens**

c) Tätigung von Repräsentationsaufwendungen

1. **Tätigung von Aufwendungen,**
2. die nach **§ 4 Abs. 5 oder Abs. 7** oder § 12 Nr. 1 **EStG** bei der Gewinnermittlung **nicht abzugsfähig** sind
3. durch einen **Unternehmer**
4. im **Rahmen seines Unternehmens**
5. im **Inland**

3. Steuerbare unentgeltliche Leistungen (§ 1 Abs. 1 **Nr. 3** UStG)

1. **Lieferung** oder **sonstige Leistung**
2. durch **Vereinigungen** (z.B. Gesellschaften)
3. im **Rahmen ihres Unternehmens**
4. im **Inland**
5. an **Mitglieder** oder diesen **nahestehende Personen**

4.3.2 Erfolgskontrolle

WIEDERHOLUNGSFRAGEN

1. Welche Leistungen sind nach § 1 Abs. 1 **Nr. 3** steuerbar?
2. Was sind Vereinigungen im Sinne des § 1 Abs. 1 **Nr. 3**?
3. Welche Unternehmensformen gehören zu den Körperschaften und Personen-vereinigungen im Sinne des KStG?
4. Welche Unternehmensformen zählen insbesondere zu den **nicht**rechtsfähigen Personenvereinigungen sowie Gemeinschaften?
5. Welche Personen nennt § 1 Abs. 1 **Nr. 3** als **Empfänger** der unentgeltlichen Leistung?
6. Was versteht man unter "nahestehende Personen" im Sinne des § 1 Abs. 1 **Nr. 3**?
7. Was versteht man unter **Angehörige** im Sinne des § 15 AO?

FÄLLE

Fall 1:

Die A-GmbH, München, überläßt ein dem Unternehmen gehörendes Kraftfahrzeug unentgeltlich einem Gesellschafter für Privatfahrten im Inland.

1. Hat die GmbH eine **Leistung** im Sinne des UStG bewirkt?
2. Hat die GmbH eine **steuerbare** Leistung ausgeführt?

Fall 2:

Die B-OHG betreibt in Koblenz eine Getränkegroßhandlung. Ein Gesellschafter der OHG entnimmt unentgeltlich 15 Kisten Limonade.

1. Hat die OHG eine **Leistung** im Sinne des UStG bewirkt?
2. Hat die OHG eine **steuerbare** Leistung ausgeführt?

Fall 3:

C ist Gesellschafter einer Kommanditgesellschaft in München. Er hat einen Sohn, dem er einen Firmenwagen für eine dreitägige Urlaubsfahrt quer durch den Schwarzwald unentgeltlich zur Verfügung stellt.

Liegt ein **steuerbarer Umsatz** vor?

Fall 4:

Die Autohaus-GmbH, Köln, schenkt der Aktion Sorgenkind einen VW-Transporter.

Handelt es sich um einen **steuerbaren Umsatz** im Sinne des § 1 Abs. 1 **Nr. 3**?

Zusammenfassende Erfolgskontrolle zum 1. bis 4. Kapitel

Entscheiden Sie, ob folgende Vorgänge

nicht steuerbare Umsätze,
steuerbare entgeltliche Leistungen,
steuerbarer Eigenverbrauch oder
steuerbare unentgeltliche Leistungen

sind:

1. Der Möbelhändler U entnimmt aus seinem Ladengeschäft in Bremen einen Sessel für sein Wohnzimmer.

2. Die A-GmbH unterhält in Hamburg eine Gaststätte. Ein Gesellschafter des Unternehmens ißt in dieser Gaststätte unentgeltlich zu Mittag.

3. Ein Taxiunternehmer befördert in Köln einen Fahrgast von dessen Wohnung zum Hauptbahnhof gegen Barzahlung.

4. Ein Gesellschafter der B-OHG, Bonn, benutzt einen dem Unternehmen gehörenden Pkw unentgeltlich für Privatfahrten.

5. Der Buchhändler U, München, schenkt einem guten Kunden aus geschäftlichen Gründen ein Buch im Wert von 88 DM.

6. Der Steuerberater U, Oldenburg, benutzt sein gemietetes Geschäftstelefon auch für private Telefongespräche.

7. Der Klempnermeister U, Trier, repariert bei einem Rechtsanwalt eine Wasserleitung. Als Gegenleistung vertritt ihn der Rechtsanwalt in einem Zivilprozeß.

8. Ein Steuerberater in Dortmund erzielt Einnahmen aus dem Verkauf seines betrieblichen Pkw.

9. Der Unternehmer U, Mainz, überläßt einem leitenden Angestellten einen betrieblichen Pkw ständig auch für Privatfahrten. Der Angestellte zahlt dafür nichts.

10. Ein Gesellschafter der Obst-GmbH, Ludwigshafen, entnimmt dem Unternehmen unentgeltlich Obst für seinen Privathaushalt.

11. Der Handelsvertreter V verkauft im Namen und für Rechnung der Firma X, Münster, Staubsauger an Privathaushalte in der Bundesrepublik. V erhält für seine Tätigkeit eine Provision.

12. Der Einzelhändler U, Kaiserslautern, verkauft eine Waschmaschine an einen Kunden im eigenen Namen, jedoch für Rechnung des Waschmaschinenherstellers X.

5 Steuerbare Einfuhr

Die vierte Art der steuerbaren Umsätze ist die **Einfuhr** von Gegenständen **aus dem Drittlandsgebiet** in das **Inland** oder die österreichischen Gebiete **Jungholz** und **Mittelberg** (§ 1 Abs. 1 **Nr. 4**).

Der Begriff "**Zollgebiet**" ist seit dem 1.1.1994 durch die Worte "**Inland oder die österreichischen Gebiete Jungholz und Mittelberg**" ersetzt worden. Der räumliche Anwendungsbereich der Einfuhrumsatzsteuer wird durch diese Änderung nicht berührt.

Seit dem 1.1.1993 wird nur noch die **Einfuhr** von Gegenständen aus dem **Drittlandsgebiet** von der Einfuhrumsatzsteuer (**EUSt**) erfaßt.

"**Einfuhren**" aus dem **übrigen Gemeinschaftsgebiet** unterliegen als innergemeinschaftlicher Erwerb der **Erwerbsteuer** (§ 1 Abs. 1 **Nr. 5**).

Zweck dieser Vorschrift ist, die eingeführten Gegenstände ebenso mit Umsatzsteuer zu belasten, wie die im Inland hergestellten, vorausgesetzt, das Ursprungsland entlastet die Gegenstände bei der Ausfuhr von der Umsatzsteuer.
Eingeführte und inländische Gegenstände unterliegen dann den **gleichen Wettbewerbsbedingungen**.

Das folgende Schaubild zeigt die Einordnung der **steuerbaren Einfuhr** in das Umsatzsteuersystem:

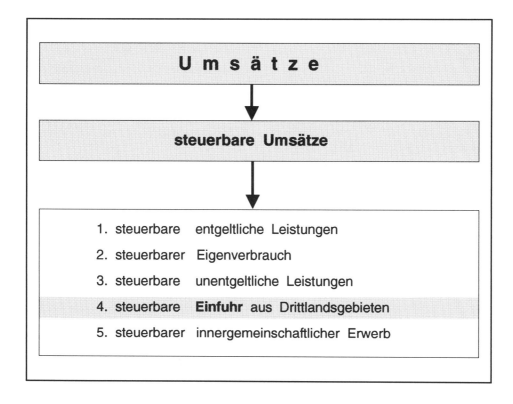

U m s ä t z e

steuerbare Umsätze

1. steuerbare   entgeltliche Leistungen
2. steuerbarer Eigenverbrauch
3. steuerbare   unentgeltliche Leistungen
4. steuerbare   **Einfuhr** aus Drittlandsgebieten
5. steuerbarer innergemeinschaftlicher Erwerb

5.1 Merkmale der steuerbaren Einfuhr

Die **Einfuhr** im Sinne des § 1 Abs. 1 **Nr. 4** ist **steuerbar**, wenn folgende **Tatbestandsmerkmale** vorliegen:

> 1. **Verbringung** von **Gegenständen,**
> 2. aus dem **Drittlandsgebiet,**
> 3. in das **Inland** oder die österreichischen Gebiete **Jungholz** und **Mittelberg.**

Bei der **steuerbaren Einfuhr** ergibt sich folgender **Grundfall:**

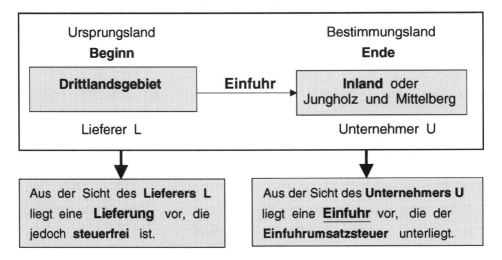

Der **Einfuhrumsatzsteuer** (EUSt) unterliegt die **Gegenstandsbewegung** (**Verbringung**) aus dem **Drittlandsgebiet** in das **Inland** oder die österreichischen Gebiete **Jungholz** und **Mittelberg.**

Die **Einfuhrumsatzsteuer** ist eine **Verbrauchsteuer** im Sinne der Abgabenordnung. Sie wird von den **Zollbehörden** erhoben und verwaltet.

Für **Unternehmer** ist die entrichtete **Einfuhrumsatzsteuer** im Rahmen der Vorschriften des § 15 **als Vorsteuer abziehbar** (Zeile 49 der USt-Voranmeldung 1995).

Steuerschuldner der **Einfuhrumsatzsteuer** kann der **Lieferer oder** der Leistungsempfänger sein. Entsprechend ist zwischen folgenden **Lieferkonditionen** zu unterscheiden:

> 1. "verzollt versteuert" und
> 2. "unverzollt unversteuert".

Zu 1. "verzollt versteuert"

Wird der Gegenstand "**verzollt versteuert**" eingeführt, schuldet der **Lieferer** Zoll und Einfuhrumsatzsteuer. In diesem Falle liegt **keine Einfuhr**, sondern eine **Lieferung** nach § 1 Abs. 1 **Nr. 1** i.V.m. § 3 Abs. 8 vor, die im Inland **steuerbar** ist.

Zu 2. "unverzollt unversteuert"

Wird der Gegenstand "**unverzollt unversteuert**" eingeführt, schuldet der **Leistungsempfänger** Zoll und Einfuhrumsatzsteuer. In diesem Falle liegt eine **steuerbare Einfuhr** im Sinne des § 1 Abs. 1 **Nr. 4** vor. Der Unternehmer ist verpflichtet, die Einfuhrumsatzsteuer an das Zollamt abzuführen. Die entrichtete Einfuhrumsatzsteuer kann der Unternehmer als Vorsteuer gegenüber dem Finanzamt geltend machen.

Eine **steuerbare Einfuhr** liegt **auch** dann vor, wenn der Gegenstand aus einem **Drittlandsgebiet** im Wege der **Durchfuhr** (Transit) durch das Gebiet eines anderen EU-Mitgliedstaates in das **Inland** oder **Jungholz** und **Mittelberg** gelangt und erst hier einfuhrumsatzsteuerrechtlich zum freien Verkehr abgefertigt wird.

Beispiel:
Der deutsche Unternehmer U, Hamburg, kauft für sein Unternehmen eine Maschine von dem norwegischen Unternehmer L, Oslo. L versendet die Maschine auf dem Seeweg nach Hamburg. In Hamburg wird die Maschine zoll- und umsatzsteuerrechtlich zum freien Verkehr abgefertigt, d.h. L liefert "**unverzollt unversteuert**".

Es liegt eine **steuerbare Einfuhr** vor, weil die Maschine von einem **Drittland** in das **Inland** gelangt ist und damit alle Tatbestandsmerkmale des § 1 Abs. 1 **Nr. 4** erfüllt sind.

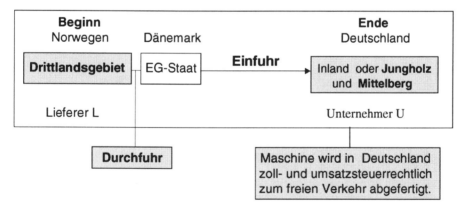

Der Tatbestand der **Einfuhr** kann auch durch einen **Nichtunternehmer** verwirklicht werden, weil § 1 Abs. 1 **Nr. 4** nur auf die **Einfuhr** von **Gegenständen** aus dem **Drittlandsgebiet** in das **Inland** oder Jungholz und Mittelberg abstellt.

Allerdings kann ein **Nichtunternehmer** die bei der Einfuhr **entrichtete EUSt nicht** als **Vorsteuer** abziehen.

5.2 Zusammenfassung und Erfolgskontrolle

5.2.1 Zusammenfassung

Steuerbare U m s ä t z e

1. Steuerbare entgeltliche Leistungen (§ 1 Abs. 1 **Nr. 1** UStG)

1. **Unternehmer**
2. **Inland**
3. **Entgelt**
4. **Rahmen seines Unternehmens**

2. Steuerbarer Eigenverbrauch (§ 1 Abs. 1 **Nr. 2** UStG)

a) **Entnahme von Gegenständen**

1. **Entnahme von Gegenständen**
2. durch einen **Unternehmer**
3. aus seinem **Unternehmen**
4. im **Inland**
5. für **Zwecke außerhalb des Unternehmens**

b) **Ausführung von sonstigen Leistungen**

1. **Ausführung einer sonstigen Leistung**
2. durch einen **Unternehmer**
3. im **Rahmen seines Unternehmens**
4. im **Inland**
5. für **Zwecke außerhalb des Unternehmens**

c) **Tätigung von Repräsentationsaufwendungen**

1. **Tätigung von Aufwendungen,**
2. die nach **§ 4 Abs. 5 oder Abs. 7** oder **§ 12 Nr. 1 EStG** bei der Gewinnermittlung **nicht abzugsfähig** sind
3. durch einen **Unternehmer**
4. im **Rahmen seines Unternehmens**
5. im **Inland**

3. Steuerbare unentgeltliche Leistungen (§ 1 Abs. 1 **Nr. 3** UStG)

1. **Lieferung** oder **sonstige Leistung**
2. durch **Vereinigungen** (z.B. Gesellschaften)
3. im **Rahmen ihres Unternehmens**
4. im **Inland**
5. an **Mitglieder** oder diesen **nahestehenden Personen**

4. Steuerbare Einfuhr (§ 1 Abs. 1 **Nr. 4** UStG)

1. **Verbringung von Gegenständen**
2. aus dem **Drittlandsgebiet**
3. in das **Inland** oder **Jungholz** und **Mittelberg**

5.2.2 Erfolgskontrolle

WIEDERHOLUNGSFRAGEN

1. Welchem Zweck dient die Erhebung der Einfuhrumsatzsteuer (EUSt)?
2. Welche Tatbestandsmerkmale müssen vorliegen, damit die Einfuhr nach § 1 Abs. 1 **Nr. 4** UStG steuerbar ist?
3. Wer erhebt und verwaltet die Einfuhrumsatzsteuer?
4. Wie wird die EUSt im unternehmerischen Bereich bei der Ermittlung der USt-Zahllast behandelt?
5. Was versteht man unter der Lieferkondition "**verzollt versteuert**"?
6. Was versteht man unter der Lieferkondition "**unverzollt unversteuert**"?

FÄLLE

Fall 1:

Der Unternehmer U, München, hat beim Hersteller Sutter, Zürich (Schweiz), Waren für 10.000 DM gekauft, abgeholt und nach München befördert.

1. Ist für U ein steuerbarer Tatbestand des § 1 erfüllt?
2. Wie wirkt sich der Vorgang bei der Ermittlung der USt-Zahllast des U aus?

Fall 2:

Der Textilhändler U, Düsseldorf, kauft in Budapest (Ungarn) Kleider und befördert diese mit seinem eigenen Kraftfahrzeug zum Teil nach Mittelberg (Kleines Walsertal) und zum Teil nach Düsseldorf.

Ist für U ein steuerbarer Tatbestand der § 1 erfüllt? Begründen Sie Ihre Antwort.

Fall 3:

Der Privatmann Klaus Ludwig, Dresden, will sich einen tschechischen Pkw kaufen. Da er den Wagen in Prag billiger kaufen kann als in Dresden, kauft er ihn in Prag und bringt ihn selbst nach Deutschland.

Ist der Vorgang in der Bundesrepublik Deutschland steuerbar? Begründen Sie Ihre Antwort.

Zusammenfassende Erfolgskontrolle zum 1. bis 5. Kapitel

Entscheiden Sie, ob folgende Vorgänge im Inland **steuerbar** oder **nicht steuerbar** sind:

1. Der Metzgermeister U verkauft und übereignet in seinem Ladengeschäft in Koblenz ein kg Fleisch gegen Barzahlung an eine Kundin.

2. Der Handelsvertreter B verkauft im Namen und für Rechnung der Firma X, Köln, Staubsauger an Privathaushalte in der Bundesrepublik. B erhält für seine Tätigkeit eine Provision.

3. Der Arzt D, Hannover, behandelt "auf Krankenschein" einen Patienten.

4. Ein Hauseigentümer hat sein in Köln gelegenes Haus an Privatpersonen vermietet.

5. Ein Steuerberater in Dortmund erzielt Einnahmen aus dem Verkauf seines betrieblichen Pkw.

6. Ein Rechtsanwalt in Ulm erzielt Honorareinnahmen aus anwaltlicher Tätigkeit.

7. Der Arzt U, Düsseldorf, behandelt unentgeltlich einen Patienten.

8. Ein Turnverein in Wiesbaden hat zur Erfüllung seiner satzungsmäßigen Aufgaben Mitgliedsbeiträge von 50.000 DM vereinnahmt.

9. Der Turnverein (Nr. 8) unterhält in Wiesbaden ein Vereinslokal. Er hat dort Getränke und Speisen für 20.000 DM verkauft.

10. Ein Steuerberater in Koblenz schenkt seiner Auszubildenden zum Geburtstag einen Blumenstrauß im Wert von 20 DM.

11. Ein Radiogeschäft in Koblenz repariert das Autoradio im eigenen Geschäftswagen. Einem Kunden hätte es dafür 50 DM berechnet.

12. Ein Rechtsanwalt in Konstanz (Bodensee) verkauft sein gebrauchtes Segelboot an einen Arzt in Gummersbach für 15.000 DM.

13. Der Unternehmer U, Bonn, überläßt seinem Angestellten einen betrieblichen Pkw regelmäßig für Privatfahrten, ohne ein besonderes Entgelt zu berechnen.

14. Der Gemüsehändler U, Frankfurt (Oder), kauft in Polen Frischgemüse ein und befördert es mit seinem eigenen Lkw von Polen nach Frankfurt (Oder). Der Lieferer in Polen verkauft "**un**verzollt **un**versteuert".

15. Unternehmer I, Trier, benutzt sein gemietetes Geschäftstelefon zu 30 % für private Zwecke.

16. Der Mainzer Unternehmer J schenkt einem guten Kunden aus geschäftlichen Gründen einen Präsentkorb im Werte von 200 DM.

6 Steuerbarer innergemeinschaftlicher Erwerb

Die fünfte Art der steuerbaren Umsätze ist der **innergemeinschaftliche Erwerb** im **Inland** gegen **Entgelt** (§ 1 Abs. 1 **Nr. 5**).

Das folgende Schaubild zeigt die Einordnung des **steuerbaren innergemeinschaftlichen Erwerbs** in das Umsatzsteuersystem:

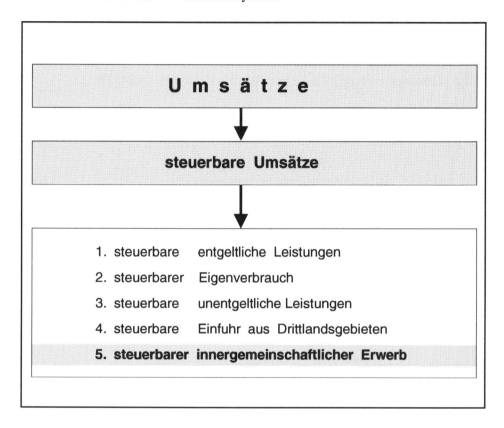

U m s ä t z e

↓

steuerbare Umsätze

↓

1. steuerbare   entgeltliche Leistungen

2. steuerbarer   Eigenverbrauch

3. steuerbare   unentgeltliche Leistungen

4. steuerbare   Einfuhr aus Drittlandsgebieten

5. **steuerbarer innergemeinschaftlicher Erwerb**

6.1 Erwerbe im Sinne des § 1a Abs. 1 und Abs. 2 UStG

Seit dem 1.1.1993 sind **Lieferungen zwischen vorsteuerabzugsberechtigten Unternehmern in der Europäischen Union (EU)** als **innergemeinschaftlicher Erwerb** im **Bestimmungsland steuerpflichtig**.

Die **bisher** erhobene **Einfuhrumsatzsteuer** für **Importe aus EU-Mitgliedstaaten** ist durch die **Erwerbsteuer** ersetzt worden.

Bei den "Einfuhren" aus dem übrigen Gemeinschaftsgebiet ist **Steuerschuldner** nicht der Lieferer, sondern der **Erwerber**.

Vorsteuerabzugsberechtigte **Unternehmer** können als Erwerber die **Erwerbsteuer** - wie die EUSt - als **Vorsteuer** abziehen (§ 15 Abs. 1 Nr. 3).

Beim **innergemeinschaftlichen Erwerb** nach **§ 1a Abs. 1 und Abs. 2** sind **drei Arten** zu unterscheiden:

---

1. **innergemeinschaftlicher Erwerb gegen Entgelt** (§ 1a **Abs. 1**),

2. **fiktiver Erwerb eines Gegenstandes** (§ 1a **Abs. 2** Nr. 1) und

3. fiktiver Erwerb einer funktionsändernden Werkleistung (§ 1a Abs. 2 Nr. 2).

Im folgenden werden nur die zwei ersten Arten des innergemeinschaftlichen Erwerbs erläutert.

6.1.1 Innergemeinschaftlicher Erwerb gegen Entgelt

Der **innergemeinschaftliche Erwerb gegen Entgelt** ist **steuerbar**, wenn folgende **Tatbestandsmerkmale** erfüllt sind (§ 1 Abs. 1 **Nr. 5** i.V.m. § 1a **Abs. 1**):

---

1. **Lieferung** (§ 3 Abs. 1)

2. aus dem **übrigen Gemeinschaftsgebiet**

3. in das **Inland**

4. **durch** einen **Unternehmer** (keinen Kleinunternehmer), der die Lieferung gegen **Entgelt** im **Rahmen seines Unternehmens** ausführt

5. an bestimmte **Erwerber**

   5.1 **Unternehmer**, der den Gegenstand **für sein Unternehmen** erwirbt oder

   5.2 **juristische Person**, die **nicht** als **Unternehmer** tätig ist **oder** die den Gegenstand der Lieferung **nicht** für ihr **Unternehmen** erwirbt

---

Beim **steuerbaren innergemeinschaftlichen Erwerb** ergibt sich folgender **Grundfall**:

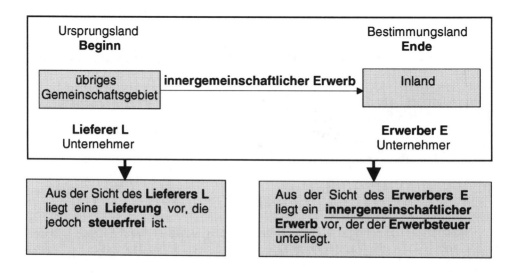

Der ausländische **Lieferer** muß **Unternehmer** im Sinne des § 2 Abs. 1 oder Abs. 3 sein, d.h. er darf **kein Kleinunternehmer** im Sinne des § 19 Abs. 1 sein.

Der inländische Erwerber kann grundsätzlich davon ausgehen, daß ein ausländischer Lieferer **Unternehmer** ist, wenn dieser in der **Rechnung** die **USt-IdNr.** angibt, und lediglich den **Nettowert** ohne USt - unter Hinweis auf die **steuerfreie innerge-meinschaftliche Lieferung** - in Rechnung stellt.

Der inländische **Erwerber** muß ebenfalls **Unternehmer** im Sinne des § 2 Abs. 1 oder Abs. 3 sein, der den Gegenstand **für sein Unternehmen** erwirbt.

Verwendet der inländische Erwerber beim Einkauf seine **USt-IdNr.**, so signalisiert er damit, daß er **Unternehmer** ist und den Gegenstand **für sein Unternehmen** erwirbt.

Beispiel:
Der **französische Lieferer** Olivier Dagorn, Paris, liefert 50 Damenmäntel an den **deutschen Erwerber** Kühlenthal und erteilt folgende **Rechnung**. Die Rechnung enthält die **USt-IdNr.** des französischen **Lieferers**, die **USt-IdNr.** des deutschen **Erwerbers** und den **Hinweis auf** die **Steuerfreiheit** der Lieferung:

Olivier Dagorn, Textiles, 6 Rue Napoléon, Paris

Numéro d'identification: FR128335655

> Herrn
> Textilkaufmann E. Kühlenthal
> Karthäuserhofweg 30
>
> 56075 Koblenz
>
> **USt-IdNr.: DE149637654**

Rechnung

Sie erhielten am 04.10.1995

Menge	Artikelbezeichnung	Stückpreis	Entgelt
50 Stück	Damenmäntel	200 DM	**10.000 DM**

Die innergemeinschaftliche Lieferung ist nach § 6a UStG steuerfrei.

Ein **innergemeinschaftlicher Erwerb** ist **auch** dann **steuerbar**, wenn der Gegenstand auf dem Wege der **Durchfuhr** vom übrigen Gemeinschaftsgebiet **über ein Drittlandsgebiet** in das Inland gelangt.

Beispiel:

Der italienische **Lieferer L** in Rom befördert 1995 Ware mit eigenem Lkw an den deutschen **Erwerber E** in München. Die Ware wird von Italien über die Schweiz nach Deutschland verbracht. **L und E** sind **Unternehmer** mit USt-IdNr.

Für E liegt ein **steuerbarer innergemeinschaftlicher Erwerb** vor, weil die Beförderung im übrigen Gemeinschaftsgebiet beginnt und im Inland endet.

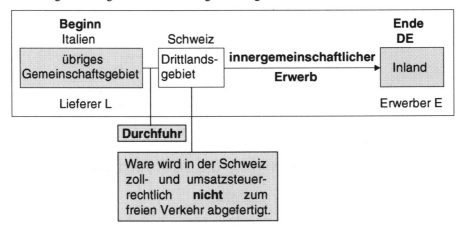

Ein **innergemeinschaftlicher Erwerb** i.S. des § 1a Abs. 1 ist **auch** dann **steuerbar**, wenn die Lieferung im **Drittlandsgebiet beginnt** und der Gegenstand im **übrigen Gemeinschaftgebiet** der **EUSt** unterworfen wird, d.h. zoll- und umsatzsteuerrechtlich zum freien Verkehr abgefertigt wird, und vom **übrigen Gemeinschaftgebiet** in das **Inland** gelangt.

Beispiel:

Der deutsche Unternehmer E kauft von dem Unternehmer L in Paris eine Maschine. L hat die Maschine nicht auf Lager und bestellt sie bei dem Hersteller U in Oslo. L führt die Maschine aus Norwegen nach Belgien ein. In Belgien wird sie zoll- und umsatzsteuerrechtlich zum freien Verkehr abgefertigt und nach Deutschland versendet.

Es liegt ein **steuerbarer innergemeinschaftlicher Erwerb** vor, weil alle Tatbestandsmerkmale des § 1 Abs. 1 **Nr. 5** i.V.m. **§ 1a Abs. 1** erfüllt sind.

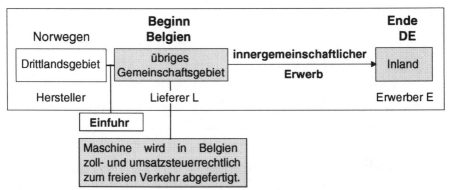

Kein innergemeinschaftlicher Erwerb liegt vor, wenn die Lieferung im **Drittlands-gebiet** beginnt und der Gegenstand im Wege der **Durchfuhr** durch das Gebiet eines anderen **EU-Mitgliedstaates** in das **Inland** gelangt und im **Inland** zoll- und umsatz-steuerrechtlich zum freien Verkehr abgefertigt wird.

Beispiel:
Sachverhalt wie im Beispiel zuvor mit dem Unterschied, daß die Maschine in Belgien zoll- und umsatzsteuerrechtlich **nicht** zum freien Verkehr abgefertigt wird.

Es liegt **kein innergemeinschaftlicher Erwerb** vor, weil die Maschine lediglich im Wege der **Durchfuhr** durch das übrige Gemeinschaftsgebiet in das Inland gelangt. Die Maschine gelangt somit **nicht** vom übrigen Gemeinschaftsgebiet ins Inland. Es liegt eine **steuerbare Einfuhr** aus einem Drittlandsgebiet i.S. des § 1 Abs. 1 **Nr. 4** vor.

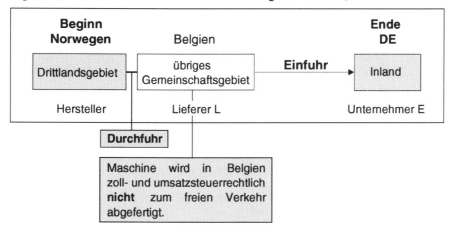

Beim Erwerb durch **Unternehmer** kommt es auf die **Art des Gegenstandes nicht** an. **Neue Fahrzeuge** und **verbrauchsteuerpflichtige Ware** werden **wie sonstige Gegenstände** behandelt.

Verwendet ein inländischer **Erwerber** beim Einkauf in einem EU-Mitgliedstaat **keine USt-IdNr.**, so signalisiert er damit, daß er den Gegenstand **nicht für sein Unternehmen** erwirbt.

In diesem Fall hat der ausländische **Lieferer** den Gegenstand entweder in seinem Land oder in Deutschland **zu versteuern** und den **Bruttowert** mit USt in Rechnung zu stellen.

Merke: Ein **steuerbarer innergemeinschaftlicher Erwerb** setzt eine **steuerfreie innergemeinschaftliche Lieferung** voraus.

Übung: 1. Wiederholungsfragen 1 bis 7,
2. Fälle 1 bis 3

6.1.2 Fiktiver Erwerb eines Gegenstandes

Nach § 1a **Abs. 2 Nr. 1** gilt das **unternehmensinterne Verbringen** eines Gegenstandes aus dem **übrigen Gemeinschaftsgebiet** in das **Inland** als **innergemeinschaftlicher Erwerb** gegen **Entgelt**, wenn es **nicht nur zur vorübergehenden Verwendung** (mehr als 24 Monate) geschieht.

Beispiel:
Der französische Unternehmer L verbringt (befördert oder versendet) eine Maschine von seinem Betriebssitz in Frankreich zu seinem deutschen Auslieferungslager. Die Maschine soll in Deutschland verkauft werden.

Es liegt ein **steuerbarer innergemeinschaftlicher Erwerb** vor, weil alle Tatbestandsmerkmale des § 1 Abs. 1 **Nr. 5** i.V.m. § 1a **Abs. 2 Nr. 1** erfüllt sind.

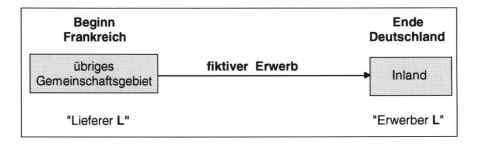

§ 1a **Abs. 2 Nr. 1** kommt nur zur Anwendung, wenn der Gegenstand **vom übrigen Gemeinschaftsgebiet** in das **Inland** gelangt.

Das Verbringen von Gegenständen innerhalb des Unternehmens **im Inland** ist grundsätzlich ein **nichtsteuerbarer Vorgang** (sog. nichtsteuerbarer **Innenumsatz**).

Übung: 1. Wiederholungsfrage 8,
2. Fälle 4 und 5

6.2 Erwerbe im Sinne des § 1a Abs. 3 und Abs. 4 UStG

Der **innergemeinschaftliche Erwerb** im Inland gegen Entgelt ist **für bestimmte Erwerber** im Sinne des § 1a Abs. 3 Nr. 1 (**Halbunternehmer, Schwellenerwerber**) **nicht steuerbar**, **wenn** sie die deutsche **Erwerbsschwelle nicht überschreiten** oder nicht auf ihre Anwendung verzichtet haben (§ 1a Abs. 4).

Wird von den bestimmten Erwerbern (Halbunternehmer, Schwellenerwerber) die deutsche **Erwerbsschwelle überschritten** oder verzichten sie auf ihre Anwendung, liegt ein **steuerbarer innergemeinschaftlicher Erwerb** vor.

In diesem Fall werden die **Halbunternehmer** bzw. **Schwellenerwerber** für die an sie bewirkte Lieferung **wie Unternehmer behandelt**.

6.2.1 Erwerb durch Halbunternehmer

Bestimmte Erwerber (**Halbunternehmer**) im Sinne des § 1a **Abs. 3** Nr. 1 sind:

> a) ein Unternehmer, der nur **steuerfreie Umsätze** ausführt, die zum Ausschluß vom Vorsteuerabzug führen (z.B. Wohnungsvermieter, Arzt),
>
> b) ein **Kleinunternehmer** im Sinne des § 19 Abs. 1,
>
> c) ein **Land- und Forstwirt**, der die Pauschalversteuerung nach § 24 anwendet,
>
> d) eine **juristische Person** (des öffentlichen Rechts), die **nicht Unternehmer** ist (z.B. eine öffentliche Schule) oder die den Gegenstand **nicht für ihr Unternehmen** erwirbt.

Für **Halbunternehmer** ist der **innergermeinschaftliche Erwerb** im Inland gegen Entgelt **nur steuerbar**, wenn die **deutsche Erwerbsschwelle** überschritten wurde oder voraussichtlich überschritten wird.

Die **deutsche Erwerbsschwelle** der Halbunternehmer ist überschritten bzw. wird voraussichtlich überschritten, wenn der **Gesamtbetrag der Entgelte** für ihre innergemeinschaftlichen Erwerbe (aus **allen EU-Mitgliedstaaten**)

> 1. im **vorangegangenen** Kalenderjahr **höher** als **25.000 DM** (netto ohne USt) gewesen ist
>   und
> 2. im **laufenden** Kalenderjahr voraussichtlich **höher** als **25.000 DM** (netto ohne USt) ist.

Für die Erwerbsbesteuerung der Halbunternehmer genügt es, wenn **eine** der beiden Grenzbeträge überschritten ist.

Eine **Übersicht über** die **Erwerbsschwellen** in den **EU-Mitgliedstaaten** ist am Ende des Buches als **Anhang** abgedruckt.

<u>Beispiel:</u>
Der deutsche Wohnungsvermieter U, Trier, der nur **steuerfreie Umsätze** nach § 4 Nr. 12 ausführt, erwirbt 1995 neue Türen für seine Mietwohnungen im Wert von 30.000 DM (netto) von dem Unternehmer L aus Frankreich. U hat eine **USt-IdNr.**, weil er im vorangegangenen Kalenderjahr die Erwerbsschwelle überschritten hat.

Es liegt ein **steuerbarer innergemeinschaftlicher Erwerb** vor, weil der Wohnungsvermieter U **Halbunternehmer** ist (der nur steuerfreie Umsätze ausführt, die den Vorsteuerabzug ausschließen) **und** U die **Erwerbsschwelle** von **25.000 DM** 1994 überschritten hat.

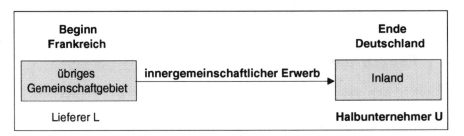

Merke: Ist bei einem **Halbunternehmer** die **Erwerbsschwelle überschritten**, wird er für die an ihn bewirkte Lieferung wie ein **Unternehmer** behandelt.

Wird die **Erwerbsschwelle** <u>**nicht**</u> **überschritten** bzw. konnte **zu Beginn** des Kalenderjahres **nicht damit gerechnet werden, daß sie überschritten wird,** so ist jeder Warenbezug aus dem übrigen Gemeinschaftsgebiet **kein innergemeinschaftlicher Erwerb.**

Die Höhe der **tatsächlichen** Erwerbsschwelle im laufenden Jahr (1995) ist **unerheblich, wenn nicht** zu Beginn des Kalenderjahres vorauszusehen war, daß die Erwerbsschwelle in diesem Jahr (1995) die Grenze von 25.000 DM übersteigen wird.

In diesem Fall gilt das **Ursprungslandprinzip,** d.h. Besteuerung in dem EU-Mitgliedstaat, in dem die Ware erworben wird bzw. in dem die Beförderung oder Versendung der Ware **beginnt.**

<u>Beispiel:</u>
Sachverhalt wie im Beispiel zuvor mit dem **Unterschied,** daß U die **Erwerbsschwelle nicht überschritten** und auch nicht auf ihre Anwendung verzichtet hat.

Die **Lieferung** unterliegt im **Ursprungsland** (Frankreich) der Umsatzsteuer mit **18,6 %.**

Übung: 1. Wiederholungsfragen 9 und 10,
2. Fälle 6 bis 8

6.2.2 Option durch Halbunternehmer

Halbunternehmer im Sinne des § 1a **Abs. 3**, die die **Erwerbsschwelle nicht überschreiten**, können sich nach § 1a **Abs. 4** Satz 1 **für die Erwerbsbesteuerung entscheiden** (**Option für die Erwerbsbesteuerung**).

Die **Entscheidung** ist gegenüber dem **Finanzamt zu erklären**. Hierzu reicht die Abgabe einer **Umsatzsteuer-Voranmeldung** mit der Anmeldung der entsprechenden Erwerbsteuer aus. Die Erklärung **bindet** den Erwerber für **mindestens zwei Kalenderjahre** (§ 1a Abs. 4 Satz 2).

Eine **Option** für die Erwerbsbesteuerung **empfiehlt sich, wenn** regelmäßige Warenbezüge **aus einem Mitgliedstaat mit** einem **höheren USt-Satz** als in Deutschland erfolgen.

Eine **Übersicht** über die **USt-Sätze in den EU-Mitgliedstaaten** ist am Ende dieses Buches als **Anhang** abgedruckt.

Ob eine **Option** wirtschaftlich **sinnvoll** ist, muß der **Halbunternehmer im Einzelfall prüfen**.

Beispiel:

Der deutsche Kleinunternehmer E, der 1995 die **Erwerbsschwelle** von 25.000 DM voraussichtlich **nicht** überschreiten wird, erwirbt von dem dänischen Unternehmer L einen Gegenstand, der dem **dänischen Regelsteuersatz** von **25 %** unterliegt.

Durch eine **Option** liegt ein **steuerbarer innergemeinschaftlicher Erwerb** vor, der in Deutschland mit nur 15 % besteuert wird. In diesem Fall ist die Lieferung des L in Dänemark steuerfrei.

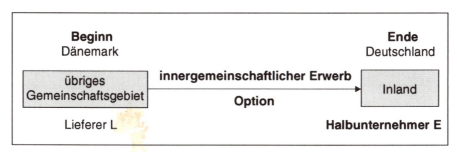

Merke: **Optiert** ein **Halbunternehmer** nach § 1a **Abs. 4** wird er für die an ihn bewirkte Lieferung wie ein **Unternehmer** behandelt.

Ein **Halbunternehmer** kann jedoch **nicht** für den Erwerb **neuer Fahrzeuge** (§ 1b) und **verbrauchsteuerpflichtiger Waren** (§ 1a Abs. 5 Satz 2) **optieren** (§ 1a Abs. 5 Satz 1).

Übung: 1. Wiederholungsfragen 11 bis 13,
2. Fall 9

6.3 Erwerb im Sinne des § 1b UStG (Fahrzeugeinzelbesteuerung)

§ 1b UStG ist ein **Ergänzungstatbestand** zu § 1a UStG. Der Ergänzungstatbestand des § 1b regelt den **innergemeinschaftlichen Erwerb neuer Fahrzeuge** durch **private Endverbraucher, unabhängig** von einer **Erwerbsschwelle.**

6.3.1 Fahrzeugerwerb durch private Endverbraucher

§ 1b weitet den innergemeinschaftlichen Erwerb **neuer Fahrzeuge** auch auf andere als den in § 1a Abs. 1 Nr. 2 genannten Personen aus. Damit sind in erster Linie **Privatpersonen** gemeint, aber auch **Unternehmer**, die neue Fahrzeuge für ihren **privaten Bereich** erwerben (**private Endabnehmer**).

Ein **innergemeinschaftlicher Erwerb neuer Fahrzeuge** liegt vor, wenn das **neue Fahrzeug** bei einer entgeltlichen Lieferung an den **privaten Endverbraucher** aus einem **EU-Mitgliedstaat** in das **Inland** gelangt.
Dabei kommt es nicht darauf an, wie das Fahrzeug in die Bundesrepublik Deutschland gelangt, z.B. ob der Verkäufer es liefert oder der Käufer es abholt.

> Beispiel:
> Der **Privatmann P** in Saarbrücken erwirbt 1995 von dem französischen Autohändler L in Metz einen neuen Pkw. Der Kaufpreis des Pkw beträgt umgerechnet 20.000 DM.

Es liegt ein **steuerbarer innergemeinschaftlicher Erwerb** vor, weil alle Tatbestandsmerkmale des § 1 Abs. 1 **Nr. 5** i.V.m. § **1b** erfüllt sind.

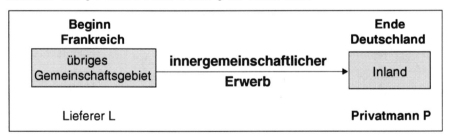

Mit dieser Regelung wird der **private Erwerber neuer Fahrzeuge wie** ein **Unternehmer** behandelt

Damit soll sichergestellt werden, daß die Lieferung in jedem Fall im **Bestimmungsland** besteuert wird.

Der **private Endabnehmer** hat den **innergemeinschaftlichen Erwerb** in einem **besonderen Verfahren**, nämlich im Verfahren der **Fahrzeugeinzelbesteuerung, zu versteuern** (siehe Abschnitt 11.5).

> **Merke:** Für den innergemeinschaftlichen Erwerb **neuer Fahrzeuge** durch **Privatpersonen** gilt **immer** das **Bestimmungslandprinzip.**

6.3.2 Neue Fahrzeuge

§ **1b Abs. 2** enthält die **Begriffsbestimmung** der **neuen Fahrzeuge**, die für den innergemeinschaftlichen Erwerb in Betracht kommen.

Neue Fahrzeuge im Sinne dieser Vorschrift sind **seit dem 1.1.1995**

---

1. motorgetriebene Landfahrzeuge

    1.1 mehr als 48 ccm Hubraum oder mehr als 7,2 KW Leistung
    1.2 erste Inbetriebnahme liegt nicht mehr als sechs Monate zurück **oder**
    1.3 bis zu 6.000 km zurückgelegt

2. Wasserfahrzeuge

    2.1 mehr als 7,5 m Länge
    2.2 erste Inbetriebnahme liegt nicht mehr als drei Monate zurück **oder**
    2.3 bis zu 100 Betriebsstunden auf dem Wasser

3. Luftfahrzeuge

    3.1 mehr als 1.550 kg Starthöchstmasse
    3.2 erste Inbetriebnahme liegt nicht mehr als drei Monate zurück **oder**
    3.3 bis zu 40 Betriebsstunden in der Luft

Die **Erweiterung** von drei auf **sechs Monate** und von 3.000 km auf **6.000 km** bei den motorgetriebenen Landfahrzeugen **bedeutet** eine deutliche **Ausweitung** der **Fahrzeugeinzelbesteuerung** (§ 16 Abs. 5a, § 18 Abs. 5a).

Zu den **motorgetriebenen Landfahrzeugen** gehören insbesondere

---

Pkw,
Lkw,
Motorräder,
Motorroller,
Mopeds und
motorbetriebene Wohnmobile,

---

wenn sie die in § 1b Abs. 2 Nr. 1 genannten technischen Merkmale aufweisen.

Keine motorgetriebenen Landfahrzeuge sind z.B. **Wohnwagen, Packwagen** und **andere Anhänger ohne Motor**, die nur von Kfz mitgeführt werden können (BMF-Schreiben vom 15.04.1993).

> **Übung:** 1. Wiederholungsfragen 14 bis 16,
>   2. Fall 10

6.4 Zusammenfassung und Erfolgskontrolle

6.4.1 Zusammenfassung

Steuerbare U m s ä t z e

↓

1. Steuerbare entgeltliche Leistungen (§ 1 Abs. 1 **Nr. 1** UStG)

1. **Unternehmer**
2. **Inland**
3. **Entgelt**
4. **Rahmen seines Unternehmens**

2. Steuerbarer Eigenverbrauch (§ 1 Abs. 1 **Nr. 2** UStG)

a) Entnahme von Gegenständen

1. **Entnahme von Gegenständen**
2. durch einen **Unternehmer**
3. aus seinem **Unternehmen**
4. im **Inland**
5. für **Zwecke außerhalb des Unternehmens**

b) Ausführung von sonstigen Leistungen

1. **Ausführung einer sonstigen Leistung**
2. durch einen **Unternehmer**
3. im **Rahmen seines Unternehmens**
4. im **Inland**
5. für **Zwecke außerhalb des Unternehmens**

c) Tätigung von Repräsentationsaufwendungen

1. **Tätigung von Aufwendungen,**
2. die nach **§ 4 Abs. 5 oder Abs. 7** oder § 12 Nr. 1 **EStG** bei der Gewinnermittlung **nicht abzugsfähig** sind
3. durch einen **Unternehmer**
4. im **Rahmen seines Unternehmens**
5. im **Inland**

3. Steuerbare unentgeltliche Leistungen (§ 1 Abs. 1 **Nr. 3** UStG)

1. **Lieferung** oder **sonstige Leistung**
2. durch **Vereinigungen** (z.B. Gesellschaften)
3. im **Rahmen ihres Unternehmens**
4. im **Inland**
5. an **Mitglieder** oder diesen **nahestehenden Personen**

4. Steuerbare Einfuhr (§ 1 Abs. 1 **Nr. 4** UStG)

1. **Verbringung von Gegenständen**
2. aus dem **Drittlandsgebiet**
3. in das **Inland** oder **Jungholz** und **Mittelberg**

5. Steuerbarer innergemeinschaftl. Erwerb (§ 1 Abs. 1 **Nr. 5** UStG)

1. **Lieferung**
2. aus dem **übrigen Gemeinschaftsgebiet**
3. in das **Inland**
4. durch einen **Unternehmer** (kein Kleinunternehmer)
5. an **bestimmte Erwerber**

6.4.2 Erfolgskontrolle

WIEDERHOLUNGSFRAGEN

1. Welche Besteuerung ist seit dem 1.1.1993 weggefallen?
2. Welcher neue Steuertatbestand ist dafür eingeführt worden?
3. Wie wird die Erwerbsteuer bei der Ermittlung der USt-Zahllast behandelt?
4. Unter welchen Voraussetzungen ist ein innergemeinschaftlicher Erwerb gegen Entgelt nach § 1a Abs. 1 steuerbar?
5. Was bringt ein Erwerber zum Ausdruck, wenn er beim Import aus EU-Mitgliedstaaten eine USt-IdNr. verwendet?
6. Ist der innergemeinschaftliche Erwerb nach § 1a Abs. 1 auch dann steuerbar, wenn der Gegenstand aus einem EU-Mitgliedstaat über ein Drittlandsgebiet in das Inland gelangt?
7. Welche Folge ergibt sich, wenn ein Erwerber beim Import aus EU-Mitgliedstaaten keine USt-IdNr. verwendet?
8. Unter welchen Voraussetzungen gilt ein unternehmensinternes Verbringen im Sinne des § 1a Abs. 2 Nr. 1 als steuerbarer innergemeinschaftlicher Erwerb gegen Entgelt?
9. Unter welchen Voraussetzungen ist ein innergemeinschaftlicher Erwerb durch Halbunternehmer steuerbar?
10. Welche Folge ergibt sich, wenn die Erwerbsschwelle nicht überschritten wird?
11. Wer kann für die Erwerbsbesteuerung optieren?
12. Wie lange gilt die Option nach § 1a Abs. 4 mindestens?
13. In welchem Fall ist es sinnvoll, für die Erwerbsbesteuerung zu optieren?
14. Für wen kommt der innergemeinschaftliche Erwerb neuer Fahrzeuge nach § 1b vor allem in Betracht?
15. Warum wird der private Erwerber neuer Fahrzeuge wie ein Unternehmer behandelt?
16. Liegt ein innergemeinschaftlicher Erwerb i.S. des § 1b vor, wenn der Fahrzeuglieferer eine Privatperson ist?

FÄLLE

Fall 1:

Der niederländische Lieferer L versendet mit der Bahn Ware an den Unternehmer E in Köln, der die Ware für sein Unternehmen verwendet. Die Versendung beginnt am 26.07.1995 in Amsterdam und endet am 28.07.1995 in Köln.
L und E sind Unternehmer mit USt-IdNr.

Liegt ein **steuerbarer innergemeinschaftlicher Erwerb** i.S. des § 1 Abs. 1 **Nr. 5** i.V. m. § **1a Abs. 1** vor? Begründen Sie Ihre Antwort.

ja; denn alle Tatbest.-meskm. treffen zu (der beiden Pasagraphen)

Fall 2:

Der norwegische Lieferer L liefert 1995 an den Erwerber E in Hamburg Ware, die Dänemark im Wege der Durchfuhr berührt. Die Ware wird in Dänemark **nicht** zum zoll- und umsatzsteuerrechtlich freien Verkehr abgefertigt, sondern weiter in die Bundesrepublik Deutschland gebracht. L und E sind Unternehmer.

Liegt ein **steuerbarer innergemeinschaftlicher Erwerb** i.S. des § 1 Abs. 1 **Nr. 5** i.V.m. § **1a Abs. 1** vor? Begründen Sie Ihre Antwort.

*Nein → steuerbare Einfuhr aus Drittland
→ Ware nicht aus gemeinsch.-geb. ins Inland*

Fall 3:

Sachverhalt wie im Fall 2 mit dem Unterschied, daß die Ware in Dänemark zoll- und umsatzsteuerrechtlich zum freien Verkehr abgefertigt wird und von dort in die Bundesrepublik Deutschland gelangt.

Liegt **ein steuerbarer innergemeinschaftlicher Erwerb** i.S. des § 1 Abs. 1 **Nr. 5** i.V.m. § **1a Abs. 1** vor? Begründen Sie Ihre Antwort.

*ja → Ware gelangt aus gem.-gebiet ins Inland,
da in Dänemark versteuert*

Fall 4:

Der niederländische Unternehmer L befördert Ware mit eigenem Lkw zu seinem deutschen Auslieferungslager in Düsseldorf. Die Ware soll in Deutschland verkauft werden. L ist Unternehmer mit USt-IdNr.

Liegt ein **steuerbarer innergemeinschaftlicher Erwerb** i.S. des § 1 Abs. 1 **Nr. 5** i.V.m. § **1a Abs. 2 Nr. 1** vor? Begründen Sie Ihre Antwort.

*ja → da keine kurzfrist. Verbring.
Vor. erfüllt von § 1a Abs 2 Nr. 1*

Fall 5:

Der französische Bauunternehmer L, Straßburg, setzt auf seiner Baustelle in Freiburg einen Bagger ein, den er zu diesem Zweck von Straßburg nach Freiburg verbringt. Der Bagger wird auf der Baustelle für drei Monate eingesetzt und anschließend wieder nach Straßburg gebracht.

Liegt ein **steuerbarer innergemeinschaftlicher Erwerb** i.S. des § 1 Abs. 1 **Nr. 5** i.V.m. § **1a Abs. 2 Nr. 1** vor? Begründen Sie Ihre Antwort.

Nein → vorübergehende Verwendg.

Fall 6:

Der Arzt Dr. Christoph Sabel, Flensburg, der nur steuerfreie Umsätze ausführt, kauft in Dänemark ein medizinisches Gerät für umgerechnet 20.000 DM netto. Der Gesamtbetrag der Entgelte für innergemeinschaftliche Erwerbe aus allen EG-Mitgliedstaaten liegt bei Dr. Sabel 1995 unter 25.000 DM. 1994 hat Dr. Sabel keine Einkäufe aus EU-Mitgliedstaaten getätigt.

Liegt ein **steuerbarer innergemeinschaftlicher Erwerb** i.S. des § 1 Abs. 1 **Nr. 5** i.V.m. § **1a Abs. 3** vor? Begründen Sie Ihre Antwort.

*Nein, da Erwerbsschwelle nicht überschritten
u. keine Option angemeldet wurde*

Fall 7:

Die Berufsbildende Schule Wirtschaft Koblenz kauft für ihr Lehrerzimmer neue Tische und Stühle bei einem französischen Möbelhändler für umgerechnet 10.000 DM netto. Die Schule hat **keine USt-IdNr.**, weil keine weiteren Einkäufe aus EU-Mitgliedstaaten geplant sind.

Liegt ein **steuerbarer innergemeinschaftlicher Erwerb** i.S. des § 1 Abs. 1 **Nr. 5** i.V.m. § **1a Abs. 3** vor? Begründen Sie Ihre Antwort.

Nein, da Halbunternehmer → Erwerbsschwelle nicht überschritten
→ Kann jedoch Erwerbsbesteuerg. optieren

Fall 8:

Der Arzt Dr. Weismüller, Berlin, der nur steuerfreie Umsätze nach § 4 Nr. 14 ausführt, kauft 1995 ein medizinisches Gerät für umgerechnet 15.000 DM netto von dem Unternehmer L in Luxemburg **ohne USt-IdNr.**, weil keine weiteren Einkäufe aus EU-Mitgliedstaaten geplant sind.
Entgegen seiner ursprünglichen Planung erwirbt Dr. Weismüller Ende 1995 ein weiteres medizinisches Gerät für umgerechnet 14.000 DM netto von dem Unternehmer L in Luxemburg **ohne USt-IdNr.**

Liegt ein **steuerbarer innergemeinschaftlicher Erwerb** i.S. des § 1 Abs. 1 **Nr. 5** i.V.m. § **1a Abs. 3** vor? Begründen Sie Ihre Antwort.

Nein, denn Überschreitg. der Erwerbsschwelle war nicht geplant

Fall 9:

Sachverhalt wie im Fall 6 mit dem Unterschied, daß Dr. Christoph Sabel nach § **1a Abs. 4** für die Erwerbsbesteuerung **optiert** hat.

1. Liegt ein **steuerbarer innergemeinschaftlicher Erwerb** i.S. des § 1 Abs. 1 **Nr. 5** i.V.m. § **1a Abs. 4** vor? Begründen Sie Ihre Antwort.
2. Ist die **Option wirtschaftlich sinnvoll**? Begründen Sie Ihre Antwort.

1. Ja, das Option angemeldet (Erwerbsschwelle nicht überschritten)
2. Ja, denn es werden 10% gespart

Fall 10:

Studienrätin Ute Roth, Kiel, erwirbt 1995 von dem dänischen Autohändler L einen Pkw. Der Kaufpreis des Pkw beträgt umgerechnet 20.000 DM. Der Pkw hat bereits einen km-Stand von 5.000 km.

Liegt ein **steuerbarer innergemeinschaftlicher Erwerb** i.S. des § 1 Abs. 1 **Nr. 5** i.V.m. § **1b** vor? Begründen Sie Ihre Antwort.

Zusammenfassende Erfolgskontrolle zum 1. bis 6. Kapitel

Entscheiden Sie, ob folgende Vorgänge im Inland **steuerbar** oder **nicht steuerbar** sind:

1. Ein Lehrer verkauft und übergibt in Koblenz sein gebrauchtes Fahrrad an einen Schüler für 100 DM. *nicht steuerbar*

2. Ein Arzt behandelt in seiner Praxis in Bonn einen Patienten "auf Krankenschein". *steuerbar*

3. Ein Sportverein in Wiesbaden hat zur Erfüllung seiner satzungsmäßigen Aufgaben Mitgliedsbeiträge in Höhe von 25.000 DM vereinnahmt. *nicht steuerbar*

4. Der Sportverein (Nr. 3) unterhält in Wiesbaden ein Vereinslokal. Der Verein hat in diesem Lokal Getränke und Speisen für 15.000 DM verkauft. *steuerbar*

5. Gastwirt U, Stuttgart, ißt regelmäßig in seiner Gaststätte unentgeltlich zu Mittag. *steuerbar*

6. Die U-GmbH unterhält in Hamburg eine Gaststätte. Der Alleingesellschafter U ißt regelmäßig in seiner Gaststätte unentgeltlich zu Mittag. *steuerbar*

7. Die Königsbacher Brauerei AG, Koblenz, schenkt anläßlich Betriebsbesichtigungen den Besuchern Freitrunk aus. *nicht steuerbar*

8. Der Elektrohändler U, Berlin, entnimmt seinem Elektrogeschäft Lampen, die er in sein Mietwohngrundstück (Vierfamilienhaus) in Berlin einbaut. *nicht steuerb.*

9. Steuerberater U, Koblenz, läßt durch seinen Auszubildenden M während der Geschäftszeit seinen Jagdhund ausführen. *steuerb.*

10. Steuerberater U, Essen, fertigt in seinem Büro während der Geschäftszeit seine Umsatzsteuererklärung an. *nicht steuerb.*

11. Unternehmer U ist Eigentümer eines in Mainz gelegenen Zweifamilienhauses. Die Wohnung im Erdgeschoß bewohnt U selbst. Die Miete beträgt jährlich 6.000 DM und der Mietwert der selbstgenutzten Wohnung ebenfalls 6.000 DM. *steuerb.*

12. Unternehmer U, Düsseldorf, macht 1995 einem Kunden aus geschäftlichen Gründen ein Sachgeschenk (Brieftasche) im Wert von 50 DM mit einem eingelegten 100 DM-Schein. *nicht steuerb.*

13. Der norwegische Lieferer L, Oslo, liefert 1995 an den Erwerber E in Hamburg Ware, die Dänemark im Wege der Durchfuhr berührt. L und E sind Unternehmer. *steuerb.*

14. Der Arzt Dr. U, Freiburg, der nur steuerfreie Umsätze ausführt, erwirbt 1995 von dem französichen Unternehmer L, Straßburg, eine Computeranlage für seine Praxis. Die Anlage kostet umgerechnet 15.000 DM. Der Gesamtbetrag der Entgelte für innergemeinschaftliche Erwerbe aus allen EU-Mitgliedstaaten werden 1995 voraussichtlich 20.000 DM betragen. Dr. U hat nicht nach § 1a Abs. 4 optiert. 1994 hat Dr. U keine Einkäufe aus EU-Mitgliedstaaten getätigt. *nicht steuerb.*

7 Ort des Umsatzes

Der Umsatzsteuer unterliegen in der Bundesrepublik Deutschland nur solche Umsätze, die im **Inland** ausgeführt bzw. als ausgeführt behandelt werden.

Zur Feststellung der **Steuerbarkeit** muß deshalb geklärt werden, **wo** der Ort des Umsatzes ist.

Seit 1.1.1993 ist für den **Ort des Umsatzes** zu unterscheiden:

---

1. Ort der Lieferung (§ 3 Abs. 6 bis 8a)

    1.1 Ort der Lieferung im allgemeinen (§ 3 **Abs. 6**)

    1.2 Ort der Lieferung bei Beförderung oder Versendung (§ 3 **Abs. 7**)

    1.3 Ort der Lieferung in den Sonderfällen der Beförderung oder Versendung (§ 3 **Abs. 8**)

    1.4 Ort der Lieferung bei Reihengeschäften (§ 3 **Abs. 8a**)

2. Ort der Lieferung in besonderen Fällen bei sog. Versandumsätzen (§ 3c)

3. Ort des innergemeinschaftlichen Erwerbs (§ 3d)

4. Ort der sonstigen Leistungen (§§ 3a und 3b)

    4.1 Ort der sonstigen Leistung im allgemeinen (§ 3a **Abs. 1**)

    4.2 Ort der sonstigen Leistung im besonderen (§ 3a **Abs. 2 bis 3**)

    4.3 Ort der Beförderungsleistungen und der damit zusammenhängenden sonstigen Leistungen (§ 3b)

5. Ort des Eigenverbrauchs

In dieser Reihenfolge werden die Vorschriften über den Ort des Umsatzes erläutert.

7.1 Ort der Lieferung

Für die **Steuerbarkeit** einer Lieferung ist unter anderem die **Art der Lieferung** von Bedeutung.

7.1.1 Lieferungsarten

Unter einer **Lieferung** versteht man umsatzsteuerrechtlich die **Verschaffung der Verfügungsmacht über einen Gegenstand.**

Die **Verfügungsmacht** wird in der Regel durch **Eigentumsübertragung** verschafft.

Holt der Abnehmer den Gegenstand der Lieferung beim Unternehmer ab, so liegt eine **Abhollieferung** im Sinne des UStG vor.

> Beispiel:
> Der **Abnehmer** A (bzw. ein Mitarbeiter des Abnehmers), Mainz, **holt** den bestellten Gegenstand beim Unternehmer U in Wiesbaden **ab**.
>
> Es liegt eine **Abhollieferung** vor, weil der Abnehmer den Gegenstand selbst fortbewegt.

Befördert der **Unternehmer selbst** den Gegenstand der Lieferung zum Abnehmer liegt eine **Beförderungslieferung** im Sinne des UStG vor.

> Beispiel:
> Der **Unternehmer** U (bzw. ein Mitarbeiter des Unternehmers), Wiesbaden, **bringt** den bestellten Gegenstand **mit** seinem **eigenen Lkw** zum Abnehmer A nach Mainz.
>
> E liegt eine **Beförderungslieferung** vor, weil der Unternehmer den Gegenstand selbst fortbewegt.

Läßt der Unternehmer den Gegenstand der Lieferung durch einen **selbständigen Beauftragten** (z.B. durch einen Frachtführer) **ausführen** oder (z.B. durch einen Spediteur) **besorgen**, dann liegt eine **Versendungslieferung** im Sinne des UStG vor. **Versenden** heißt: **befördern lassen**.

> Beispiel:
> Der **Unternehmer** U, Wiesbaden, **läßt** den bestellten Gegenstand durch die Post zum Abnehmer A nach Mainz **befördern**.
>
> Es liegt eine **Versendungslieferung** vor, weil der Unternehmer den Gegenstand fortbewegen läßt.

Umsatzsteuerlich kann man die **Lieferungen** demnach wie folgt unterteilen:

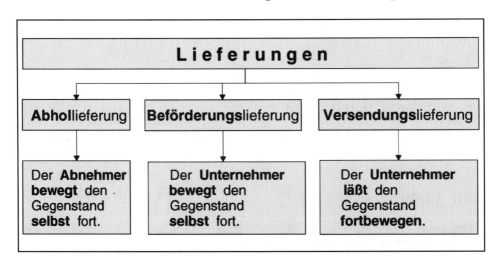

7.1.2 Ort der Lieferung im allgemeinen

Eine Lieferung wird **allgemein dort** ausgeführt, wo sich der **Gegenstand** der Lieferung **zur Zeit** der Verschaffung der Verfügungsmacht **befindet** (§ 3 **Abs. 6**).

In der Praxis hat § 3 **Abs. 6** vor allem bei **Abhollieferungen** Bedeutung.

Bei der **Abhollieferung** ist der Ort der Lieferung **dort, wo der Gegenstand abgeholt wird,** weil dort die Verfügungsmacht verschafft wird.

> Beispiel:
> Der **Käufer A**, Trier, **holt** beim Unternehmer U in Köln die gekaufte **Maschine** für 10.000 DM netto mit eigenem Lkw **ab.**
>
> **Ort der Lieferung** ist **Köln,** weil die Verfügungsmacht über die Maschine in Köln verschafft wird.
> Die **Lieferung** ist nach § 1 Abs. 1 **Nr. 1** im **Inland steuerbar.**

Umsatzart	Ort des Umsatzes	nicht steuerbare Umsätze im Inland DM	**steuerbare Umsätze im Inland DM**	steuerfreie Umsätze im Inland DM	steuer- pflichtige Umsätze im Inland DM
Lieferung	Köln	———	10.000,--		

Bei der Lieferung **von Elektrizität** ist der Ort der Lieferung dort, wo sich der **Zähler des Abnehmers** befindet. Entsprechendes gilt für die Lieferung von **Wasser, Gas und Wärme.**

Von der Grundregel des § 3 **Abs. 6** gibt es Ausnahmen, wenn die Liefergegenstände **befördert oder versendet** werden.

7.1.3 Ort der Lieferung bei Beförderung oder Versendung

Bei einer **Beförderungslieferung gilt** die Lieferung mit **Beginn** der Beförderung als ausgeführt (§ 3 **Abs. 7** Satz 1).

Bei der **Beförderungslieferung** ist der Ort der Lieferung **dort, wo** die **Beförderung** durch den Unternehmer **beginnt.**

> Beispiel:
> Der **Unternehmer U,** Kassel, **bringt** mit eigenem Lkw die für 2.000 DM netto verkaufte **Ware** von Kassel **zum Abnehmer A** nach **Warschau.**
>
> **Ort der Lieferung ist Kassel,** weil dort die Beförderung beginnt.
> Die **Lieferung** ist nach § 1 Abs. 1 **Nr. 1** im **Inland steuerbar.**

Umsatzart	Ort des Umsatzes	nicht steuerbare Umsätze im Inland DM	**steuerbare Umsätze im Inland DM**	steuerfreie Umsätze im Inland DM	steuer- pflichtige Umsätze im Inland DM
Lieferung	Kassel	———	2.000,—		

Bei einer **Versendungslieferung gilt** die Lieferung mit der **Übergabe** des Gegenstandes an den selbständigen Beauftragten (z.B. Frachführer, Spediteur) als ausgeführt (§ 3 **Abs. 7** Satz 3).

Bei einer **Versendungslieferung** ist der Ort der Lieferung **dort, wo** der **Gegenstand** an den selbständigen Beauftragten **übergeben wird.**

<u>Beispiel:</u>
Der **Unternehmer U übergibt** in **Münster** dem **Spediteur B Waren** für 3.000 DM netto mit dem Auftrag, den Transport dieser Waren zum Abnehmer A, Kopenhagen (DK), zu besorgen.

Ort der Lieferung ist **Münster**, weil der Gegenstand der Lieferung in Münster dem selbständigen Beauftragten übergeben wird.
Die **Lieferung** ist nach § 1 Abs. 1 **Nr. 1** im **Inland steuerbar.**

Umsatzart	Ort des Umsatzes	nicht steuerbare Umsätze im Inland DM	**steuerbare** Umsätze im Inland DM	steuerfreie Umsätze im Inland DM	steuerpflichtige Umsätze im Inland DM
Lieferung	Münster	————	3.000,—		

§ 3 **Abs. 7** hat **Bedeutung** bei Lieferungen **im Inland**, Lieferungen **vom Inland** in ein **Drittland** und bei **innergemeinschaftlichen Lieferungen.**

Zusammenfassung zu Abschnitt 7.1.2 und 7.1.3:

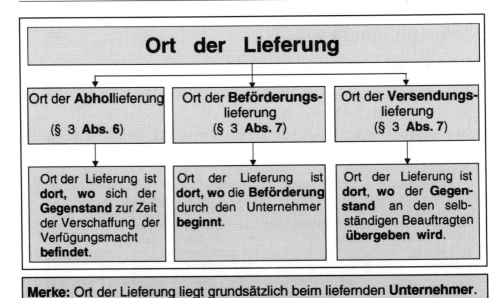

Übung: 1. Wiederholungsfragen 1 bis 10,
—————— 2. Fälle 1 bis 11

7.1.4 Ort der Lieferung in den Sonderfällen der Beförderung oder Versendung

Abweichend von § 3 **Abs. 6** (Lieferort im allgemeinen) und § 3 **Abs. 7** (Lieferort bei Beförderung oder Versendung) wird nach § 3 **Abs. 8** der **Ort der Lieferung** in bestimmten Fällen in das jeweilige **Einfuhrland** verlegt.

Der **Ort der Lieferung** liegt nach § 3 **Abs. 8** im **Einfuhrland** (Inland), wenn folgende **Voraussetzungen** erfüllt sind:

> 1. **Lieferung**
> 2. **Beförderung** oder **Versendung** (§ 3 **Abs. 7**)
> 3. aus dem **Drittlandsgebiet**
> 4. in das **Inland**
> 5. **Lieferer** muß **Schuldner der Einfuhrumsatzsteuer (ESt)** sein (Lieferkondition: "**verzollt versteuert**")

Beispiel:
Der **norwegische** Unternehmer L, Oslo, hat **Waren** für netto 5.000 DM an den Abnehmer A, **Bonn**, verkauft. Er befördert die Waren **mit seinem Lkw** nach Bonn. L läßt die Gegenstände zum freien Verkehr abfertigen und entrichtet die deutsche EUSt, d.h. er liefert "**verzollt versteuert**".

Die **Lieferung** ist als im **Inland** ausgeführt zu behandeln, weil die Voraussetzungen des § 3 **Abs. 8** erfüllt sind.

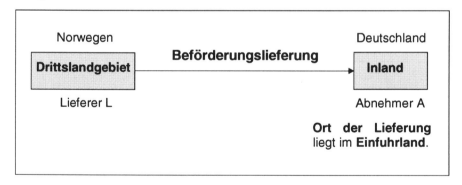

Die **Lieferung** ist nach § 1 Abs. 1 **Nr. 1** im **Inland steuerbar**.

Umsatzart	Ort des Umsatzes	nicht steuerbare Umsätze im Inland DM	**steuerbare** Umsätze im Inland DM	steuerfreie Umsätze im Inland DM	steuer-pflichtige Umsätze im Inland DM
Lieferung	Bonn	————	5.000,—		

Kein Fall des § 3 **Abs. 8** liegt vor, wenn **eine Voraussetzung fehlt**, z.B. wenn der **Abnehmer Schuldner der** Einfuhrumsatzsteuer (**EUSt**) ist (Lieferklausel: "**un**verzollt **un**versteuert".

Beispiel:
Sachverhalt wie im Beispiel zuvor mit dem **Unterschied**, daß der **Abnehmer A Schuldner der EUSt** ist. A läßt die Gegenstände zum freien Verkehr abfertigen und entrichtet die EUSt (Lieferkondition: "**unverzollt unversteuert**").

Es liegt **kein Sonderfall** der Lieferung des § 3 **Abs. 8** vor. **Ort der Lieferung** ist nach § 3 **Abs. 7 Oslo**. Die Lieferung ist aus der Sicht des L steuerbar und steuerfrei. Aus der **Sicht des A** liegt eine **Einfuhr** vor, die nach § 1 Abs. 1 **Nr. 4 steuerbar** ist.

Umsatzart	Ort des Umsatzes	nicht steuerbare Umsätze im Inland DM	**steuerbare** Umsätze im Inland DM	steuerfreie Umsätze im Inland DM	steuer- pflichtige Umsätze im Inland DM
Einfuhr	Inland	————	5.000,—		

Einfuhr ist das **Verbringen von Gegenständen** aus dem **Drittlandsgebiet** in das **Inland** oder die österreichischen Gebiete **Jungholz und Mittelberg**.

Besteuert wird die **Gegenstandsbewegung** aus dem **Drittlandsgebiet** in das **Inland** oder die Gebiete **Jungholz und Mittelberg**.

Der **Gegenstandsbewegung** braucht **keine Lieferung** im Sinne des § 1 Abs. 1 Nr. 1 zugrunde zu liegen, so daß auch der **Ort der Lieferung** in diesem Zusammenhang **ohne Bedeutung** ist.

Übung: 1. Wiederholungsfragen 11 bis 16,
2. Fälle 12 und 13

7.2 Ort der Lieferung in besonderen Fällen bei sog. Versandumsätzen (§ 3c)

Abweichend von den Vorschriften des **§ 3 Abs. 6 bis 8a** gibt es nach **§ 3c** eine **Spezialvorschrift für** sog. **Versandumsätze.**

Diese Vorschrift gilt **vor allem für** den **Versandhandel,** sie beschränkt sich allerdings nicht nur auf typische Versandhandelsumsätze.

§ 3c erfaßt **Beförderungen und Versendungen** in der **Gemeinschaft,** die an **bestimmte Abnehmer** - inbesondere **an Privatpersonen** - erfolgen.

Die **Spezialvorschrift des § 3c** hat **Vorrang vor** den allgemeinen Bestimmungen des **§ 3 Abs. 6 bis 8a.**

Das bedeutet, daß **zunächst zu prüfen** ist, **ob** die Spezialvorschrift des **§ 3c zutrifft.**

Trifft sie **nicht** zu, ist der **Ort der Lieferung** nach den Vorschriften des **§ 3 Abs. 6 bis 8a** zu bestimmen.

7.2.1 Ort der Lieferung

Nach **§ 3c** liegt der **Ort der Lieferung** bei sogenannten Versandumsätzen im **Bestimmungsmitgliedstaat**, wenn folgende **Voraussetzungen** erfüllt sind:

---

1. **Lieferung**
2. **Beförderung** oder **Versendung (§ 3 Abs. 7)**
3. aus einem **EU-Staat**
4. in einen **EU-Staat**
5. **Abnehmer:**
   1. **Privatpersonen oder**
   2. **Halbunternehmer**
      Halbunternehmer dürfen die **Erwerbsschwelle nicht überschritten und** auch **nicht** für die Erwerbsbesteuerung **optiert haben.**
6. **Lieferschwelle** durch den liefernden Unternehmer **muß überschritten** sein **oder Lieferer** muß für die Besteuerung im Bestimmungsland **optiert** haben.

7.2.2 Abnehmerkreis

Voraussetzung für die Anwendung des **§ 3c** ist u.a., daß die Ware an einen in **§ 3c Abs. 2** bestimmten **Abnehmerkreis** geliefert wird.

Zu dem **Abnehmerkreis** nach § 3c **Abs. 2** gehören

> 1. **Privatpersonen** und
> 2. **Halbunternehmer** (Schwellenunternehmer).

7.2.2.1 Privatpersonen

Abnehmer, die zu den nicht in § 1a Abs. 1 Nr. 2 genannten Personen gehören, sind **Privatpersonen** (§ 3c Abs. 2 **Nr. 1**).

Beispiel:
Der deutsche Elektronikhändler U, Freiburg, befördert mit eigenem Lkw ein Fernsehgerät für 1.000 DM netto an den **Privatmann P**, Straßburg (Frankreich).
Die übrigen Voraussetzungen des § 3c sind erfüllt.

Ort der innergemeinschaftlichen **Lieferung** ist **Straßburg**, weil dort die Beförderung **endet**.

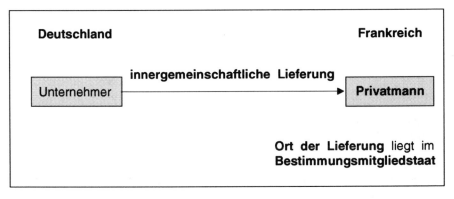

Die **Lieferung** ist für U im **Inland nicht steuerbar**, weil das Merkmal Inland fehlt. Die **Lieferung** ist für U in **Frankreich** (**Bestimmungsmitgliedstaat**) **steuerbar**.

Umsatzart	Ort des Umsatzes	**nicht** steuerbare Umsätze im Inland DM	**steuerbare** Umsätze im Inland DM	steuerfreie Umsätze im Inland DM	steuerpflichtige Umsätze im Inland DM
Lieferung	**Frankreich**	1.000,—	———	———	———

Bei Lieferungen **verbrauchsteuerpflichtiger Waren** (Mineralöle, Akohol und alkoholischer Getränke sowie Tabakwaren) an **Privatpersonen** ist - ohne weitere Voraussetzung des § 3c - der **Ort der Lieferung** immer im **Bestimmungsmitgliedstaat** (§ 3c Abs. 1).

Für die Lieferung **neuer Fahrzeuge** an Privatpersonen gilt **§ 3c nicht** (§ 3c Abs. 5).

7.2.2.2 Halbunternehmer

Für **Halbunternehmer** wird weiter vorausgesetzt, daß sie die **Erwerbsschwelle nicht überschritten und** auch **nicht für die Erwerbsbesteuerung optiert** haben (§ 3c Abs. 2 **Nr. 2**).

Für Versandumsätze in das **Inland** beträgt die **Erwerbsschwelle** (§ 1a Abs. 3 Nr. 2)

25.000 DM.

Für Versandumsätze in das **übrige Gemeinschaftsgebiet** ist die **Erwerbsschwelle** des jeweiligen **Mitgliedstaates maßgebend**, z.B. für **Frankreich 70.000 FF** (vgl. **Anhang 3**).

Beispiel:
Der **deutsche** Elektronikhändler U, Freiburg, befördert mit eigenem Lkw ein Fernsehgerät für 1.000 DM netto an die **Ärztin** Dr. med. Barbara Sabel, Straßburg. Frau Dr. Sabel hat die **Erwerbsschwelle** von 70.000 FF **nicht überschritten** und auch **nicht** für die Erwerbsbesteuerung **optiert**.
Die übrigen Voraussetzungen des § 3c sind erfüllt.

Ort der innergemeinschaftlichen **Lieferung** ist **Straßburg**, weil dort die Beförderung **endet.**

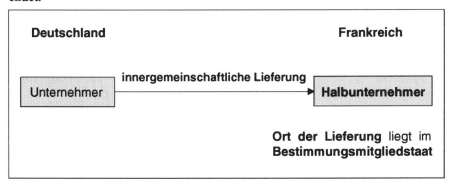

Die **Lieferung** ist für U im **Inland nicht steuerbar**, weil das Merkmal Inland fehlt. Die **Lieferung** ist für U in **Frankreich (Bestimmungsmitgliedstaat) steuerbar.**

Umsatzart	Ort des Umsatzes	**nicht** steuerbare Umsätze im Inland DM	**steuerbare** Umsätze im Inland DM	steuerfreie Umsätze im Inland DM	steuerpflichtige Umsätze im Inland DM
Lieferung	**Frankreich**	1.000,—	———	———	———

Merke: Wird bei einem **Halbunternehmer** die **Erwerbschwelle nicht überschritten** und hat er auch **nicht** für die Erwerbsbesteuerung **optiert**, wird er **wie** eine **Privatperson** behandelt.

Bei der Beförderung oder Versendung **verbrauchsteuerpflichtiger Waren an Halbunternehmer** kommt § **3c nicht** zur Anwendung (§ 3c Abs.5).
In diesen Fällen gelten für den Ort der Lieferung die **allgemeinen** Vorschriften des § 3 Abs. 6 bis 8a.

Überschreiten die **Halbunternehmer** die **Erwerbsschwelle**, kommt § 3c **nicht** zur Anwendung.
In diesen Fällen werden die **Halbunternehmer wie Unternehmer** behandelt.

> **Übung:** 1. Wiederholungsfragen 17 bis 27,
> 2. Fälle 14 bis 17

7.2.3 Lieferschwelle

Eine **weitere Voraussetzung** für die Anwendung des § 3c ist, daß eine **Lieferschwelle** durch den liefernden Unternehmer **überschritten** wird.

Nach § 3c Abs. 3 Nr. 1 beträgt die **Lieferschwelle** für Lieferungen, die **im Inland oder** in den in § 1 Abs. 3 bezeichneten Gebieten **enden**,

200.000 DM.

Wird die **Lieferschwelle von 200.000 DM** im **vorangegangenen oder** voraussichtlich im **laufenden** Kalenderjahr **überschritten,** ist der **Ort der Lieferung** für sog. Versandumsätze am **Ende** der Beförderung oder Versendung.

Beispiel:
Der **belgische** Elektronikhändler U, Brüssel, liefert 1995 mit **eigenem Lkw** an den **Privatmann P**, Trier, eine Elektronikanlage zum Nettopreis von 5.000 DM. U wird 1995 voraussichtlich die deutsche **Lieferschwelle** von 200.000 DM **überschreiten.**

Ort der Lieferung ist **Trier** (§ **3c** Abs. 1). Die Lieferung ist für U im **Inland steuerbar** (§ 1 Abs. 1 **Nr.** 1).

Umsatzart	Ort des Umsatzes	**nicht** steuerbare Umsätze im Inland DM	**steuerbare** Umsätze im Inland DM	steuerfreie Umsätze im Inland DM	steuer-pflichtige Umsätze im Inland DM
Lieferung	**Trier**	———	5.000,—		

Für Versandumsätze in das **übrige Gemeinschaftsgebiet** ist nach § 3c Abs. 3 **Nr. 2** die **Lieferschwelle** des **anderen Mitgliedstaates maßgebend** (vgl. **Anhang 3**).

Wird die **Lieferschwelle** von 200.000 DM **nicht überschritten,** ist § **3c nicht anzuwenden.**

In diesem Falle ist der **Ort der Lieferung** nach den **allgemeinen** Vorschriften des § 3 **Abs. 6 bis 8a** zu bestimmen.

Beispiel:
Sachverhalt wie im Beispiel zuvor mit dem **Unterschied**, daß der Elektronikhändler U die deutsche **Lieferschwelle** von 200.000 DM **1994 nicht überschritten** hat und 1995 voraussichtlich **nicht überschreiten** wird.

Ort der Lieferung ist Brüssel (§ 3 Abs. 7). Die Lieferung ist im **Inland nicht steuerbar**, weil die Voraussetzungen des § 1 Abs. 1 Nr. 1 **nicht** erfüllt sind (Merkmal Inland fehlt).
Die Lieferung ist für U in **Belgien (Ursprungsmitgliedstaat) steuerbar**.

Umsatzart	Ort des Umsatzes	**nicht** steuerbare Umsätze im Inland DM	**steuerbare** Umsätze im Inland DM	steuerfreie Umsätze im Inland DM	steuer-pflichtige Umsätze im Inland DM
Lieferung	**Brüssel**	5.000,—	———	———	———

Wird bei Versandumsätzen eines **deutschen** Unternehmers an den Abnehmerkreis im Sinne des **§ 3c Abs. 2 (Privatpersonen und Halbunternehmer) in einen anderen EU-Mitgliedstaat** die dort maßgebliche **Lieferschwelle überschritten**, ist der **Ort der Lieferung** im jeweiligen **Bestimmungsmitgliedstaat**.

Beispiel:
Der **deutsche** Unternehmer U, Freiburg, liefert 1995 für 4.500 DM netto einen Computer mit eigenem Lkw an den **französischen Privatmann P**, Straßburg. U hat 1994 die französische **Lieferschwelle** von 700.000 FF (entspricht 200.000 DM) **überschritten**.

Ort der Lieferung ist Straßburg (§ 3c Abs. 1). Die Lieferung ist im **Inland nicht steuerbar**.
Die Lieferung ist für U in **Frankreich (Bestimmungsmitgliedstaat) steuerbar**, weil dort die Beförderung **endet**.

Umsatzart	Ort des Umsatzes	**nicht** steuerbare Umsätze im Inland DM	**steuerbare** Umsätze im Inland DM	steuerfreie Umsätze im Inland DM	steuer-pflichtige Umsätze im Inland DM
Lieferung	**Straßburg**	4.500,—	———	———	———

Übung: 1. Wiederholungsfragen 28 und 29,
2. Fälle 18 und 19

7.2.4 Option nach § 3c Abs. 4

Wird die maßgebende **Lieferschwelle nicht überschritten**, hat der **Lieferer** nach § 3c Abs. 4 die **Möglichkeit**, auf die Anwendung der Lieferschwelle zu verzichten, d.h. **für** die Besteuerung im **Bestimmungsland zu optieren**.

Bei einer **Option**, die den Lieferer für **mindestens zwei Kalenderjahre bindet**, gilt die Lieferung am **Ende** der Beförderung oder Versendung als **ausgeführt**.

Beispiel:
Der **französische** Buchhändler U,Straßburg, versendet 1995 per Post Bücher an die **Privatperson P**, Freiburg für 15.000 DM netto. U hat 1994 die deutsche **Lieferschwelle** von 200.000 DM **nicht überschritten** und wird sie 1995 voraussichtlich nicht überschreiten.
U verzichtet nach § 3c Abs. 4 auf die Anwendung der Lieferschwelle, d.h. er **optiert für** die Besteuerung im **Bestimmungsland**.

Ort der Lieferung ist **Freiburg**. Die Lieferung ist für U in **Deutschland (Bestimmungsmitgliedstaat) steuerbar**, weil alle Tatbestandsmerkmale des § 1 Abs. 1 Nr. 1 erfüllt sind.

Umsatzart	Ort des Umsatzes	**nicht** steuerbare Umsätze im Inland DM	**steuerbare** Umsätze im Inland DM	steuerfreie Umsätze im Inland DM	steuerpflichtige Umsätze im Inland DM
Lieferung	Freiburg	———	15.000,—		

Eine **Option** zur Besteuerung im Bestimmungsland **empfiehlt sich, wenn** der **Steuersatz** im **Bestimmungsland niedriger** ist **als** der **Steuersatz** im **Ursprungsland**.

7.2.5 Lieferung neuer Fahrzeuge

Die **Versandhandelsregelung** des § 3c gilt **nicht** für die Lieferung **neuer Fahrzeuge**.

Für Lieferung **neuer Fahrzeuge** an **Privatpersonen und Halbunternehmer** in andere EU-Mitgliedstaaten ist der **Ort der Lieferung immer** im **Bestimmungsmitgliedstaat** (**§ 1b**).

7.2.6 Lieferung verbrauchsteuerpflichtiger Waren

Bei der Lieferung **verbrauchsteuerpflichtiger Waren** ist die **Versandhandelsregelung** des **§ 3c nur bedingt anwendbar**.

Lieferungen verbrauchsteuerpflichtiger Waren an **Privatpersonen** unterliegen immer der Versandhandelsregelung des § 3c, während für Lieferungen verbrauchsteuerpflichtiger Waren an **Halbunternehmer § 3c nicht** gilt.

> **Übung:** 1. Wiederholungsfragen 30 und 31,
> 2. Fälle 20 und 21

Zusammenfassung zu Abschnitt 7.2:

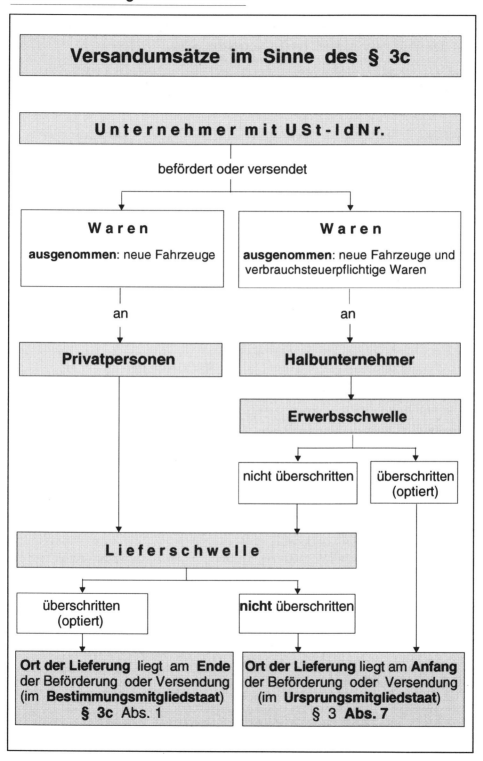

7.3 Ort des innergemeinschaftlichen Erwerbs

Ein **innergemeinschaftlicher Erwerb** gegen Entgelt (§ 1a) ist nach § 1 Abs. 1 **Nr. 5** nur **steuerbar**, wenn er im **Inland** ausgeführt wird.

Ort des innergemeinschaftlichen Erwerbs ist grundsätzlich das Gebiet des Mitgliedstaates, in dem sich der Gegenstand am **Ende** der Beförderung oder Versendung befindet, d.h. im **Bestimmungsmitgliedstaat** (§ 3d Satz 1).

Endet die Beförderung oder Versendung im **Inland**, ist der innergemeinschaftliche Erwerb gegen Entgelt in **Deutschland steuerbar** (§ 1 Abs. 1 **Nr. 5**; § 1a).

Beispiel:
Der **französische** Unternehmer L mit französischer USt-IdNr., Paris, versendet 1995 eine Maschine im Wert von 10.000 DM netto an den **deutschen** Unternehmer E mit deutscher USt-IdNr., Bonn, der die Maschine in seinem Unternehmen einsetzt.

Der **Ort des innergemeinschaftlichen Erwerbs** liegt in **Bonn**, weil dort die Versendung **endet**, so daß der innergemeinschaftliche Erwerb für E in Deutschland **steuerbar** ist (§ 1 Abs. 1 **Nr. 5**; § 1a).

Umsatzart	Ort des Umsatzes	**nicht** steuerbare Umsätze im Inland DM	**steuerbare** Umsätze im Inland DM	steuerfreie Umsätze im Inland DM	steuerpflichtige Umsätze im Inland DM
Erwerb	**Bonn**	———	10.000,—		

Endet die Beförderung oder Versendung - aus der Sicht des Inlandes - **im übrigen Gemeinschaftsgebiet**, liegt eine innergemeinschaftliche **Lieferung** vor.

Beispiel:
Der **deutsche** Unternehmer L mit deutscher USt-IdNr., Bonn, versendet 1995 mit der Bahn eine Maschine im Wert von 10.000 DM netto an den **französischen** Unternehmer E mit französischer USt-IdNr., Paris, der die Maschine in seinem Unternehmen einsetzt.

Der **Ort der** innergemeinschaftlichen **Lieferung** ist **Bonn**, weil dort die Maschine an die Bahn übergeben worden ist (§ 3 **Abs. 7**).
Die innergemeinschaftliche **Lieferung** ist für L im Inland **steuerbar**, jedoch nach § 4 Nr. 1b **steuerfrei**.

Umsatzart	Ort des Umsatzes	**nicht** steuerbare Umsätze im Inland DM	**steuerbare** Umsätze im Inland DM	**steuerfreie** Umsätze im Inland DM	steuerpflichtige Umsätze im Inland DM
Lieferung	**Bonn**	———	10.000,—	10.000,—	———

Merke: Ein steuerbarer innergemeinschaftlicher **Erwerb** setzt eine **steuerfreie** innergemeinschaftliche **Lieferung** voraus.

Verwendet der Erwerber gegenüber dem Lieferer eine **USt-IdNr.**, die ihm ein **anderer Mitgliedstaat** erteilt hat **als der,** in dem die Beförderung oder Versendung **endet,** so **gilt** der **Erwerb** in dem **Gebiet dieses Mitgliedstaates** als **bewirkt.**

Das Gebiet dieses Mitgliedstaates ist **so lange** für den Ort der Lieferung **maßgebend, bis** der Erwerber **nachweist,** daß der innergemeinschaftliche Erwerb durch den Mitgliedstaat der Umsatzsteuer unterworfen worden ist, in dem die Beförderung oder Versendung des Gegenstandes **geendet** hat (§ 3d **Satz 2**).

Beispiel:
Der **französische** Unternehmer L mit französischer USt-IdNr., Paris, versendet 1995 mit der Bahn Parfüm für 10.000 DM netto an den **deutschen** Unternehmer E in Köln. Unternehmer E, der noch eine Betriebsstätte in den Niederlanden hat, verwendet gegenüber L eine ihm von den Niederlanden erteilte USt-IdNr.

Der **innergemeinschaftliche Erwerb** durch den deutschen Unternehmer E **gilt** als in den **Niederlanden bewirkt** und unterliegt dort der Umsatzsteuer (§ 3d **Satz2**). Von der Umsatzsteuer in den Niederlanden ist der deutsche Unternehmer entbunden, sobald er nachweist, daß der innergemeinschaftliche Erwerb in Deutschland besteuert worden ist (§ 17 Abs. 2 Nr. 4).

> **Übung:** 1. Wiederholungsfragen 32 und 33,
> 2. Fälle 22 bis 24

Zusammenfassung zu Abschnitt 7.1 bis 7.3

Siehe Übersicht auf Seite 248.

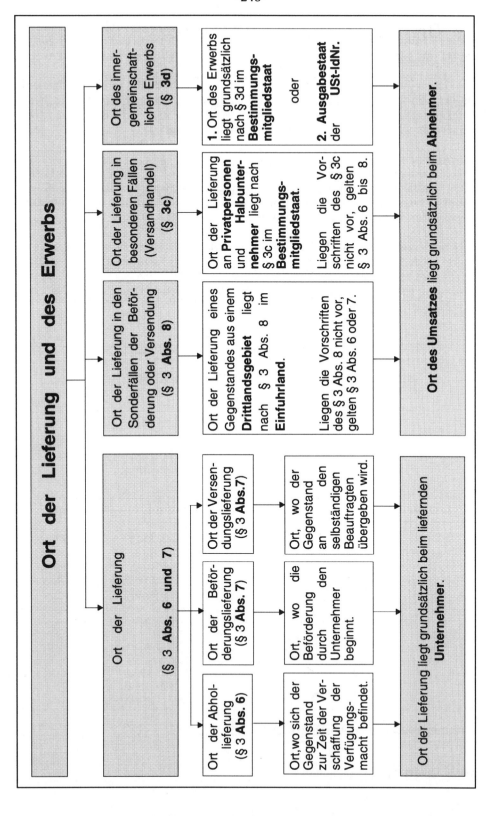

Ort der Lieferung und des Erwerbs

Ort der Lieferung (§ 3 Abs. 6 und 7)

Ort der Abhollieferung (§ 3 Abs. 6)
Ort, wo sich der Gegenstand zur Zeit der Verschaffung der Verfügungsmacht befindet.

Ort der Beförderungslieferung (§ 3 Abs. 7)
Ort, wo die Beförderung durch den Unternehmer beginnt.

Ort der Versendungslieferung (§ 3 Abs. 7)
Ort, wo der Gegenstand an den selbständigen Beauftragten übergeben wird.

Ort der Lieferung liegt grundsätzlich beim liefernden Unternehmer.

Ort der Lieferung in den Sonderfällen der Beförderung der Versendung (§ 3 Abs. 8)
Ort der Lieferung eines Gegenstandes aus einem **Drittlandsgebiet** liegt nach § 3 Abs. 8 im **Einfuhrland**.

Liegen die Vorschriften des § 3 Abs. 8 nicht vor, gelten § 3 Abs. 6 oder 7.

Ort der Lieferung in besonderen Fällen (Versandhandel) (§ 3c)
Ort der Lieferung an **Privatpersonen** und **Halbunternehmer** liegt nach § 3c im **Bestimmungsmitgliedstaat**.

Liegen die Vorschriften des § 3c nicht vor, gelten § 3 Abs. 6 bis 8.

Ort des Umsatzes liegt grundsätzlich beim Abnehmer.

Ort des innergemeinschaftlichen Erwerbs (§ 3d)
1. Ort des Erwerbs liegt grundsätzlich nach § 3d im **Bestimmungsmitgliedstaat**

oder

2. Ausgabestaat der **USt-IdNr.**

7.4 Ort der sonstigen Leistungen

Sonstige Leistungen sind in der Bundesrepublik Deutschland nach § 1 Abs. 1 Nr. 1 nur **steuerbar**, wenn der **Ort der sonstigen Leistungen** im **Inland** liegt.

Seit dem 1.1.1993 sind für den Ort der sonstigen Leistungen zwei Rechtsvorschriften von Bedeutung:

> 1. Ort der sonstigen Leistungen nach **§ 3a** und
>
> 2. Ort der sonstigen Leistungen nach **§ 3b.**

7.4.1 Ort der sonstigen Leistungen nach § 3a

In § 3a werden **fünf verschiedene Möglichkeiten** für den **Ort der sonstigen Leistungen** genannt:

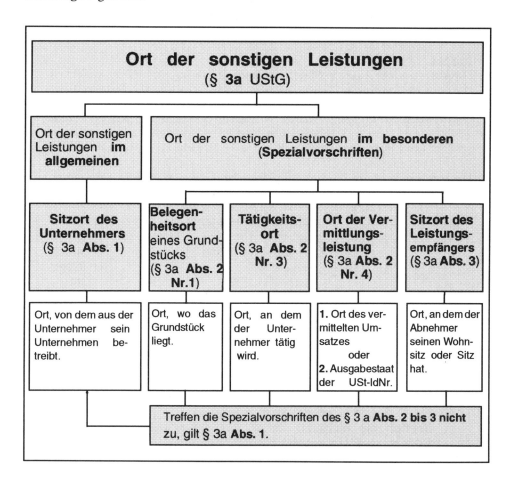

7.4.1.1 Sitzort des Unternehmers

Eine **sonstige Leistung** wird **grundsätzlich** an dem **Ort** ausgeführt, von dem aus der **Unternehmer sein Unternehmen betreibt** (Sitzort des Unternehmers; § 3a **Abs. 1**).

Der **Sitzort des Unternehmers** kommt jedoch **nur** dann in Betracht, **wenn** in den übrigen Bestimmungen des § **3a** bzw. des § **3b keine Spezialvorschriften** enthalten sind.

Als **Ort** von dem aus der **Unternehmer sein Unternehmen betreibt** (Sitzort), ist der Ort anzusehen, von wo aus der Unternehmer seine Tätigkeit anbietet, wo er Aufträge entgegennimmt, ihre Ausführung vorbereitet und die Zahlung an ihn geleistet werden. Dieser Ort wird sich regelmäßig mit dem **Ort der Geschäftsleitung** oder dem **Sitz des Unternehmens** (§§ 10 und 11 AO) **decken.**

Der **Sitzort des Unternehmers** gilt z.B. bei der **Vermietung von Beförderungsmitteln**, da diese sonstigen Leistungen nach § 3a Abs. 3 i.V.m. § 3a Abs. 4 Nr. 11 ausdrücklich von der Spezialvorschrift ausgenommen sind.

Als **Beförderungsmittel** sind Gegenstände anzusehen, deren Hauptzweck auf die Beförderung von Personen und Güter gerichtet ist und die sich auch tatsächlich fortbewegen (z.B. Lkw, Pkw, Busse) (Abschn. 33 Abs. 5 UStR).

Beispiel:
Der **Autovermieter U,** der in **Mainz sein Büro** unterhält, vermietet für 2.000 DM ein Auto an den Kunden A, der mit dem Kraftfahrzeug in die Schweiz fährt.

Ort der sonstigen Leistung ist für die Vermietung des Beförderungsmittels **Mainz,** weil U von dort aus sein Unternehmen betreibt und die übrigen Bestimmungen des § 3a **keine Spezialvorschrift** enthalten und § **3b nicht** zur Anwendung kommt.

Die **sonstige Leistung** ist nach § 1 Abs. 1 **Nr. 1** i.V.m. § 3a **Abs. 1 steuerbar.**

Umsatzart	Ort des Umsatzes	**nicht** steuerbare Umsätze im Inland DM	**steuerbare** Umsätze im Inland DM	steuerfreie Umsätze im Inland DM	steuer- pflichtige Umsätze im Inland DM
sonstige Leistung	**Mainz**	——	2.000,—		

Merke: Zunächst ist zu **prüfen, ob Spezialvorschriften** nach § 3a Abs.2 Nr. 1, 3 und 4 sowie § 3b **zutreffen.**
Treffen sie nicht zu, ist der **Ort der sonstigen Leistung** der **Sitzort des Unternehmers.**

7.4.1.2 Belegenheitsort eines Grundstücks

Eine **sonstige Leistung** (einschließlich Werkleistung) im Zusammenhang mit einem **Grundstück** wird dort ausgeführt, **wo das Grundstück liegt** (**Belegenheitsort eines Grundstücks;** § 3a **Abs. 2 Nr. 1**).

Was im einzelnen unter diese Vorschrift fällt, wird im UStG nur **beispielhaft** aufgezählt. Als **sonstige Leistungen** im Zusammenhang **mit Grundstücken** sind insbesondere anzusehen:

> 1. **Vermietung und Verpachtung von Grundstücken,**
>
> 2. sonstige Leistungen im Zusammenhang mit der Veräußerung und Erschließung von Grundstücken (**Grundstücksmakler**) und
>
> 3. sonstige Leistungen, die der Vorbereitung oder der Ausführung von Bauleistungen dienen (z.B. **Dienstleistungen der Architekten**).

Beispiel:
Hauseigentümer U, Koblenz, vermietet ein in Bonn belegenes Geschäftsgrundstück für ein Jahresentgelt von 48.000 DM.

Ort der sonstigen Leistung ist **Bonn,** weil dort das Grundstück liegt.
Die **sonstige Leistung** ist nach § 1 Abs. 1 **Nr. 1** i.V.m. § 3a **Abs 2 Nr.1 steuerbar.**

Umsatzart	Ort des Umsatzes	**nicht** steuerbare Umsätze im Inland DM	**steuerbare** Umsätze im Inland DM	steuerfreie Umsätze im Inland DM	steuer- pflichtige Umsätze im Inland DM
sonstige Leistung	**Bonn**	————	48.000,—		

7.4.1.3 Tätigkeitsort

Nach § 3a **Abs. 2 Nr. 3** werden folgende sonstigen Leistungen **dort** ausgeführt, **wo** der **Unternehmer** jeweils **ausschließlich oder zum wesentlichen Teil tätig wird** (Tätigkeitsort):

> a) **künstlerische, wissenschaftliche, unterrichtende, sportliche, unterhaltende** oder ähnliche Leistungen einschließlich der **Leistungen** der jeweiligen Veranstalter,
>
> b) (gestrichen) (neu geregelt in **§ 3b Abs. 2**),
>
> c) **Werkleistungen** an **beweglichen** körperlichen **Gegenständen** (z.B. **Reparaturen**) und die Begutachtungen dieser Gegenstände.

Beispiel:
Der Sänger Torsten Schupp, der in Österreich seinen Wohnsitz hat, tritt bei einer Konzertreise in der Rhein-Mosel-Halle in Koblenz auf. Als Gage erhält er ein Entgelt von 8.000 DM.

Ort der sonstigen Leistung ist **Koblenz**, weil er dort eine **künstlerische Leistung** ausschließlich ausführt.
Die **sonstige Leistung** ist nach § 1 Abs. 1 **Nr. 1** i.V.m. § 3a Abs. 2 **Nr. 3a steuerbar.**

Umsatzart	Ort des Umsatzes	nicht steuerbare Umsätze im Inland DM	steuerbare Umsätze im Inland DM	steuerfreie Umsätze im Inland DM	steuer- pflichtige Umsätze im Inland DM
sonstige Leistung	Koblenz	———	8.000,—		

7.4.1.4 Ort der Vermittlungsleistung

Eine **Vermittlungsleistung** wird grundsätzlich an dem **Ort** erbracht, **an dem** der vermittelte **Umsatz ausgeführt wird** (§ 3a **Abs. 2 Nr. 4 Satz 1**).
Der **typische Vermittler** ist der **Handelsvertreter** im Sinne des § 84 HGB.

Beispiel:
Der Handelsvertreter U, der in Basel (Schweiz) sein Büro unterhält, vermittelt für den Unternehmer A, München, Maschinenlieferungen von München nach Paris. Die Maschinen werden mit der Bahn von München nach Basel transportiert. Für seine Vermittlungsleistung erhält U eine Provision von netto 500 DM.

Ort der Vermittlungsleistung ist **München**, weil dort der **Ort der** vermittelten **Lieferung** liegt (§ 3 **Abs. 7**).
Die **sonstige Leistung** ist nach § 1 Abs. 1 **Nr. 1** i.V.m. § 3 Abs. 2 **Nr. 4 steuerbar.**

Umsatzart	Ort des Umsatzes	nicht steuerbare Umsätze im Inland DM	steuerbare Umsätze im Inland DM	steuerfreie Umsätze im Inland DM	steuer- pflichtige Umsätze im Inland DM
sonstige Leistung	München	———	500,—		

Nach § 3a Abs. 2 Nr. 4 **Satz 2** wird der Ort der Vermittlungsleistung in das Gebiet eines anderen EU-Mitgliedstaates verlagert, wenn die Vermittlungsleistung vom **Leistungs- empfänger** unter der **USt-IdNr.** dieses Mitgliedstaates in Anspruch genommen wird.

Nicht zu den **Vermittlungsleistungen** im Sinne des § 3a Abs. 2 **Nr. 4** gehören:

1. Vermittlungen von **Grundstückslieferungen** nach § 3a **Abs. 2 Nr. 1** **(Belegenheitsort)**

2. Vermittlungen von **Katalogleistungen** nach § 3a **Abs. 4** (Nr. 10) **(Sitzort des Leistungsempfängers)**

3. Vermittlungen innergemeinschaftlicher **Güterbeförderungen** **(§ 3b** Abs. 5) **(Abgangsort** oder **Ausgabestaat der USt-IdNr.)**

4. Vermittlungen **selbständiger Nebenleistungen** zu einer innergemeinschaftlichen **Güterbeförderung (§ 3b** Abs. 6) **(Tätigkeitsort** oder **Ausgabestaat der USt-IdNr.)**

<u>Übung:</u> 1. Wiederholungsfragen 34 bis 38,
2. Fälle 25 bis 28

7.4.1.5 Sitzort des Leistungsempfängers

Nach § 3a **Abs. 3** i.V.m. § 3a **Abs. 4** ist der **Ort der sonstigen Leistung** am Wohnsitz oder Sitz des **Leistungsempfängers**, wenn folgende **Voraussetzungen** erfüllt sind (**Sitzort des Leistungsempfängers**):

1. **sonstige Leistung** im Sinne des § 3a **Abs. 4** (**Katalogleistung**)

2. **Leistungsempfänger** (§ 3a **Abs. 3**)

   2.1 **Unternehmer oder**

   2.2 **Nichtunternehmer** mit Wohnsitz im **Drittlandsgebiet**

Zu den in § 3a **Abs. 4** abschließend aufgeführten **sonstigen Leistungen** (**Katalogleistungen**) gehören:

> 1. die Einräumung, Übertragung und Wahrnehmung von Patenten, Urheber-rechten, Warenzeichenrechten und ähnlichen Rechten;
> 2. die sonstigen Leistungen, die der Werbung und der Öffentlichkeitsarbeit dienen;
> 3. die sonstigen Leistungen aus der Tätigkeit als **Rechtsanwalt**, Patentanwalt, **Steuerberater**, Wirtschaftsprüfer, Dolmetscher, Übersetzer, Sachver-ständiger, Ingenieur und Aufsichtsratmitglied sowie die rechtliche, wirtschaft-liche und technische Beratung durch andere Unternehmer;
> 4. die Datenverarbeitung;
> 5. die Überlassung von Informationen einschießlich gewerblicher Verfahren;
> 6. bestimmte Finanz- und Versicherungsumsätze;
> 7. die Gestellung von Personal;
> 8. der Verzicht auf Ausübung eines der in Nummer 1 bezeichneten Rechte;
> 9. der Verzicht, ganz oder teilweise eine gewerbliche oder berufliche Tätigkeit auszuüben;
> 10. die Vermittlung der in diesem Absatz bezeichneten Leistungen;
> 11. die **Vermietung beweglicher** körperlicher **Gegenstände, ausgenommen Beförderungsmittel.**

Beispiel:

Der **Steuerberater** U, München, berät in seiner Praxis den **Spediteur** A, der in Mailand ein Speditionsunternehmen betreibt, in Fragen der deutschen Umsatzsteuer. A unterhält in Deutschland keine Betriebsstätte. U erhält für seine Beratertätigkeit ein Entgelt von 600 DM.

Es handelt sich um eine sonstige Leistung (**Katalogleistung**) i.S.d. § 3a **Abs. 4**. Der Leistungsempfänger ist **Unternehmer**. **Ort der sonstigen Leistung** ist der **Sitzort des Leistungsempfängers = Mailand** (§ 3a **Abs. 3**). Die **sonstige Leistung** ist im Inland **nicht steuerbar**.

Umsatzart	Ort des Umsatzes	**nicht** steuerbare Umsätze im Inland DM	**steuerbare** Umsätze im Inland DM	steuerfreie Umsätze im Inland DM	steuer-pflichtige Umsätze im Inland DM
sonstige Leistung	**Mailand**	600,—	—	—	—

Nicht zu den **Katalogleistungen** gehören nach § 3a Abs. 4 **Nr. 11** die **Vermietung von Beförderungsmitteln**.

Beförderungsmittel sind Gegenstände, deren Hauptzweck auf die Beförderung von Personen und Gütern gerichtet ist und die sich auch tatsächlich fortbewegen, z.B. **Lkw, Pkw, Busse** (Abschn. 33 Abs. 5 UStR).

Keine Beförderungsmittel sind z.B. Bagger, Planierraupen, Bergungskräne (Abschn. 33 Abs. 5 UStR).

Beispiel:
Der **deutsche** Autovermieter U, Bonn, vermietet einen **Pkw** an den **französischen Steuerberater** A, Paris. A fährt mit dem Pkw aus beruflichen Gründen 500 km in Deutschland und 500 km in Frankreich. Die Miete beträgt netto 1,50 DM/km.

Ort der sonstigen Leistung ist nach § 3a **Abs. 1 Bonn**, weil die Spezialvorschrift des § 3a Abs. 4 Nr. 11 i.V.m. § 3a Abs. 3 nicht zutrifft.
Die **sonstige Leistung** ist nach § 1 Abs. 1 **Nr. 1** i.V.m. § 3a **Abs. 1 steuerbar**.

Umsatzart	Ort des Umsatzes	**nicht** steuerbare Umsätze im Inland DM	**steuerbare** Umsätze im Inland DM	steuerfreie Umsätze im Inland DM	steuer-pflichtige Umsätze im Inland DM
sonstige Leistung	**Bonn**	———	1.500,—		

Ist der **Leistungsempfänger Nichtunternehmer**, ist der Ort der sonstigen Leistung nur dann beim Leistungsempfänger, wenn der Nichtunternehmer seinen Wohnsitz in einem **Drittlandsgebiet** hat.

Beispiel:
Der **Rechtsanwalt** U, der in München seine Praxis hat, führt für den Mandanten A, der in **Bern** (Schweiz) seinen **Wohnsitz** hat, in München einen Prozeß. **A ist kein Unternehmer.** U erhält ein Honorar von netto 700 DM.

Es handelt sich um eine sonstige Leistung (**Katalogleistung**) i.S.d. § 3a **Abs. 4**.
Der **Leistungsempfänger** ist **Nichtunternehmer** mit Wohnsitz im **Drittlandsgebiet**.
Ort der sonstigen Leistung ist der **Sitzort des Leistungsempfängers = Bern** (§ 3a **Abs.3**).
Die **sonstige Leistung** ist im Inland **nicht steuerbar**.

Umsatzart	Ort des Umsatzes	**nicht** steuerbare Umsätze im Inland DM	**steuerbare** Umsätze im Inland DM	steuerfreie Umsätze im Inland DM	steuer-pflichtige Umsätze im Inland DM
sonstige Leistung	**Bern**	700,—	———	———	———

Übung: 1. Wiederholungsfragen 39 bis 42,
2. Fälle 29 bis 36

7.4.2 Ort der Beförderungsleistungen und der damit zusammenhängenden sonstigen Leistungen (§ 3b)

In § **3b** werden drei verschiedene Möglichkeiten für den **Ort der Beförderungsleistung** genannt:

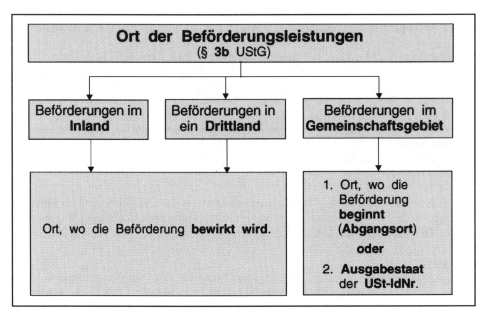

Die **Besorgungsleistung** (des Spediteurs) ist umsatzsteuerlich **wie** die **besorgte Leistung** (des Frachtführers) **zu behandeln** (§ 3 Abs. 11).

7.4.2.1 Beförderungen im Inland

Eine Beförderungsleistung (Güter- und Personenbeförderung) im **Inland** wird **dort** ausgeführt, **wo** die **Beförderung bewirkt wird** (§ **3b** Abs. 1 **Satz 1**).

Beispiel:
Transportunternehmer U, Bremen, wird von dem Leistungsempfänger LE, Hamburg, beauftragt, für ein Entgelt von 10.000 DM eine Maschine von Hamburg nach Bonn zu befördern.

Ort der Beförderungsleistung liegt im **Inland**, weil die Beförderungsleistung auf der **Verkehrsstrecke von Hamburg nach Bonn** bewirkt wird.
Die Beförderungsleistung ist **steuerbar**, weil alle Tatbestandsmerkmale des § 1 Abs. 1 **Nr. 1** erfüllt sind.

7.4.2.2 Beförderungen in ein Drittland

Eine Beförderungsleistung wird grundsätzlich **dort** ausgeführt, **wo die Beförderung bewirkt wird** (§ **3b** Abs. 1 **Satz 1**).

Erstreckt sich eine **Beförderung** (Güter- und Personenbeförderung) in ein **Drittland,** so fällt **nur der Teil der Leistung** unter das UStG, **der auf das Inland entfällt** (§ **3b** Abs. 1 **Satz 2**).

Beispiel:
Der Transportunternehmer U, München, befördert 1995 eine Maschine von München nach Zürich (Schweiz) für ein Entgelt von 3.000 DM. Die **Gesamtstrecke** beträgt **300 km,** davon entfallen **100 km** auf das **Inland.**

Ort der Beförderung ist nur der **Teil,** der auf das **Inland** entfällt, und zwar die Strecke von München bis zur Grenze (= **100 km**).
Das **anteilige Entgelt** für den steuerbaren Teil der Beförderungsleistung wird wie folgt ermittelt:

$$\frac{3.000 \text{ DM} \times 100 \text{ km}}{300 \text{ km}} = \underline{\textbf{1.000 DM}}$$

Die **steuerbare** Beförderungsleistung ist jedoch nach § 4 **Nr. 3a steuerfrei.**

Übung: 1. Wiederholungsfragen 43 bis 46
2. Fälle 37 und 38

7.4.2.3 Beförderungen im Gemeinschaftsgebiet

Eine **innergemeinschaftliche Beförderung** (Güterbeförderung) liegt vor, wenn die Beförderung in dem Gebiet eines Mitgliedstaates **beginnt** (**Abgangsort**) und in dem Gebiet eines anderen Mitgliedstaates **endet** (**Ankunftsort**).

Abweichend von § 3b **Abs. 1** wird die **innergemeinschaftliche Beförderung** eines Gegenstandes (Güterbeförderung) an dem **Ort ausgeführt,** an dem die Beförderung **beginnt** (§ **3b Abs. 3 Satz 1**).

Beispiel:
Der Beamte P, Koblenz, zieht 1995 aus beruflichen Gründen von Koblenz nach Brüssel um. Der Frachtführer U, Koblenz, transportiert 1995 das Umzugsgut für ein Entgelt von 12.000 DM von Koblenz nach Brüssel.

Als **Ort der Beförderung** gilt **Koblenz,** weil dort die Beförderung **beginnt** (**Abgangsort**).
Die **sonstige Leistung** ist nach § 1 Abs. 1 **Nr. 1** i.V.m. § 3b Abs. 3 **steuerbar.**

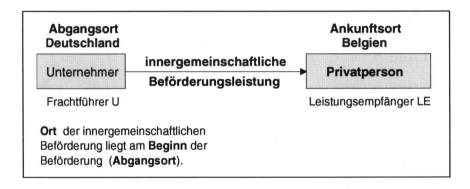

Verwendet der **Leistungsempfänger** gegenüber dem Beförderungsunternehmer eine **USt-IdNr.** eines **anderen Mitgliedstaates**, richtet sich der **Ort der Beförderungsleistung** nach dem **Ausgabestaat** der **USt-IdNr.** (§ 3b Abs. 3 **Satz 2**).

Beispiel:
Der Spediteur U, Koblenz, erhält von dem Unternehmer LE, Bonn, den Auftrag, eine Ware für ein Entgelt von 20.000 DM von Bonn über Frankreich nach Madrid zu befördern. Der **Leistungsempfänger LE** verwendet seine **spanische USt-IdNr.**

Als **Ort der Beförderung** gilt **Madrid**, weil die spanische USt-IdNr. angegeben wurde. Die Besteuerung richtet sich nach dem spanischen Recht.
Die Beförderungsleistung ist im Inland **nicht steuerbar**, weil die Tatbestandsmerkmale des § 1 Abs. 1 **Nr. 1** nicht erfüllt sind.

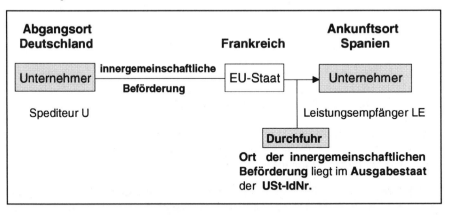

§ 3b Abs. 3 **Satz 2** ist besonders **gestaltungsintensiv**. Nach dieser Vorschrift kann der **Leistungsempfänger** durch Verwendung der **USt-IdNr.** bestimmen, in welchem EU-Mitgliedstaat ihm Umsatzsteuer in Rechnung gestellt wird.

Übung: 1. Wiederholungsfragen 47 und 48,
2. Fälle 39 bis 41

7.4.2.4 Selbständige Nebenleistungen zur Güterbeförderung

Selbständige Nebenleistungen zur Güterbeförderung sind insbesondere das **Beladen, Lagern, Entladen und Umschlagen** von Gegenständen (§ 3b **Abs. 2**).

Eine **Nebenleistung** zur Güterbeförderung ist **selbständig,** wenn sie von einem **anderen Unternehmer als** dem **Beförderungsunternehmer** ausgeführt wird.

Selbständige Nebenleistungen zur Güterbeförderung werden grundsätzlich **dort** ausgeführt, **wo** der Unternehmer jeweils **ausschließlich oder zum wesentlichen Teil tätig wird (Tätigkeitsort;** § 3b **Abs. 2).**

Beispiel:
Der Unternehmer U, Köln, liefert eine Ware an den Abnehmer A, Bonn. Die Güterbeförderung von Köln nach Bonn übernimmt der Frachtführer F.
F beauftragt mit dem **Einladen** der Ware in Köln den deutschen Unternehmer N.

Ort der selbständigen Nebenleistung zur Güterbeförderung ist **Köln,** weil dort der Einladeunternehmer ausschließlich tätig wird. Die sonstige Leistung ist **steuerbar,** weil alle Tatbestandsmerkmale des § 1 Abs. 1 **Nr. 1** erfüllt sind.

Selbständige Nebenleistungen, die im Zusammenhang mit der **innergemeinschaftlichen** Beförderung eines Gegenstandes (Güterbeförderung) stehen, werden **entweder dort** ausgeführt, **wo** der Unternehmer **ausschließlich oder zum wesentlichen Teil tätig wird (§3b Abs.2) oder** bei Verwendung einer **USt-IdNr.** des Leistungsempfängers im **Ausgabestaat der USt-IdNr.** (§ 3b **Abs. 4).**

Beispiel:
Der Unternehmer U, Paris, liefert eine Ware an den Abnehmer A, Bonn. Die Güterbeförderung von Paris nach Bonn übernimmt der Frachtführer F mit **französischer** USt-IdNr.
F beauftragt mit dem **Einladen** der Ware in Paris den französischen Unternehmer N.

Als **Ort der selbständigen Nebenleistung** zur Güterbeförderung gilt **Paris,** weil der Leistungsempfänger F gegenüber N eine **französische USt-IdNr.** verwendet hat. Die sonstige Leistung ist im Inland **nicht steuerbar, weil nicht** alle Tatbestandsmerkmale des § 1 Abs. 1 Nr. 1 erfüllt sind.

Unselbständige Nebenleistungen zur Güterbeförderung werden umsatzsteuerlich **wie** die jeweilige Hauptleistung behandelt.

Eine **Nebenleistung** zur Güterbeförderung ist **unselbständig,** wenn sie von dem **Beförderungsunternehmer selbst** ausgeführt wird.

Beispiel:
Der Frachtführer U, München, befördert eine Maschine von München nach Bern (Schweiz). U läd die Maschine in München auf seinen Lkw und berechnet für die Beladung gesondert 100 DM.

Das Beladen teilt als unselbständige Nebenleistung das Schicksal der Beförderungsleistung. Die Beförderung ist im **Inland** bewirkt, soweit sie dort befördert wird.

> **Übung:** 1. Wiederholungsfragen 49 und 50,
> 2. Fälle 42 und 43

7.5 Ort des Eigenverbrauchs

Nach § 1 Abs. 1 **Nr. 2** muß für **alle** Tatbestände des steuerbaren Eigenverbrauchs der **Ort des Eigenverbrauchs** im **Inland** liegen.

Das **UStG** enthält jedoch **keine Bestimmung zum Ort des Eigenverbrauchs.**

In den **Umsatzsteuer-Richtlinien** wird eine entsprechende Anwendung des § 3 für die **Gegenstandsentnahme** und des § 3a für die Ausführung von **sonstigen Leistungen** befürwortet (Abschn. 7 Abs. 2 UStR).

Der Ort des Eigenverbrauchs im Sinne des § 1 Abs. 1 Nr. **2a (Gegenstandsentnahme)** ist **dort, wo** die entsprechende **Lieferung (§ 3) ausgeführt würde.**

Beispiele:
a) Der Aachener Möbelhändler U entnimmt seinem Betrieb in Aachen einen Wohnzimmerschrank und schickt ihn seiner in Amsterdam lebenden Tochter.

   Ort der Eigenverbrauchs ist **Aachen**. Bei einer entsprechenden **Lieferung** des Schrankes wäre Aachen Ort der Lieferung (Abschn 8 Abs. 2 Satz 1 UStR).
   Der Vorgang ist im Inland **steuerbar**.

b) Sachverhalt wie zuvor mit dem **Unterschied,** daß die Tochter des U den Wohnzimmerschrank aus einem Zweigbetrieb des Vaters in **Amsterdam entnimmt.**

   Ort des Eigenverbrauchs ist **Amsterdam**, weil bei einer entsprechenden Abhollieferung die Verfügungsmacht dort verschafft worden wäre.
   Der Vorgang ist im Inland **nicht steuerbar.**

Der **Ort des Eigenverbrauchs** im Sinne des § 1 Abs. 1 Nr. **2b (Ausführung von sonstigen Leistungen)** ist **dort, wo** die entsprechende **sonstige Leistung (§ 3a) ausgeführt würde.**

Beispiel:
Der Einzelhändler U, **Köln**, verwendet einen zum Unternehmen gehörenden Pkw für eine Urlaubsreise nach **Frankreich.**

Als **Ort des Eigenverbrauchs** gilt **Köln** (§ 3a **Abs. 1**), weil U von dort aus sein Unternehmen betreibt; die **Spezialvorschriften** des § 3a Abs. 2 bis 4 sind **nicht anwendbar** (Abschn. 7 Abs. 2 UStR).

Der **Ort des Eigenverbrauchs** im Sinne des § 1 Abs. 1 **Nr. 2c (Repräsentationsaufwendungen)** ist **dort, wo** die **Aufwendungen getätigt werden.**

Übung: 1. Wiederholungsfrage 51,
2. Fälle 44 bis 46

Zusammenfassung zu Abschnitt 7.4:

Siehe Übersicht auf Seite 261.

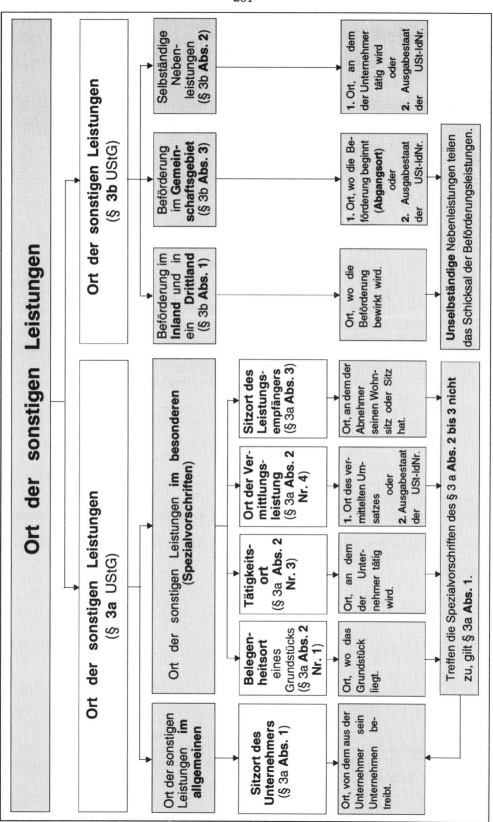

Ort der sonstigen Leistungen

Ort der sonstigen Leistungen (§ 3a UStG)

Ort der sonstigen Leistungen im allgemeinen

Sitzort des Unternehmers (§ 3a **Abs. 1**)

Ort, von dem aus der Unternehmer sein Unternehmen betreibt.

Ort der sonstigen Leistungen im besonderen (Spezialvorschriften)

Belegenheitsort eines Grundstücks (§ 3a **Abs. 2 Nr. 1**)

Ort, wo das Grundstück liegt.

Tätigkeitsort (§ 3a **Abs. 2 Nr. 3**)

Ort, an dem der Unternehmer tätig wird.

Ort der Vermittlungsleistung (§ 3a **Abs. 2 Nr. 4**)

1. Ort des vermittelten Umsatzes oder
2. Ausgabestaat der USt-IdNr.

Sitzort des Leistungsempfängers (§ 3a **Abs. 3**)

Ort, an dem der Abnehmer seinen Wohnsitz oder Sitz hat.

Treffen die Spezialvorschriften des § 3 a **Abs. 2 bis 3** nicht zu, gilt § 3a **Abs. 1**.

Ort der sonstigen Leistungen (§ 3b UStG)

Beförderung im Inland und in ein Drittland (§ 3b **Abs. 1**)

Ort, wo die Beförderung bewirkt wird.

Beförderung im Gemeinschaftsgebiet (§ 3b **Abs. 3**)

1. Ort, wo die Beförderung beginnt (**Abgangsort**) oder
2. Ausgabestaat der USt-IdNr.

Selbständige Nebenleistungen (§ 3b **Abs. 2**)

1. Ort, an dem der Unternehmer tätig wird oder
2. Ausgabestaat der USt-IdNr.

Unselbständige Nebenleistungen teilen das Schicksal der Beförderungsleistungen.

7.6 Erfolgskontrolle

WIEDERHOLUNGSFRAGEN

1. Was versteht man umsatzsteuerrechtlich unter einer Lieferung?
2. Wodurch wird die Verfügungsmacht über einen Gegenstand in der Regel verschafft?
3. Wie wird das Eigentum an beweglichen Sachen übertragen?
4. Was versteht man unter einer Abhollieferung?
5. Was versteht man unter einer Beförderungslieferung?
6. Was versteht man unter einer Versendungslieferung?
7. Wo ist der Ort der Lieferung im allgemeinen?
8. Wo ist der Ort der Lieferung bei der Abhollieferung?
9. Wo ist der Ort der Lieferung bei der Beförderungslieferung?
10. Wo ist der Ort der Lieferung bei der Versendungslieferung?
11. Wo gilt die Lieferung in den Sonderfällen des § 3 Abs. 8 als ausgeführt?
12. Um welche beiden Lieferungsarten muß es sich in den Sonderfällen des § 3 Abs. 8 handeln?
13. Kann im Fall der Abhollieferung ein Sonderfall des § 3 Abs. 8 vorliegen?
14. Aus welchem Lieferungsgebiet muß der Gegenstand in den Sonderfällen des § 3 Abs. 8 in welches Gebiet gelangen?
15. Für welche Einfuhrländer gilt § 3 Abs. 8 nicht?
16. Wer muß in den Sonderfällen des § 3 Abs. 8 Schuldner der EUSt sein?
17. Wo gilt die innergemeinschaftliche Lieferung bei sog. Versandumsätzen als ausgeführt?
18. Um welche beiden Lieferungsarten muß es sich bei der Spezialvorschrift des § 3c handeln?
19. Kommt im Fall der Abhollieferung § 3c zur Anwendung?
20. Wer gehört zum Abnehmerkreis der Spezialvorschrift des § 3c?
21. Was sind verbrauchsteuerpflichtige Waren?
22. Gilt bei der Beförderung oder Versendung verbrauchsteuerpflichtiger Waren an Privatpersonen § 3c?
23. Gilt bei der Beförderung oder Versendung neuer Fahrzeuge an Privatpersonen § 3c?
24. Welche weitere Voraussetzung ist für die Anwendung des § 3c für Halbunternehmer erforderlich?
25. Wieviel DM beträgt die Erwerbsschwelle für Versandumsätze ins Inland?
26. Gilt bei der Beförderung oder Versendung verbrauchsteuerpflichtiger Waren an Halbunternehmer § 3c?
27. Gilt bei der Beförderung oder Versendung neuer Fahrzeuge an Halbunternehmer § 3c?
28. Welche weitere Voraussetzung ist für die Anwendung des § 3c für den liefernden Unternehmer erforderlich?
29. Wieviel DM beträgt die Lieferschwelle für Versandumsätze ins Inland?
30. In welchem Fall ist es für den Unternehmer vorteilhaft, nach § 3c Abs. 4 für das Bestimmungslandprinzip zu optieren?
31. Wie lange ist der Lieferer an die Option nach § 3c Abs. 4 mindestens gebunden?
32. Wo liegt grundsätzlich der Ort des innergemeinschaftlichen Erwerbs?
33. In welchem Fall gilt der Erwerb in einem anderen EU-Mitgliedstaat als bewirkt, obwohl sich der Gegenstand am Ende der Beförderung oder Versendung im Inland befindet?

34. In welchem Fall ist der Sitzort des Leistenden der Ort der sonstigen Leistung?
35. Wo wird eine sonstige Leistung im Zusammenhang mit einem Grundstück ausgeführt?
36. Wo ist der Ort der sonstigen Leistung für künstlerische, sportliche und unterrichtende Leistungen?
37. Wo ist grundsätzlich der Ort der Vermittlungsleistung nach § 3a Abs. 2 Nr. 4 Satz 1?
38. Wie kann durch Verwendung der USt-IdNr. der Ort der Vermittlungsleistung nach § 3a Abs. 2 Nr. 4 Satz 2 verlagert werden?
39. Für welche sonstigen Leistungen kommt der Sitzort des Leistungsempfängers als Ort der Leistung in Betracht?
40. Wo ist der Ort der sonstigen Leistung für eine rechtliche, wirtschaftliche und technische Beratung, wenn der Leistungsempfänger Unternehmer ist?
41. Wo ist der Ort der sonstigen Leistung für eine rechtliche, wirtschaftliche und technische Beratung, wenn der Leistungsempfänger Nichtunternehmer ist und seinen Wohnsitz in einem Drittlandsgebiet hat?
42. Wo ist der Ort der sonstigen Leistung für eine rechtliche, wirtschaftliche und technische Beratung, wenn der Leistungsempfänger Nichtunternehmer ist und seinen Wohnsitz im Gemeinschaftsgebiet hat?
43. Welche verschiedenen Möglichkeiten werden in § 3b für den Ort der Beförderungsleistungen genannt?
44. Wo ist der Ort der sonstigen Leistung bei einer Beförderung im Inland?
45. Wo ist der Ort der sonstigen Leistung bei einer Beförderung in ein Drittland?
46. Wie wird der steuerliche Teil der Beförderungsleistung ermittelt, wenn sich die Beförderung auf das Inland als auch auf das Drittland erstreckt?
47. Wo gilt eine innergemeinschaftliche Beförderung nach § 3b Abs. 3 Satz 1 grundsätzlich als ausgeführt?
48. Wo gilt eine innergemeinschaftliche Beförderung nach § 3b Abs. 3 Satz 2 als ausgeführt?
49. Wo ist grundsätzlich der Ort der selbständigen Nebenleistung zur Beförderung eines Gegenstandes?
50. Wo gilt die selbständigen Nebenleistung, die im Zusammenhang mit der innergemeinschaftlichen Beförderung eines Gegenstandes steht, als ausgeführt?
51. Wo ist der Ort des Eigenverbrauchs?

FÄLLE

Fall 1:

Der Abnehmer A, Köln, hat bei dem Unternehmer U, Hamburg, eine Maschine für netto 20.000 DM gekauft.
A holt die Maschine mit eigenen Lkw bei U in Hamburg ab.

1. Um welche **Lieferungsart** handelt es sich?
2. Wo ist der **Ort der Lieferung**?
3. Ist die Lieferung für U im Inland **steuerbar**?

Fall 2:

Der Buchhändler Hugendubel, München, verkauft und übergibt in seinem Geschäft die "Buchführung 1' für netto 27,85 DM an die Steuerfachgehilfin Margret Herter, Landshut.

1. Um welche **Lieferungsart** handelt es sich?
2. Wo ist der **Ort der Lieferung**?
3. Wo wäre der **Ort der Lieferung**, wenn sich die Kundin das Buch mit der Post zuschicken ließe?
4. Ist die Lieferung im Inland **steuerbar**?

Fall 3:

Der Unternehmer U, Hannover, befördert mit eigenem Lkw Ware für netto 4.000 DM, die sein Abnehmer A, Bremen, bestellt hat, nach Bremen.

1. Um welche **Lieferungsart** handelt es sich?
2. Wo ist der **Ort der Lieferung**?
3. Ist die Lieferung im Inland **steuerbar**?

Fall 4:

Der Unternehmer U, Dresden, befördert 1995 von Dresden mit eigenem Lkw Ware für netto 5.000 DM, die sein schweizerischer Abnehmer bestellt hat, nach Bern.

1. Um welche **Lieferungsart** handelt es sich?
2. Wo ist der **Ort der Lieferung**?
3. Ist die Lieferung im Inland **steuerbar**?

Fall 5:

Der Unternehmer U, Stuttgart, der in Zürich (Schweiz) ein Auslieferungslager hat, läßt 1995 mit der Bahn Waren für netto 6.000 DM von seinem Auslieferungslager an einen schweizerischen Abnehmer in Zürich befördern.

1. Um welche **Lieferungsart** handelt es sich?
2. Wo ist der **Ort der Lieferung**?
3. Ist die Lieferung im Inland **steuerbar**?

Fall 6:

Der Unternehmer U, Paris, hat ein Auslieferungslager in Saarbrücken. U versendet Waren für netto 7.000 DM vom Auslieferungslager Saarbrücken nach Mainz.

1. Um welche **Lieferungsart** handelt es sich?
2. Wo ist der **Ort der Lieferung**?
3. Ist die Lieferung im Inland **steuerbar**?

Fall 7:

Der Elektrohändler A, Luxemburg, läßt eine Kühltruhe für netto 1.000 DM durch seinen Angestellten beim Hersteller U in Trier abholen.

1. Um welche **Umsatzart** handelt es sich?
2. Wo ist der **Ort der Lieferung**?
3. Ist die Lieferung für U im Inland **steuerbar**?

Fall 8:

Der deutsche Unternehmer U, Ludwigshafen, versendet mit der Bahn Ware für netto 8.000 DM an seinen französischen Kunden A nach Straßburg.

1. Um welche **Umsatzart** handelt es sich?
2. Wo ist der **Ort der Lieferung**?
3. Ist die Lieferung für U im Inland **steuerbar**?

Fall 9:

Der deutsche Unternehmer U, Hamburg, läßt Ware für netto 9.000 DM durch einen Frachtführer zu seinem Kunden A nach Amsterdam bringen.

1. Um welche **Umsatzart** handelt es sich?
2. Wo ist der **Ort der Lieferung**?
3. Ist die Lieferung für U im Inland **steuerbar**?

Fall 10:

Der Unternehmer U, Köln, befördert mit eigenem Lkw Ware für netto 10.000 DM zu seinem Abnehmer A nach Bern (Schweiz).

1. Um welche **Umsatzart** handelt es sich?
2. Wo ist der **Ort der Lieferung**?
3. Ist die Lieferung für U im Inland **steuerbar**?

Fall 11:

Der Unternehmer U, München, befördert mit eigenem Lkw Waren für netto 11.000 DM, die sein griechischer Abnehmer A bestellt hat, nach Athen.

1. Um welche **Umsatzart** handelt es sich?
2. Wo ist der **Ort der Lieferung**?
3. Ist die Lieferung für U im Inland **steuerbar**?

Fall 12:

Der Unternehmer U, Bern (Schweiz), befördert eine Maschine für netto 20.000 DM, die der Stuttgarter Unternehmer E bestellt hat, nach Stuttgart. U liefert "verzollt versteuert".

1. Liegt ein Sonderfall der Lieferung i.S.d. **§ 3 Abs. 8** vor?
2. Wo ist der **Ort der Lieferung?**
3. Ist die Lieferung für U im Inland **steuerbar**?

Fall 13:

Sachverhalt wie im Fall 12 mit dem **Unterschied,** daß U "**un**verzollt **un**versteuert" liefert.

1. Liegt ein Sonderfall der Lieferung i.S.d. **§ 3 Abs. 8** vor?
2. Wo ist der **Ort der Lieferung**?
3. Ist der Umsatz im Inland **steuerbar**?

Fall 14:

Der Privatmann P, Straßburg, läßt sich 1995 von dem deutschen Elektronikhändler U, Freiburg, eine Stereoanlage per Post für 2.000 DM netto zuschicken. Die übrigen Voraussetzungen des § 3c sind erfüllt.

1. Wo ist der **Ort der Lieferung?**
2. Ist die Lieferung für U im Inland steuerbar?

Fall 15:

Der Wohnungsvermieter W, Straßburg, der **nur steuerfreie Umsätze** ausführt, läßt sich 1995 von dem deutschen Unternehmer U, Stuttgart, Fenster für 10.000 DM netto per Bahn zuschicken. W hat die **Erwerbsschwelle** von 70.000 FF **nicht überschritten** und auch **nicht** für die Erwerbsbesteuerung **optiert**. Die übrigen Voraussetzungen des § 3c sind erfüllt.

1. Wo liegt der **Ort der Lieferung?**
2. Ist die Lieferung für U im Inland **steuerbar**?

Fall 16:

Der französische Weinhändler U, Dijon, versendet 1995 per Post eine Kiste Wein an die deutsche Privatperson P, Mainz, für 200 DM netto. Die übrigen Voraussetzungen des § 3c sind erfüllt.

1. Wo ist der **Ort der Lieferung?**
2. Ist die Lieferung für U im Inland **steuerbar**?

Fall 17:

Der deutsche Heizölhändler U, Aachen, befördert 1995 mit seinem Tankfahrzeug 15.000 l Heizöl für 7.000 DM netto an die belgische Privatperson P, Lüttich. Die übrigen Voraussetzungen des § 3c sind erfüllt.

1. Wo ist der **Ort der Lieferung?**
2. Ist die Lieferung für U im Inland **steuerbar**?

Fall 18:

Der Buchhändler U, Hamburg, versendet im August 1995 per Post Bücher an Privatpersonen in London für 10.000 DM netto.
U hat 1994 die englische **Lieferschwelle** von 70.000 Pfund (entspricht 200.000 DM) **nicht überschritten** und wird sie 1995 voraussichtlich nicht überschreiten.

1. Wo ist der **Ort der Lieferung?**
2. Ist die Lieferung für U im Inland **steuerbar?**

Fall 19:

Der deutsche Versandhändler U, Aachen, versendet 1995 per Post normale Handelswaren an Privatpersonen in Brüssel.
U hat 1994 die belgische **Lieferschwelle** von 1.500.000 bfrs (entspricht 70.000 DM) **nicht überschritten** und nimmt Anfang des Jahres an, daß er die Lieferschwelle 1995 voraussichtlich nicht überschreiten wird.
In Wirklichkeit versendet er 1995 jedoch Handelswaren an belgische Privatpersonen für insgesamt 100.000 DM.

1. Wo ist der **Ort der Lieferung 1995?**
2. Wo ist der **Ort der Lieferung 1996?**
3. Ist die Lieferung für U in 1995 im Inland **steuerbar?**

Fall 20:

Sachverhalt wie im Fall 18 mit dem **Unterschied,** daß der Buchhändler U auf die englische Lieferschwelle verzichtet, d.h. daß er nach § 3c Abs. 4 **optiert.**

1. Wo ist der **Ort der Lieferung?**
2. Ist die Lieferung für U im Inland steuerbar?
3. Ist die **Option** für U wirtschaftlich **sinnvoll?**

Fall 21:

Der belgische Unternehmer U, Brüssel, versendet 1995 per Bahn an die Tennisabteilung des Postsportvereins Koblenz e.V. einen Bodenbelag für die Tennishalle des Vereins für 15.000 DM netto.
Der Verein hat die **Erwerbsschwelle** von 25.000 DM **nicht überschritten** und auch **nicht** für die Erwerbsbesteuerung **optiert.**
U hat l994 die deutsche **Lieferschwelle** von 200.000 DM nicht überschritten und wird sie 1995 voraussichtlich nicht überschreiten.

Sollte U nach § 3c Abs. 4 optieren (Hinweis: **Anhang 1**)?
Begründen Sie Ihre Antwort.

Fall 22:

Der niederländische Unternehmer L mit niederländischer USt-IdNr., Amsterdam, befördert 1995 mit eigenem Lkw normale Handelsware für 7.500 DM netto an den deutschen Unternehmer E mit deutscher USt-IdNr., Düsseldorf, der die Ware für sein Unternehmen verwendet.

1. Um welche **Umsatzart** handelt es sich?
2. Wo ist der **Ort des Umsatzes** für den deutschen Unternehmer?
3. Ist der Umsatz für E im Inland **steuerbar**?

Fall 23:

Der deutsche Arzt Dr. Andreas Böhr mit deutscher USt-IdNr., Flensburg, der nur steuerfreie Umsätze ausführt, kauft 1995 in Dänemark ein medizinisches Gerät für umgerechnet 30.000 DM netto bei dem dänischen Unternehmer L mit dänischer USt-IdNr., Kopenhagen. L befördert das Gerät mit eigenem Lkw nach Flensburg.

1. Um welche **Umsatzart** handelt es sich?
2. Wo ist der **Ort des Umsatzes** für den deutschen Unternehmer?
3. Ist der Umsatz für Böhr im Inland **steuerbar**?

Fall 24:

Der französische Unternehmer L mit französischer USt-IdNr., Paris, befördert 1995 mit eigenem Lkw normale Handelsware für 20.000 DM netto an den deutschen Unternehmer E nach Lüttich (Belgien). E, der in Lüttich und in Aachen eine Betriebsstätte hat, verwendet gegenüber L irrtümlich seine deutsche USt-IdNr.

1. Um welche **Umsatzart** handelt es sich?
2. Wo ist der **Ort des Umsatzes** für den deutschen Unternehmer?
3. Ist der Umsatz für E im Inland **steuerbar**?

Fall 25:

Der Unternehmer U, Bochum, vermietet Wohnmobile für Urlaubsreisen. Die Beförderungsmittel werden von den Mietern im In- und Ausland genutzt. U weiß nicht, wo die Nutzung im einzelnen erfolgt.

1. Wo ist der **Ort der sonstigen Leistung** für die Vermietung der Beförderungsmittel?
2. Ist die Leistung für U im Inland **steuerbar**?

Fall 26:

Der Hauseigentümer U, Köln, vermietet ein in Aachen belegenes Mietwohngrundstück an private Mieter.

1. Wo ist der **Ort der sonstigen Leistung**?
2. Ist die Leistung für U im Inland **steuerbar**?

Fall 27:

Der amerikanische Wirtschaftswissenschaftler U, Boston, hält im Auftrag der Schmalenbach-Gesellschaft an der Universität in Köln einen Vortrag gegen Entgelt. Inhalt des Vortrags ist die Erläuterung seiner neuesten Forschungsergebnisse auf dem Gebiet der Systemtheorie.

1. Wo ist der **Ort der sonstigen Leistung**?
2. Ist die Leistung für U im Inland **steuerbar**?

Fall 28:

Der Handelsvertreter U, der in Mainz sein Büro unterhält, vermittelt für den Unternehmer A, Paris, eine Warenlieferung von Paris nach Rom. Die Maschine wird mit der Bahn von Paris nach Rom transportiert.

1. Wo ist der **Ort der sonstigen Leistung**?
2. Ist die Leistung für U im Inland **steuerbar**?

Fall 29:

Der Steuerberater U, der in Bonn seine Praxis hat, übernimmt die steuerliche Beratung eines Unternehmers, der in Paris seinen Sitz hat und der im Inland keine Betriebsstätte unterhält.

1. Wo ist der **Ort der sonstigen Leistung**?
2. Ist die Leistung für U im Inland **steuerbar**?

Fall 30:

Der Rechtsanwalt U, der in Köln seine Praxis hat, führt für den Unternehmer A, der seinen Sitz in Bern (Schweiz) hat, in Köln einen Prozeß.

1. Wo ist der **Ort der sonstigen Leistung**?
2. Ist die Leistung für U im Inland **steuerbar**?

Fall 31:

Der Steuerberater U, der in Nürnberg seine Praxis hat, übernimmt die steuerliche Beratung für den Privatmann A, der in Oslo (Norwegen) seinen Wohnsitz hat.

1. Wo ist der **Ort der sonstigen Leistung?**
2. Ist die Leistung für U im Inland **steuerbar?**

Fall 32:

Der Unternehmer U, Ludwigshafen, vermietet einem französischen Bauunternehmer einen Ladekran, der ausschließlich auf einer Baustelle in Straßburg (Frankreich) eingesetz wird.

1. Wo ist der **Ort der sonstigen Leistung?**
2. Ist die Leistung für U im Inland **steuerbar?**

Fall 33:

Der Unternehmer U, Flensburg, vermietet Fernsehgeräte an Privatpersonen in Dänemark.

1. Wo ist der **Ort der sonstigen Leistung?**
2. Ist die Leistung für U im Inland **steuerbar?**

Fall 34:

Der Computerhersteller U, Zürich (Schweiz), vermietet eine EDV-Anlage an eine Bank in Köln. Die Anlage wird in Köln genutzt.

Ist die Vermietung für U im Inland **steuerbar?**

Fall 35:

Der deutsche Steuerberater U, Düsseldorf, berät den Franzosen Funes, der Nichtunternehmer ist und in Paris wohnt, in Fragen des deutschen Einkommensteuerrechts.

Ist die Leistung des Steuerberaters im Inland **steuerbar?**

Fall 36:

Der Architekt U erstellt in seinem Büro in Hannover für einen deutschen Bauherrn die Bauzeichnung für ein Ferienhaus in der Schweiz.

Ist die Leistung des Architekten im Inland **steuerbar?**

Fall 37:

Der Transportunternehmer U, Bonn, transportiert für den Privatmann P, Bonn, ein Klavier von Bonn nach Köln. Die Gesamtkosten der Beförderungsleistung betragen 500 DM.

1. Wo ist der **Ort der sonstigen Leistung**?
2. Ist die sonstige Leistung für U im Inland **steuerbar**?

Fall 38:

Der Transportunternehmer U, Berlin, transportiert für den Privatmann P, Berlin, ein Klavier von Berlin nach Stettin (Polen) für ein Entgelt von 900 DM. Die Gesamtstrecke beträgt 115 km, davon entfallen 100 km auf das Inland.

1. Wo ist der **Ort der sonstigen Leistung**?
2. Ist die sonstige Leistung für U im Inland **steuerbar**?

Fall 39:

Der Privatmann P, Nürnberg, läßt durch den belgischen Spediteur U eine Ware von Brüssel nach Nürnberg für ein Entgelt von umgerechnet 5.000 DM transportieren.

1. Wo ist der **Ort der sonstigen Leistung**?
2. Ist die sonstige Leistung für U im Inland **steuerbar**?

Fall 40:

Der Unternehmer LE, Düsseldorf, läßt durch den niederländischen Spediteur U eine Ware von Amsterdam nach Düsseldorf für ein Entgelt von umgerechnet 4.000 DM transportieren. Dabei verwendet der Unternehmer LE seine deutsche USt-IdNr.

1. Wo ist der **Ort der sonstigen Leistung**?
2. Ist die sonstige Leistung für U im Inland **steuerbar**?

Fall 41:

Der Unternehmer LE, Madrid, beauftragt unter Verwendung seiner spanischen USt-IdNr. den Transportunternehmer U, Freiburg, mit dem Transport einer Maschine von Amsterdam nach Straßburg für ein Entgelt von 10.000 DM.

1. Wo ist der **Ort der sonstigen Leistung**?
2. Ist die sonstige Leistung für U im Inland **steuerbar**?

Fall 42:

Der Lagerhalter U, der in Münster ein Lagerhaus unterhält, übernimmt für den Kunden A, der in Dänemark seinen Wohnsitz hat, die Lagerung von Möbeln gegen Entgelt.

1. Wo ist der **Ort der sonstigen Leistung?**
2. Ist die Leistung für U im Inland **steuerbar?**

Fall 43:

Der Unternehmer U, Hamburg, liefert eine Ware an den Abnehmer A, Dijon. Die Güterbeförderung von Hamburg nach Dijon übernimmt der Spediteur S mit deutscher USt-IdNr. S beauftragt mit der **Umladung** der Ware in Duisburg den deutschen Unternehmer N mit deutscher USt-IdNr.

1. Wo ist der **Ort** der selbständigen Nebenleistung zur Güterbeförderung?
2. Ist die selbständige Nebenleistung zur Güterbeförderung für N im Inland **steuerbar?**

Fall 44:

Möbeleinzelhändler Wolf Wilfert, Saarbrücken, entnimmt Möbel aus seinem Unternehmen, die er seinen beiden Töchtern Monika und Mechthild zur Hochzeit schenkt. Monika wohnt in Saarbrücken, Mechthild wohnt in Straßburg (Frankreich).

Wo ist der **Ort des Eigenverbrauchs?**

Fall 45:

Der Kfz-Meister Georg Koch, Aachen, läßt an seinem Firmenwagen die routinemäßige Inspektion in seiner Werkstatt durchführen und fährt mit dem Pkw anschließend in Urlaub nach Belgien. Von der Urlaubsfahrt entfallen 20 km auf das Inland und 750 km auf das Ausland.

Beschreiben Sie den **Umfang und** den **Ort des Eigenverbrauchs.**

Fall 46:

Der Unternehmer Willi Arenz, Koblenz, schenkt auf einer Geschäftsreise in Paris einem guten französischen Kunden eine Kiste Champagner, die er auf der Fahrt in Epernay (Frankreich) gekauft hat. Der Champagner hat 300 DM gekostet.

1. Wo ist der **Ort des Eigenverbrauchs?**
2. Ist der Eigenverbrauch für Arenz im Inland **steuerbar?**

Zusammenfassende Erfolgskontrolle zum 1. bis 7. Kapitel

Legen Sie sich eine **Lösungstabelle** mit folgenden **Spalten** an:

1. **Tz.** (Textziffer)
2. **Umsatzart nach § 1**
3. **Ort des Umsatzes**
4. **Nicht steuerbare Umsätze im Inland DM**
5. **Steuerbare Umsätze im Inland DM**

Tragen Sie Ihre Lösungen für die folgenden Sachverhalte in diese Tabelle ein. Die genannten Beträge sind **Nettobeträge**. Nennen Sie bei der Umsatzart und dem Ort des Umsatzes jeweils die enstsprechenden **§§ des UStG**.

1. Ein Aachener Maschinenfabrikant verkauft eine Maschine für 20.000 DM nach Lüttich (Belgien). Der Käufer holt die Maschine mit eigenem Lkw in Aachen ab.

2. Ein Hobbygärtner aus Mainz verkauft in jedem Jahr Erdbeeren aus seinem Garten an Passanten. In diesem Jahr erlöste er 800 DM. Im Vorjahr waren es 600 DM.

3. Ein Architekt, der sein Büro in Köln hat, fertigt für 4.000 DM den Bauplan für ein in Bonn gelegenes Wohnhaus an und übernahm auch die Bauleitung. 70 % seiner Tätigkeit verrichtete er in seinem Büro in Köln.

4. Ein Steuerberater, dessen Büro sich in Saarbrücken befindet, vertrat für 600 DM einen Privatmann aus Bern (Schweiz) in einer Erbschaftsteuersache vor dem Finanzgericht in Saarbrücken.

5. Ein Möbelfabrikant, Stuttgart, liefert Möbel für 50.000 DM nach Bern (Schweiz). Er bringt die Möbel mit eigenem Lkw zum Abnehmer.

6. Ein Freiburger Unternehmer machte in seinem betrieblichen Pkw eine Urlaubsreise in die Schweiz. Von den Fahrtkosten entfallen 100 DM auf die Fahrstrecke im Inland und 300 DM auf die Fahrstrecke im Ausland.

7. Ein Kieler Transportunternehmer befördert leere Konservendosen für 5.000 DM von Kiel nach Polen. Die Verkehrsstrecke beträgt 600 km. Davon entfallen 150 km auf das Inland.

8. Ein Schreinermeister in Hannover repariert einen Schreibtisch seines Büros. Die Reparatur verursachte Kosten in Höhe von 70 DM.

8 Steuerbefreiungen

Bisher wurde versucht festzustellen, ob ein bestimmter Umsatz **steuerbar** ist.

Im folgenden wird **geprüft**, ob der **steuerbare** Umsatz **steuerfrei** ist oder **nicht**.

Steuerbare Umsätze, die **nicht steuerfrei** sind, sind - wie das folgende Schaubild zeigt - **steuerpflichtig**.

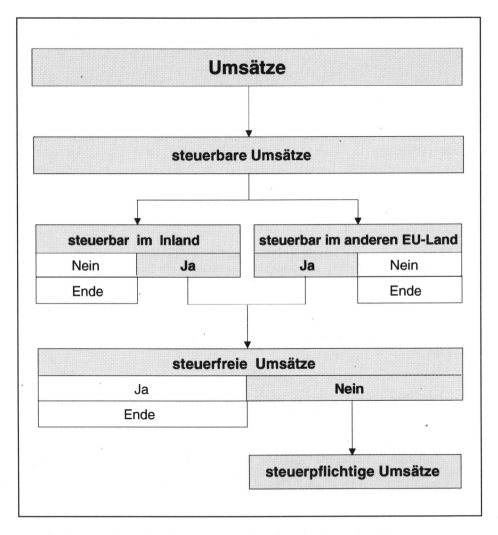

Die **steuerfreien Umsätze** werden entsprechend dem Aufbau der **Umsatzsteuer-Voranmeldung 1995** in der folgenden Reihenfolge erläutert:

1. steuerfreie Umsätze **mit** Vorsteuerabzug (§ 4 **Nr. 1 bis 7**) und

2. steuerfreie Umsätze **ohne** Vorsteuerabzug (§ 4 **Nr. 8 bis 28**)

8.1 Steuerfreie Umsätze mit Vorsteuerabzug

Der Unternehmer kann **Vorsteuerbeträge**, die im Zusammenhang mit **steuerfreien** Umsätzen stehen, **grundsätzlich nicht abziehen**.

Dies **gilt** jedoch **nicht** für die folgenden **steuerfreien Umsätze**:

1. steuerfreie innergemeinschaftliche Lieferungen (§ 4 **Nr. 1b**)
2. weitere steuerfreie Umsätze mit Vorsteuerabzug (§ 4 **Nr. 1a**, 2 bis 7)

8.1.1 Steuerfreie innergemeinschaftliche Lieferungen

Eine <u>**steuerfreie innergemeinschaftliche Lieferung**</u> liegt nach § 4 **Nr. 1b** i.V.m. § **6a** Abs. 1 vor, wenn folgende **Voraussetzungen** erfüllt sind:

1. **Abhol-, Beförderungs-** oder **Versendungslieferung** (§ 3 Abs. 6 oder 7)
2. durch **Unternehmer oder Abnehmer**
3. **vom Inland**
4. **in** das **übrige Gemeinschaftsgebiet**

5. **Abnehmer:**
  1. **Unternehmer**, der den Gegenstand **für sein Unternehmen** erwirbt (Zeile 22) oder
  2. **juristische Person**, die **nicht** als **Unternehmer** tätig ist **oder** die den Gegenstand der Lieferung **nicht für** ihr **Unternehmen** erwirbt (Zeile 24) oder
  3. **Privatperson**, die ein **neues Fahrzeug** erwirbt (Zeile 23)

6. Erwerb unterliegt der **Erwerbsbesteuerung**

Die **Voraussetzungen** für die **Steuerbefreiung** der innergemeinschaftlichen Lieferung **müssen** vom liefernden Unternehmer **nachgewiesen werden** (§ 6a Abs. 3). Dies geschieht durch **Beleg- und Buchnachweis** (§§ 17a bis 17c UStDV).

8.1.1.1 Lieferungen an Abnehmer mit USt-IdNr.

Der liefernde Unternehmer kann grundsätzlich davon ausgehen, daß der Erwerb eines Gegenstandes beim Abnehmer der **Erwerbsbesteuerung** unterliegt, wenn der **Abnehmer** beim Erwerb seine **USt-IdNr.** angibt.
Damit signalisiert der Abnehmer dem liefernden Unternehmer, daß er den Gegenstand (im Ursprungsland) **steuerfrei** einkaufen und den Erwerb (im Bestimmungsland) der **Erwerbsbesteuerung** unterwerfen will.

Beispiel:

Der **deutsche** Unternehmer U mit deutscher USt-IdNr., Bonn, versendet im Dezember 1995 mit der Bahn eine Maschine für 10.000 DM netto an den **französischen** Unternehmer E mit französischer USt-IdNr., Paris, der die Maschine in seinem Unternehmen einsetzt.

Für U liegt eine **steuerfreie innergemeinschaftliche Lieferung** vor, weil alle Tatbestandsmerkmale des § 4 **Nr. 1 b** i.V.m. § 6a Abs. 1 erfüllt sind.

Umsatzart	Ort des Umsatzes	nicht steuerbare Umsätze im Inland DM	steuerbare Umsätze im Inland DM	steuerfreie Umsätze im Inland DM	steuerpflichtige Umsätze im Inland DM
Lieferung	**Bonn**	———	10.000,—	10.000,—	———

Der **deutsche** Unternehmer U hat die **steuerfreie innergemeinschaftliche Lieferung** in seiner **Umsatzsteuer-Voranmeldung 1995** in Zeile 22 (**Kennzahl 41**) einzutragen:

	Lieferungen, sonstige Leistungen und Eigenverbrauch	**Bemessungsgrundlage** volle DM	Pf	**Steuer** DM	Pf
20					
21	**Steuerfreie Umsätze mit Vorsteuerabzug**				
	Innergemeinschaftliche Lieferungen (§ 4 Nr. 1b UStG)				
22	an Abnehmer **mit** USt-IdNr. **41**	**10.000**	—		

Über die in **Zeile 22** der **Umsatzsteuer-Voranmeldung 1995** einzutragenden **steuerfreien innergemeinschaftlichen Lieferungen** sind vierteljährlich **Zusammenfassende Meldungen - ZM -** beim Bundesamt für Finanzen abzugeben (§ 18a).

Beispiel:

Sachverhalt wie im Beispiel zuvor. Der **deutsche** Unternehmer U trägt die **steuerfreie innergemeinschaftliche Lieferung** in der **Zusammenfassenden Meldung** für das **4. Quartal** wie folgt ein:

		1	2	3	4
Zeile	Länder-kenn-zeichen	USt-IdNr. des Erwerbers / Unternehmers / Auftragnehmers in einem anderen Mitgliedstaat	Summe der Bemessungsgrundlagen volle DM / Pf	Hinweis auf Werkleistung / Warenbewegung (falls ja, bitte „1" eintragen)	Hinweis auf Dreiecksgeschäfte (falls ja, bitte „1" eintragen)
1	F R	9.9.9.9.9.9.9.9.9.9.9.	10.000 —		

Übung:	1. Wiederholungsfragen 1 bis 3,
	2. Fälle 1 bis 3

8.1.1.2 Lieferung neuer Fahrzeuge an Abnehmer ohne USt-IdNr.

Werden **neue Fahrzeuge** an **Abnehmer ohne USt-IdNr.** vom **Inland** in das **übrige Gemeinschaftsgebiet** geliefert, liegt ebenfalls eine **steuerfreie innergemeinschaftliche Lieferung** vor (§ 6a Abs. 1 **Nr. 2c**), weil **neue Fahrzeuge** im **Bestimmungsland** in jedem Fall der **Erwerbsbesteuerung** unterliegen.

Die **steuerfreien innergemeinschaftlichen Lieferungen neuer Fahrzeuge** an **Abnehmer ohne USt-IdNr.** sind in der **Umsatzsteuer-Voranmeldung** in einer **besonderen Zeile** aufzuführen.

Beispiel:
Der **deutsche** Autohändler U, Dortmund, verkauft in Dortmund an den **niederländischen Privatmann P** einen **neuen Pkw** für 40.000 DM netto. P hat als Privatmann keine USt-IdNr.

Für U liegt eine **steuerfreie innergemeinschaftliche Lieferung** vor, weil alle Tatbestandsmerkmale des § 4 **Nr. 1b** i.V.m. § 6a Abs. 1 erfüllt sind.

Umsatzart	Ort des Umsatzes	**nicht** steuerbare Umsätze im Inland DM	**steuerbare** Umsätze im Inland DM	**steuerfreie** Umsätze im Inland DM	steuerpflichtige Umsätze im Inland DM
Lieferung	Dortmund	———	40.000,—	40.000,—	———

Der **deutsche** Unternehmer **U** hat die **steuerfreie innergemeinschaftliche Lieferung** in seiner **Umsatzsteuer-Voranmeldung 1995** in **Zeile 23 (Kennzahl 44)** einzutragen:

	Lieferungen, sonstige Leistungen und Eigenverbrauch		Bemessungsgrundlage volle DM	Pf	Steuer DM	Pf
20	**Lieferungen, sonstige Leistungen und Eigenverbrauch**					
21	**Steuerfreie Umsätze mit Vorsteuerabzug**					
	Innergemeinschaftliche Lieferungen (§ 4 Nr. 1b UStG)					
22	an Abnehmer **mit** USt-IdNr.	**41**		▬		
23	neue Fahrzeuge an Abnehmer **ohne** USt-IdNr.	**44**	**40.000**	▬		

> **Übung:** 1. Wiederholungsfrage 4,
> 2. Fälle 4 bis 6

8.1.2 Weitere steuerfreie Umsätze mit Vorsteuerabzug

Zu den **weiteren steuerfreien Umsätzen mit Vorsteuerabzug** gehören u.a. die **steuerfreien Ausfuhrlieferungen.**

Eine **steuerfreie Ausfuhrlieferung** liegt nach § 4 **Nr. 1a** i.V.m. **§ 6** Abs. 1 **Nr. 1 und Nr. 2** vor, wenn folgende **Voraussetzungen** erfüllt sind:

---

1. Abhol-, Beförderungs- oder Versendungslieferung (§ 3 Abs. 6 oder 7)

2. durch **Unternehmer oder ausländischen Abnehmer**

3. vom Inland

4. in das **Drittlandsgebiet**

Die **Lieferung** durch einen Unternehmer oder Abnehmer **in ein Gebiet** nach § 6 Abs. 1 **Nr. 3** wird im folgenden **nicht** behandelt.

Die **Voraussetzungen** für die **Steuerbefreiung** der Ausfuhrlieferung müssen vom liefernden Unternehmer **nachgewiesen** werden (§ 6 **Abs. 4**).

Dies geschieht durch **Ausfuhrnachweis** (§§ 9 und 10 UStDV) und **Buchnachweis** (§ 13 UStDV).

8.1.2.1 Lieferung durch Unternehmer

Hat der **Unternehmer** den Gegenstand der Lieferung **vom Inland** in das **Drittlandsgebiet**, ausgenommen Gebiete nach § 1 Abs. 3 (insbesondere Freihäfen), **befördert oder versendet**, so braucht der Abnehmer **kein ausländischer Abnehmer** zu sein (§ 6 Abs. 1 **Nr. 1**).

Beispiel:
Der Maschinenhersteller **U, Mannheim**, verkauft und **befördert** 1995 eine Maschine für 10.000 DM netto zum **deutschen** Abnehmer A nach **Bern** (Schweiz = **Drittlandsgebiet**).

Ort der Lieferung ist **Mannheim**, weil dort die Beförderung beginnt (§ 3 **Abs. 7**). U hat den Gegenstand in ein **Drittland befördert**. Die Lieferung ist im Inland **steuerbar** und bei entsprechendem **Nachweis** nach § 4 **Nr. 1a** i.V.m. § 6 Abs. 1 **Nr.1 steuerfrei.**

Umsatzart	Ort des Umsatzes	**nicht** steuerbare Umsätze im Inland DM	**steuerbare** Umsätze im Inland DM	**steuerfreie** Umsätze im Inland DM	steuer-pflichtige Umsätze im Inland DM
Lieferung	**Mannheim**	———	10.000,—	10.000,—	———

U hat die **steuerfreie Ausfuhrlieferung** in seiner **Umsatzsteuer-Voranmeldung 1995** in **Zeile 25** (**Kennzahl 43**) einzutragen:

	Lieferungen, sonstige Leistungen und Eigenverbrauch		Bemessungsgrundlage volle DM	Pf	Steuer DM	Pf
20						
21	**Steuerfreie Umsätze mit Vorsteuerabzug**					
	Innergemeinschaftliche Lieferungen (§ 4 Nr. 1b UStG)					
22	an Abnehmer mit USt-IdNr.	41		▬		
23	neue Fahrzeuge an Abnehmer **ohne** USt-IdNr.	44		▬		
24	neuer Fahrzeuge außerhalb des Unternehmens........	49		▬		
	Weitere steuerfreie Umsätze mit Vorsteuerabzug					
25	(z.B. Umsätze nach § 4 Nr. 1a, 2 bis 7 UStG)............	43	**10.000**	▬		

8.1.2.2 Lieferung durch ausländischen Abnehmer

Hat der **Abnehmer** den Gegenstand der Lieferung **vom Inland** in das **Drittlandsgebiet,** ausgenommen Gebiete nach § 1 Abs. 3, **befördert oder versendet,** so muß der **Abnehmer** ein **ausländischer Abnehmer** sein (§ 6 Abs. 1 **Nr. 2**).

Ausländischer Abnehmer im Sinne des § 6 Abs. 1 **Nr. 2** ist insbesondere ein Abnehmer, der seinen **Wohnsitz oder Sitz im Ausland** hat (§ 6 **Abs. 2**).

Beispiel:
Der Maschinenhersteller **U**, **Mannheim**, verkauft 1995 eine Maschine für 10.000 DM netto an den Abnehmer A, Bern. Die Maschine ist durch einen **vom Abnehmer A** beauftragten Frachtführer von Mannheim nach **Bern** (Schweiz = **Drittlandsgebiet**) transportiert worden.

Ort der Lieferung ist **Mannheim,** weil dort die Maschine an den selbständigen Frachtführer übergeben wird (§ 3 **Abs. 7**).
Die **steuerbare** Lieferung ist im Inland **steuerfrei,** weil alle Tatbestandsmerkmale des § 4 **Nr. 1a** i.V.m. § 6 Abs. 1 **Nr. 2** erfüllt sind.

Umsatzart	Ort des Umsatzes	**nicht** steuerbare Umsätze im Inland DM	**steuerbare** Umsätze im Inland DM	**steuerfreie** Umsätze im Inland DM	steuerpflichtige Umsätze im Inland DM
Lieferung	**Mannheim**	——	10.000,—	10.000,—	——

U hat die **steuerfreie Ausfuhrlieferung** in seiner **Umsatzsteuer-Voranmeldung 1995** in **Zeile 25** (**Kennzahl 43**) einzutragen:

	Weitere steuerfreie Umsätze mit Vorsteuerabzug					
25	(z.B. Umsätze nach § 4 Nr. 1a, 2 bis 7 UStG)............	43	**10.000**	▬		

Zu den **weiteren steuerfreien Umsätzen mit Vorsteuerabzug**, die im folgenden nicht näher erläutert werden, gehören z.B.

---

die Lohnveredlung an Gegenständen der Ausfuhr (§ 4 Nr. 1a i.V. m. § 7),

Umsätze für die Seeschiffahrt und die Luftfahrt (§ 4 Nr. 2 i.V.m. § 8).

Übung: 1. Wiederholungsfragen 5 bis 7,
2. Fälle 7 und 8

8.2 Steuerfreie Umsätze ohne Vorsteuerabzug

Neben der **Steuerfreiheit des Exports**, die zum **Ziel** hat, die inländischen Gegenstände **ohne Umsatzsteuerbelastung** dem ausländischen Markt zuzuführen, werden bestimmte **Inlandsumsätze** aus sozialen, kulturellen und haushaltsmäßigen Gründen ebenfalls von der Umsatzsteuer **befreit** (§ 4 **Nr. 8 bis 28**).

Die **Befreiung dieser Inlandsumsätze** nach § 4 Nr. 8 bis 28 **führt zum Ausschluß des Vorsteuerabzugs.**

Zu den **steuerfreien Umsätzen ohne Vorsteuerabzug** nach § 4 **Nr. 8 bis 28** gehören:

---

§ 4 **Nr. 8** Geld-, Kapital- und Kreditumsätze,

§ 4 **Nr. 9** **Konkurrenz zu anderen Verkehrsteuern** (z.B. **Grunderwerbsteuer**) (z.B. Verkauf eines Grundstücks),

§ 4 **Nr. 10** **Versicherungsumsätze,**

§ 4 **Nr. 11** Bausparkassenvertreter, Versicherungsvertreter, Versicherungsmakler,

§ 4 **Nr. 12** **Vermietungen und Verpachtungen,** (z.B. Vermietung von Wohnungen in einem Mietwohngrundstück),

§ 4 **Nr. 13** Leistungen durch Gemeinschaften der Wohnungseigentümer,

§ 4 **Nr. 14** **Umsätze der Heilberufe** (z.B. als Arzt, Zahnarzt, Heilpraktiker, Krankengymnast, Hebamme), Bei **Zahnärzten** ist die Lieferung und Wiederherstellung von **Zahnprothesen** (dazu gehören auch Brücken, Stiftzähne und Kronen) u. **kieferorthopädischen Apparaten** (z.B. Spangen) von der Befreiung **ausgeschlossen, soweit** diese Gegenstände **im Unternehmen** des **Zahnarztes** hergestellt oder wiederhergestellt werden.

§ 4 **Nr. 15** Kriegsopferfürsorge,

§ 4 **Nr. 16** Umsätze der Krankenhäuser, Diagnosekliniken, Altenheime, Altenwohnheime, Pflegeheime,

§ 4 **Nr. 17** Lieferung von menschlichen Organen, menschlichem Blut und Frauenmilch; Krankenbeförderungen,

§ 4 **Nr. 18** Lieferungen der Verbände der freien Wohlfahrtspflege,

§ 4 **Nr. 19** Umsätze der Blinden und Blindenwerkstätten,

§ 4 **Nr. 20** Umsätze durch kulturelle Einrichtungen,
§ 4 **Nr. 21** Schul- und Bildungszwecke,
§ 4 **Nr. 22** Veranstaltungen wissenschaftlicher, belehrender oder sportlicher Art,
§ 4 **Nr. 23** Erziehungs-, Ausbildungs- und Fortbildungszwecke,
§ 4 **Nr. 24** Leistungen des Deutschen Jugendherbergswerkes,
§ 4 **Nr. 25** Leistungen der Jugendhilfe,
§ 4 **Nr. 26** Ehrenamtliche Tätigkeit,
§ 4 **Nr. 27** Gestellung von Mitgliedern geistlicher Genossenschaften,
§ 4 **Nr. 28 Mit USt belastete Investitionsgüter**
(z.B. ein Arzt verkauft einen Gegenstand seiner Praxiseinrichtung).

Beispiel:
Der Hauseigentümer U erzielte aus seinem in Köln gelegenen gemischtgenutzten Grundstück neben Einnahmen aus Geschäftsvermietungen an Unternehmer (siehe Abschnitt 8.4) auch Einnahmen aus der **Vermietung von Wohnungen an Privatpersonen** in Höhe von 12.000 DM netto.

Die Wohnungsvermietungen des U sind **steuerbar** und nach § 4 **Nr. 12 steuerfrei**.

Umsatzart	Ort des Umsatzes	**nicht** steuerbare Umsätze im Inland DM	**steuerbare** Umsätze im Inland DM	**steuerfreie** Umsätze im Inland DM	steuerpflichtige Umsätze im Inland DM
sonstige Leistungen	Köln	———	12.000,—	12.000,—	———

U hat die **steuerfreien Umsätze** in seiner **Umsatzsteuer-Voranmeldung 1995** in **Zeile 27 (Kennzahl 48)** einzutragen:

26	**Steuerfreie Umsätze ohne Vorsteuerabzug**					
27	Umsätze nach § 4 Nr. 8 bis 28 UStG	48	**12.000**	—		

Übung: 1. Wiederholungsfragen 8 bis 10,
2. Fälle 9 und 10

8.3 Steuerfreier Reiseverkehr

Für den **privaten Reiseverkehr** innerhalb der Gemeinschaft (**innergemeinschaftlicher Reiseverkehr**) gilt **seit 1.1.1993** das **Ursprungslandprinzip**, d.h. Gegenstände, die private Reisende aus EU-Mitgliedstaaten in anderen Mitgliedstaaten erwerben, werden mit der **Umsatzsteuer des jeweiligen Einkaufslandes** belastet.

Reisende aus EU-Mitgliedstaaten können als **Privatpersonen mengen- und wertmäßig unbegrenzt** Waren in anderen Mitgliedstaaten erwerben und in ihr Heimatland mitnehmen.

Beispiel:
Der **englische Privatmann** Adam Smith, der seinen Wohnsitz in **London** hat, kauft während seines Urlaubs in der Bundesrepublik Deutschland bei dem Einzelhändler U in **Hamburg** einen Fotoapparat für 1.500 DM + 225 DM USt = 1.725 DM , den er anschließend mit nach England nimmt.

Die Lieferung des Fotoapparats ist für U **steuerbar**. Da der steuerbare Umsatz **nicht steuerfrei** ist, ist er **steuerpflichtig**.

Umsatzart	Ort des Umsatzes	nicht steuerbare Umsätze im Inland DM	steuerbare Umsätze im Inland DM	steuerfreie Umsätze im Inland DM	steuer-pflichtige Umsätze im Inland DM
Lieferung	Hamburg	———	1.500,—	———	1.500,—

U hat den **steuerpflichtigen Umsatz** in seiner **Umsatzsteuer-Voranmeldung 1995** in **Zeile 29** (**Kennzahl 50**) einzutragen und die USt selbst zu berechnen:

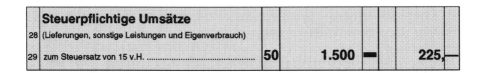

	Steuerpflichtige Umsätze			
28	(Lieferungen, sonstige Leistungen und Eigenverbrauch)			
29	zum Steuersatz von 15 v.H.	50	1.500 —	225,—

Ausgenommen von dieser Vereinfachung ist der **Erwerb** von **neuen Fahrzeugen**. Für ihn gilt, auch wenn der Erwerber Privatperson ist und das Fahrzeug anläßlich einer Reise erworben wird, das **Bestimmungslandprinzip**. Nach dem Bestimmungslandprinzip wird eine Leistung in dem Staat mit Umsatzsteuer belastet, in den sie letztlich gelangt.

Wird im Rahmen des Reiseverkehrs an **Abnehmer aus Drittländern** geliefert (**außergemeinschaftlicher Reiseverkehr**), können diese Ausfuhrlieferungen unter bestimmten Voraussetzungen **steuerfrei** sein (§ 17 UStDV).

> **Übung:** Wiederholungsfragen 11 bis 13

8.4 Steuerfreie Umsätze mit Optionsmöglichkeit

Bei bestimmten steuerfreien Umsätzen kann der Unternehmer auf die **Steuerfreiheit verzichten.**

Er hat das Recht, sich für die Steuerpflicht zu entscheiden (**Optionsrecht**). Das Optionsrecht ist auf die folgenden steuerfreien Umsätze beschränkt (§ 9 **Abs. 1**):

> - bestimmte Geld- und Kreditumsätze (§ 4 Nr. 8a bis 8g und k),
> - Umsätze, die unter das Grunderwerbsteuergesetz fallen (§ 4 Nr. 9a),
> - **Vermietung und Verpachtung von Grundstücken** usw. (§ 4 Nr. 12),
> - Leistungen der Wohnungseigentümer-Gemeinschaften (§ 4 Nr. 13),
> - Umsätze der Blinden (§ 4 Nr. 19).

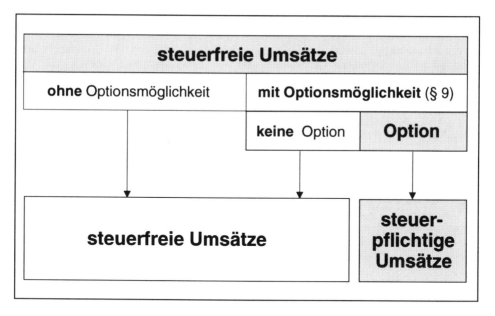

Der **Verzicht auf die Steuerfreiheit** ist **nur möglich**, wenn der Umsatz **an einen anderen Unternehmer für dessen Unternehmen** ausgeführt wird (§ 9 **Abs. 1**).

Beispiel:
U ist Eigentümer eines in Frankfurt gelegenen zweigeschossigen Hauses. Das **Erdge-schoß** ist an einen Steuerberater vermietet, der dort seine **Praxis** hat. Das **Oberge-schoß** ist an einen **Steuerfachgehilfen** vermietet, der dort seine **Wohnung** hat.

Für die Miete im **Erdgeschoß** kann U auf die **Steuerfreiheit verzichten,** für die Miete im **Obergeschoß nicht** (§ 9 Abs. 1).

Durch den Verzicht auf die Steuerfreiheit wird der Unternehmer insoweit zum **Vorsteuerabzug** berechtigt (§ 15).
Dabei ist zu beachten, daß der **Vorsteuerabzug bei Änderung der Verhältnisse** unter bestimmten Voraussetzungen **zu berichtigen** ist (§ 15a).

Der **Verzicht auf die Steuerfreiheit** (die **Option**) ist an **keine** besondere **Form oder Frist gebunden** (Abschn. 148 Abs. 3 UStR).

Der **Verzicht** braucht sich **nicht** auf **alle** bezeichneten Befreiungsvorschriften und innerhalb einer Befreiungsvorschrift **nicht** auf **alle** Umsätze zu erstrecken.
§ 9 läßt zu, daß sich der Unternehmer **bei jedem einzelnen Umsatz** für die Steuerpflicht entscheidet (**Einzeloption**; Abschn 148 Abs. 1 UStR).

Durch die **Neufassung** des § 9 Abs. 2 ist ein nach § 9 Abs. 1 möglicher **Verzicht auf die Steuerfreiheit weiter eingeschränkt** worden.

Seit 01.01.1994 ist ein **Verzicht auf die Steuerfreiheit** (eine **Option**) bei

> – der Bestellung und Übertragung von Erbbaurechten (§ 4 Nr. 9a,
>
> – der **Vermietung und Verpachtung von Grundstücken** (§ 4 Nr. 12a) und
>
> – den in § 4 Nr. 12b und 12c bezeichneten Umsätzen

nur noch zulässig, soweit der **Leistungsempfänger** (Mieter) das Grundstück ausschließlich **für Umsätze verwendet** oder **zu verwenden beabsichtigt, die den Vorsteuerabzug nicht ausschließen** (§ 9 Abs. 2).

Beispiel:
Der Unternehmer U errichtet 1995 in Berlin ein **Praxisgebäude** und vermietet dieses an einen **Arzt** für monatlich 5.000 DM, der darin eine **Arztpraxis** betreibt.

Die Vermietung des U ist **steuerbar** und nach § 4 Nr. 12a **steuerfrei**. Da der Arzt als Leistungsempfänger (Mieter) das Gebäude ausschließlich zur Ausführung steuerfreier Umsätze (§ 4 Nr. 14) verwendet, die den Vorsteuerabzug ausschließen (§ 15 Abs. 2), kann U nach § 9 Abs. 2 **nicht** auf die Steuerfreiheit verzichten (**nicht optieren**).

Umsatzart	Ort des Umsatzes	**nicht** steuerbare Umsätze im Inland DM	**steuerbare** Umsätze im Inland DM	**steuerfreie** Umsätze im Inland DM	steuer-pflichtige Umsätze im Inland DM
sonstige Leistung	Berlin	———	5.000,—	5.000,—	———

U hat den **steuerfreien Umsatz** in seiner **Umsatzsteuer-Voranmeldung 1995** in **Zeile 27** (**Kennzahl 48**) einzutragen:

26	Steuerfreie Umsätze ohne Vorsteuerabzug				
27	Umsätze nach § 4 Nr. 8 bis 28 UStG	48	5.000	—	

Die **Neufassung** des § 9 **Abs. 2** ist am **1.1.1994 in Kraft getreten**. Allerdings ist zu beachten, daß **§ 27 Abs. 2** eine besondere **Anwendungsvorschrift** für § 9 **Abs. 2** enthält.

Zusammenfassendes Beispiel:

Der Hauseigentümer U besitzt in Koblenz ein am 1.1.1995 fertiggestelltes **viergeschossiges Gebäude**. Im Kalenderjahr 1995 hat er sein Haus wie folgt vermietet:

a) Die Räume im **Erdgeschoß** sind an einen **Autohändler** als **Verkaufsräume** vermietet. Der Autohändler versteuert seine Umsätze nach den allgemeinen Vorschriften des UStG. Die Miete beträgt jährlich **24.000 DM**.

b) Die Räume im **1. Obergeschoß** sind an einen praktischen **Arzt** für jährlich **12.000 DM** vermietet. Der Arzt betreibt in den gemieteten Räumen eine **Praxis** für Allgemeinmedizin.

c) Die Räume im **2. Obergeschoß** sind als **Wohnung** an einen kaufmännischen **Angestellten** für jährlich **6.000 DM** vermietet.

d) Die Räume im **3. Obergeschoß** bewohnt **U selbst**. Der Mietwert der selbstgenutzten Wohnung beträgt jährlich **6.000DM**.

U hat das Erdgeschoß in 1995 umbauen lassen. Für diesen Umbau sind **4.000 DM Vorsteuerbeträge** angefallen.

1. Welche Umsätze sind **steuerbar**?

2. Welche Umsätze sind **steuerfrei**?

3. Für welche Umsätze kann U nach § 9 **optieren**?

4. Welche **Folgen** ergeben sich aus der Option für U?

5. Wie hoch ist das **Vorsteuerguthaben**, wenn U optiert?

Die Fragen werden auf der folgenden Seite beantwortet.

	Zu 1: steuerbar	Zu 2: steuerfrei	Zu 3: Optionsmöglichkeit	Zu 4: Optionsfolge	Zu 5: Vorsteuerguthaben
3. Obergeschoß Hauseigentümer (Unternehmer) Mietwert 6.000 DM	ja	ja	nein	-	
2. Obergeschoß Angestellter (Nichtunternehmer) Miete 6.000 DM	ja	ja	nein	-	
1. Obergeschoß Arzt (Unternehmer) Miete 12.000 DM	ja	ja	nein	-	
Erdgeschoß Autohändler (Unternehmer) Miete 24.000 DM	ja	ja	ja	Steuerpflicht und Vorsteuerabzug	USt-Traglast 3.600 DM VoSt-Abzug 4.000 DM Guthaben 400 DM

Es wird davon ausgegangen, daß im Fall der **Option** der Autohändler die Umsatzsteuer (3.600 DM) zusätzlich zur Nettomiete (24.000 DM) zahlt. Für ihn ist die USt abziehbare Vorsteuer.

Übung: 1. Wiederholungsfragen 14 bis 16,
2. Fälle 11 bis 13

8.5 Zusammenfassung und Erfolgskontrolle

8.5.1 Zusammenfassung

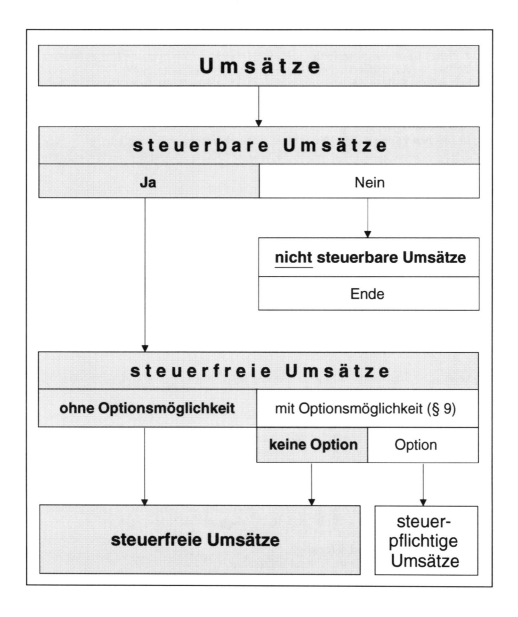

8.5.2 Erfolgskontrolle

WIEDERHOLUNGSFRAGEN

1. In welche beiden Gruppen können die steuerfreien Umsätze eingeteilt werden?
2. Wann liegt eine steuerfreie innergemeinschaftliche Lieferung vor?
3. Bei welchem Amt sind vierteljährlich Meldungen über die steuerfreien innergemeinschaftlichen Lieferungen abzugeben?
4. Wie werden innergemeinschaftliche Lieferungen neuer Fahrzeuge an Abnehmer ohne USt-IdNr. umsatzsteuerrechtlich behandelt?
5. Wann liegt eine steuerfreie Ausfuhrlieferung vor?
6. Gibt es innerhalb der EU steuerfreie Ausfuhrlieferungen?
7. Welche weitere steuerfreie Umsätze mit Vorsteuerabzug kennen Sie?
8. Warum werden bestimmte Inlandsumsätze von der Umsatzsteuer befreit?
9. Wozu führt die Befreiung der Inlandsumsätze nach § 4 Nr. 8 bis 28?
10. Welche steuerfreien Umsätze nach § 4 Nr. 8 bis 28 kennen Sie?
11. Welches Besteuerungsprinzip gilt seit 1.1.1993 für den privaten Reiseverkehr?
12. Welche Gegenstände sind von dieser Regelung ausgenommen?
13. In welchem Fall sind Ausfuhrlieferungen im Rahmen des Reiseverkehrs steuerfrei?
14. Was versteht man unter einer Option nach § 9?
15. Welche Umsätze gehören zu den Steuerbefreiungen mit Optionsmöglichkeit? Nennen Sie Beispiele.
16. In welchen Fällen ist ein Verzicht auf Steuerbefreiung nur möglich?

FÄLLE

Fall 1:

Der deutsche Unternehmer U mit deutscher USt-IdNr., Erfurt, **versendet mit der Bahn** eine Maschine für 50.000 DM netto an den italienischen Unternehmer E, Mailand, mit italienischer USt-IdNr., der die Maschine in seinem Unternehmen einsetzt.

1. Wo ist der **Ort der Lieferung**?
2. Ist der Umsatz für U im Inland **steuerbar**?
3. Ist der Umsatz für U im Inland **steuerfrei**?

Fall 2:

Sachverhalt wie im Fall 1 mit dem **Unterschied**, daß U die Maschine mit **eigenem Lkw** von Erfurt nach Mailand befördert.

1. Wo ist der **Ort der Lieferung**?
2. Ist der Umsatz für U im Inland **steuerbar**?
3. Ist der Umsatz für U im Inland **steuerfrei**?

Fall 3:

Sachverhalt wie im Fall 1 mit dem **Unterschied,** daß der italienische Unternehmer E die Maschine in Erfurt **abholt** und nach Mailand befördert.

1. Wo ist der **Ort der Lieferung**?
2. Ist der Umsatz für U im Inland **steuerbar**?
3. Ist der Umsatz für U im Inland **steuerfrei**?

Fall 4:

Der belgische Privatmann P, Lüttich, kauft beim Autohändler U in Köln einen neuen Pkw und fährt damit nach Belgien. In Belgien meldet P das Fahrzeug an und schickt anschließend U die Zulassungsbescheinigung dieser Anmeldung.

1. Wo ist der **Ort der Lieferung**?
2. Ist die Lieferung für U im Inland **steuerbar**?
3. Ist die Lieferung für U im Inland **steuerfrei**?

Fall 5:

Der französische Privatmann P, Metz, kauft beim Kfz-Händler U in Saarbrücken einen gebrauchten Pkw für 10.000 DM netto und fährt damit nach Frankreich.

1. Wo ist der **Ort der Lieferung**?
2. Ist die Lieferung für U im Inland **steuerbar**?
3. Ist die Lieferung für U im Inland **steuerfrei**?

Fall 6:

Sachverhalt wie im Fall 5 mit dem **Unterschied,** daß U den gebrauchten Pkw nach Metzt befördert. Die Voraussetzung des § 3c sind erfüllt.

1. Wo ist der **Ort der Lieferung**?
2. Ist die Lieferung für U im Inland **steuerbar?**
3. Ist die Lieferung für U im Inland **steuerfrei?**

Fall 7:

Der Unternehmer U, Hamburg, befördert 1995 Waren für 10.000 DM an den Abnehmer A in Oslo (Norwegen). Im übrigen ist der Vorgang in seinen Büchern erfaßt und eindeutig und leicht nachprüfbar belegt.

1. Wo ist der **Ort der Lieferung**?
2. Ist die Lieferung für U im Inland **steuerbar**?
3. Ist die Lieferung für U im Inland **steuerfrei**?

Fall 8:

Sachverhalt wie im Fall 7 mit dem **Unterschied,** daß der norwegische Abnehmer A, Oslo, die Waren in Hamburg **abholt.**

1. Wo ist der **Ort der Lieferung**?
2. Ist die Lieferung für U im Inland **steuerbar**?
3. Ist die Lieferung für U im Inland **steuerfrei**?

Fall 9:

Der Versicherungsvertreter Ehrlich, Dortmund, der eine Stuttgarter Versicherungsgesellschaft vertritt, hat folgende Umsätze erzielt:

1. Provisionseinnahmen   86.500 DM
2. Verkauf eines gebrauchten privaten Pkw   10.000 DM
3. private Nutzung des Geschäftstelefons   600 DM

Welche Umsätze sind **steuerpflichtig**?

Fall 10:

Der Arzt Dr. Weiß, der in Köln eine Praxis für Allgemeinmedizin leitet, hat folgende Netto-Einnahmen erzielt:

1. Honorareinnahmen aus ärztlicher Tätigkeit   270.000 DM

2. Einnahmen aus schriftstellerischer Tätigkeit   27.800 DM

3. Einnahmen aus dem Verkauf eines gebrauchten
   Bestrahlungsgerätes   3.000 DM

Welche Einnahmen sind **steuerpflichtig**?

Fall 11:

Der Hauseigentümer U, Köln, der sich zulässigerweise nach § 9 für die Umsatzsteuerpflicht seiner Vermietungsumsätze entschieden hat, erzielte in 1995 folgende Umsätze (ohne USt):

1. Wohnungsvermietung an Privatpersonen   120.000 DM

2. Geschäftsräumevermietung an Unternehmer, die
   zum Vorsteuerabzug berrechtigt sind,   180.000 DM
                                                             _____
                                                             300.000 DM
                                                             _____

1. Wie hoch sind die **steuerbaren** Umsätze?
2. Wie hoch sind die **steuerfreien** Umsätze?
3. Wie hoch sind die **steuerpflichtigen** Umsätze?

Fall 12:

Der selbständige Goldschmied D, Koblenz, lebt mit seiner Ehefrau im gesetzlichen Güterstand. Seine Werkstatt befindet sich in seinem gemischtgenutzten Grundstück in Koblenz. Das Gebäude gehört seit Fertigstellung zum Betriebsvermögen. Aus den Büchern und Unterlagen des D ergibt sich für das Kalenderjahr 1995 folgendes:

a) D bewirkte folgende Leistungen:

   Werklieferungen an Abnehmer im Inland   54.000 DM (netto)

   Werkleistungen an Auftraggeber im Inland   16.000 DM (netto)

b) Das gemischtgenutzte Grundstück, das 1925 fertiggestellt wurde, wird wie folgt genutzt:

Erdgeschoß

Das Erdgeschoß hat D an seine Frau vermietet, die dort ein Einzelhandelsgeschäft betreibt. Die Mieteinnahmen, die D zugeflossen sind, haben 7.200 DM netto betragen.

1. Obergeschoß

Im 1. Obergeschoß befindet sich die Werkstatt des D. Der jährliche Mietwert beträgt 6.000 DM.

2. Obergeschoß

Das 2. Obergeschoß wird von D und seiner Familie selbst bewohnt. Die Räume sind denen des 1. Obergeschosses gleichwertig.

D verzichtet auf die Steuerfreiheit nach § 9.

1. Welche Umsätze sind **steuerbar**?
2. Welche Umsätze sind **steuerfrei**?
3. Welche Umsätze sind **steuerpflichtig**?

Fall 13:

Der Malermeister Heinrich E betreibt seit 1975 in Kaiserslautern einen Malerbetrieb verbunden mit Handel in Tapeten, Farben und sonstigem Zubehör. Das Ladenlokal wird von seiner Ehefrau E geführt, die bei ihrem Ehemann angestellt ist. Die Eheleute E leben im gesetzlichen Güterstand.

Das Ladenlokal befindet sich in einem Haus, das der Ehefrau seit 1970 gehört.

Mit ihrem Ehemann hat Frau E einen Mietvertrag über das Ladenlokal abgeschlossen, wonach mtl. netto 1.000 DM an Miete zu zahlen sind.

In diesem Haus befinden sich im Erdgeschoß noch ein weiteres Ladenlokal (Nettomiete mtl. 1.000 DM), im ersten Obergeschoß eine Arztpraxis (Miete mtl. 500 DM) und eine Rechtsanwaltspraxis (Nettomiete mtl. 500 DM), im zweiten Obergeschoß zwei gleichwertige Wohnungen, wovon eine Wohnung eigengenutzt und die andere für mtl. 500 DM an Fremde vermietet ist.

Um in den Genuß eines evtl. Vorsteuerabzugs zu kommen, hat Frau E, soweit dies möglich war - mit Ausnahme der Umsätze aus der Vermietung der Arztpraxis -, nach § 9 optiert.

1995 sind alle Monatsmieten pünktlich entrichtet worden.

Heinrich E hat 1995 für die Lieferung und sonstigen Leistungen seines Maler- und Handelsbetriebs Entgelte in Höhe von 305.000 DM berechnet und erhalten.

1. Welche Umsätze sind 1995 **steuerbar**?
2. Welche Umsätze sind 1995 **steuerfrei**?
3. Welche Umsätze sind 1995 **steuerpflichtig**?

Zusammenfassende Erfolgskontrolle zum 1. bis 8. Kapitel

Entscheiden Sie, ob folgende Vorgänge im Inland **nicht steuerbar, steuerbar, steuerfrei oder steuerpflichtig** sind.
Buch- und belegmäßige Nachweise sind erbracht.

1. Ein Arzt in München erzielt 1995 Honorareinnahmen aus ärztlicher Tätigkeit. in Höhe von **500.000 DM**.

2. Ein Hauseigentümer hat sein in Bonn gelegenes Haus an Unternehmer vermietet und nach § 9 zulässigerweise optiert. Die Mieteinnahmen haben 1995 **13.800 DM** betragen.

3. Ein Hauseigentümer hat sein in Köln gelegenes Haus an Privatpersonen vermietet. Die Mieteinnahmen haben 1995 **24.000 DM** betragen.

4. Ein Bausparkassenvertreter in Mannheim erzielt 1995 Provisionseinnahmen in Höhe von **28.750 DM**.

5. Ein Hauseigentümer bewohnt ein in Frankfurt gelegenes zu seinem Unternehmen gehörendes Haus. Der Mietwert der Wohnung beträgt **12.000 DM**.

6. Ein Unternehmer in Köln benutzt einen betrieblichen Pkw zu 30 % für Privatfahrten im Inland. Die anteiligen Kosten, bei denen der Vorsteuerabzug möglich gewesen ist, haben 1995 **3.450 DM** betragen.

7. Ein Schneidermeister betreibt im Erdgeschoß seines in Ludwigshafen gelegenen Gebäudes eine Maßschneiderei. Der jährliche Mietwert der eigenen Werkstatt beträgt **12.000 DM**.

8. Ein Steuerberater in Dortmund erzielt Einnahmen aus dem Verkauf seines gebrauchten betrieblichen Pkw in Höhe von **12.650 DM**.

9. Ein Rechtsanwalt in Ulm erzielt Honorareinnahmen aus anwaltlicher Tätigkeit von **14.950 DM**. Der Rechtsanwalt hat nur inländische Mandanten.

10. Das Geschäftstelefon eines Unternehmers in Münster wird zu 30 % privat genutzt. Die anteiligen Kosten haben 1995 insgesamt **1.480 DM** betragen.

11. Die X-OHG betreibt in Köln eine Getränkegroßhandlung. Ein Gesellschafter der OHG entnimmt **unentgeltlich** 20 Kisten Limonade. Die 20 Kisten Limonade haben einen Netto-Einkaufswert von **200 DM**.

12. Ein Mainzer Unternehmer schenkt einem guten Kunden in Wiesbaden aus geschäftlichen Gründen einen Präsentkorb im Werte von **210 DM** netto.

13. Der Arzt U, Düsseldorf, behandelt in seiner Praxis **unentgeltlich** einen Privatpatienten. Die ärztliche Leistung entspricht einem Wert von 100 DM.

14. Der Maschinenhersteller U, Oslo (Norwegen), befördert 1995 mit eigenem Lkw Maschinen für **38.000 DM** netto an seinen Abnehmer A in Köln. U liefert "verzollt versteuert".

15. Der Maschinenhersteller B, München, befördert mit eigenem Lkw Maschinen für **50.000 DM** netto an den Maschinenhändler A in Bern (Schweiz).

9 Bemessungsgrundlage

Die Besteuerung der steuerpflichtigen Umsätze setzt voraus, daß die **Bemessungsgrundlagen** bekannt sind.

Die **Bemessungsgrundlage** ist die in Geld ausgedrückte Grundlage, auf die der Steuersatz angewendet wird.

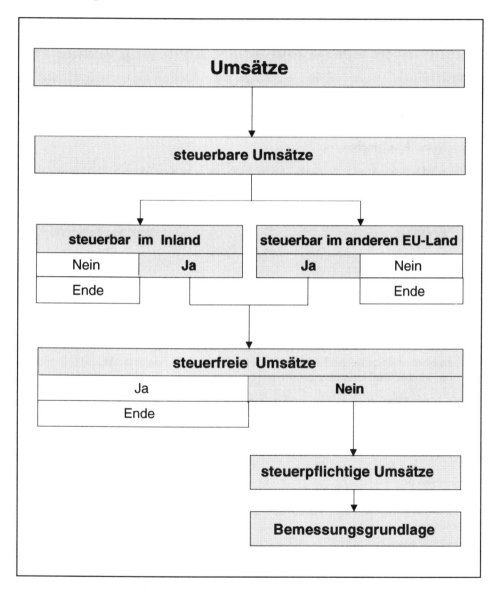

9.1 Bemessungsgrundlage für entgeltliche Leistungen

Die **Bemessungsgrundlage** für **steuerpflichtige entgeltliche Leistungen** ist in der Regel das **Entgelt** (§ 10 Abs. 1 Satz 1).

9.1.1 Inhalt und Umfang des Entgelts

Das **Entgelt** war bisher **Tatbestandsmerkmal** für die **Steuerbarkeit** der Leistungen nach § 1 Abs. 1 **Nr. 1.**

Das **Entgelt** ist gleichzeitig auch **Bemessungsgrundlage** für entgeltliche Lieferungen und sonstige Leistungen im Sinne des § 1 Abs. 1 **Nr. 1** (§ 10 Abs. 1 **Satz 1**).

Während es bei der Feststellung der **Steuerbarkeit** lediglich darauf ankam, daß **überhaupt** ein **Entgelt** vorlag, geht es bei der Ermittlung der **Bemessungsgrundlage** darum, die **genaue Höhe des Entgelts** festzulegen.

Entgelt ist alles, was der Leistungsempfänger aufwendet, um die Leistung zu erhalten, jedoch abzüglich der Umsatzsteuer (§ 10 Abs. 1 **Satz 2**)

Die **Umsatzsteuer** gehört demnach **nicht** zum **Entgelt**. Der **umsatzsteuerrechtliche** Begriff des **Entgelts** deckt sich somit **nicht** mit dem **privatrechtlichen** Begriff des **Kaufpreises**.

Während das **Entgelt** eine **Nettogröße** ist, ist unter dem **Kaufpreis** im Sinne des BGB eine **Bruttogröße** (Entgelt + USt) zu verstehen.

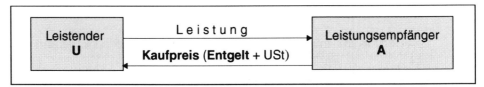

Zum **Entgelt** gehört **auch**, was ein **anderer als der Leistungsempfänger** dem Unternehmer für die Leistung gewährt (§ 10 Abs. 1 **Satz 3**).

Das **Entgelt** ist **auch** dann **Bemessungsgrundlage**, wenn es dem **objektiven Wert** der bewirkten Leistung **nicht entspricht. Ausnahmen** bestehen für **Leistungen an Arbeitnehmer ohne besonders berechnetes Entgelt**, für **unentgeltliche** Leistungen und für **verbilligte** Leistungen.

Nicht zum **Entgelt** gehören die **durchlaufenden Posten**, d.h. Beträge, die der Unternehmer im Namen und für Rechnung eines anderen vereinnahmt und verausgabt (§ 10 Abs. 1 letzter Satz).

> Beispiel:
> Rechtsanwalt Kastor Sabel, Stuttgart, zahlt für seinen Mandanten A bei der Gerichtskasse des Amtsgerichts Stuttgart einen **Prozeßkostenvorschuß** von 500 DM. Nach Beendigung des Prozesses stellt er seinem Auftraggeber A **neben seinem Honorar** von 2.000 DM **auch** die verausgabten **Gerichtskosten** in Höhe von 500 DM in Rechnung.
>
> Die **Gerichtskosten** gehören **nicht** zum **Entgelt** und unterliegen damit nicht der USt, weil es sich bei ihnen um einen **durchlaufenden Posten** handelt.

Ebenfalls nicht zum **Entgelt** gehören **Verzugszinsen, Fälligkeitszinsen, Prozeßzinsen, Mahngebühren, Kosten für Mahnbescheide, Kosten beim Wechselrückgriff.**

Übung: Wiederholungsfragen 1 bis 7

9.1.2 Berechnungsmethode zur Ermittlung des Entgelts

Enthält ein Betrag **Entgelt und Umsatzsteuer** (z.B. die Tageseinnahmen eines Einzelhändlers), so muß für die Berechnung der Umsatzsteuer das **Entgelt** herausgerechnet werden.

Für die Berechnung des **Entgelts** gelten z.Z. folgende **Divisoren**:

15 %	**=**	**Divisor 1,15**
7 %	**=**	**Divisor 1,07**

Beispiele:

a) Es soll das **Entgelt** bei einem **Bruttobetrag** von **80,50 DM** (einschließlich **15 %** USt) ermittelt werden:

$$\text{Entgelt} \quad = \quad \frac{80,50\,\text{DM}}{1,15} \quad = \quad \underline{\textbf{70,— DM}}$$

b) Es soll das **Entgelt** bei einem **Bruttobetrag** von **53,50 DM** (einschließlich **7 %** USt) ermittelt werden:

$$\text{Entgelt} \quad = \quad \frac{53,50\,\text{DM}}{1,07} \quad = \quad \underline{\textbf{50,— DM}}$$

9.1.3 Berechnungsmethode zur Ermittlung der USt

Enthält ein Betrag **Entgelt und Umsatzsteuer**, kann die **Umsatzsteuer** mit Hilfe eines **Faktors** auch unmittelbar aus dem Bruttobetrag ermittelt werden. Für die Berechnung der **Umsatzsteuer** gelten folgende amtlich anerkannten **Faktoren**:

15 %	**=**	**Faktor 0,1304**	entspricht	**13,04 %**
7 %	**=**	**Faktor 0,0654**	entspricht	**6,54 %**

Beispiele:

a) Aus dem **Bruttobetrag** von **80,50 DM** (einschließlich **15 %** USt) soll die **USt** herausgerechnet werden:

$$\text{USt} \quad = \quad 80,50\,\text{DM} \times \textbf{0,1304} = \underline{\textbf{10,50 DM}}$$

b) Aus dem **Bruttobetrag** von **53,50 DM** (einschließlich **7 %** USt) soll die **USt** herausgerechnet werden

$$\text{USt} \quad = \quad 53,50\,\text{DM} \times \textbf{0,0654} = \underline{\textbf{3,50 DM}}$$

Nach § 13 Abs. 1 Nr. 1 entsteht die **Umsatzsteuer** für entgeltliche Leistungen bereits mit Ablauf des Voranmeldungszeitraums, in dem die Leistungen **ausgeführt** worden sind, **auch wenn die Bezahlung erst später erfolgt** (<u>Sollbesteuerung</u> = Besteuerung nach **vereinbarten Entgelten**).

Nach § 20 ist es unter bestimmten Voraussetzungen möglich, die **Umsatzsteuer** auch nach **vereinnahmten Entgelten** zu berechnen (**Istbesteuerung**).

> **Übung:** 1. Wiederholungsfragen 8 und 9,
> 2. Fälle 1 bis 3

9.1.4 Lieferungen an Arbeitnehmer ohne besonders berechnetes Entgelt

Führt ein Unternehmer **Lieferungen** an seine **Arbeitnehmer** oder deren Angehörige aufgrund des Dienstverhältnisses aus, für die der Empfänger der Lieferung **kein besonders berechnetes Entgelt** aufwendet (§ 1 Abs. 1 **Nr. 1b**), so wird die **Lieferung bemessen** nach (§ 10 Abs. 4)

---

1. dem **Nettoeinkaufspreis** zuzüglich der Nebenkosten für den Gegenstand oder für einen gleichartigen Gegenstand **zum Zeitpunkt des Umsatzes**

   oder

2. nach den **Selbstkosten** des Gegenstandes **zum Zeitpunkt des Umsatzes.**

Zu 1. Nettoeinkaufspreis

Der **Nettoeinkaufspreis** zuzüglich der Nebenkosten für den Gegenstand oder einen gleichartigen Gegenstand zum Zeitpunkt des Umsatzes **entspricht** regelmäßig

---

den **Wiederbeschaffungskosten.**

Wiederbeschaffungskosten sind Kosten, die für die Beschaffung des Gegenstandes zum Zeitpunkt des Umsatzes aufzuwenden wären.

Wird ein Gegenstand **unmittelbar nach der Beschaffung** an einen Arbeitnehmer abgegeben, entsprechen die **Wiederbeschaffungskosten**

---

den **Anschaffungskosten** zuzüglich den Anschaffungs**nebenkosten.**

Beispiel:
Ein Großhändler überläßt im **August 1995** einem **Arbeitnehmer** Waren zum Preis von **5.750 DM**. Der Großhändler hat die Waren **wenige Tage vorher** für 5.000 DM + 750 DM USt = 5.750 DM eingekauft. **Preisänderungen** sind bis zum Zeitpunkt des Umsatzes **nicht** eingetreten.

Die **Bemessungsgrundlage** für die Berechnung der USt beträgt **5.000 DM**.

Wird ein Gegenstand **nicht unmittelbar nach der Beschaffung** an einen Arbeitnehmer abgegeben, sind bei **ungebrauchten Gegenständen** die zwischenzeitlichen **Preisänderungen** zu berücksichtigen.

Beispiel:
Ein Großhändler überläßt im **August 1995** einem **Arbeitnehmer** Waren zum Preis von **5.750 DM**. Der Großhändler hat die Waren im **Januar 1995** für 5.000 DM + 750 DM USt = 5.750 DM eingekauft. Durch zwischenzeitliche **Preiserhöhungen** betragen die **Wiederbeschaffungskosten** der Waren im August 1995 **6.000 DM**.

Die **Bemessungsgrundlage** für die Berechnung der USt beträgt **6.000 DM**.

Bei **gebrauchten Gegenständen** sind die **Wiederbeschaffungskosten** für **gleichartige gebrauchte** Gegenstände anzusetzen.

Zu 2. Selbstkosten

Gegenstände, die der Unternehmer nicht einkauft, sondern selbst herstellt, sind mit den **Selbstkosten** zum Zeitpunkt des Umsatzes als Bemessungsgrundlage anzusetzen. Die **Selbstkosten** für einen Gegenstand entsprechen **zum Zeitpunkt des Umsatzes**

den **Herstellungskosten**

im Einkommensteuerrecht (R 33 EStR 1993).

Herstellungskosten sind Aufwendungen, die durch den Verbrauch von Sachgütern und die Inanspruchnahme von Diensten für die Herstellung eines Gegenstandes, seiner Erweiterung oder für eine über seinen ursprünglichen Zustand hinausgehende wesentliche Verbesserung entstehen (§ 255 Abs. 2 HGB).

9.1.5 Sonstige Leistungen an Arbeitnehmer ohne besonders berechnetes Entgelt

Führt ein Unternehmer **sonstige Leistungen** an seine **Arbeitnehmer** oder deren Angehörige aufgrund des Dienstverhältnisses aus, für die der Empfänger der sonstigen Leistung **kein besonders berechnetes Entgelt** aufwendet (§ 1 Abs. 1 **Nr. 1b**), so wird die sonstige Leistung **bemessen** nach (§ 10 Abs. 4)

den **entstandenen Kosten.**

Bei der Ermittlung der **entstandenen Kosten** sind solche **Kosten auszuscheiden**, **bei denen kein Vorsteuerabzug möglich ist** (BMF-Schreiben vom 28.09.1993).

Beispiel:
Der Unternehmer U, Bonn, überläßt seinem Angestellten eine Wohnung in einem in Bonn gelegenen Mietwohngrundstück, für die der Angestellte kein besonders berechnetes Entgelt aufwendet.
Der Mietwert der Wohnung beträgt jährlich 12.000 DM.

Es liegt eine **entgeltliche sonstige Leistung** im Sinne des § 1 Abs. 1 Nr. 1b vor, die jedoch **nicht der Umsatzsteuer** unterliegt, **weil** bei den entstandenen Kosten der **Vorsteuerabzug nicht möglich** gewesen ist (BMF-Schreiben vom 28.09.1993).

Umsatzart	Ort des Umsatzes	**nicht** steuerbare Umsätze im Inland DM	**steuerbare** Umsätze im Inland DM	**steuerfreie** Umsätze im Inland DM	**steuerpflichtige** Umsätze im Inland DM
entgeltl. sonst. L.	Bonn	12.000	——	——	——

Zusammenfassung zu Abschnitt 9.1:

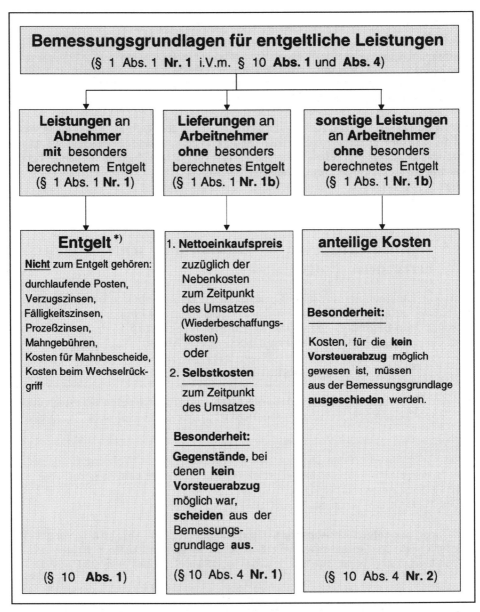

*) Das **Entgelt** ist auch dann Bemessungsgrundlage, wenn es dem objektiven Wert der bewirkten Leistung nicht entspricht.
Das **Entgelt** darf **zwar höher**, aber **nicht zu niedrig** bemessen sein. Ist das Entgelt **zu niedrig** angesetzt, sind die **Mindestbemessungsgrundlagen** nach § 10 **Abs. 5** zu beachten (siehe Abschnitt 9.5).

Übung: 1. Wiederholungsfragen 10 bis 17,
2. Fälle 4 und 5

9.2 Bemessungsgrundlage für den innergemeinschaftlichen Erwerb

Bemessungsgrundlage für den **innergemeinschaftlichen Erwerb** ist - wie bei der entgeltlichen Lieferung - das **Entgelt** (§ 10 Abs. 1 **Satz 1**).

Entgelt ist alles, was der Leistungsempfänger (hier der **Erwerber**) aufwendet, um die Lieferung zu erhalten, jedoch abzüglich der Umsatzsteuer.

Das **Entgelt** läßt sich in der Regel aus der **Rechnung des Lieferers** entnehmen.

Beispiel:
Der **spanische** Lieferer U, Madrid, stellt dem **deutschen** Unternehmer A, Bonn, für in 1995 gelieferte Waren folgende Beträge in Rechnung:

Nettowarenwert	10.000,— DM
+ Frachtkosten	1.500,— DM
+ Verpackungkosten	500,— DM
insgesamt	**12.000,— DM**

Die **Bemessungsgrundlage für** die Berechnung der deutschen Umsatzsteuer (Erwerbsteuer) beträgt **12.000,— DM.**

Beim innergemeinschaftlichen Erwerb sind (**alle**) **Verbrauchsteuern,** die vom **Erwerber** geschuldet oder entrichtet werden, in die **Bemessungsgrundlage einzubeziehen** (§ 10 Abs. 1 **Satz 4**).

Die Verbrauchsteuern gehören zu dem, was der Erwerber aufwendet, um die Lieferung zu erhalten, und sollen daher auch der Umsatzsteuer (Erwerbsteuer) im Bestimmungsland unterworfen werden.

Unter diese Regelung fallen **alle Verbrauchsteuern,** also nicht nur diejenigen, deren Waren nach § 1a Abs. 5 aufgeführt sind, also nicht nur für Mineralöle, Alkohol und alkoholische Getränke sowie Tabakwaren, sondern **z.B. auch für Kaffee.**

Beispiel:
Der Gastwirt A, Unternehmer mit USt-IdNr., Mainz, erwirbt von dem französichen Unternehmer U, Unternehmer mit USt-IdNr., Dijon, 20 Kisten Champagner. A verwendet den Champagner ausschließlich in seiner Gaststätte. Das **Entgelt** einschließlich Frachtkosten beträgt umgerechnet **10.000 DM**. Außerdem hat A an **Verbrauchsteuern** (Schaumweinsteuer) **800 DM** zu entrichten.

Die **Bemessungsgrundlage** für den innergemeinschaftlichen Erwerb beträgt **10.800 DM** (10.000 DM + 800 DM).

Übung: 1. Wiederholungsfrage 18,   2. Fall 6

9.3 Bemessungsgrundlagen beim Eigenverbrauch

Da beim **Eigenverbrauch** das **Entgelt fehlt**, bestimmt der Gesetzgeber für die verschiedenen **Arten des Eigenverbrauchs** besondere **Bemessungsgrundlagen**.

9.3.1 Entnahme von Gegenständen

Entnimmt ein **Unternehmer** einen **Gegenstand** aus seinem **Unternehmen** im **Inland** für **Zwecke außerhalb des Unternehmens** (§ 1 Abs. 1 **Nr. 2a**), so ist der Umsatz zu **bemessen** nach (§ 10 Abs. 4)

> 1. dem **Nettoeinkaufspreis** zuzüglich der Nebenkosten für den Gegenstand oder für einen gleichartigen Gegenstand **zum Zeitpunkt des Umsatzes**
>
> **oder**
>
> 2. nach den **Selbstkosten** des Gegenstandes **zum Zeitpunkt des Umsatzes**.

Aus der **Bemessungsgrundlage** für den **Entnahmeeigenverbrauch** sind solche **Gegenstände auszuscheiden, bei denen kein Vorsteuerabzug möglich war** (BMF-Schreiben vom 13.5.1994).

Zu 1. Nettoeinkaufspreis

Der **Nettoeinkaufspreis** zuzüglich der Nebenkosten für den Gegenstand oder einen gleichartigen Gegenstand zum Zeitpunkt des Umsatzes **entspricht** regelmäßig

> den **Wiederbeschaffungskosten.**

Beispiel:
Der Koblenzer Einzelhändler U entnimmt seinem Unternehmen eine Kühltruhe, die er **vor wenigen Tagen** für **500 DM** + 75 DM USt = 575 DM erworben hat, für private Zwecke.

Die **Bemessungsgrundlage** für die Berechnung der USt beträgt **500 DM**. In diesem Fall entsprechen die **Wiederbeschaffungskosten** den **Anschaffungskosten**, weil der Gegenstand **unmittelbar nach der Beschaffung** entnommen wurde.

Wird der Gegenstand **nicht unmittelbar nach der Beschaffung** entnommen, sind die zwischenzeitlichen **Preisänderungen** zu berücksichtigen.

Beispiel:
Ein Großhändler **entnimmt im Oktober 1995** Waren für **575 DM** incl. 15 % USt. Der Großhändler hat die Waren im **Februar 1995** für 500 DM + 75 DM USt = 575 DM eingekauft. Durch zwischenzeitliche **Preiserhöhungen** betragen die **Wiederbeschaffungskosten** der Waren im Oktober 1995 **600 DM** netto.

Die **Bemessungsgrundlage** für die Berechnung der USt beträgt **600 DM**.

Zu 2. Selbstkosten

Gegenstände, die der Unternehmer nicht einkauft, sondern selbst herstellt, sind mit den **Selbstkosten** zum **Zeitpunkt des Umsatzes** als Bemessungsgrundlage anzusetzen.

Aus Vereinfachungsgründen wird die **Bemessungsgrundlage** für die **Entnahme von Gegenständen** bei bestimmten Unternehmen anhand von amtlich festgelegten **Pauschbeträgen** ermittelt.

Für das Bundesland **Nordrhein-Westfalen** gelten seit 1.1.1993 folgende **Pauschbeträge**:

| Gewerbeklasse | Umsatzsteuer | | |
	zu 15 % DM	zu 7 % DM	insgesamt DM
Bäckerei	300	1.164	1.464
Fleischerei	360	1.620	1.980
Gast- und Speisewirtschaften			
- mit Abgabe von kalten Speisen	576	2.112	2.688
- mit Abgabe von kalten und warmen Speisen	576	3.660	4.236
Konditorei und Café	504	1.452	1.956
Milch, Milcherzeugnisse, Fettwaren und Eier, Einzelhandel	60	780	840
Nahrungs- und Genußmittel, Einzelhandel			
- Wurstwaren	744	1.932	2.676
wird **Frischfleisch** geführt, erhöhen sich die Pauschbeträge um	-	396	396
Obst, Gemüse, Südfrüchte und Kartoffel, Einzelhandel	156	444	600

Die **Pauschbeträge** sind mit dem **Jahreswert** für **eine Person** festgesetzt. Für **Kinder von 2 bis 12 Jahren** ist die **Hälfte** des jeweiligen Werts anzusetzen.

Beispiel:
Die Eheleute A betreiben in **Bonn** ein **Konditorei** mit Café. Sie haben einen **10jährigen Sohn**. Die Steuerpflichtigen bewerten ihren Jahreseigenverbrauch mit den von der OFD festgesetzten **Pauschbeträgen**.

Die **Bemessungsgrundlage** beträgt:

| | steuerpflichtige Umsätze | | insgesamt |
	zu 15 % DM	zu 7 % DM	DM
Ehemann	504	1.452	1.956
Ehefrau	504	1.452	1.956
Kind (50 %)	252	726	978
Bemessungsgrundlage	**1.260**	**3.630**	**4.890**

Will der Steuerpflichtige **niedrigere Beträge** als die Pauschbeträge geltend machen, muß er entsprechende **Nachweise** führen.

> **Übung:** 1. Wiederholungsfragen 19 und 20,
> 2. Fälle 7 bis 9

9.3.2 Ausführung von sonstigen Leistungen

Führt ein **Unternehmer** eine **sonstige Leistung** im **Rahmen seines Unternehmens** im **Inland** für **Zwecke außerhalb des Unternehmens** aus (§ 1 Abs. 1 **Nr. 2b**), so ist der Umsatz zu **bemessen** nach (§ 10 Abs. 4)

> den **entstandenen Kosten.**

Aus der **Bemessungsgrundlage** für die Ausführung sonstiger Leistungen sind solche **Kosten auszuscheiden, bei denen kein Vorsteuerabzug möglich ist** (BMF-Schreiben vom 28.9.1993).

Diese **Kürzung der Bemessungsgrundlage** hat vor allem **Bedeutung für die Besteuerung der privaten Benutzung eines** dem Unternehmen zugeordneten **Kraftfahrzeugs.**

Bei der **Ermittlung der Bemessungsgrundlage** des Eigenverbrauchs **bleiben** in diesem Falle z.B. **außer Ansatz**

> die **Kraftfahrzeugsteuer,**
>
> die **Kraftfahrzeugversicherungen,**
>
> die Garagenmiete, soweit sie steuerfrei ist, und
>
> die Rundfunkgebühren für das Autoradio.

Beispiel:
Der Unternehmer U, Koblenz, verwendet seinen betrieblichen Pkw, den er von einem **Unternehmer** (Kfz-Händler) erworben hat, zu **30 % für private Zwecke.**
In 1995 sind für den Pkw folgende **Kosten** angefallen:

1. Kosten, bei denen **kein Vorsteuerabzug** möglich ist		
Kfz-Versicherungen	1.800,— DM	
Kfz-Steuer	200,— DM	2.000,— DM
2. Kosten, bei denen **Vorsteuerabzug** möglich ist		
Benzin	1.200,— DM	
Reparaturen	800,— DM	
Absetzung für Abnutzung (AfA)	2.000,— DM	**4.000,— DM**
Kosten insgesamt		**6.000,— DM**

Die **Bemessungsgrundlage** für den **steuerpflichtigen** Eigenverbrauch beträgt **1.200 DM (30 % von 4.000 DM).**
Der **nicht** der Umsatzsteuer unterliegende Eigenverbrauch beträgt 600 DM (30 % von 2.000 DM).

Umsatzart	Ort des Umsatzes	nicht steuerbare Umsätze im Inland DM	steuerbare Umsätze im Inland DM	steuerfreie Umsätze im Inland DM	steuer- pflichtige Umsätze im Inland DM
EV, s.L.	Koblenz	——	1.200	——	1.200
EV, s.L.	Koblenz	600	——	——	——

Wird der Pkw z.B. von einem **Nichtunternehmer** erworben, gehört die **anteilige AfA nicht** zur **Bemessungsgrundlage**, weil für den Unternehmer nicht das Recht auf Vorsteuerabzug besteht.

Die **private Nutzung** der dem Unternehmen dienenden **Fernsprechanschlüsse** ist grundsätzlich **kein Eigenverbrauch** mehr (BMF-Schreiben vom 15.02.1994).

Die entgegenstehende Regelung in **Abs. 4** des BMF-Schreibens vom 28.09.1993 ist **nicht** mehr anzuwenden.

Beispiel:
Der Kölner Unternehmer U benutzt sein gemietetes **Geschäftstelefon** zu 20 % für private Zwecke. Die gesamten Telefonkosten (Grund- und Gesprächsgebühren) haben 1995 **8.000 DM** betragen.

Die anteiligen Telefonkosten von **1.600 DM** (20 % von 8.000 DM) sind **kein Eigenverbrauch**. Der Vorgang ist **nicht steuerbar**.

Umsatzart	Ort des Umsatzes	nicht steuerbare Umsätze im Inland DM	steuerbare Umsätze im Inland DM	steuerfreie Umsätze im Inland DM	steuer- pflichtige Umsätze im Inland DM
Kein Umsatz	Köln	1.600	——	——	——

Eine **Ausnahme** von diesem Grundsatz gibt es lediglich bei der **Anschaffung** unternehmerisch genutzter **Fernsprechendgeräte** (z.B. von Telefonanlagen nebst Zubehör, Telekopiergeräten, Mobilfunkeinrichtungen).
Da der Unternehmer in diesen Fällen die Umsatzsteuer aus den Anschaffungskosten in voller Höhe als Vorsteuer abziehen kann, unterliegt die private Nutzung dieser Geräte mit der **anteiligen AfA** als **Eigenverbrauch** der Umsatzsteuer. Die **Grund- und Fernsprechgebühren** gehören **nicht** zur Bemessungsgrundlage.

Merke: Die **laufenden Telefonkosten** sind **kein Eigenverbrauch**.

Übung: 1. Wiederholungsfragen 21 und 22,
2. Fälle 10 und 11

9.3.3 Tätigung von Repräsentationsaufwendungen

Tätigt der **Unternehmer** im **Rahmen seines Unternehmens** im **Inland Aufwendungen** (Betriebsausgaben), die nach **§ 4 Abs. 5** oder **Abs. 7** oder **§ 12 Nr. 1 EStG** bei der Gewinnermittlung **nicht abzugsfähig** sind (nichtabzugsfähige Betriebsausgaben) (§ 1 Abs. 1 **Nr. 2c**), so ist der Umsatz zu **bemessen** nach (§ 10 Abs. 4)

den **Aufwendungen.**

Zusammenfassung zu Abschnitt 9.3:

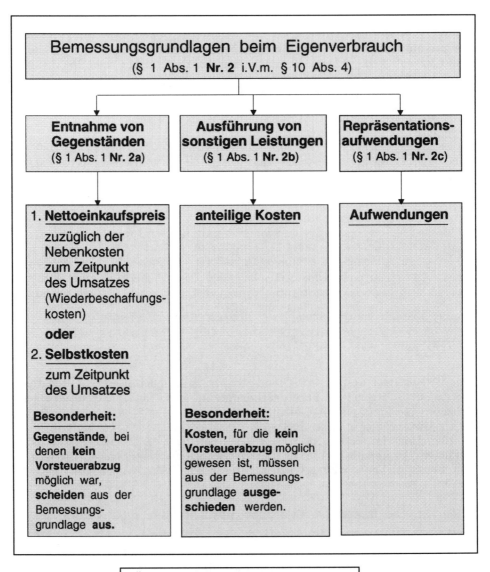

Übung:	1. Wiederholungsfrage 23,
	2. Fall 12

9.4 Bemessungsgrundlagen für unentgeltliche Leistungen

Ebenso wie beim Eigenverbrauch **fehlt** auch beim **eigenverbrauchsähnlichen Tat-bestand** des § 1 Abs. 1 **Nr. 3** das **Entgelt**, so daß der Gesetzgeber auch für die **unentgeltlichen Lieferungen und sonstigen Leistungen** (den sog. **Gesellschafter-verbrauch**) im Sinne des § 1 Abs. 1 **Nr. 3** besondere **Bemessungsgrundlagen** bestimmt hat.

9.4.1 Lieferungen von Vereinigungen an Mitglieder oder diesen nahestehende Personen

Führt eine **Vereinigung** (z.B. OHG, KG, GmbH) **Lieferungen** im **Inland** im **Rahmen ihres Unternehmens** an ihre **Mitglieder oder diesen nahestehende Personen unentgeltlich** aus (§ 1 Abs. 1 **Nr. 3**), so ist der Umsatz zu **bemessen** nach (§ 10 Abs. 4)

> 1. dem **Nettoeinkaufspreis** zuzüglich der Nebenkosten für den Gegenstand oder für einen gleichartigen Gegenstand **zum Zeitpunkt des Umsatzes**
>
> **oder**
>
> 2. nach den **Selbstkosten** des Gegenstandes **zum Zeitpunkt des Umsatzes**.

Beispiel:

Die Firma Meister **OHG** betreibt in **Bremen** eine Lederwarengroßhandlung. Der **Gesellschafter** Meister entnimmt dem Unternehmen **unentgeltlich** eine Handtasche und schenkt sie seiner Ehefrau. Der **Nettoeinkaufspreis** der Tasche hat **500 DM** betragen. Die **Wiederbeschaffungskosten** betragen im Zeitpunkt der Entnahme **550 DM**.

Die **Bemessungsgrundlage** für die Berechnung der USt beträgt **550 DM**, weil dieser Betrag dem **Nettoeinkaufspreis** zum **Zeitpunkt des Umsatzes** entspricht.

Aus der **Bemessungsgrundlage** für **unentgeltliche Lieferungen** sind solche **Gegenstände auszuscheiden, bei denen kein Vorsteuerabzug möglich war** (BMF-Schreiben vom 15.5.1994).

9.4.2 Sonstige Leistungen von Vereinigungen an Mitglieder oder diesen nahestehende Personen

Führt eine **Vereinigung** (z.B. OHG, KG, GmbH) **sonstige Leistungen** im **Inland** im **Rahmen ihres Unternehmens** an ihre **Mitglieder oder diesen nahestehende Personen unentgeltlich** aus (§ 1 Abs. 1 **Nr. 3**), so ist der Umsatz zu **bemessen** nach (§ 10 Abs. 4)

> den **entstandenen Kosten**.

Bei der Ermittlung der **entstanden Kosten** sind solche **Kosten auszuscheiden, bei denen kein Vorsteuerabzug möglich ist** (BMF-Schreiben vom 28.09.1993).

Zusammenfassung zu Abschnitt 9.4:

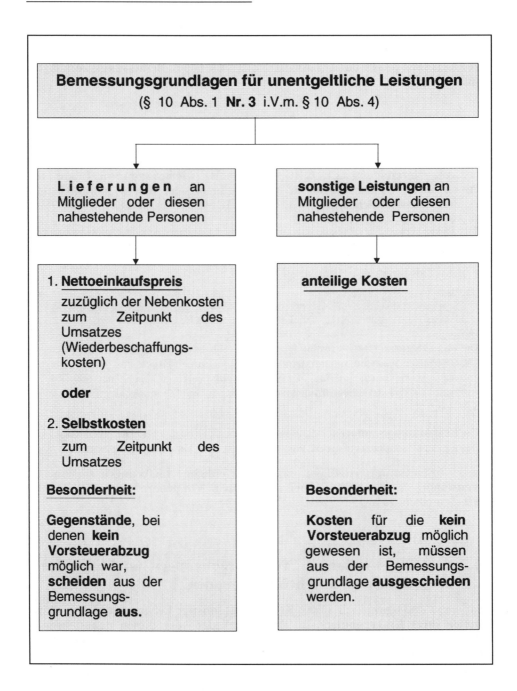

Bemessungsgrundlagen für unentgeltliche Leistungen
(§ 10 Abs. 1 **Nr. 3** i.V.m. § 10 Abs. 4)

L i e f e r u n g e n an Mitglieder oder diesen nahestehende Personen

sonstige Leistungen an Mitglieder oder diesen nahestehende Personen

1. **Nettoeinkaufspreis**

zuzüglich der Nebenkosten zum Zeitpunkt des Umsatzes (Wiederbeschaffungs-kosten)

oder

2. **Selbstkosten**

zum Zeitpunkt des Umsatzes

Besonderheit:

Gegenstände, bei denen **kein Vorsteuerabzug** möglich war, **scheiden** aus der Bemessungs-grundlage **aus.**

anteilige Kosten

Besonderheit:

Kosten für die **kein Vorsteuerabzug** möglich gewesen ist, müssen aus der Bemessungs-grundlage **ausgeschieden** werden.

Übung: 1. Wiederholungsfragen 24 bis 26,
2. Fälle 13 und 14

9.5 Mindestbemessungsgrundlagen

Die Regelung über die **Mindestbemessungsgrundlagen** nach § 10 **Abs. 5** hat zum **Ziel**, den **Endverbrauch** möglichst **vollständig und gleichmäßig mit Umsatzsteuer zu belasten**.

In den Fällen der Mindestbemessungsgrundlagen ist stets ein **Entgelt** vorhanden, daß jedoch nach Auffassung des Gesetzgebers **zu niedrig** ist.

Zu den **Fällen** der **Mindestbemessungsgrundlagen** im Sinne des § 10 **Abs. 5** gehören

> 1. **Leistungen** von **Vereinigungen an Mitglieder oder diesen nahestehende Personen,**
>
> 2. **Leistungen** von **Einzelunternehmern an ihnen nahestehende Personen** und
>
> 3. **Leistungen** von **Unternehmern an Arbeitnehmer** (Sachzuwendungen).

Werden **Lieferungen** im Sinne des § 10 Abs. 5 **entgeltlich**, aber **verbilligt** ausgeführt, so ist für diese Umsätze **mindestens anzusetzen** (§ 10 Abs. 5 i.V.m. § 10 Abs. 4)

> 1. der **Nettoeinkaufspreis** zuzüglich der Nebenkosten für den Gegenstand oder für einen gleichartigen Gegenstand **zum Zeitpunkt des Umsatzes**
>
> **oder**
>
> 2. die **Selbstkosten** des Gegenstandes zum **Zeitpunkt des Umsatzes**.

Beispiel:
Die **Müller OHG**, Stuttgart, kauft einen Pkw von einem Automobilwerk für **30.000 DM** + 4.500 DM USt = 34.500 DM.
Weinige Tage später verkauft die OHG diesen Pkw an ihren Gesellschafter Müller, Stuttgart, für 23.000 DM (**20.000 DM** + 3.000 DM USt).

Die **Bemessungsgrundlage** für die Berechnung der USt beträgt **30.000 DM**, weil der Nettoeinkaufspreis (30.000 DM) das berechnete, aber zu niedrige Entgelt (20.000 DM) übersteigt.

Werden **sonstige Leistungen** im Sinne des § 10 Abs. 5 **entgeltlich**, aber **verbilligt** ausgeführt, so sind für diese Umsätze **mindestens anzusetzen** (§ 10 Abs. 5 i.V.m. § 10 Abs. 4)

> die **entstandenen Kosten.**

> **Übung:** 1. Wiederholungsfragen 27 bis 29,
> 2. Fälle 15 bis 17

9.6 Änderung der Bemessungsgrundlage

Ergeben sich **nachträglich** (in einem späteren Veranlagungszeitraum) **Änderungen des Entgelts**, so hat der **Unternehmer**, der die Umsätze **ausgeführt** hat, den dafür geschuldeten **Umsatzsteuerbetrag** zu berichtigen (§ 17 Abs. 1 **Nr. 1**).
Ebenso hat der **Unternehmer**, der die Leistung **empfangen** hat, den dafür in Anspruch genommenen **Vorsteuerbetrag** zu berichtigen (§ 17 Abs. 1 **Nr. 2**).

§ 17 bezieht sich demnach auf **zwei Unternehmer**, die ihre Umsätze nach **vereinbarten Entgelten** besteuern (**Sollbesteuerung**), und zum **Vorsteuerabzug** berechtigt sind.

Führt ein **Unternehmer** eine steuerpflichtige Leistung z. B. an einen **Nichtunternehmer** (z.B. Privatmann) aus, so ist **nur** der **liefernde Unternehmer** verpflichtet, seine **Umsatzsteuerschuld zu berichtigen**.

Die **Änderung der Bemessungrundlage** kann in einer Entgelts**erhöhung** oder in einer Entgelts**minderung** bestehen.

Entgelts**erhöhungen** können sich z.B. ergeben durch:

> - **Preiszuschläge,**
> - **Vertragsstrafen.**

Weiterberechnete **Verzugszinsen**, Fälligkeitszinsen und Prozeßzinsen sind als Schadenersatz **keine** Entgelts**erhöhungen**.

Das gleiche gilt in den Fällen des **Wechselrückgriffs** für weiterberechnete **Zinsen**, **Kosten des Protestes** und **Vergütungen** (Abschn. 3 Abs. 3 Satz 3 und Satz 5 UStR).

Entgelts**minderungen** können sich z.B. ergeben durch:

> - **Skonti,**
> - Boni,
> - Rabatte,
> - Kaufpreisminderungen bei Mängelrügen,
> - **Forderungsausfälle.**

Sowohl die Entgelts**erhöhungen** als auch die Entgelts**minderungen** stellen eine **Änderung der Bemessungsgrundlage** dar.

Die erforderlichen **Berichtigungen** sind für **den** Besteuerungszeitraum vorzunehmen, in dem die **Änderung** der Bemessungsgrundlage **eingetreten** ist (§ 17 Abs. 1 **letzter Satz**).

Die Berichtigungspflicht ist **bereits** bei der Berechnung der **Vorauszahlungen** zu beachten (§ **18** Abs. 1 **Satz 2**).

Im folgenden werden zwei der in der Praxis häufig vorkommenden Fälle der **Entgelts-minderung** näher erläutert.

9.6.1 Skonti

<u>Beispiel:</u>
Der **Unternehmer** U, der als Monatszahler seine Umsätze nach vereinbarten Entgelten besteuert (Sollbesteuerung), liefert am 27.08.1995 Waren an den **Unternehmer** A, der ebenfalls Monatszahler ist. Seine Rechnung weist folgende Beträge aus:

Waren, netto	10.000,— DM
+ 15 % USt	1.500,— DM
Rechnungsbetrag	11.500,— DM

Die **Zahlungsbedingungen** lauten:
Zahlbar innerhalb 14 Tagen mit 2 % Skonto **oder** 30 Tage netto.

A zahlt am 10.09.1995 unter **Abzug von 2 % Skonto**

Rechnungsbetrag	11.500 DM	
− **2 % Skonto**	**230 DM**	(200 DM + 30 DM USt)
Zahlung	11.270 DM	

Durch den Skontoabzug ändert sich im September 1995 die Bemessungsgrundlage (Entgeltsminderung). U schuldet für September 1995 **30 DM weniger Umsatzsteuer**. A hat die Vorsteuer für September 1995 entsprechend zu berichtigen.

9.6.2 Forderungsausfälle

Die Pflicht zur Berichtigung der Umsatzsteuer nach § 17 Abs. 1 besteht auch dann,wenn das Entgelt für eine Leistung **uneinbringlich** geworden ist (§ 17 **Abs. 2** Nr. 1 **Satz 1**).

<u>Beispiel:</u>
Der Unternehmer U hat eine **Forderung** an den Kunden A in Höhe von 575 DM (500 DM + 75 DM USt), die unerwartet im Dezember 1995 **uneinbringlich** wird.

Durch den Forderungsausfall ändert sich im Dezember 1995 die Bemessungsgrund-lage. U schuldet für Dezember 1995 **75 DM weniger Umsatzsteuer**.

Ist die **Umsatzsteuer berichtigt worden**, weil das Entgelt uneinbringlich geworden ist, und geht **nachträglich** wider Erwarten eine Zahlung auf die bereits berichtigte Forderung **ein**, ist die **Umsatzsteuer erneut zu berichtigen** (§ 17 **Abs. 2** Nr. 1 **Satz 2**).

<u>Beispiel:</u>
Auf die in **1988** voll abgeschriebene Forderung an den Kunden A geht wider Erwarten 1995 ein Betrag von **570 DM** (500 DM +70 DM USt) auf dem Bankkonto des Unter-nehmers U ein.

Die **Bemessungsgrundlage** für die Berechnung der USt beträgt **500 DM** (570 DM : **1,14**).

Übung: 1. Wiederholungsfragen 30 bis 32, 2. Fälle 18 bis 21

9.7 Zusammenfassung und Erfolgskontrolle

9.7.1 Zusammenfassung

Umsatzart (§ 1)	Bemessungsgrundlage (§ 10)
1. entgeltliche Leistungen (§ 1 Abs. 1 **Nr. 1**)	**E n t g e l t** **Nicht** zum **Entgelt** gehören: durchlaufende Posten, Verzugszinsen, Fälligkeitszinsen, Prozeßzinsen, Mahngebühren, Kosten für Mahnbescheide, Kosten beim Wechselrückgriff
1.1 Lieferungen an Arbeitnehmer **ohne besonders berechnetes** **Entgelt** und **verbilligte** Lieferungen	**Nettoeinkaufspreis** zuzüglich der Nebenkosten **oder Selbstkosten** **zum Zeitpunkt des Umsatzes** **(Wiederbeschaffungskosten)**
1.2 sonstige Leistungen an AN **ohne besonders berechnetes** **Entgelt** und **verbilligte** sonstige Leistungen	**entstandene Kosten**
2. Eigenverbrauch (§ 1 Abs. 1 **Nr. 2**) 2.1 Gegenstandsentnahme	**Nettoeinkaufspreis** zuzüglich der Nebenkosten **oder Selbstkosten** zum Zeitpunkt des Umsatzes **(Wiederbeschaffungskosten)**
2.2 Ausführung sonstiger Leistungen	**entstandene Kosten**
2.3 Repräsentationsaufwendungen	**Aufwendungen**
3. unentgeltliche Leistungen (§ 1 Abs. 1 **Nr. 3**) 3.1 Lieferungen	**Nettoeinkaufspreis** zuzüglich der Nebenkosten oder Selbstkosten **zum Zeitpunkt des Umsatzes** **(Wiederbeschaffungskosten)**
3.2 sonstige Leistungen	**entstandene Kosten**
4. innergemeinschaftlicher Erwerb (§ 1 Abs. 1 **Nr. 5**)	**Entgelt zuzüglich** der **Verbrauchsteuern**

9.7.2 Erfolgskontrolle

WIEDERHOLUNGSFRAGEN

1. Was versteht man unter Bemessungsgrundlage?
2. Was ist in der Regel die Bemessungsgrundlage bei entgeltlichen Lieferungen und sonstigen Leistungen?
3. Was ist Entgelt im Sinne des § 10 Abs. 1 Satz 2?
4. Ist der Kaufpreis, den der Käufer nach § 433 BGB zu zahlen hat, der Brutto- oder Nettopreis?
5. Was versteht man unter durchlaufenden Posten?
6. Gehören durchlaufende Posten zum Entgelt?
7. Welche Größen gehören ebenfalls nicht zum Entgelt?
8. Wie ermitteln Sie das Entgelt, wenn ein Betrag Entgelt und USt enthält?
9. Wie ermitteln Sie die USt, wenn ein Betrag Entgelt und USt enthält?
10. In welchem Fall ist der Nettoeinkaufspreis zuzüglich Nebenkosten als Bemessungsgrundlage für Lieferungen an Arbeitnehmer anzusetzen?
11. Was versteht man unter den Wiederbeschaffungskosten?
12. In welchem Fall entsprechen die Anschaffungskosten zuzüglich den Anschaffungsnebenkosten den Wiederbeschaffungskosten?
13. In welchem Fall sind die Wiederbeschaffungskosten als Bemessungsgrundlage für Lieferungen an Arbeitnehmer anzusetzen?
14. In welchem Fall sind die Selbstkosten als Bemessungsgrundlage für Lieferungen an Arbeitnehmer anzusetzen?
15. Was versteht man unter den Herstellungskosten eines Gegenstandes?
16. Was ist die Bemessungsgrundlage für sonstige Leistungen, die der Unternehmer an seine Arbeitnehmer ohne besonders berechnetes Entgelt ausführt?
17. Was ist bei dieser Bemessungsgrundlage nach dem BMF-Schreiben vom 28.09.1993 zu beachten?
18. Was ist die Bemessungsgrundlage für den innergemeinschaftlichen Erwerb?
19. Was ist die Bemessungsgrundlage für die Entnahme von Gegenständen im Sinne des § 1 Abs. 1 Nr. 2a?
20. Wie kann die Bemessungsgrundlage für die Entnahme von Gegenständen bei bestimmten Unternehmen vereinfacht ermittelt werden?
21. Was ist die Bemessungsgrundlage bei der Ausführung sonstiger Leistung als Eigenverbrauch?
22. Was ist bei dieser Bemessungsgrundlage nach dem BMF-Schreiben vom 28.09.1993 zu beachten?
23. Was ist die Bemessungsgrundlage bei Repräsentationsaufwendungen?
24. Was ist die Bemessungsgrundlage bei unentgeltlichen Lieferungen von Vereinigungen an Mitglieder oder diesen nahestehende Personen?
25. Was ist die Bemessungsgrundlage bei unentgeltlichen sonstigen Leistungen von Vereinigungen an Mitglieder oder diesen nahestehende Personen?
26. Was ist bei dieser Bemessungsgrundlage nach den BMF-Schreiben vom 28.09.1993 und 15.02.1994 zu beachten?
27. Für welche Fälle kommen die Mindestbemessungsgrundlagen nach § 10 Abs. 5 in Betracht?
28. Welche Bemessungsgrundlage ist mindestens anzusetzen, wenn Lieferungen im Sinne des § 10 Abs. 5 ausgeführt werden?
29. Welche Bemessungsgrundlage ist mindestens anzusetzen, wenn sonstige Leistungen im Sinne des § 10 Abs. 5 ausgeführt werden?

30. Wodurch können sich Entgeltserhöhungen ergeben?
31. Wodurch können sich Entgeltsminderungen ergeben?
32. Für welchen Zeitraum sind Berichtigungen vorzunehmen, wenn sich Änderungen der Bemessungsgrundlage ergeben?

FÄLLE

Fall 1:

Der Unternehmer U, Bonn, verkauft in seinem Geschäft einen Fotoapparat zum **Kaufpreis** von **310,50 DM**. Der Umsatz unterliegt dem Steuersatz von 15 %.

Wie hoch ist das **Entgelt**?

Fall 2:

Der Lebensmittelhändler U, Hannover, hat im Oktober 1995 steuerpflichtige **Einnahmen** aus Warenverkäufen von insgesamt **115.100,— DM**. Davon entfallen auf steuerpflichtige Umsätze

zum Steuersatz zu 7 %	90.950,— DM
zum Steuersatz zu 15 %	24.150,— DM
	115.100,— DM

1. Um welche **Umsatzart** im Sinne des § 1 Abs. 1 handelt es sich?
2. Ermitteln Sie die **Bemessungsgrundlage** der steuerpflichtigen Umsätze.

Fall 3:

Unternehmer A, Münster, kauft im November 1995 vom Autohändler U, ebenfalls Münster, einen neuen Geschäftswagen für netto **116.000,— DM** zuzüglich 15 % USt. A gibt seinen alten Geschäftswagen in Zahlung und entrichtet noch einen Betrag von **112.000,— DM**. Auch dieser Umsatz unterliegt dem Steuersatz von 15 %.

1. Um welche **Umsatzart** im Sinne des § 1 Abs. 1 handelt es sich?
2. Wie hoch sind die **Bemessungsgrundlagen**?

Fall 4:

Der Unternehmer U, Bremen, verkauft einem angestellten Mitarbeiter einen Computer für netto **1.500,— DM**. Die Anschaffungskosten des Computers haben **1.800,— DM** betragen. Die Wiederbeschaffungskosten des Computers betragen im Zeitpunkt des Umsatzes **1.700,— DM**.

1. Um welche **Umsatzart** im Sinne des § 1 Abs. 1 handelt es sich?
2. Wie hoch ist die **Bemessungsgrundlage**?

Fall 5:

Der Unternehmer U, Hamburg, überläßt einem Prokuristen seines Unternehmens ohne besonders berechnetes Entgelt einen zum Betriebsvermögen gehörenden Pkw für Privatfahrten im Inland. Die gesamten Pkw-Kosten, bei denen kein Vorsteuerabzug möglich gewesen ist, haben netto **12.000,— DM** betragen. Davon entfallen 10 % auf die private Nutzung durch den Prokuristen.

1. Um welche **Umsatzart** im Sinne des § 1 Abs. 1 handelt es sich?
2. Wie hoch ist die **Bemessungsgrundlage**?

Fall 6:

Der Unternehmer A, Düsseldorf, erwirbt von dem französischen Unternehmer U, Paris, eine Maschine für ein **Entgelt** von umgerechnet **15.000,— DM**. U läßt die Maschine mit der Bahn von Frankreich nach Deutschland befördern. Die **Frachtkosten**, die A zusätzlich in Rechnung gestellt werden, betragen umgerechnet **1.200,— DM** netto.

1. Um welche **Umsatzart** im Sinne des § 1 Abs. 1 handelt es sich?
2. Wie hoch ist die **Bemessungsgrundlage**?

Fall 7:

Der Lebensmitteleinzelhändler Franz Sabel, Essen, hat seinem Geschäft Waren für seinen Haushalt entnommen. Die Waren haben im Zeitpunkt der Entnahme einen Einkaufswert von **120,— DM** netto und einen Verkaufswert von **150,— DM** netto.

1. Um welche **Umsatzart** im Sinne des § 1 Abs. 1 handelt es sich?
2. Wie hoch ist die **Bemessungsgrundlage**?

Fall 8:

Die Eheleute U betreiben in Köln eine Gastwirtschaft. In der Gastwirtschaft werden kalte und warme Speisen abgegeben. Zum Haushalt der Eheleute gehören eine 5jährige Tochter und ein 15jähriger Sohn.

1. Um welche **Umsatzart** im Sinne des § 1 Abs. 1 handelt es sich?
2. Wie hoch ist die **Bemessungsgrundlage** für 1995 mit den von der OFD festgesetzten Pauschbeträgen?

Fall 9:

Der Unternehmer U, Köln, entnimmt 1995 einen Pkw aus seinem Unternehmen und schenkt ihn seinem Sohn. Den Pkw hat U 1992 für **10.000 DM** von einer Privatperson gekauft. Die Wiederbeschaffungskosten des gebrauchten Pkw betragen im Zeitpunkt der Entnahme **8.000 DM**.

1. Um welche **Umsatzart** im Sinne des § 1 Abs. 1 handelt es sich?
2. Wie hoch ist die **Bemessungsgrundlage**?

Fall 10:

Der Unternehmer U, Berlin, verwendet seinen betrieblichen Pkw, den er von einem **Privatmann** erworben hat, zu 30 % für private Zwecke.

In 1995 sind folgende Kosten für den Pkw angefallen:

Absetzung für Abnutzung (AfA)	5.000,— DM
Kfz-Versicherung (Haftpflicht)	1.000,— DM
Kfz-Versicherung (Vollkasko)	1.600,— DM
Kfz-Steuer	500,— DM
Benzin und Öl	3.000,— DM
Reparatur	1.400,— DM

Wie hoch ist die **Bemessungsgrundlage** für den **steuerpflichtigen** Eigenverbrauch?

Fall 11:

Malermeister U, Bonn, benutzt den betrieblichen Pkw, den er von einem Unternehmer erworben hat, auch privat. Im vergangenen Jahr sind folgende Kosten für den Pkw angefallen:

Benzin	3.000,— DM
Kfz-Steuer und Kfz-Versicherung	4.000,— DM
Absetzung für Abnutzung (AfA)	6.600,— DM
Garagenmiete, für die der Vermieter nach § 9 optiert hat,	400,— DM
Kosten insgesamt	14.000,— DM

Insgesamt wurden mit dem Pkw 40.000 km gefahren. Auf die Privatfahrten entfielen 4.000 km, davon 2.000 km auf Fahrten im Ausland.

Wie hoch ist die **Bemessungsgrundlage** für den **steuerpflichtigen** Eigenverbrauch?

Fall 12:

Unternehmer U, Dortmund, schenkt einem guten Kunden zu dessen 25jährigem Geschäftsjubiläum einen Wappenteller, den U für netto 200,— DM zuzüglich 30,— DM USt gekauft hat.

1. Um welche **Umsatzart** im Sinne des § 1 Abs. 1 handelt es sich?
2. Wie hoch ist die **Bemessungsgrundlage**?

Fall 13:

Die Schneider & Schulz OHG, Dortmund, betreibt einen Getränkegroßhandel. Der Gesellschafter Schneider hat 1995 für seinen privaten Haushalt Getränke ohne Bezahlung entnommen, deren Einkaufspreis (netto) 500 DM, Wiederbeschaffungskosten (netto) 520 DM und Verkaufspreis (netto) 600 DM betragen hat.

1. Um welche **Umsatzart** im Sinne des § 1 Abs. 1 handelt es sich?
2. Wie hoch ist die **Bemessungsgrundlage**?

Fall 14:
_____

Sachverhalt wie im Fall 13 mit dem Unterschied, daß nicht ein Gesellschafter, sondern ein **Arbeitnehmer** die Getränke entnimmt.

1. Um welche **Umsatzart** im Sinne des § 1 Abs. 1 handelt es sich?
2. Wie hoch ist die **Bemessungsgrundlage**?

Fall 15:
_____

Der Gesellschafter Schulz der Schneider & Schulz OHG benutzt einen betrieblichen Pkw für Privatfahrten. Die Gesamtkosten des Fahrzeugs, bei denen der Vorsteuerabzug möglich gewesen ist, belaufen sich auf 18.000,— DM. Davon entfallen 30 % auf die private Nutzung durch den Gesellschafter. Schulz hat für die private Nutzung des Pkw eine Pauschale von 1.500,— DM gezahlt.

1. Um welche **Umsatzart** im Sinne des § 1 Abs. 1 handelt es sich?
2. Wie hoch ist die **Bemessunsgrundlage** des **steuerpflichtigen** Umsatzes?

Fall 16:
_____

Sachverhalt wie im Fall 15 mit dem Unterschied, daß nicht ein Gesellschafter, sondern ein **Arbeitnehmer** den betrieblichen Pkw privat nutzt.

1. Um welche **Umsatzart** im Sinne des § 1 Abs. 1 handelt es sich?
2. Wie hoch ist die **Bemessungsgrundlage** des **steuerpflichtigen** Umsatzes?

Fall 17:
_____

Der Phonohändler Peter Ries, Karlsruhe, hat im August 1995 fünf CD-Player zum Preis von je **700 DM** netto zuzüglich 105 DM USt eingekauft. Der Ladenverkaufspreis dieser Geräte beträgt (einschl. 15 % USt) **1.265 DM**. Der Hersteller der Player hat am 01.10.1995 seine Preise für diese Geräte um 8 % gesenkt.

Nehmen Sie zu den folgenden Sachverhalten hinsichtlich:
Umsatzart, Steuerbarkeit, Steuerpflicht und Bemessungsgrundlage Stellung. (Bei der Bemessungsgrundlage ist auch deren genaue Bezeichnung neben dem DM-Betrag anzugeben).

1. Ries verkauft am 05.11.1995 einen CD-Player an einen guten Kunden und nimmt einen gebrauchten Cassetten-Recorder für 265 DM in Zahlung. Der Kunde zahlt noch 1.000 DM bar.

2. Am 07.12.1995 schenkt Ries seiner Tochter anläßlich der bestandenen Steuerfach-gehilfenprüfung einen CD-Player.

3. Am 15.12.1995 verkauft Ries einem Mitarbeiter einen CD-Player für 632,50 DM. Als Anerkennung für besondere Dienste braucht der Mitarbeiter nur "den halben Preis" zu zahlen.

4. Ries schenkt am 16.12.1995 einem Geschäftsfreund zu dessen Firmenjubiläum einen CD-Player.

5. Am 18.12.1995 wird der fünfte CD-Player gestohlen. Die Versicherung zahlt am 20.12.1995 hierfür 630 DM.

Fall 18:

Der Schreinermeister U, München, hat am 01.08.1995 an A einen Stuhl für 86,25 DM einschließlich 15 % USt geliefert. U räumt A Skonto von 2 % bei Zahlung innerhalb 14 Tagen ein. A zahlt den Rechnungsbetrag rechtzeitig und zieht 2 % Skonto ab.

Wie hoch ist die **endgültige Bemessungsgrundlage**?

Fall 19:

Der Schlossermeister U, Nürnberg, liefert A im August 1995 eine Drehmaschine zum Preis von 10.000 DM zuzüglich 1.500 DM Umsatzsteuer. A erhält nachträglich noch einen Rabatt von 10 % und 2 % Skonto, so daß er noch 10.143 DM zahlt.

Ermitteln Sie das **endgültige Entgelt**.

Fall 20:

Der Baustoffhändler U, Heidelberg, hat eine Forderung an den Kunden A in Höhe von **8.855 DM** (7.700 DM + 1.155 DM USt). In 1995 geht auf diese Forderung ein Betrag von **2.645 DM** ein. Der Rest dieser Forderung ist verloren.

1. Um welchen Betrag muß die **Bemessungsgrundlage** berichtigt werden?
2. Um welchen Betrag muß die **USt berichtigt** werden?

Fall 21:

Der Pelzhändler Peter Reichel, Koblenz, hat eine Forderung an den Kunden Säumig in Höhe von 10.350 DM einschl. 15 % USt, fällig am 01.09.1995. Reichel stellt am 31.10.1995 dem Kunden Säumig 4 % Verzugszinsen für 60 Tage in Rechnung.

Wie hoch ist das gesamte **steuerpflichtige Entgelt**?

Zusammenfassende Erfolgskontrolle zum 1. bis 9. Kapitel

Sind die folgenden Vorgänge im Inland **nichtsteuerbar, steuerbar, steuerfrei** oder **steuerpflichtig?** Ermitteln Sie die **Bemessungsgrundlagen.**
Soweit buch- und belegmäßige Nachweise erforderlich sind, sind sie erbracht.

1. Der Kfz-Händler A, Kassel, liefert an den Abnehmer X, Kassel, einen neuen Pkw für 28.750 DM einschließlich 15 % Umsatzsteuer.

2. Der Unternehmer B, Bonn, hat in seinen Betriebsausgaben folgende Aufwendungen für Geschenke an Kunden

   > Kunde X 10 Flaschen Wein Gesamtwert 100 DM (netto)
   > Kunde Y 3 Flaschen Wein Gesamtwert 40 DM (netto)

   Die einkommensteuerlichen Aufzeichnungspflichten nach § 4 Abs. 7 EStG sind erfüllt.

3. Der Unternehmer C, Köln, benutzt den betrieblichen Pkw zu 30 % für Privatfahrten im Inland. Die gesamten Kfz-Kosten einschließlich der AfA, bei denen der Vorsteuerabzug möglich gewesen ist, haben 10.000 DM betragen.

4. Die Einnahmen aus dem Verkauf des gebrauchten betrieblichen Pkw des Bauunternehmers D, Hamburg, betragen 12.650 DM einschließlich 15 % Umsatzsteuer.

5. Der Möbelhändler E, Bonn, verkauft seinem Arbeitnehmer einen Bücherschrank zum Einkaufspreis von 6.900 DM (6.000 DM + 900 DM USt). Der Verkaufspreis des Bücherschrankes beträgt 9.200 DM (8.000 DM + 1.200 DM USt).

6. Rechtsanwalt F, Würzburg, zahlt für seinen Mandanten bei der Gerichtskasse des Amtsgerichts Würzburg einen Prozeßkostenvorschuß von 1.000 DM. Nach Beendigung des Prozesses stellt er seinem Auftraggeber ein Honorar von 2.530 DM brutto und die verauslagten Gerichtskosten in Rechnung.

7. Der Unternehmer G, Köln, liefert und befördert mit seinem eigenen Lkw Waren für 3.000 DM (netto) an seinen Abnehmer A, Warschau (Polen).

8. Auf die in 1987 als uneinbringlich behandelte Forderung an den Kunden A in Höhe von 1.140 DM (1.000 DM + 140 DM USt) geht wider Erwarten in 1995 ein Betrag von 570 DM auf dem Bankkonto des Unternehmers H, Hannover, ein.

9. Über das Vermögen des Kunden I, Koblenz, wird Ende Dezember 1995 die Eröffnung des Konkursverfahrens mangels Masse abgelehnt. Die Forderung an ihn beträgt 3.450 DM (3.000 DM + 450 DM USt).

10. Die Forderung an den Kunden J, München, in Höhe von 575 DM (500 DM + 75 DM USt) ist unerwartet in vollem Umfang uneinbringlich geworden.

10 Steuersätze

Durch die Anwendung des **Steuersatzes** auf die **Bemessungsgrundlage** ergibt sich die **Umsatzsteuer** (Traglast).

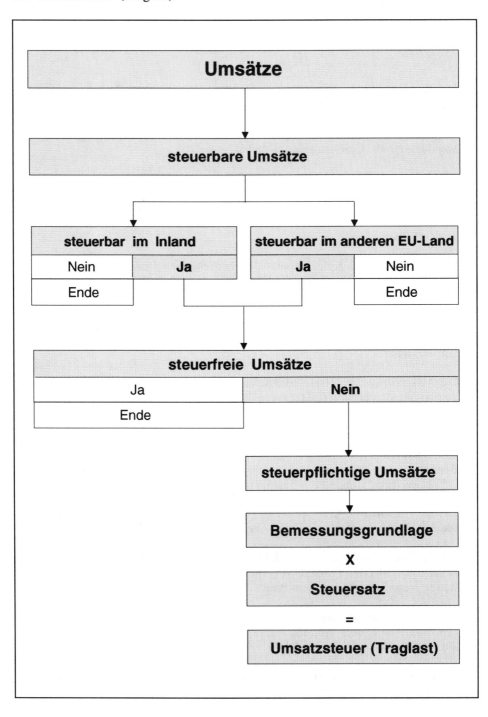

Es gibt folgende **Steuersätze**:

> den **allgemeinen** Steuersatz,
> den **ermäßigten** Steuersatz und
> die **Durchschnittssätze**.

Die **Durchschnittssätze** werden im **16. Kapitel** näher erläutert.

10.1 Allgemeiner Steuersatz

Der **allgemeine Steuersatz** beträgt seit dem 01.01.1993 **15 %** (§ 12 **Abs. 1**).

Der **allgemeine Steuersatz** ist auf alle **steuerpflichtigen Umsätze** anzuwenden, auf die der **ermäßigte Steuersatz** oder die **Durchschnittssätze nicht** anzuwenden sind.

Beispiel:
Der selbständige Schlossermeister U, Köln, liefert am 10.08.1995 eine **Drehbank** zum Preis von **netto 10.000,— DM** zuzüglich Umsatzsteuer.

Da die Lieferung der Drehbank nicht dem **ermäßigten Steuersatz** oder einem **Durchschnittssatz** unterliegt, beträgt die Umsatzsteuer **15 %**.

Umsatzart	**nicht** steuerbare Umsätze im Inland DM	**steuerbare** Umsätze im Inland DM	**steuerfreie** Umsätze im Inland DM	**steuerpflichtige** Umsätze im Inland DM (15 %)	DM (7 %)
Lieferung	———	**10.000**	———	**10.000**	

U hat die **steuerpflichtige** Lieferung in seiner **Umsatzsteuer-Voranmeldung 1995** in **Zeile 29 (Kennzahl 50)** einzutragen und die **USt** selbst **zu berechnen**:

29	zum Steuersatz von 15 v.H.	50	**10.000**	—		**1.500,—**

10.2 Ermäßigter Steuersatz

Der **ermäßigte Steuersatz** beträgt seit dem 1.7.1983 unverändert **7 %** (§ 12 **Abs. 2**)

Die Umsätze, die dem **ermäßigten Steuersatz** unterliegen, sind in § 12 **Abs. 2 erschöpfend** aufgezählt.

Der **ermäßigte Steuersatz gilt** für das **gesamte Entgelt** einer Leistung. Dazu gehören **auch** Entgelte für unselbständige Nebenleistungen, da sie das Schicksal der Hauptleistung teilen (z.B. Frachtkosten, Verpackungskosten).

Im folgenden werden nur einige wichtige dem ermäßigten Steuersatz unterliegende Tatbestände erläutert.

10.2.1 Gegenstände der Anlage zum UStG

Der **ermäßigte Steuersatz** gilt für die Lieferungen, den Eigenverbrauch, die Einfuhr und den innergemeinschaftlichen Erwerb von Gegenständen, die in der **Anlage** zu **§ 12 Abs. 2 Nr. 1** bezeichnet sind.

Dazu gehören z.B.

Lebensmittel und bestimmte Getränke,

Waren des Buchhandels und

Erzeugnisse des graphischen Gewerbes.

Von den in der **Anlage** bezeichneten **Gegenständen** haben **Lebensmittel** und **bestimmte Getränke** in umsatzsteuerlicher Hinsicht eine **große praktische Bedeutung**.

Zu den **Lebensmitteln** gehören **alle Nahrungsmittel, ausgenommen** Kaviar, Langusten, Hummer, Austern, Schnecken sowie Zubereitungen aus diesen Waren.

Die **bestimmten Getränke**, die dem ermäßigten Steuersatz unterliegen sind **Wasser** (z.B. das an die einzelnen Haushalte gelieferte Trinkwasser (Leitungswasser), **Milch und Milchmischgetränke** mit einem Anteil an Milch von 75 % des Fertigerzeugnisses (Nrn. 4, 34 und 35 der Anlage).

<u>Nicht</u> als Wasser im Sinne der Anlage zum UStG gelten **Trinkwasser in den für Verbraucher bestimmten Fertigpackungen, Heilwassser und Wasserdampf** (Nr. 34 der Anlage).

Ebenso unterliegen alle übrigen Getränke, wie z.B. **Bier, Wein Spirituosen, Fruchtsäfte, dem allgemeinen Steuersatz.**

<u>Beispiele:</u>
Der Lebensmittelhändler U, Kiel, verkauft 1995 an den Lebensmitteleinzelhändler A 100 kg Mehl für 90,— DM netto.

Die **Lieferung** des Mehls unterliegt nach **Nr. 15** der Anlage dem **ermäßigten Steuersatz**.

Umsatzart	**nicht** steuerbare Umsätze im Inland DM	**steuerbare** Umsätze im Inland DM	**steuerfreie** Umsätze im Inland DM	**steuer-** **pflichtige** Umsätze im Inland DM (15 %)	DM (7 %)
Lieferung	——	90	——	——	90

U hat den **steuerpflichtigen Umsatz** in seiner **Umsatzsteuer-Voranmeldung 1995** in **Zeile 30** (**Kennzahl 86**) einzutragen:

	Steuerpflichtige Umsätze				
30	zum Steuersatz von 7 v.H.	86	90	▬	6,30

Auf Lieferungen von **Speisen und Getränken zum Verzehr an Ort und Stelle** ist nicht der ermäßigte, sondern der **allgemeine Steuersatz** anzuwenden.

Speisen und Getränke werden **zum Verzehr an Ort und Stelle geliefert**, wenn sie

1. nach den Umständen der Lieferung dazu bestimmt sind, an einem Ort verzehrt zu werden, der mit dem Ort der Lieferung in einem räumlichen Zusammenhang steht, **und**
2. **besondere Vorrichtungen** für den Verzehr an Ort und Stelle bereitgehalten werden.

Besondere Vorrichtungen für den Verzehr an Ort und Stelle sind z.B. **Tische, Stühle, Stehtische.**

Keine besonderen Vorrichtungen für den Verzehr an Ort und Stelle sind z.B. **Verkaufstresen, Verkaufstheken** und die üblichen **Ablagebretter** an Wurstbuden, weil sie in erster Linie dem **Warenverkauf** dienen.

Die Besteuerung des **Verzehrs an Ort und Stelle** ist vor allem für **Restaurants, Gaststätten, Imbißstuben und Eisdielen von Bedeutung,** weniger hingegen für Kioske und Bratwurststände, weil diese in der Regel keine besonderen Vorrichtungen für den Verzehr an Ort und Stelle bereithalten.

Beispiele:
a) Der Gastwirt U, München, verkauft (liefert) entgeltlich Speisen der Anlage **in seiner Gaststätte.**

Die **Lieferung** der Speisen **zum Verzehr an Ort und Stelle** unterliegt dem **allgemeinen Steuersatz.**

b) Der Gastwirt U, Nürnberg, liefert anläßlich einer Hochzeit entgeltlich Speisen der Anlage zum Verzehr **außer Haus.**

Die **Lieferung** der Speisen **außer Haus** unterliegt dem **ermäßigten Steuersatz.**

c) Der Gastwirt **U,** Stuttgart, **ißt in seiner Gaststätte** regelmäßig zu Mittag.

Die Entnahme von Speisen der Anlage durch den Unternehmer für private Zwecke (= **Eigenverbrauch)** ist mit dem **ermäßigten Steuersatz** zu versteuern, weil der **allgemeine Steuersatz** zum Verzehr an Ort und Stelle **nur für Lieferungen,** nicht aber für den Eigenverbrauch gilt.

Die **unentgeltliche Abgabe von Speisen und Getränken** durch eine **Gesellschaft** im Hotel- und Gaststättenbereich an ihre **Gesellschafter** wird wegen des Steuersatzes als **Eigenverbrauch** behandelt.

Dieser **Eigenverbrauch** unterliegt dem **ermäßigten Steuersatz** auch dann, wenn es sich um Entnahmen zum Verzehr an Ort und Stelle handelt (Abschn. 11 Abs. 1 Satz 3 und Satz 4 UStR).

Übung: 1. Wiederholungsfragen 1 bis 9,
2. Fälle 1 bis 4

10.2.2 Personenbeförderungsverkehr

Die **Beförderung von Personen** ist unter bestimmten **Voraussetzungen** ebenfalls mit dem **ermäßigten Steuersatz** zu versteuern (§ 12 Abs. 2 **Nr. 10** i.V.m. § 28 Abs. 4).

Eine **Voraussetzung** für die Anwendung des **ermäßigten** Steuersatzes ist, daß die Personenbeförderung mit **begünstigten Beförderungsmitteln** erfolgt.

<u>Begünstigte Beförderungsmittel</u> sind

> 1. **Schiffe,**
> 2. **Schienenbahnen** (z.B. Bahn AG),
> 3. **Oberleitungsomnibusse,**
> 4. **Linienverkehr mit Kraftfahrzeugen,**
> 5. **Kraftdroschken** (Taxen),
> 6. **Fähren.**

<u>Nichtbegünstigte Beförderungsmittel</u> sind

> 1. **Bergbahnen** (auch Seil- und Seilschwebebahnen),
> 2. **Mietomnibusse und Mietwagen,**
> 3. **Ausflugfahrten und Ferienzielreisen,**
> 4. **Luftfahrzeuge.**

Beförderung von Personen mit **begünstigten** Beförderungsmitteln unterliegen dem **ermäßigten** Steuersatz, **wenn** die Beförderung

> a) entweder **innerhalb einer Gemeinde** (ohne Rücksicht auf die Länge der Beförderungsstrecke) durchgeführt wird
>
> **oder**
>
> b) daß die Beförderungsstrecke **nicht mehr als 50 km** beträgt.

Unter einer **Gemeinde** ist die **politische Gemeinde** zu verstehen.

Für zonenorientierte Fahrausweise der Deutschen Bahn AG gelten folgende **Entfernungszonen:**

> **Zone 1 bis 16** = 1 bis 50 km = **7 %,**
> **Zone 17 bis 91** = 51 bis 100 km = **15 %.**

<u>Beispiele:</u>

a) Der **Taxiunternehmer** U befördert einen Fahrgast **innerhalb der Stadt Berlin** zum Preis von 63 DM. Die gesamte Beförderungsstrecke beträgt **60 km.**

Die Personenbeförderung wird mit einem **begünstigten** Beförderungsmittel (**Taxe**) **und innerhalb einer Gemeinde** (Berlin) durchgeführt. Die Personenbeförderung unterliegt dem **ermäßigten** Steuersatz.

b) Die Bahn AG befördert den Kunden A für 4,20 DM von Koblenz nach Neuwied (Rhein). Auf der Fahrkarte ist die **Zone 5-6** (11 - 15 km) ausgewiesen.

Da die Personenbeförderung mit einem **begünstigten** Beförderungsmittel (Bahn AG) durchgeführt wird **und** die Beförderungsstrecke **nicht mehr als 50 km** beträgt, unterliegt die Beförderung dem **ermäßigten** Steuersatz.

Wird ein **Fahrausweis** ausgegeben, der zur **Hin- und Rückfahrt** berechtigt, liegen **zwei** getrennte **Beförderungsstrecken** vor.

Beispiel:
Marion Mertin kauft eine Fahrkarte der Deutschen Bahn AG von Remagen nach Reinerath und zurück. Die gesamte Fahrstrecke beträgt **98 km**.

Es liegen **zwei** getrennte **Beförderungsstrecken** von je 49 km vor. Da die Personenbeförderung mit einem **begünstigten** Beförderungsmittel durchgeführt wird und die Beförderungsstrecke **nicht mehr als 50 km** beträgt, unterliegt sie dem **ermäßigten** Steuersatz.

Fahrpreiszuschläge (z.B. für Zuschlagkarten, Platzkarten, Liegekarten usw.) sind **Entgeltsteile** der Beförderungsleistung und teilen deren umsatzsteuerliches Schicksal.

> **Übung:** 1. Wiederholungsfrage 10,
> 2. Fälle 5 bis 7

10.3 Zusammenfassung und Erfolgskontrolle

10.3.1 Zusammenfassung

In der **Übersicht** auf der folgenden Seite wird die **Entwicklung der Steuersätze** seit 1968 aufgezeigt.

Steuersätze

allgemeiner Steuersatz
(§ 12 Abs. 1)

Der allgemeine Steuersatz gilt für die steuerpflichtigen Umsätze, die nicht dem ermäßigten Steuersatz oder einem Durchschnittssatz unterliegen.

Allgemeiner Steuersatz:

01.01.1968 bis 30.06.1968	=	10 %
01.07.1968 bis 31.06.1977	=	11 %
01.01.1978 bis 30.06.1979	=	12 %
01.07.1979 bis 30.06.1983	=	13 %
01.07.1983 bis 31.12.1992	=	14 %
01.01.1993 bis	=	**15 %**

ermäßigter Steuersatz
(§ 12 Abs. 2)

Die Umsätze, die dem ermäßigten Steuersatz unterliegen, sind in § 12 Abs. 2 erschöpfend aufgezählt. Dazu gehören Lebensmittel und bestimmte Getränke, Erzeugnisse des graphischen Gewerbes, Personenbeförderungsverkehr.

Ermäßigter Steuersatz:

01.01.1968 bis 30.06.1968	=	5 %
01.07.1968 bis 31.12.1977	=	5,5 %
01.01.1978 bis 30.06.1979	=	6 %
01.07.1979 bis 30.06.1983	=	6,5 %
01.07.1983 bis	=	**7 %**

Besonderheit:
Lieferungen von Speisen und Getränken zum **Verzehr an Ort und Stelle** werden nicht mit dem ermäßigten, sondern mit dem **allgemeinen** Steuersatz besteuert.

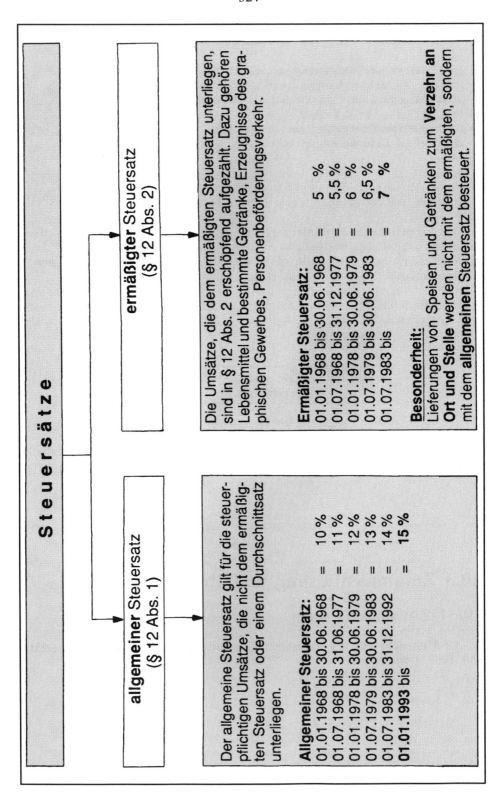

10.3.2 Erfolgskontrolle

WIEDERHOLUNGSFRAGEN

1. Welche Steuersätze gibt es?
2. Auf welche umsatzsteuerliche Größe sind die Steuersätze anzuwenden?
3. Für welche Umsätze kommt der allgemeine Steuersatz in Betracht?
4. Welche Waren und Erzeugnisse werden z.B. in der Anlage zu § 12 Abs. 2 genannt?
5. Welche Lebensmittel unterliegen nicht dem ermäßigten Steuersatz?
6. Für welche Getränke gilt der ermäßigte Steuersatz?
7. Welche Getränke werden mit dem allgemeinen Steuersatz besteuert?
8. Welcher Steuersatz gilt für die Lieferung von Speisen und Getränken zum Verzehr an Ort und Stelle?
9. Für welche Gewerbezweige hat die Lieferung von Speisen und Getränken zum Verzehr an Ort und Stelle vor allem Bedeutung?
10. Welche Voraussetzungen müssen erfüllt sein, damit die Personenbeförderung dem ermäßigten Steuersatz unterliegt?

FÄLLE

Fall 1:

Der Rechtsanwalt U, Hannover, hat im August 1995 folgende Beträge (netto) von inländischen Leistungsempfängern erhalten:

a) Honorare aus Anwaltstätigkeit	20.000 DM
b) Gerichtskostenvorschüsse, die er im Namen und für Rechnung seiner Mandanten an die Gerichtskasse weitergeleitet hat	2.000 DM
c) Miete aus der Vermietung eines Büroraumes an einen Kollegen	840 DM
d) Verkaufspreis einer gebrauchten Büromaschine	500 DM

U hat nach § 9 optiert.

Ermitteln Sie die **USt-Traglast** des Rechtsanwalts U für den Monat August 1995.

Fall 2:

Der Gastwirt U, München, hat im September 1995 folgende Netto-Umsätze erzielt:

1. Verkauf von Speisen der Anlage zum Verzehr in der Gaststätte	300.000 DM
2. Verkauf von Speisen der Anlage außer Haus	7.000 DM
3. Verkauf von alkoholischen Getränken	100.000 DM
4. Verkauf von Fruchtsäften	11.000 DM
5. Verkauf von Milch außer Haus	1.000 DM
6. Telefonbenutzung durch Gäste	2.600 DM
7. Benutzung des Geschäftstelefons durch die Familie U, laufende Kosten	100 DM
8. Mittagessen der Familie A in ihrer Gaststätte	2.500 DM

Ermitteln Sie die **USt-Traglast** des Gastwirts U für den Monat September 1995.

Fall 3:

Der Unternehmer U betreibt in Köln ein Warenhaus, dem eine Gaststätte angeschlossen ist. Für den Monat Dezember 1995 ergeben sich folgende Netto-Umsätze:

1. Backwaren	100.000 DM
2. Fleischwaren	250.000 DM
3. Textilwaren	100.000 DM
4. sonstige Lebensmittel der Anlage	350.000 DM
5. Gaststätte (Essen- und Getränkeumsätze)	300.000 DM
6. Für die Gaststätte sind aus dem Warenhaus entnommen worden	
Lebensmittel	150.000 DM
Getränke	100.000 DM
7. Vermietung einer betrieblichen Wohnung an den Hausmeister	6.000 DM

Ermitteln Sie die **USt-Traglast** des Unternehmers U für den Monat Dezember 1995.

Fall 4:

Der Unternehmer U betreibt in Mainz ein Einzelhandelsgeschäft mit Lebensmitteln aller Art. Außerdem besitzt er in dieser Stadt ein Hotel mit Restaurant.

Für den Monat Oktober 1995 ergeben sich folgende Netto-Umsätze:

a) Einzelhandelsgeschäft

1) Erlöse Fleischwaren	80.000 DM
2) Erlöse sonstige begünstigte Lebensmittel	120.000 DM
3) Erlöse nicht begünstigte Waren	280.000 DM
4) Das Einzelhandelsgeschäft hat an das Restaurant geliefert	
begünstigte Lebensmittel	25.000 DM
nicht begünstigte Waren	6.000 DM

5) Ein Freund erhält anläßlich seines 60. Geburtstages von U einen Geschenk-korb, der nur begünstigte Lebensmittel aus dem Einzelhandelsgeschäft enthält. Der Einkaufspreis des Geschenks beträgt 200 DM netto.

6) Privatgespräche werden nur über das Telefon des Einzelhandelsbetriebs geführt. Auf die Privat-gespräche entfallen laufenden Kosten in Höhe von 100 DM.

b) Hotel und Restaurant

1) Erlöse aus der Vermietung von Hotelzimmern	66.000 DM
2) Erlöse aus dem Verkauf von Speisen zum Verzehr im Haus	160.000 DM
3) Erlöse aus dem Verkauf von Getränken zum Verzehr im Haus	120.000 DM

4) Ein echter Perserteppich, der vor zehn Jahren von einem Unternehmer für das Hotel angeschafft wurde, ist z.Z. noch mit 1.000 DM im Betriebsvermögen enthalten. U läßt den Teppich in das Wohnzimmer seines Einfamilienhauses legen. Die Wiederbeschaffungskosten des gebrauchten Teppichs betragen 5.000 DM.

5) In den Betriebsausgaben des Hotels und Restaurants sind folgende Aufwendungen für Geschenke an Kunden zu Weihnachten enthalten:

Kunde X 10 Flaschen Wein, Gesamtwert	200 DM
Kunde Y 4 Flaschen Wein, Gesamtwert	40 DM

Die einkommensteuerlichen Aufzeichnungspflichten (§ 4 Abs. 7 EStG) sind erfüllt.

Ermitteln Sie die **USt-Traglast** des Unternehmers U für den Monat Oktober 1995.

Fall 5:

Der Taxiunternehmer U, Hamburg, hat im August 1995 u.a. folgende Umsätze ausgeführt:

a) Fahrt innerhalb des Stadtgebietes,
   Beförderungsstrecke 15 km,

b) Fahrt nach Lübeck,
   Beförderungsstrecke 65 km,

c) Fahrt innerhalb des Stadtgebietes,
   Beförderungsstrecke 51 km,

d) Verkauf eines Taxis.

Welchen **Steuersätzen** unterliegen diese Umsätze?

Fall 6:

Der Unternehmer U, Mainz, ist im Juli 1995 mit der Bahn AG gefahren, und zwar:

a) nach Frankfurt, Tarifentfernung 38 km,

b) nach Bonn, Tarifentfernung 150 km,

c) nach Bingen und zurück, Fahrstrecke insgesamt 58 km.

Welchen **Steuersätzen** unterliegen diese Beförderungen?

Zusammenfassende Erfolgskontrolle zum 1. bis 10. Kapitel

Ermitteln Sie anhand einer USt-Lösungstabelle die **USt-Traglast** des Großhändlers
U, München, für den Monat Oktober 1995.
Erforderliche buch- und belegmäßige Nachweise liegen vor.

1. Einnahmen aus dem Verkauf von Fleischwaren	224.700 DM
2. Einnahmen aus dem Verkauf von Textilwaren	262.200 DM
3. Einnahmen aus dem Verkauf von Backwaren	64.200 DM
4. Einnahmen aus dem Verkauf eines betrieblichen Lkw	17.250 DM

5. Das Geschäftstelefon wird von U zu 30 % privat genutzt.
Die laufenden Fernsprechgebühren beliefen sich auf — 600 DM

6. U benutzte den betrieblichen Pkw zu 30 % für Privat-
fahrten im Inland. Die gesamten Kfz-Kosten
einschließlich der AfA betrugen — 2.500 DM
davon Kfz-Steuer — 232 DM
davon Kfz-Versicherung — 268 DM

7. U liefert für (netto) — 10.000 DM
Waren, die er mit eigenem Lkw befördert, an A
in Bern (Schweiz).

8. In den Betriebsausgaben sind folgende Aufwendungen für Geschenke an Kunden
enthalten:

      Kunde A 6 Flaschen Whisky, Gesamtwert 240 DM
      Kunde B 3 Flaschen Wodka, Gesamtwert   60 DM

Die einkommensteuerlichen Aufzeichnungspflichten (§ 4 Abs. 7 EStG) sind
erfüllt.

9. U schenkt im Oktober 1995 seiner Tochter anläßlich der bestandenen Führerschein-
prüfung einen betrieblichen Pkw, den er im Juli 1995 für 15.000 DM + USt
gekauft hatte. Die Wiederbeschaffungskosten des Pkw betragen im Oktober
1995 11.800 DM.

10. U hat im Oktober während einer mehrtägigen Geschäftsreise zwei Kunden einge-
laden und bewirtet. Dadurch sind ihm Aufwendungen in Höhe von insgesamt
210 DM (netto) zuzüglich 15 % USt entstanden, die angemessen sind und
ordnungsgemäß nachgewiesen werden. Von den Aufwendungen entfallen
70 DM auf ihn selbst.

11. Die bereits versteuerte Forderung an den Kunden Säumig in Höhe von
2.850 DM, fällig am 01.09.1995, ist noch nicht beglichen.
U stellt am 31.10.1995 dem Kunden Säumig 4 % Verzugszinsen für 60 Tage
in Rechnung.

11 Besteuerungsverfahren

Die **Umsatzsteuer** ist eine **Veranlagungssteuer**. Unter **Veranlagung** versteht man das förmliche Verfahren, in dem die Besteuerungsgrundlagen ermittelt und die zu zahlende Steuer festgesetzt wird.

11.1 Besteuerungszeitraum

Besteuerungszeitraum für die **Veranlagung** ist grundsätzlich das **Kalenderjahr** (§ 16 Abs. 1 Satz 2).

Hat der Unternehmer seine gewerbliche oder berufliche Tätigkeit **nur in einem Teil** des Kalenderjahres ausgeübt, so tritt **dieser Teil** an die Stelle des Kalenderjahres (§ 16 Abs. 3).

> Beispiel:
> Der Unternehmer U, Ulm, hat am **1.8.1995** seine unternehmerische Tätigkeit **begonnen**.
>
> **Besteuerungszeitraum** ist in diesem Fall der Zeitraum vom **1.8.1995 bis 31.12.1995**.

11.2 Steuerberechnung

Die **Umsatzsteuer** ist von der **Summe** der **steuerpflichtigen Umsätze** eines **Besteuerungszeitraums zu berechnen** (§ 16 Abs. 1).
Die Berechnung der Umsatzsteuer von der **Summe** der steuerpflichtigen Umsätze eines bestimmten **Zeitabschnitts** bezeichnet man allgemein als **Abschnittsbesteuerung**.

Der Umsatzsteuer sind die nach § 6a Abs. 4 Satz 2, § 14 Abs. 2 und 3 und nach § 17 Abs. 1 Satz 2 geschuldeten Steuerbeträge hinzuzurechnen (§ 16 Abs. 1).

Von der so berechneten Steuer sind die in den Besteuerungszeitraum fallenden, nach **§ 15 abziehbaren Vorsteuerbeträge abzusetzen** (§ 16 Abs. 2).

Der **Unterschiedsbetrag** zwischen der **Umsatzsteuer** und der **abziehbaren Vorsteuer** ergibt die **Umsatzsteuerschuld** (**Zahllast**) eines Unternehmers.

```
        U m s a t z s t e u e r  (Traglast)
  –  abziehbare  V o r s t e u e r

  =  Umsatzsteuerschuld (Z a h l l a s t)
```

Übersteigt die **abziehbare Vorsteuer** die **Umsatzsteuer**, so ergibt sich für den Unternehmer ein **Vorsteuerguthaben**.

Neben der Abschnittsbesteuerung gibt es noch die sogenannte **Einzelbesteuerung,** bei der **nicht** von der **Summe** der Umsätze eines Zeitabschnitts ausgegangen wird, sondern von jedem **einzelnen** steuerpflichtigen Umsatz.

Die Einzelbesteuerung gilt insbesondere für die **Einfuhrumsatzsteuer** und seit 01.01.1993 für den Erwerb neuer Fahrzeuge durch Privatpersonen (**Fahrzeugeinzelbesteuerung** (§ 16 Abs. 5a).

11.3 Voranmeldungen und Vorauszahlungen

Der Unternehmer hat **bis zum 10. Tag** nach Ablauf jedes Kalender**monats** (Voranmeldungszeitraum) eine **Voranmeldung** nach amtlich vorgeschriebenem Vordruck abzugeben (§ 18 Abs. 1).

Wird die **Voranmeldung nicht oder verspätet** abgegeben, kann das Finanzamt einen **Verspätungszuschlag** festsetzen (§ 152 Abs. 1 AO). Ein Verspätungszuschlag wird **nicht** festgesetzt, wenn die Voranmeldung **innerhalb der Schonfrist von fünf Tagen** - d.h. grundsätzlich bis zum 15. - beim Finanzamt eingeht.

Die **Steuer** für den Voranmeldungszeitraum (Vorauszahlung) hat er **selbst zu berechnen.** Die berechnete Umsatzsteuerschuld ist als Vorauszahlung an das Finanzamt zu entrichten. Sie ist am 10. Tag nach Ablauf des Voranmeldungszeitraums fällig.

Wird die **Vorauszahlung nicht** bis zum Ablauf des Fälligkeitstages entrichtet, so ist für jeden angefangenen und vollen Monat der Säumnis ein **Säumniszuschlag** zu entrichten (§ 240 Abs. 1 AO). Ein Säumniszuschlag wird bei einer Säumnis bis zu **fünf Tagen** (Schonfrist) grundsätzlich **nicht** erhoben. Seit **1.1.1994** gilt die Schonfrist **nicht** mehr für **Bar- und Scheckzahlungen** (§ 240 Abs. 3 AO). Wird jedoch **gleichzeitig mit** der USt-Voranmeldung der **Scheck** eingereicht, gilt die Schonfrist von fünf Tagen.

Beträgt die Umsatzsteuerschuld für das **vorangegangene** Kalenderjahr **mehr als 1.000 DM aber nicht mehr als 6.000 DM,** so ist grundsätzlich nicht der Kalendermonat, sondern das Kalender**vierteljahr** Voranmeldungszeitraum (§ 18 Abs. 2).

Beträgt die Umsatzsteuerschuld für das **vorangegangene** Kalenderjahr **nicht mehr als 1.000 DM,** kann das Finanzamt den Unternehmer von der Verpflichtung zur Abgabe der Voranmeldung und Entrichtung der Vorauszahlungen **befreien** (§ 18 Abs. 2).

Ergibt sich in der **Voranmeldung** ein Überschuß zugunsten des Unternehmers, so ist dieser dem Unternehmer zu erstatten.

Für viele Unternehmer ist es schwierig, die gesetzlichen Fristen für die Abgabe der Voranmeldungen und für die Entrichtung der Vorauszahlungen einzuhalten. Deshalb kann der Unternehmer beantragen, die Fristen für die Abgabe der Voranmeldungen und für die Entrichtung der Vorauszahlungen um **einen Monat zu verlängern** (sog. **40-Tage-Regelung;** §§ 46 bis 48 UStDV).

Der Antrag ist nach amtlich vorgeschriebenem Vordruck zu stellen. Er kann grundsätzlich von jedem Voranmeldungszeitraum an gestellt werden. Ein abgegebener Antrag gilt bis zum Widerruf (**Dauerfristverlängerung**).

Bei Unternehmern mit **monatlichem** Voranmeldungszeitraum ist die Fristverlängerung davon abhängig, daß eine **Sondervorauszahlung** in Höhe von einem Elftel **(1/11)** der **Summe der Vorauszahlungen für das vorangegangene Kalenderjahr** angemeldet und entrichtet wird.

In der Folgezeit hat der Unternehmer während der Geltungsdauer der Fristverlängerung die Sondervorauszahlung für das jeweilige Kalenderjahr bis zum **10. Februar** anzumelden und zu entrichten.

Die **Sondervorauszahlung** wird mit der für den Monat **Dezember** geschuldeten USt **verrechnet**.

Für Unternehmer mit **vierteljährlichem** Voranmeldungszeitraum wird die Entrichtung einer **Sondervorauszahlung nicht gefordert**.

11.4 Zusammenfassende Meldung

Neben der **Umsatzsteuer-Voranmeldung** an das zuständige Finanzamt hat der Unternehmer bis zum 10. Tag nach Ablauf des Kalender**vierteljahres** (Meldezeitraum), in dem er innergemeinschaftliche Warenlieferungen ausgeführt hat, beim **Bundesamt für Finanzen** eine Meldung nach amtlich vorgeschriebenem Vordruck nach § 18a Abs. 1 abzugeben (**Zusammenfassende Meldung = ZM**).

Wurde vom Finanzamt eine **Dauerfristverlängerung** für die Abgabe der Umsatzsteuer-Voranmeldung gewährt, **gilt** diese **auch** für die Abgabe der ZM (§ 18a Abs. 1).

11.5 Steuererklärung und Veranlagung

Der Unternehmer hat für das Kalenderjahr eine **Steuererklärung** (Steueranmeldung) nach amtlich vorgeschriebenem Vordruck abzugeben, in der er die zu entrichtende **Steuer selbst zu berechnen hat** (§ 18 Abs. 3).

Ist der Besteuerungszeitraum **kürzer** als ein Kalenderjahr (z.B. weil die unternehmerische Tätigkeit im Laufe des Kalenderjahres beendet wird), so ist die Steueranmeldung binnen einem Monat nach Ablauf des kürzeren Besteuerungszeitraums abzugeben (§ 18 Abs. 3).

Stimmt die in den **Voranmeldungen** angemeldete Steuerschuld mit der Steuerschuld in der Steuererklärung **nicht** überein, so ist ein **Unterschiedsbetrag zugunsten des Finanzamtes einen Monat nach dem Eingang der Steuererklärung fällig** (§ 18 Abs. 4).

Ergibt sich ein **Unterschiedsbetrag zugunsten des Unternehmers**, so wird er an den Unternehmer **zurückgezahlt** (§§ 37 und 220 AO).

In den Fällen der **Fahrzeugeinzelbesteuerung** hat der **Erwerber spätestens bis zum 10. Tag** nach Ablauf des **Tages** an dem die Steuer entstanden ist, eine **Steuererklärung** nach amtlich vorgeschriebenem Vordruck (**USt 1 B**) abzugeben, in dem er die zu entrichtende Steuer selbst zu berechnen hat (§ 18 **Abs. 5a**). Für **jedes** erworbene Fahrzeug ist **jeweils** eine Umsatzsteuererklärung abzugeben (vgl. S. 334 und 335).

11.6 Zusammenfassung und Erfolgskontrolle

11.6.1 Zusammenfassung

In der Übersicht auf der folgenden Seite werden die wesentlichen Merkmale der **Berechnung und Erhebung der Umsatzsteuer** nochmals hervorgehoben.

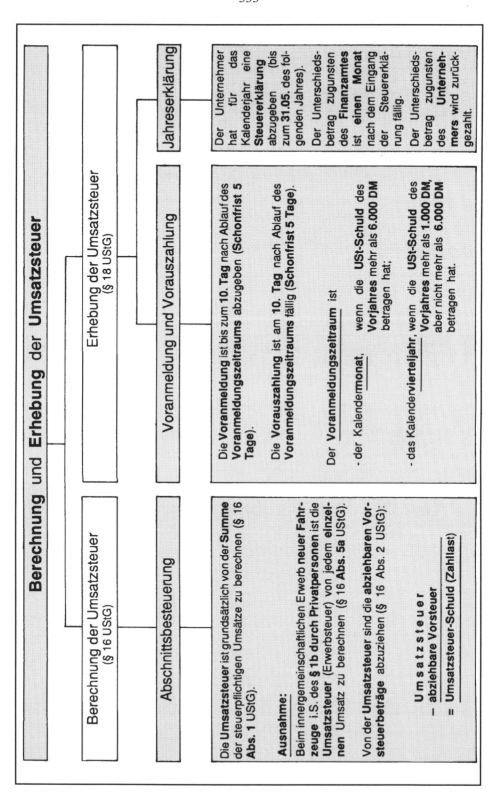

Berechnung und Erhebung der Umsatzsteuer

Berechnung der Umsatzsteuer (§ 16 UStG)

Abschnittsbesteuerung

Die **Umsatzsteuer** ist grundsätzlich von der **Summe** der steuerpflichtigen Umsätze zu berechnen (§ 16 Abs. 1 UStG).

Ausnahme:
Beim innergemeinschaftlichen Erwerb **neuer Fahrzeuge** i.S. des **§ 1b durch Privatpersonen** ist die **Umsatzsteuer** (Erwerbsteuer) von jedem **einzelnen Umsatz** zu berechnen (§ 16 Abs. 5a UStG).

Von der **Umsatzsteuer** sind die **abziehbaren Vorsteuerbeträge** abzuziehen (§ 16 Abs. 2 UStG):

Umsatzsteuer
– abziehbare Vorsteuer
= Umsatzsteuer-Schuld (Zahllast)

Erhebung der Umsatzsteuer (§ 18 UStG)

Voranmeldung und Vorauszahlung

Die **Voranmeldung** ist bis zum **10. Tag** nach Ablauf des **Voranmeldungszeitraums** abzugeben (**Schonfrist 5 Tage**).

Die **Vorauszahlung** ist am **10. Tag** nach Ablauf des **Voranmeldungszeitraums fällig (Schonfrist 5 Tage).**

Der **Voranmeldungszeitraum** ist

- der **Kalendermonat,** wenn die **USt-Schuld** des Vorjahres **mehr als 6.000 DM** betragen hat;

- das **Kalendervierteljahr,** wenn die **USt-Schuld** des Vorjahres **mehr als 1.000 DM,** aber nicht mehr als **6.000 DM** betragen hat.

Jahreserklärung

Der Unternehmer hat für das Kalenderjahr eine **Steuererklärung** abzugeben (bis zum **31.05.** des folgenden Jahres).

Der Unterschiedsbetrag zugunsten des **Finanzamtes** ist **einen Monat** nach dem Eingang der Steuererklärung fällig.

Der Unterschiedsbetrag zugunsten des **Unternehmers** wird zurückgezahlt.

Weiße Felder bitte ausfüllen oder ⊠ ankreuzen, Erläuterungen beachten.

Zeile	Fallart	Steuernummer	Unter-fallart	Zeitraum
1				
2	11		59	0 0 0 0

Finanzamt

_____

_____

_____

30 Eingangsstempel oder -datum

Umsatzsteuererklärung

für die Fahrzeugeinzelbesteuerung

Abgabefrist:
bis spätestens 10 Tage nach dem Erwerb

10 ☐ Berichtigte Steuererklärung
(falls ja, bitte eine „1" eintragen)

A. Allgemeine Angaben

Erwerber (Name, Vorname) | Geburtsdatum

Straße, Haus-Nr.

PLZ, Ort | Telefon

Unterschrift

Ich versichere, die Angaben in dieser Steuererklärung wahrheitsgemäß nach bestem Wissen und Gewissen gemacht zu haben.

Bei der Anfertigung dieser Steuererklärung hat mitgewirkt:

Datum, eigenhändige Unterschrift des Erwerbers

Ein Umsatzsteuerbescheid ergeht nur, wenn von Ihrer Berechnung der Umsatzsteuer abgewichen wird.

Hinweis nach den Vorschriften der Datenschutzgesetze: Die mit der Steuererklärung angeforderten Daten werden aufgrund der §§ 149 ff. der Abgabenordnung sowie des § 18 Abs. 5 a des Umsatzsteuergesetzes erhoben. Die Angabe der Telefonnummer ist freiwillig

Erläuterungen zur Fahrzeugeinzelbesteuerung

Der entgeltliche innergemeinschaftliche Erwerb eines neuen Fahrzeugs durch eine Privatperson, eine nichtunternehmerisch tätige Personenvereinigung und einen Unternehmer, der das Fahrzeug für seinen privaten Bereich erwirbt, unterliegt der Umsatzsteuer (§ 1 b UStG).

Ein innergemeinschaftlicher Erwerb liegt vor, wenn das neue Fahrzeug bei einer Lieferung an den Abnehmer aus einem anderen EG-Mitgliedstaat in das Inland gelangt. Dabei kommt es nicht darauf an, ob der Lieferer oder der Abnehmer das Fahrzeug ins Inland befördert oder versendet hat.

Für jedes erworbene neue Fahrzeug ist eine Umsatzsteuererklärung auszufüllen und eigenhändig zu unterschreiben.

Fahrzeuge sind:
1. motorbetriebene Landfahrzeuge mit einem Hubraum von mehr als 48 Kubikzentimetern oder einer Leistung von mehr als 7,2 Kilowatt,
2. Wasserfahrzeuge mit einer Länge von mehr als 7,5 Metern,
3. Luftfahrzeuge, deren Starthöchstmasse mehr als 1 550 Kilogramm beträgt.

Als „neu" gilt:
1. ein Landfahrzeug, das nicht mehr als 6 000 Kilometer (bis zum 31. Dezember 1994 3 000 Kilometer) zurückgelegt hat oder dessen erste Inbetriebnahme im Zeitpunkt des Erwerbs nicht mehr als sechs Monate (bis zum 31. Dezember 1994 drei Monate) zurückliegt,
2. ein Wasserfahrzeug, das nicht mehr als 100 Betriebsstunden auf dem Wasser zurückgelegt hat oder dessen erste Inbetriebnahme im Zeitpunkt des Erwerbs nicht mehr als drei Monate zurückliegt,
3. ein Luftfahrzeug, das nicht länger als 40 Betriebsstunden genutzt worden ist oder dessen erste Inbetriebnahme im Zeitpunkt des Erwerbs nicht mehr als drei Monate zurückliegt.

Bemessungsgrundlage für den Erwerb ist das **Entgelt.** Dies ist grundsätzlich der in Rechnung gestellte Betrag. Zur Bemessungsgrundlage gehören auch **Nebenkosten** (z.B. Beförderungskosten und Provisionen), die der Lieferer dem Erwerber berechnet. Die vom Lieferer erteilte Rechnung ist der Umsatzsteuererklärung beizufügen.

Bei Werten in **fremder Währung** ist die Bemessungsgrundlage nach dem am Tag des Erwerbs geltenden Tageskurs umzurechnen, der durch Bankmitteilung oder Kurszettel nachzuweisen ist.

Die Umsatzsteuer auf den Erwerb ist bis zum 10. Tag nach dem Tag des Erwerbs anzumelden und zu entrichten (§ 18 Abs. 5 a Satz 4 UStG in Verbindung mit § 13 Abs. 1 Nr. 7 UStG).

USt 1 B – Umsatzsteuererklärung für die Fahrzeugeinzelbesteuerung

(Name des Bundeslandes)

Zeile	
33	**B. Angaben zum innergemeinschaftlichen Erwerb eines neuen Fahrzeugs (§ 1 b UStG)**
34	Fahrzeuglieferer
35	Straße, Haus-Nr.
36	Ort EG-Mitgliedstaat
37	Bei dem innergemeinschaftlich erworbenen Fahrzeug handelt es sich um:

Zeile				
38	**24**	ein motorbetriebenes Landfahrzeug	**21**	Tag des Erwerbs
39		Hubraum in ccm **27** Leistung in kW	**22**	Tag der ersten Inbetriebnahme
40	**25**	Km-Stand im Zeitpunkt des Erwerbs	**23**	Identifikations-Nr. / amtl. Kennzeichen
41	**34**	ein Wasserfahrzeug	**31**	Tag des Erwerbs
42		Länge in m	**32**	Tag der ersten Inbetriebnahme
43	**35**	Zahl der Betriebsstunden bis zum Erwerb	**33**	Identifikations-Nr. / Hersteller-Nr.
44	**44**	ein Luftfahrzeug	**41**	Tag des Erwerbs
45		Starthöchstmasse in kg	**42**	Tag der ersten Inbetriebnahme
46	**45**	Zahl der Betriebsstunden bis zum Erwerb	**43**	Identifikations-Nr. / Hersteller-Nr.
47				

Zeile			DM	Pf
48	**C. Berechnung der Umsatzsteuer**			
49	Bemessungsgrundlage (siehe Erläuterungen)	**50**		—
50	Umsatzsteuer 15 v.H.	**83**		

(kann auf 10 Pf zu Ihren Gunsten gerundet werden)

Zeile	
51–60	

—————— **Vom Finanzamt auszufüllen** ——————

Zeile	
61	**Bearbeitungshinweis**
	1. Die aufgeführten Daten sind mit Hilfe des geprüften und geneh- **11** **19**
62	migten Programms sowie ggf. unter Berücksichtigung der ge- speicherten Daten maschinell zu verarbeiten.
	2. Die weitere Bearbeitung richtet sich nach den Ergebnissen der **12**
63	maschinellen Verarbeitung. Kontrollzahl und/oder Datenerfassungsvermerk
64	Datum, Namenszeichen / Unterschrift

11.6.2 Erfolgskontrolle

WIEDERHOLUNGSFRAGEN

1. Was versteht man unter Veranlagung?
2. Welcher Besteuerungszeitraum ist grundsätzlich für die Veranlagung maßgebend?
3. In welchem Fall kann der Besteuerungszeitraum kürzer sein?
4. Was versteht man unter Abschnittsbesteuerung?
5. Wie wird die Umsatzsteuerschuld bzw. das Vorsteuerguthaben berechnet?
6. Was versteht man unter Einzelbesteuerung? Nennen Sie ein Beispiel.
7. Wann hat der Unternehmer grundsätzlich eine Voranmeldung abzugeben?
8. In welchem Fall ist das Kalendervierteljahr Voranmeldungszeitraum?
9. In welchem Fall kann das Finanzamt den Unternehmer von der Verpflichtung zur Abgabe der Voranmeldung befreien?
10. Wann werden die Vorauszahlungen fällig?
11. Was versteht man unter der sog. 40-Tage-Regelung?
12. Was wissen Sie über die Fahrzeugeinzelbesteuerung?

FÄLLE

Fall 1:

Der Unternehmer U, Bremen, errechnet in seiner Umsatzsteuererklärung 1995 einen höheren Steuerbetrag als er in seinen monatlichen Voranmeldungen für den Besteuerungszeitraum 1995 angemeldet hat.

Wann wird der Unterschiedsbetrag fällig?

Fall 2:

Der Unternehmer U (Monatszahler), Bonn, meldet dem zuständigen Finanzamt für den Monat September 1995 ein Vorsteuerguthaben von 850 DM an.

Wie ist der Überschuß zugunsten des Unternehmers U zu behandeln?

Fall 3:

Der Unternehmer Alfred Wagner (Monatszahler mit Dauerfristverlängerung) fragt an, bis zu welchem Zeitpunkt er seine Umsatzsteuer-Voranmeldung für Oktober 1995 abzugeben habe.

Bis wann hat er seine Umsatzsteuer-Voranmeldung für Oktober 1995 abzugeben?

Fall 4:

Besorgen Sie sich einen **Umsatzsteuer-Voranmeldungs-**Vordruck und füllen Sie diesen für den Monat Oktober 1995 nach folgenden Angaben für den Großhändler Hugo Leitner, 56073 Koblenz, Cusanusstr. 25, aus (Finanzamt Koblenz, Postfach 709, 56007 Koblenz, Steuer-Nr. 22/038/2722/9) .

Der Buchführung des Steuerpflichtigen entnehmen Sie die folgenden Beträge:

8125 (4125) Steuerfreie innergemeinschaftliche Lieferungen	45.780,— DM
8400 (4400) Erlöse 15 % USt	568.240,40 DM
8300 (4300) Erlöse 7 % USt	86.210,50 DM
8736 (4736) Gewährte Skonti 15 % USt	2.340,30 DM
8731 (4731) Gewährte Skonti 7 % USt	84,70 DM
8100 (4100) Steuerfreie Umsätze § 4 Nr.8ff. UStG (§ 12a)	1.200,— DM

Auf dem Konto "**1576** (1406) **Abziehbare Vorsteuer 15 %**"
wurden im Oktober im Soll gebucht   66.769,30 DM

1. Wie groß ist die Summe der **steuerfreien und steuerpflichtigen** Umsätze?
2. Wie groß ist die **Umsatzsteuer-Vorauszahlung** für Oktober 1995?
3. Wann ist die Vorauszahlung **fällig?**
4. Bis zu welchem Tag muß der Betrag beim Finanzamt eingehen, wenn ein Säumniszuschlag vermieden werden soll?

Fall 5:

Der Kölner Unternehmer U, **Monatszahler,** nimmt seit 1985 die Dauerfrist-verlängerung in Anspruch.
Auch für 1995 möchte er die Fristverlängerung in Anspruch nehmen.
U hat die folgenden **Umsatzsteuer-Vorauszahlungen** für das **Kalenderjahr 1994** (lt. **Zeile 59** der Umsatzsteuer-Voranmeldungen) geleistet:

Januar 420,-- DM, Februar 2.220,-- DM, März 1.705,-- DM, April 2.315,-- DM, Mai 5.150,-- DM, Juni 2.750,-- DM, Juli 2.090,-- DM, August 1.190,-- DM, September 2.541,-- DM, Oktober 2.346,-- DM, November 3.480,-- DM und Dezember (3.826,-- DM   2.710,-- DM Sondervorauszahlung) 1.116,-- DM.

Berechnen Sie die **Sondervorauszahlung** für **1995**.

Fall 6:

Die Umsatzsteuererklärung 1994 der Floristin Anna Auras geht am **13.05.1995** beim Finanzamt ein. Frau Auras hat eine **Nachzahlung** von 2.200 DM zu leisten. Das Finanzamt weicht nicht von der angemeldeten Steuer ab. Frau Auras zahlt am **05.07.1995** die restliche USt.

Kann das Finanzamt **Säumniszuschläge** festsetzen? Wenn ja, in welcher Höhe?

12 Entstehung der USt und Steuerschuldner

Steuern **entstehen**, sobald der **Tatbestand verwirklicht** ist, an den das Gesetz die Leistungspflicht knüpft (§ 38 AO).

Für die **Entstehung der Umsatzsteuer** sind **zwei Besteuerungsarten** von Bedeutung:

> 1. die **Sollbesteuerung** (Besteuerung nach **vereinbarten** Entgelten) und
>
> 2. die **Istbesteuerung** (Besteuerung nach **vereinnahmten** Entgelten).

Die **Sollbesteuerung** ist die **Regelbesteuerung**, während die **Istbesteuerung** nur als **Ausnahme** in Betracht kommt.

12.1 Entstehung der Umsatzsteuer für Leistungen

12.1.1 Sollbesteuerung

Die **Umsatzsteuer** für entgeltliche Lieferungen und sonstige Leistungen **entsteht** bei der Sollbesteuerung **mit Ablauf des Voranmeldungszeitraums**, in dem die Leistungen **ausgeführt** worden sind (§ 13 Abs. 1 **Nr. 1a** Satz 1).

Voranmeldungszeitraum ist grundsätzlich der Kalender**monat**. Unter bestimmten Voraussetzungen (vgl. Kapitel 11) kann auch das Kalender**vierteljahr** Voranmeldungszeitraum sein.

Beispiel:
Der Malermeister U (**Monatszahler**), der seine Umsätze nach **vereinbarten** Entgelten besteuert (= **Sollbesteuerung**), hat im **Dezember 1995** die Fenster eines Kunden **gestrichen**. Der dem Kunden am **15.02.1996** in Rechnung gestellte Betrag in Höhe von 200 DM + 30 DM USt = 230 DM wird am **19.03.1996** gezahlt.

Die **USt** in Höhe von 30 DM **entsteht mit Ablauf des Monats Dezember 1995**, weil im Voranmeldungszeitraum Dezember 1995 die Leistung **ausgeführt** worden ist.

Die **Umsatzsteuer entsteht** für

> a) steuerpflichtige **Leistungen** eines Unternehmers **an seine Arbeitnehmer**, für die diese kein besonders berechnetes Entgelt aufwenden (§ 1 Abs. 1 **Nr. 1b**) und
>
> b) steuerpflichtige **Leistungen von Vereinigungen an** ihre **Mitglieder**, für die diese kein Entgelt aufwenden (§ 1 Abs. 1 **Nr. 3**)

ebenfalls **mit Ablauf des Voranmeldungszeitraums**, in dem diese Leistungen **ausgeführt** worden sind (§ 13 Abs. 1 **Nr. 1b**).

> **Übung:** 1. Wiederholungsfragen 1 bis 5,
> 2. Fälle 1 und 2

12.1.2 Istbesteuerung

Auf **Antrag** kann das Finanzamt in den folgenden Fällen gestatten, daß der Unternehmer die **Umsatzsteuer** nicht nach vereinbarten, sondern nach **vereinnahmten Entgelten (Istbesteuerung)** berechnet (§ 20):

---

1. Der **Gesamtumsatz** i.S. des § 19 Abs. 3 hat im **vorangegangenen** Kalenderjahr **nicht mehr als 250.000 DM** betragen.

   oder

2. der Unternehmer ist **von der Verpflichtung, Bücher zu führen** und regelmäßig Bilanzen zu erstellen nach § 148 AO **befreit.**

   oder

3. der Unternehmer erzielt Umsätze aus der **Tätigkeit als Angehöriger eines freien Berufs** i.S. des § 18 Abs. 1 Nr. 1 EStG (z.B. Steuerberater, Rechtsanwalt, Notar).

Beispiele:

Zu 1. Der Gewerbetreibende A, Erfurt, hat folgende **Gesamtumsätze** erzielt:

1993	400. 000 DM
1994	240.000 DM

A kann für 1995 einen Antrag auf Versteuerung nach **vereinnahmten Entgelten** stellen.

Zu 2. Der Gewerbetreibende B, der nach § 141 AO buchführungspflichtig ist, wurde vom Finanzamt nach § 148 AO **von der Buchführungspflicht befreit.** Sein Gesamtumsatz liegt über 250.000 DM.

B kann einen Antrag auf Versteuerung nach **vereinnahmten Entgelten** stellen.

Zu 3. Der Notar C, Bonn, hat einen Umsatz aus **freiberuflicher Tätigkeit,** der jährlich zwischen 300.000 DM und 350.000 DM schwankt.

C kann einen Antrag auf Versteuerung nach **vereinnahmten Entgelten** stellen.

Bei der **Istbesteuerung** entsteht die USt für Leistungen mit Ablauf des Voranmeldungszeitraums, in dem die Entgelte **vereinnahmt** worden sind (§ 13 Abs. 1 **Nr. 1b**).

Beispiel:
Der Schreinermeister U (**Monatszahler**), der seine Umsätze nach **vereinnahmten Entgelten** versteuert, hat im **Dezember 1994** Türen und Fenster an einen Kunden **geliefert.** Der Kunde **zahlt im Februar 1995** den Rechnungsbetrag von 5.750 DM.

Die **USt** in Höhe von 750 DM **entsteht** mit Ablauf des Monats **Februar 1995**, weil im Februar 1995 das Entgelt vereinnahmt wurde.

Wechselt der **Unternehmer** die **Besteuerungsart** (von der Sollbesteuerung zur Istbesteuerung oder umgekehrt), so ist darauf zu achten, daß **Umsätze nicht doppelt erfaßt** werden **oder unversteuert bleiben** (§ 20 Abs. 1 **Satz 3**).

Zusammenfassung zu Abschnitt 12.1.1 und 12.1.2:

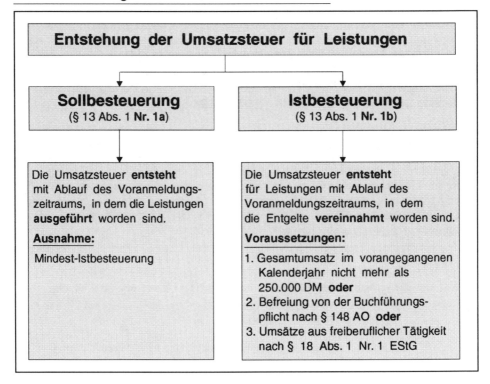

Übung: 1. Wiederholungsfragen 6 bis 8,
2. Fälle 3 und 4

12.1.3 Mindest-Istbesteuerung

Im Rahmen der **Sollbesteuerung** entsteht die Umsatzsteuer bereits **bevor** die Leistung **ausgeführt** worden ist, in dem **Voranmeldungszeitraum**, in dem das **Entgelt** oder Teilentgelt (Anzahlungen, Vorauszahlungen) **vereinnahmt** worden ist (§ 13 Abs. 1 Nr. 1a **Satz 4**).

Seit dem 1.1.1994 bezeichnet man diese Besteuerung auch als **uneingeschränkte Mindest-Istbesteuerung**.

Beispiel:

Unternehmer U (**Sollbesteuerung, Monatszahler**) erhält von seinem Kunden A am **05.07.1995** eine Anzahlung von **2.300 DM**. U hat in seiner Anzahlungsrechnung die USt gesondert ausgewiesen. Die Leistungen des U unterliegen dem allgemeinen Steuersatz. U erbringt die Leistung im August 1995.

U hat das **Entgelt** von **2.000 DM** (2.300 DM : 1,15) mit Ablauf des Monats **Juli 1995** zu versteuern, weil in diesem Voranmeldungszeitraum das Entgelt von 2.000 DM **vereinnahmt**, **bevor** die Leistung **ausgeführt** worden ist.

In § 13 Abs. 1 Nr. 1a ist **Satz 5 gestrichen worden**. Damit haben die **Unternehmen** (insbesondere die **Energieversorgungsunternehmen**) seit **1.1.1994 sämtliche vereinnahmte Abschlagszahlungen** der **Umsatzsteuer** zu unterwerfen.

Die **Umsatzsteuer entsteht** für Entgelte oder Teilentgelte, die **vor Ausführung** der Leistung vereinnahmt werden, **ohne Rücksicht auf die Höhe der vereinnahmten Beträge mit Ablauf des Voranmeldungszeitraums**, in dem das Entgelt oder Teilentgelt **vereinnahmt** wird (§ 13 Abs. 1 Nr. 1a **Satz 4**).

Die **bisherige Ausnahmeregelung** für vereinnahmte Entgelte oder Teilentgelte von **weniger als 10.000 DM** gilt seit **1.1.1994 nicht mehr**.

Die **Änderung der Mindest-Istbesteuerung** bewirkt, daß seit 1.1.1994 **jede auch noch so kleine Anzahlung oder Vorauszahlung der Besteuerung unterliegt**.

Diese Maßnahme entspricht dem **Gemeinschaftsrecht**, das für Anzahlungen keine Bagatellgrenzen vorsieht (BT-Drucksache 12/5630 S. 87).

Beispiel:
Die **Koblenzer** Elektrizitätswerk und Verkehrs - Aktiengesellschaft (**KEVAG**) (**Monatszahlerin**) setzt mit Schreiben vom 14.3.1995 für noch zu liefernden Strom folgende **Abschlagbeträge** für den Kunden A fest:

Strom nach Allgemeinem Tarif
Haushaltbedarf

		Zeitraum	Preis	Betrag DM
Zähler Nr.8652287				
Zählerstand am 21.02.1994	35.154			
Zählerstand am 20.02.1995	40.791			
Unterschied	5.637	364 Tage		
Strombezug	5.637			
bis 28.02.1994	108 kWh		18,80 Pf/kWh[1]	20,30
bis 20.02.1995	5.529 kWh		19,90 Pf/kWh	1.100,27
Leistung				
Fester Anteil		7 Tage	75,00 DM/Jahr[2]	1,44
		357 Tage	114,00 DM/Jahr[2]	111,50
Verrechnungsentgelte:				
Drehstromzähler Nr.8652287		7 Tage	58,20 DM/Jahr[2]	1,12
Drehstromzähler Nr.8652287		357 Tage	66,00 DM/Jahr[2]	64,55
			Summe	**1.299,18**
Ausgleichsabgabe	22.02.1994 bis 20.02.1995: 9,00% von		1.299,18 DM	116,93
			Entgelt	**1.416,11**
Umsatzsteuer	22.02.1994 bis 20.02.1995: 15,00% von		1.416,11 DM	212,42
			Rechnungsbetrag	**1.628,53**
Künftiger Abschlag für jeweils zwei Monate (238,26 DM zzgl. 15,00 % Umsatzsteuer, 35,74 DM)				274,00

12.2 Entstehung der USt für den Eigenverbrauch

Die **Umsatzsteuer** für den **Eigenverbrauch entsteht mit Ablauf des Voranmeldungszeitraums**, in dem der Unternehmer die Gegenstände **entnommen**, sonstige Leistungen **ausgeführt** oder die nicht abzugsfähigen Betriebsausgaben **getätigt** hat (§ 13 Abs. 1 **Nr. 2**).

12.3 Entstehung der Umsatzsteuer bei zu hohem Steuerausweis

Hat ein **Unternehmer** in einer Rechnung einen **höheren** Steuerbetrag **ausgewiesen**, als er **schuldet**, so **schuldet** er auch den **Mehrbetrag** (§ 14 **Abs. 2**).

Die **Mehrsteuer entsteht** in dem Zeitpunkt, in dem auch die richtige Steuer entsteht, bei **Sollbesteuerung** mit Ablauf des Voranmeldungszeitraums der **Vereinbarung**, bei der **Istbesteuerung** mit Ablauf des Voranmeldungszeitraums der **Vereinnahmung** (§ 13 Abs. 1 **Nr. 3**).

12.4 Entstehung der Umsatzsteuer bei unberechtigtem Steuerausweis

Wird von einem **Unternehmer oder** von einem **Nichtunternehmer** in einer Rechnung **unberechtigt** ein **Steuerbetrag** gesondert **ausgewiesen**, so **schuldet** der **Aussteller der Rechnung** diesen unberechtigt ausgewiesenen **Steuerbetrag** (§ 14 **Abs. 3**). Die Umsatzsteuer **entsteht** in diesem Fall im Zeitpunkt der **Ausgabe der Rechnung** (§ 13 Abs. 1 **Nr. 4**).

> **Übung:** 1. Wiederholungsfragen 11 bis 13,
> 2. Fälle 7 bis 11

12.5 Entstehung der Umsatzsteuer für den innergemeinschaftlichen Erwerb

Die **Steuer entsteht** für den **innergemeinschaftlichen Erwerb** im Sinne des § 1a grundsätzlich mit **Ausstellung der Rechnung, spätestens** jedoch **mit Ablauf des dem Erwerb folgenden Kalendermonats** (§ 13 Abs. 1 **Nr. 6**).

Beispiel:
Der **französische** Unternehmer U, Straburg, **liefert** am **11.09.1995** eine Maschine an den **deutschen** Unternehmer E (**Monatszahler**), Stuttgart. Die Rechnung wird von U am **11.11.1995** erstellt.

Die Umsatzsteuer (**Erwerbsteuer**) für den innergemeinschaftlichen Erwerb (§ 1a Abs. 1) **entsteht** mit Ablauf des **31.10.1995** (spätestens ein Monat nach dem Erwerb). E hat den innergemeinschaftlichen Erwerb in seiner Umsatzsteuer-Voranmeldung für **Oktober 1995** anzumelden.

12.6 Entstehung der USt für den innergemeinschaftlichen Erwerb neuer Fahrzeuge

Die Steuer entsteht für den **innergemeinschaftlichen Erwerb neuer Fahrzeuge** im Sinne des § **1b** am **Tag des Erwerbs** (§ 13 Abs. 1 **Nr. 7**).

Für die **Abgabe der Steuererklärung** gelten **nicht** die **allgemeinen Fristen.** Vielmehr hat der Erwerber die Steuererklärung (**USt 1 B**) spätestens **bis zum 10. Tag nach Ablauf des Tages,** an dem die Steuer entstanden ist, abzugeben und die Steuer zu entrichten (§ 18 **Abs. 5a**).

Beispiel:
Der **französische** Unternehmer U, Paris, **verkauft** am 18.09.1995 an den **deutschen** Privatmann P, Koblenz, einen neuen Pkw für umgerechnet 20.000 DM netto. P **erhält** den Pkw am **25.09.1995.**
Die **Rechnung** wird von U am 06.10.1995 erstellt.

Die Umsatzsteuer (**Erwerbsteuer**) für den innergemeinschaftlichen Erwerb des neuen Fahrzeugs entsteht am **25.09.1995** (Tag des Erwerbs). Die Steuererklärung ist bis spätestens 05.10.1995 beim zuständigen **Wohnsitz-Finanzamt** abzugeben.

12.7 Steuerschuldner

Schuldner der Umsatzsteuer ist in den Fällen

1. des § 1 Abs. 1 Nr. 1 bis 3 und des § 14 Abs. 2 der **Unternehmer,**
2. des § 1 Abs. 1 Nr. 5 der **Erwerber,**
3. des § 14 Abs. 3 der **Aussteller der Rechnung.**

> **Übung**: 1. Wiederholungsfragen 14 bis 16,
> 2. Fälle 12 und 13

12.8 Zusammenfassung und Erfolgskontrolle

12.8.1 Zusammenfassung

In der folgenden **Übersicht** werden die wesentlichen Merkmale für die **Entstehung der Umsatzsteuer** nochmals hervorgehoben.

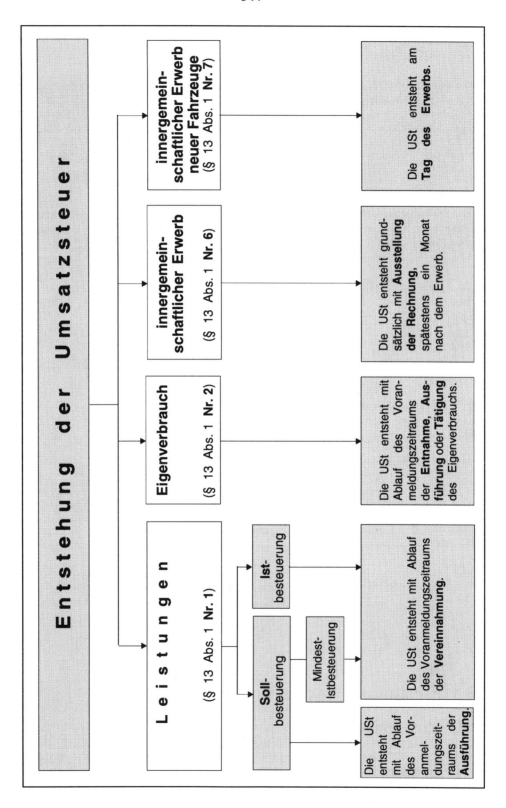

Entstehung der Umsatzsteuer

Leistungen (§ 13 Abs. 1 Nr. 1)

Soll-besteuerung

Die USt entsteht mit Ablauf des Voranmeldungszeitraums der **Ausführung**.

Mindest-Istbesteuerung

Die USt entsteht mit Ablauf des Voranmeldungszeitraums der **Vereinnahmung**.

Ist-besteuerung

Die USt entsteht mit Ablauf des Voranmeldungszeitraums der **Vereinnahmung**.

Eigenverbrauch (§ 13 Abs. 1 Nr. 2)

Die USt entsteht mit Ablauf des Voranmeldungszeitraums der **Entnahme, Ausführung oder Tätigung** des Eigenverbrauchs.

innergemein-schaftlicher Erwerb (§ 13 Abs. 1 Nr. 6)

Die USt entsteht grundsätzlich mit **Ausstellung der Rechnung**, spätestens ein Monat nach dem Erwerb.

innergemein-schaftlicher Erwerb neuer Fahrzeuge (§ 13 Abs. 1 Nr. 7)

Die USt entsteht am **Tag des Erwerbs**.

12.8.2 Erfolgskontrolle

WIEDERHOLUNGSFRAGEN

1. Wann entsteht im allgemeinen eine Steuer?
2. Welche Besteuerungsarten sind für den Zeitpunkt der Entstehung der Umsatzsteuer von Bedeutung?
3. Was versteht man unter der Sollbesteuerung?
4. Was versteht man unter der Istbesteuerung?
5. Wann entsteht die Steuer für Leistungen bei der Sollbesteuerung?
6. In welchen Fällen kann das Finanzamt auf Antrag gestatten, die Steuer nach vereinnahmten Entgelten zu berechnen?
7. Worauf ist zu achten, wenn der Unternehmer die Besteuerungsart wechselt?
8. Wann entsteht die Steuer für Leistungen bei der Istbesteuerung?
9. Was versteht man unter der uneingeschränkten Mindest-Istbesteuerung?
10. In welchen Fällen sind die Anzahlungen bereits im Zeitpunkt der Vereinnahmung zu versteuern?
11. Wann entsteht die Steuer für den Eigenverbrauch?
12. Wann entsteht die Steuer bei zu hohem Steuerausweis?
13. Wann entsteht die Steuer bei unberechtigtem Steuerausweis?
14. Wann entsteht die Steuer für den innergemeinschaftlichen Erwerb i.S. des § 1a?
15. Wann entsteht die Steuer für den innergemeinschaftlichen Erwerb neuer Fahrzeuge i.S. des § 1b?
16. Wer ist Schuldner der Umsatzsteuer?

FÄLLE

Fall 1:

Unternehmer U (Monatszahler), Koblenz, berechnet seine USt nach vereinbarten Entgelten. U hat im November 1995 Waren an den Abnehmer A in Bremen geliefert.

Wann **entsteht** die Umsatzsteuer?

Fall 2:

Der Unternehmer U (Monatszahler), München, der seine Umsätze nach vereinbarten Entgelten versteuert, übergibt am 30.12.1995 der Deutschen Bahn AG eine Maschine zur Beförderung an den Abnehmer A in Stuttgart. A erhält die Maschine am 02.01.1996. Die Rechnung wird am 31.12.1995 erteilt. Die Zahlung erfolgt am 10.01.1996.

Wann **ensteht** die Umsatzsteuer?

Fall 3:

Der Unternehmer U (Vierteljahreszahler), Osnabrück, hat am 25.08.1995 Waren an den Abnehmer A geliefert. Die Rechnung wird am 28.08.1995 erteilt. Die Zahlung erfolgt am 25.10.1995.

Wann **entsteht** die Umsatzsteuer
a) bei der Sollbesteuerung und
b) bei der Istbesteuerung?

Fall 4:

Der Gewerbetreibende U, Köln, hat folgende **Gesamtumsätze** erzielt:

1993 240.000 DM
1994 210.000 DM
1995 270.000 DM

Für welche **Jahre** kann U einen Antrag auf Versteuerung nach **vereinnahmten** Entgelten stellen?

Fall 5:

Der Bauunternehmer U (**Monatszahler**), Bonn, der seine Umsätze nach **vereinbarten** Entgelten versteuert, schließt am 01.08.1995 mit dem Privatmann A einen Werkvertrag über die Errichtung eines Einfamilienhauses ab.

Darin verpflichtet sich U aus selbstbeschafftem Material den Rohbau des Einfamilienhauses zum Preis von 172.500 DM einschließlich 15 % USt bis zum 01.02.1996 fertigzustellen.

Der Rohbau wird fristgerecht am 01.02.1996 fertiggestellt und von A abgenommen.

U erhält im Dezember 1995 eine Anzahlung in Höhe von 57.500 DM einschließlich 15 % USt und einen Monat nach Fertigstellung des Hauses den Rest in Höhe von 115.000 DM einschließlich 15 % USt.

1. Wann und in welcher Höhe **entsteht** die Umsatzsteuer?
2. Wann wird die Umsatzsteuer **fällig**?

Fall 6:

Der Maschinenhersteller U (**Monatszahler**), Duisburg, der seine Umsätze nach **vereinbarten** Entgelten versteuert, vereinnahmt am 15.08.1995 eine Anzahlung von 10.350 DM einschließlich 15 % USt auf eine noch zu liefernde Maschine.
Die Maschine wird im September 1995 geliefert.

Wann und in welcher Höhe **entsteht** die Umsatzsteuer?

Fall 7:

Der Metzgermeister U (**Monatszahler**), Dresden, der seine Umsätze nach **vereinnahmten** Entgelten versteuert, entnimmt im Januar 1995 Fleischwaren aus seinem Unternehmen für seinen Privathaushalt.

Wann **entsteht** die Umsatzsteuer?

Fall 8:

Beim Unternehmer U (**Vierteljahreszahler**), Mainz, der seine Umsätze nach **vereinnahmten** Entgelten versteuert, liegen folgende Sachverhalte vor:

a) Er hat seinen betrieblichen Pkw im Mai 1995 privat genutzt.
b) Er hat im Juli 1995 nicht abzugsfähige Repräsentationsaufwendungen getätigt.

Wann **entsteht** die Umsatzsteuer?

Fall 9:

Der Unternehmer U (**Monatszahler**), Wiesbaden, der seine Steuer nach vereinbarten Entgelten berechnet, hat am 28. April 1995 eine Rechnung mit unberechtigtem Steuerausweis ausgestellt, die er am 02. Mai 1995 dem Kunden A aushändigt.

Wann **entsteht** die Umsatzsteuer?

Fall 10:

Die Unternehmerin Anja Fischer, Aachen, erhielt von einem Kunden folgende **Zahlungen**:

Anzahlung am 17.03.1995   10.925 DM einschl. 15 % USt
Anzahlung am 19.07.1995   11.615 DM einschl. 15 % USt
Restzahlung am 30.11.1995

Die **Lieferung** erfolgte am 17.08.1995. Die Rechnung lautete über netto 30.000 DM zuzüglich 4.500 DM USt.

Anja Fischer ist **Monatszahlerin** und versteuert nach **vereinbarten Entgelten**.

a) Wann und in welcher Höhe **entsteht** die Umsatzsteuer?
b) Wann ist die Umsatzsteuer **fällig**?
c) Bis wann müssen die USt-**Zahlungen** spätestens bei der Finanzkasse eingehen, wenn die USt-Voranmeldungen der Anja Fischer jeweils am 10. des folgenden Monats beim Finanzamt eingehen und sie keine Bar- oder Scheckzahlungen vornimmt?

Fall 11:

Sachverhalt wie im Fall 10 mit dem **Unterschied**, daß Anja Fischer nach **vereinnahmten Entgelten** versteuert.

Fall 12:

Der **belgische** Unternehmer U, Brüssel, **liefert** am **15.07.1995** eine Maschine an den **deutschen** Unternehmer E (**Monatszahler**) in Osnabrück.
U erstellt die **Rechnung** am **11.09.1995**.

1. Wann **entsteht** die Umsatzsteuer (Erwerbsteuer)?
2. Wann hat E die Umsatzsteuer **anzumelden**?

Fall 13:

Der **französische** Kraftfahrzeughändler U, Straßburg, **verkauft** am **17.02.1995** an den **deutsche Privatmann P**, Freiburg, einen **neuen Pkw** für umgerechnet 30.000 DM netto. P erhält den Pkw am **24.02.1995**. Die **Rechnung** wird von U am **03.03.1995** erstellt.

1. Wann **entsteht** die Umsatzsteuer (Erwerbsteuer)?
2. Wann hat P die Umsatzsteuer **anzumelden und zu entrichten**?

Zusammenfassende Erfolgskontrolle zum 1. bis 12. Kapitel

Fall 1:

Der Goldschmiedemeister Kurt Stein betreibt in München ein Juweliergeschäft.

Beurteilen Sie folgende Sachverhalte unter umsatzsteuerlichen Gesichtspunkten (Umsatzart, Steuerbarkeit, Steuerpflicht bzw. Steuerbefreiung und Bemessungsgrundlage). Gehen Sie davon aus, daß alle erforderlichen Nachweise und Belege erbracht sind. Stein versteuert seine Umsätze nach vereinbarten Entgelten.

1. Stein schenkt seiner Tochter zu Weihnachten eine goldene Armbanduhr, die er am 24.12. entnimmt. Er hat die Uhr im September für **2.000 DM** zuzüglich 300 DM USt eingekauft, der Wiederbeschaffungspreis lt. Herstellerkatalog beträgt am 24.12. **2.200 DM** zuzüglich 330 DM USt. Der Ladenverkaufspreis einschließlich 15 % USt beträgt **3.565 DM**.

2. Bei einem Einbruch wurde Schmuck entwendet. Die Versicherung überweist dafür **25.000 DM**.

3. Eine Kundin erteilt Stein den Auftrag, eine alte Brosche in ein modernes Armband umzuarbeiten. Stein verwendet dafür - abgesehen von etwas Lötmaterial - ausschließlich Gold und Steine dieser Brosche. Er berechnet der Kundin **632,50 DM**.

4. Stein erhält im April vom Kunden Reich den Auftrag, ein Diadem aus Platin und Edelsteinen anzufertigen. Der Kunde Reich möchte dieses Diadem seiner Frau zur Silberhochzeit im August schenken. Bei Auftragserteilung im April erhält Stein vereinbarungsgemäß eine Anzahlung in Höhe von **20.000 DM** einschließlich 15 % USt in bar.

5. Anläßlich des 100jährigen Firmenjubiläums eines Geschäftsfreundes hat Stein diesem eine selbstgefertigte Silberschale mit dessen Firmenzeichen geschenkt. Materialkosten **500 DM**, eigene Arbeitsleistung Steins **300 DM**.

Fall 2:

Ermitteln Sie die (deutsche) USt-Traglast des Baustoffhändlers U, München, für den Monat November 1995. Gehen Sie davon aus, daß alle erforderlichen Nachweise und Belege erbracht sind.

1. U liefert im November 1995 Baustoffe an Baubetriebe im Inland für brutto **276.000 DM**.

2. U liefert im November 1995 Baustoffe an Endverbraucher im Inland für brutto **126.500 DM**.

3. Unentgeltliche Entnahme von Baumaterial vom Lager München am 11.11.1995 für das Einfamilienhaus des Sohnes. Es betragen die Anschaffungskosten **29.000 DM**, die Wiederbeschaffungskosten **30.000 DM**, der Verkaufspreis brutto **44.850 DM**.

4. Beim Bau des Einfamilienhauses des Sohnes in München wurden im November 1995 Arbeiter der Firma U unentgeltlich eingesetzt. Die anteiligen Selbstkosten betragen **2.000 DM**. Einem fremden Dritten hätte U dafür **2.500 DM** berechnet.

5. U liefert im November 1995 für **5.000 DM** (netto) Baustoffe, die er mit eigenem Lkw befördert, an A, Zürich (Schweiz).

6. Ein im November 1995 dem Geschäftsfreund X, Nürnberg, überreichtes Geschenk kostete **200 DM** zuzüglich 30 DM USt. **200 DM** wurden als Betriebsausgabe gebucht.

7. Die gesamten Kfz-Kosten (einschließlich AfA), betrugen im November 1995 **3.000 DM**. Davon entfallen 30 % auf die private Nutzung. In den Kfz-Kosten sind enthalten Kfz-Steuer 432 DM und Kfz-Versicherung 568 DM.

8. Im November 1995 wurden an einen Münchener Kfz-Händler verkauft:

   1 Lkw der Firma U zum Preis von **6.900 DM** und
   1 Pkw der Ehefrau zum Preis von **5.750 DM**.

9. Die **laufenden** Telefonkosten betrugen im November 1995 **1.000 DM**. Davon entfallen 10 % auf die private Nutzung.

10. U liefert im November 1995 für **7.700 DM** (netto) Baustoffe, die er mit eigenem Lkw befördert, an A, Bern (Schweiz).

11. U liefert im November 1995 für **8.000 DM** (netto) Baustoffe, die er mit eigenem Lkw befördert, an A, Oslo (Norwegen).

12. U hat eine in seinem Geschäftshaus gelegene Wohnung an einen Angestellten seines Betriebes vermietet. Die Novembermiete 1995 in Höhe von **1.000 DM** ist am 30.11.1995 bei der Gehaltszahlung einbehalten worden.

13 Ausstellen von Rechnungen

Die Inanspruchnahme des **Vorsteuerabzugs** setzt u.a. eine **Rechnung** mit gesondertem Steuerausweis voraus.

Rechnung ist jede Urkunde, mit der ein Unternehmer über eine Lieferung oder sonstige Leistung gegenüber dem Leistungsempfänger abrechnet, gleichgültig, wie diese Urkunde im Geschäftsverkehr bezeichnet wird (§ 14 Abs. 4).

Als **Urkunde** ist hierbei jedes Schriftstück zu verstehen, mit dem über eine Leistung abgerechnet wird.

Bei der Rechnungsübermittlung durch **Telex oder Telefax** sind die beim Empfänger ankommenden Schriftstücke (Fernschreiben oder Fernkopie) als zum Vorsteuerabzug berechtigte **Rechnungen** i.S. des § 14 anzusehen(BMF-Schreiben vom 25.05.1992).

Ein **Unternehmer**, der steuerpflichtige Leistungen nach § 1 Abs. 1 Nr. 1 und 3 ausführt, ist **berechtigt**, Rechnungen mit gesondertem Steuerausweis auszustellen (§ 14 Abs. 1 **Satz 1**).

Beispiel:
Der **Möbeleinzelhändler U**, Dortmund, liefert eine Wohnzimmereinrichtung an den **Privatmann A**, ebenfalls Dortmund.

U ist **berechtigt,** aber nicht verpflichtet, A eine Rechnung **mit gesondertem Steuerausweis** auszustellen.

Führt ein **Unternehmer** eine steuerpflichtige Leistung an einen **anderen Unternehmer für dessen Unternehmen** aus, so ist er auf **Verlangen** des anderen Unternehmers **verpflichtet**, eine **Rechnung mit gesondertem Ausweis der Umsatzsteuer auszustellen** (§ 14 Abs. 1 **Satz 1**).

Beispiel:
Der **Möbelhersteller U**, München, liefert eine Wohnzimmereinrichtung an den **Möbeleinzelhändler M**, Nürnberg.

U ist auf **Verlangen** des M **verpflichtet**, über die Lieferung eine **Rechnung mit gesondertem Ausweis der USt auszustellen**, weil die steuerpflichtige Lieferung für einen **anderen Unternehmer für dessen Unternehmen** ausgeführt worden ist.

Die **Berechtigung bzw. Verpflichtung zum gesonderten Steuerausweis** gilt auch für **Anzahlungsrechnungen** (§ 14 Abs. 1 **Satz 5**).

In § 14 Abs. 1 ist **Satz 6 gestrichen** worden. Damit sind Unternehmer seit **1.1.1994** verpflichtet, in **Anzahlungsrechnungen** - auch wenn die Anzahlung weniger als 10.000 DM beträgt - die **Umsatzsteuer gesondert auszuweisen.**

Als **Rechnung** gilt **auch** eine **Gutschrift**, mit der ein Unternehmer über eine steuerpflichtige Leistung abrechnet, die an ihn ausgeführt wird (§ 14 **Abs. 5**).

Eine **Gutschrift** ist anzuerkennen, wenn folgende **Voraussetzungen** vorliegen:

1. Der leistende Unternehmer (= Gutschriftsempfänger) muß zum gesonderten Ausweis der Umsatzsteuer berechtigt sein.
2. Zwischen dem Aussteller und Empfänger der Gutschrift muß Einverständnis darüber bestehen, daß mit einer Gutschrift abgerechnet wird.
3. Die Gutschrift muß inhaltlich die im folgenden Unterabschnitt (13.1) vorgeschriebenen Angaben enthalten.
4. Die Gutschrift muß dem leistenden Unternehmer zugeleitet worden sein (§ 14 Abs. 5).

Beispiel:
Der Maschinenhersteller A, Stuttgart, sendet seinem Handelsvertreter U, Essen, (= Unternehmer, der zum gesonderten Steuerausweis berechtigt ist), eine Provisionsgutschrift.
Zwischen A und U besteht Einverständnis darüber, daß die Provision mit Gutschrift abgerechnet wird. Die Gutschrift enthält die erforderlichen Angaben.

Die **Gutschrift** gilt **für A** als **Rechnung** im Sinne des § 14.

13.1 Angaben in der Rechnung

Nach § 14 Abs. 1 müssen die **Rechnungen** folgende **sechs Angaben** enthalten:

(1) den **Namen** und die **Anschrift** des **leistenden Unternehmers,**

(2) den **Namen** und die **Anschrift** des **Leistungsempfängers,**

(3) die **Menge und** die handelsübliche **Bezeichnung** des Gegenstandes der Lieferung oder die **Art** und den **Umfang** der sonstigen Leistung,

(4) den **Zeitpunkt** der Lieferung oder sonstigen Leistung,

(5) das **Entgelt** für die Lieferung oder sonstige Leistung und

(6) den auf das Entgelt entfallenden **Steuerbetrag.**

① **Beate Süß, Lebensmittelhandel, Löhrstr. 10, 56068 Koblenz**

② Herrn
Heinrich Sauer
Magdeburger Str. 13

56075 Koblenz   **Rechnung**

④ Sie erhielten am 10.11.1995

Menge	Artikelbezeichnung	Stückpreis	Entgelt
③ 10 kg	Zucker	4,— DM	40,— DM
10 kg	Mehl	1,— DM	10,— DM
⑤			50,— DM
⑥		+ 7 % USt	3,50 DM
		insgesamt	53,50 DM

Wird eine Leistung **verbilligt oder unentgeltlich** abgegeben, ist dem Leistungsempfänger eine Rechnung zu erteilen, in der die **Mindestbemessungsgrundlage** (§ 10 Abs. 5) **und** die **tatsächlich geschuldete Umsatzsteuer** ausgewiesen wird (§ 14 Abs. 1 Satz 3).

Im Falle der **Mindest-Istbesteuerung muß der Unternehmer in seiner Endrechnung** die erhaltene **Netto-Anzahlung und** die **darauf entfallende USt** gesondert absetzen. Damit soll verhindert werden, daß der Leistungsempfänger Vorsteuerbeträge doppelt abzieht.

Beispiel:
Unternehmer U hat seinem Kunden A folgende **Anzahlungsrechnung** (Auszug) zugesandt, die dieser beglichen hat:

Teilentgelt	10.000,—DM
+ USt	1.500,—DM
insgesamt	11.500,—DM

Nach Ausführung der Leistung erteilt U seinem Kunden A folgende **Endrechnung** (Auszug):

Entgelt der gesamten Leistung		20.000,—DM
zuzüglich 15 % USt =	3.000 DM	
abzüglich bereits		
ausgewiesener USt	1.500 DM	1.500,—DM
		21.500,—DM
— Netto-Anzahlung		10.000,—DM
noch zu zahlen		**11.500,—DM**

13.2 Rechnungen über Umsätze mit verschiedenen Steuersätzen

In einer Rechnung über Lieferungen oder sonstige Leistungen, die **verschiedenen Steuersätzen** unterliegen, sind die **Entgelte** und **Steuerbeträge nach Steuersätzen zu trennen** (§ 32 **Satz 1** UStDV).

Beispiel:
Rechnungsauszug:

Menge	Artikel-bezeichnung	Stückpreis	Entgelt		USt 15 %	7 %
10 Fl.	Wein	10, — DM	100 DM			
50 Fl.	Apfelsaft	1,20 DM	60 DM	160,— DM	24,— DM	
10 kg	Zucker	4, — DM	40 DM			
10 kg	Kaffee	16, — DM	160 DM	200,— DM		14,— DM
				360,— DM	24,— DM	14,— DM
			+ USt	38,— DM		
Rechnungsbetrag				398,— DM		

Wird der Steuerbetrag durch **Maschinen automatisch** ermittelt und durch diese in der Rechung angegeben, so ist der Ausweis des **Steuerbetrags in einer Summe** zulässig, wenn für die einzelnen Posten der Rechnung der **Steuersatz** angegeben wird (§ 32 **Satz 2** UStDV).

Beispiel:
Rechnungsauszug:

Menge	Artikelbezeichnung	Stückpreis	Entgelt	USt [1]
10 Fl.	Wein	10,— DM	100,— DM	1
10 kg	Zucker	4,— DM	40,— DM	2
10 kg	Mehl	1,— DM	10,— DM	2
200 Pck.	Zigaretten	3,— DM	600,— DM	1
			750, — DM	
		+ USt	108,50 DM	
Rechnungsbetrag			858,50 DM	

[1] 1 = allgemeiner Steuersatz
2 = ermäßigter Steuersatz

Übung: 1. Wiederholungsfragen 1 bis 5,
2. Fälle 1 und 2

13.3 Rechnungen beim innergemeinschaftlichen Handel

Seit 1.1.1993 **regelt § 14a** die **Rechnungsausstellungspflicht beim innergemeinschaftlichen Handel.**

§ **14a** enthält **ergänzende Vorschriften** zu § 14 für folgende Fälle:

1. steuerfreie innergemeinschaftliche Lieferungen i.S. des § 6a,

2. Lieferungen i.S. des § 3c, die im Inland ausgeführt werden,

3. bestimmte sonstige Leistungen i.S. des § 3a Abs. 2 Nr. 4, oder des § 4 Nr. 1c und des § 3b Abs. 3 bis 6, die im Inland ausgeführt werden,

4. innergemeinschaftliche Fahrzeuglieferungen i.S. des § 2a.

13.3.1 Rechnungen bei steuerfreien innergemeinschaftlichen Lieferungen

Nach § 14a Abs. 1 Satz 1 ist der **Unternehmer,** der im Inland eine steuerfreie innergemeinschaftliche Lieferung ausführt, **verpflichtet,** Rechnungen im Sinne des § 14 auszustellen, in der er auf die **Steuerfreiheit** seiner Lieferung hinweist.

Anders als in § 14 Abs. 1 gilt die **Pflicht zur Rechnungserteilung** nicht nur gegenüber dem Abnehmer, der Unternehmer ist, sondern **gegenüber allen Abnehmern.**

Nach § 14a Abs. 2 Satz 1 hat der leistende Unternehmer in der Rechnung über steuerfreie innergemeinschaftliche Lieferungen **sowohl seine eigene USt-IdNr. als auch die USt-IdNr. des Leistungsempfängers** (Rechnungsempfängers) **anzugeben.**

Nach § 14a Abs. 1 Satz 1 und § 14a Abs. 2 sind demnach **neben** den **sechs Angaben** nach § 14 Abs. 1 folgende **drei Angaben zusätzlich** zu machen:

1. die **USt-IdNr.** des **leistenden Unternehmers,**

2. die **USt-IdNr.** des **Leistungsempfängers** (Rechnungsempfängers) und

3. der **Hinweis auf** die **Steuerfreiheit** der innergemeinschaftlichen Lieferung.

Siehe Beispiel auf der folgenden Seite.

OLIVIER DAGORN, TEXTILES, 6 RUE NAPOLÉON, PARIS

①　**Numéro d'identification: FR128335655**

Herrn
Textilkaufmann E. Kühlenthal
Karthäuserhofweg 30

56075 Koblenz

②　**USt-IdNr.: DE149637654**

Rechnung

Sie erhielten am 04.10.1995

Menge	Artikelbezeichnung	Stückpreis	**Entgelt**
50 Stück	· Damenmäntel	200 DM	**10.000 DM**

③　**Die innergemeinschaftliche Lieferung ist nach § 6a UStG steuerfrei.**

13.3.2 Rechnungen bei Versandhandelsumsätzen

Nach § 14a Abs. 1 Satz 2 ist der **Unternehmer**, der Lieferungen im Sinne des **§ 3c** (sog. **Versandumsätze**) ausführt, die im Inland zu versteuern sind, **verpflichtet**, hierüber stets **Rechnungen** mit **gesondert ausgewiesener deutscher USt** zu erteilen.

Dies gilt - abweichend von § 14 Abs. 1 - **auch dann, wenn** der **Abnehmer kein Unternehmer** ist.

13.3.3 Rechnungen bei bestimmten sonstigen Leistungen

Die Verpflichtung des Unternehmers zur Erstellung der **Rechnung** mit **gesondert ausgewiesener deutscher USt** gilt nach § 14a Abs. 1 Satz 2 **auch** für die **Vermittlungsleistungen** i.S. des § 3a Abs. 2 **Nr. 4** sowie für die **Güterbeförderungen und damit zusammenhängenden Nebenleistungen** i.S. des § 3b Abs. 3 bis 6 oder des § 4 Nr. 1c, **sofern** der **Leistungsort** im **Inland** liegt.

Nach § 14a Abs. 2 Satz 1 hat der **leistende Unternehmer** auch in diesen Fällen in der Rechnung sowohl **seine eigene USt-IdNr. als auch die (deutsche) USt-IdNr. seines Leistungsempfängers** anzugeben.

13.3.4 Rechnungen bei Fahrzeuglieferungen

Zusätzlich sind bei steuerfreien innergemeinschaftlichen **Lieferungen von neuen Fahrzeugen** an nicht zum Vorsteuerabzug berechtigte Abnehmer **Angaben** zu machen, aus denen hervorgeht, daß das gelieferte Fahrzeug **neu** ist.

Der **Fahrzeuglieferer** hat vor allem bei der Lieferung von Kraftfahrzeugen den **Tag der Inbetriebnahme und den Kilometerstand** im Zeitpunkt des Erwerbs des Fahrzeugs festzuhalten (§ 14a Abs. 3).

Diese **zusätzlichen Angaben** brauchen dann **nicht** zu erfolgen, **wenn** die innergemeinschaftliche Lieferung eines neuen Fahrzeugs **durch einen Unternehmer an** einen anderen zum Vorsteuerabzug berechtigten **Unternehmer** bewirkt worden ist.

<u>Übung:</u> Wiederholungsfragen 6 und 7

13.4 Rechnungen mit unrichtigem Steuerausweis

13.4.1 Rechnungen mit zu hohem Steuerausweis

Hat der Unternehmer in einer Rechnung für eine Leistung einen **höheren** Steuerbetrag gesondert ausgewiesen, als er nach dem UStG für den Umsatz schuldet, so **schuldet** er auch den **Mehrbetrag** (§ 14 Abs. 2 **Satz 1**).

Beispiel:
Der Unternehmer U liefert dem vorsteuerabzugsberechtigten Einzelhändler A Waren, die dem ermäßigten Steuersatz unterliegen. U berechnet 15 % USt statt 7 %:

1.000 kg Mehl	1.000 DM
+ 15 % USt	150 DM
	1.150 DM

U **schuldet** den Betrag von **150 DM USt**, solange er die Rechnung nicht berichtigt.

Der Unternehmer hat die **Möglichkeit,** den zu hoch ausgewiesenen Steuerbetrag gegenüber dem Leistungsempfänger **zu berichtigen** (§ 14 Abs. 2 **Satz 2**). Die Berichtigung muß dem Leistungsempfänger **schriftlich** zugehen. Aufgrund des Berichtigungsschreibens ist der vorsteuerabzugsberechtigte Leistungsempfänger verpflichtet, seinen Vorsteuerabzug entsprechend zu mindern (§ 17 Abs. 1).
Eine wirksame Rechnungsberichtigung i.S.d. § 14 Abs. 2 Satz 2 ist nur unter der **Voraussetzung** anerkannt, daß der **leistende Unternehmer** das **Original** der Rechnung, in der die Steuer zu hoch ausgewiesen worden ist, **zurückerhält** (BMF-Schreiben vom 15.2.1994).

13.4.2 Rechnungen mit zu niedrigem Steuerausweis

Hat der Unternehmer in einer Rechnung für eine Leistung einen **niedrigeren** Steuerbetrag gesondert ausgewiesen, als er nach dem UStG für den Umsatz schuldet, so **schuldet** er die **Steuer, die sich unter Berücksichtigung des zutreffenden Steuersatzes ergibt.** Die USt muß in solchen Fällen aus dem **Bruttobetrag** herausgerechnet werden.

Beispiel:
Der Unternehmer U liefert Wein an den Gastwirt A und berechnet irrtümlich die USt mit 7 % statt mit 15 %, und zwar 1.000 DM + 7 % USt 70 DM = 1.070 DM.

Im Rahmen einer Außenprüfung wird vom Finanzamt die Lieferung wie folgt nachversteuert:

Bruttoeinnahme	1.070, — DM
hierin enthaltene USt (13,04 %)	139,53 DM
bereits entrichtet	70, — DM
noch nachzuzahlende USt	69,53 DM

Der Unternehmer U hat die Möglichkeit, die Rechnung mit dem zu niedrigen Steuerbetrag zurückzuziehen und eine berichtigte Rechnung auszustellen.

13.4.3 Rechnungen mit unberechtigtem Steuerausweis

Wer in einer Rechnung einen Steuerbetrag gesondert ausweist, obwohl er zum gesonderten Ausweis der Steuer **nicht berechtigt** ist, **schuldet** den **ausgewiesenen Betrag.**

Das gleiche gilt, wenn jemand in einer anderen Urkunde, mit der er wie ein leistender Unternehmer abrechnet, einen Steuerbetrag gesondert ausweist, obwohl er **nicht Unternehmer** ist oder eine Lieferung oder sonstige Leistung **nicht ausführt** (§ 14 **Abs. 3**).

Beispiele:
a) Der Privatmann A stellt dem Kfz-Händler U eine Rechnung aus über die Lieferung eines gebrauchten Pkw:

Pkw	5.000 DM
+ USt	750 DM
	5.750 DM

Eine Lieferung wurde in Wirklichkeit nicht ausgeführt.

A schuldet die in der Rechnung ausgewiesene USt von 750 DM, obwohl er die Lieferung nicht ausgeführt hat (§ 14 **Abs. 3**).

b) Sachverhalt wie zuvor mit dem Unterschied, daß der Privatmann A die Lieferung ausgeführt hat.

A schuldet auch in diesem Fall die USt von 750 DM, obwohl er nicht Unternehmer ist, weil er zum gesonderten Ausweis der USt nicht berechtigt ist (§ 14 **Abs. 3**).

Die nach § 14 **Abs. 3** eingetretenen **Rechtsfolgen können** grundsätzlich **nicht durch** eine spätere **Berichtigung** der Rechnung **beseitigt werden,** wie das nach § 14 Abs. 2 möglich ist. Die Steuerschuld bleibt auch dann bestehen, wenn der Rechnungsaussteller die Rechnung berichtigt (Abs. 4 des BMF-Schreibens vom 15.02.1994).

Übung: 1. Wiederholungsfragen 8 bis 11,
2. Fälle 3 bis 5

13.5 Rechnungen über Kleinbeträge

Rechnungen, deren **Gesamtbetrag** (Entgelt + USt) **200 DM nicht übersteigt** (**Kleinbetragsrechnungen**), brauchen nicht alle in § 14 Abs. 1 Nr. 1 bis 6 geforderten Angaben zu enthalten. Es genügt, wenn die Kleinbetragsrechnung folgende **Angaben** enthält (§ 33 UStDV):

1. den **Namen** und die **Anschrift** des **leistenden Unternehmers,**

2. die **Menge** und die handelsübliche **Bezeichnung** des Gegenstandes der Lieferung oder die **Art** und den **Umfang** der sonstigen Leistung,

3. das **Entgelt und** den **Steuerbetrag** für die Lieferung oder sonstige Leistung **in einer Summe** und

4. den **Steuersatz.**

Der **Leistungsempfänger darf** bei Kleinbetragsrechnungen die **Umsatzsteuer** (= Vorsteuer) **selbst herausrechnen.**

Fehlt eine der **vier Angaben** in der Kleinbetragsrechnung, so darf der Rechnungsempfänger die Vorsteuer **nicht** herausrechnen.

> **Übung:** 1. Wiederholungsfragen 12 bis 14,
> 2. Fälle 6 und 7

13.6 Fahrausweise als Rechnungen

Eine **ähnliche Erleichterung** wie für Kleinbetragsrechnungen gibt es für **Fahrausweise** (§ 34 UStDV).

Fahrausweise, die für die **Beförderung von Personen** ausgegeben werden, gelten als **Rechnungen** im Sinne des § 14 Abs. 1, wenn sie mindestens folgende **Angaben** enthalten:

1. den **Namen** und die **Anschrift des Beförderers,**

2. das **Entgelt und** den **Steuerbetrag in einer Summe** und

3. den **Steuersatz**, wenn die Beförderungsleistung **nicht** dem **ermäßigten** Steuersatz unterliegt. Auf Fahrausweisen der Eisenbahnen (z.B. Deutsche Bahn AG) kann **an Stelle des Steuersatzes** die **Tarifentfernung** angegeben werden.

Die Anwendung der Erleichterung des **§ 34 UStDV** erstreckt sich nicht nur auf den Schienenverkehr, sondern auch auf die **Personenbeförderung im Linienverkehr** (zu Land und in der Luft).

Keine Fahrausweise sind Rechnungen über die Benutzung eines Taxis oder Mietwagens (Abschn. 186 Abs. 1 UStR).

> **Übung:** 1. Wiederholungsfrage 15,
> 2. Fälle 8 und 9

13.7 Zusammenfassung und Erfolgskontrolle

13.7.1 Zusammenfassung

Der Unternehmer, der steuerpflichtige Leistungen ausführt, ist **berechtigt** und in bestimmten Fällen **verpflichtet**, Rechnungen mit gesondertem Steuerausweis auszustellen.

Die Rechnungen müssen inhaltlich den **Anforderungen des § 14 Abs. 1** genügen.

Für **Kleinbetragsrechnungen** und **Fahrausweise** gibt es hinsichtlich ihres Inhalts **Erleichterungen**.

Bei **zu hohem** Steuerausweis schuldet der Unternehmer auch den Steuermehrbetrag, bei **zu niedrigem** Steuerausweis schuldet er die gesetzlich vorgeschriebene Steuer. In beiden Fällen besteht **Berichtigungsmöglichkeit**.

Keine Berichtigungsmöglichkeit besteht bei **unberechtigtem Steuerausweis**, d.h. wenn überhaupt keine Leistung ausgeführt wurde oder der Rechnungsaussteller zum gesonderten Steuerausweis nicht berechtigt ist.

13.7.2 Erfolgskontrolle

WIEDERHOLUNGSFRAGEN

1. Was versteht man umsatzsteuerlich unter einer Rechnung?
2. Wer ist nach § 14 Abs. 1 berechtigt, Rechnungen mit gesondertem Steuerausweis auszustellen?
3. Wer ist nach § 14 Abs. 1 verpflichtet, Rechnungen mit gesondertem Steuerausweis auszustellen?
4. Welche Angaben muß eine Rechnung nach § 14 Abs. 1 enthalten?
5. Was gilt für Anzahlungsrechnungen hinsichtlich des gesonderten Steuerausweises seit 1.1.1994?
6. Welche ergänzenden Angaben müssen Rechnungen bei steuerfreien innergemeinschaftlichen Lieferungen nach § 14a enthalten?
7. Welche ergänzenden Angaben sind bei Rechnungen über Lieferungen neuer Fahrzeuge nach § 14a zu machen?
8. Welche Rechtsfolge ergibt sich, wenn der Unternehmer in einer Rechnung die USt zu hoch ausweist?
9. Welche Rechtsfolge ergibt sich, wenn der Unternehmer in einer Rechnung die USt zu niedrig ausweist?
10. In welchen Fällen liegt ein unberechtigter Steuerausweis i.S. des § 14 Abs. 3 vor?
11. Können die nach § 14 Abs. 3 eingetragenen Rechtsfolgen durch eine spätere Berichtigung beseitigt werden?
12. Was versteht man unter einer Kleinbetragsrechnung?
13. Welche Angaben muß eine Kleinbetragsrechnung mindestens enthalten?
14. Auf welche der im § 14 Abs. 1 Satz 2 geforderten Angaben kann in Kleinbetragsrechnungen verzichtet werden?
15. In welchen Fällen gelten Fahrausweise als Rechnungen i.S. des § 14 Abs. 1?

FÄLLE

Fall 1:

Die Buchhandlung Reuffel, Löhrstr. 92, 56068 Koblenz, verkauft am 10.10.1995 an Steuerberater Werner Wimmer, Löhrstr. 45, 56068 Koblenz, die folgenden Bücher zu folgenden Ladenpreisen:

USt-Handbuch	46, — DM
ESt-Handbuch	39,10 DM
GewSt-Handbuch	24,15 DM
VSt-Handbuch	35,65 DM
KSt-Handbuch	29, — DM
Hilber/Vogel, Das neue GmbH-Gesetz	48, — DM
Rose, Die Ertragsteuern	39,50 DM
Rose, Die Verkehrsteuern	39,50 DM
Rose, Die Substanzsteuern	29,50 DM

Schreiben Sie die entsprechende **Rechnung** der Buchhandlung Reuffel. Achten Sie darauf, daß die Rechnung alle nach **§ 14 Abs. 1** geforderten Angaben enthält.

Fall 2:

Der Bauunternehmer Krank, Kassel, hat dem Holzhändler Naumann, ebenfalls Kassel, eine neue Lagerhalle für **402.500 DM** (350.000 DM + 52.500 DM USt) gebaut. Krank hat Naumann folgende Abschlagsrechnungen zugestellt:

am 21.08.1995	23.000 DM einschließlich 15 % USt
am 18.09.1995	51.700 DM einschließlich 15 % USt
am 14.10.1995	93.200 DM einschließlich 15 % USt

Naumann hat die geforderten Abschlagszahlungen pünktlich vereinbart jeweils 8 Tage nach Rechnungserhalt geleistet.
Krank hat in den Abschlagsrechnungen die USt gesondert ausgewiesen.

1. Entwerfen Sie die **Endrechnung** des Krank nach dem Beispiel von Seite 353 unten.
2. Wann **entsteht** die USt, wenn Krank Monatszahler ist und die Lagerhalle im November 1995 fertiggestellt und abgenommen wurde?

Fall 3:

Der Tapetenhändler U, Frankfurt, hat im November 1995 dem Privatmann A, Wiesbaden, Tapeten für brutto 460 DM verkauft. A wünscht eine Rechnung über diese Lieferung. Die Rechnung des U lautet:

Tapeten, netto	420 DM
+ USt	40 DM
	460 DM

1. Ist U **berechtigt**, die USt gesondert auszuweisen?
2. Ist U auf Verlangen des A **verpflichtet**, die USt gesondert auszuweisen?
3. Wieviel USt **schuldet** U?

Fall 4:

Der Antiquitätenhändler U, Essen, hat im August 1995 von dem Privatmann A eine wertvolle Truhe für 5.750 DM gekauft. Auf Verlangen des U stellt A eine Rechnung mit gesondertem Steuerausweis aus:

Truhe, netto	5.000 DM
+ 15 % USt	750 DM
	5.750 DM

1. Ist A **berechtigt** oder gar **verpflichtet**, eine Rechnung mit gesondertem Steuerausweis auszustellen?
2. **Schuldet** A die in der Rechnung ausgewiesene USt in Höhe von 750 DM?
3. **Schuldet** A die USt, wenn er die Rechnung berichtigt und die Steuer nicht mehr offen ausweist?

Fall 5:

Der Büromaterialhändler U, Bonn, hat im September 1995 einem Kunden Büromaterial geliefert und eine Rechnung ausgestellt über

netto	200 DM
+ USt	40 DM
	240 DM

Wieviel DM USt **schuldet** U? Begründen Sie Ihre Antwort.

Fall 6:

Der Schreibwarenhändler U, Mainz, liefert an den Rechtsanwalt A Schreibpapier. Die Rechnung des U lautet:

Schreibwarenhandlung U, *Kreuzschanze 10,* *55131 Mainz*

800 Blatt Schreibpapier A 4 **207,— DM**

Im Rechnungsbetrag sind 15 % USt enthalten.

---

1. Prüfen Sie, ob eine **Kleinbetragsrechnung** vorliegt.
2. Darf A die Vorsteuer herausrechnen?

Fall 7:

Der Unternehmer Ewert kauft beim Schreibwarenhändler Kretzer, Hannover, einen Taschenrechner zum Preis von 49 DM für seinen Betrieb. Der Verkäufer gibt dem Käufer einen Kassenzettel (Postkartengröße), auf dem Kretzers Firmenstempel, der Kauftag, der Preis, der Steuersatz von 15 % und die Bezeichnung des Kaufgegenstandes zu lesen sind.

Prüfen Sie, ob eine **Kleinbetragsrechnung** vorliegt?

Fall 8:

Eine Fahrkarte der Deutschen Bahn AG weist neben dem Preis von 103 DM eine Tarifentfernung von 550 km aus. Die Angabe des Steuersatzes fehlt.

1. Prüfen Sie, ob die Fahrkarte als **Rechnung** i.S. d. § 14 Abs. 1 angesehen werden kann.
2. Wieviel DM **Umsatzsteuer** sind in diesem Fahrpreis enthalten?

Fall 9:

Der Unternehmer Becker fährt zu einem Kunden mit der Bahn (DB) von Koblenz nach Wiesbaden und zurück. Auf der Fahrkarte sind die Tarifentfernung von 92 km und der Fahrpreis von 36 DM angegeben.

In Wiesbaden nimmt Becker für die Fahrt vom Bahnhof zu den Geschäftsräumen des Kunden ein Taxi. Auf der Quittung des Taxifahrers steht der Name des Taxiunternehmers und dessen Anschrift, der Fahrpreis 10 DM, der Steuersatz 7 %, Datum und Unterschrift des Fahrers. Beckers Name steht nicht auf der Quittung.

1. Wieviel DM **Umsatzsteuer** sind
   a) im Fahrpreis der Bahn und
   b) im Fahrpreis des Taxiunternehmers enthalten?
2. Handelt es sich bei der Quittung des Taxiunternehmers um eine Kleinbetrags-rechnung?

Zusammenfassende Erfolgskontrolle zum 1. bis 13. Kapitel

Ermitteln Sie die **USt-Traglast** des Steuerpflichtigen Willi Haas, Lahnstein, für den Monat November 1995.
Erstellen Sie hierzu eine Lösungstabelle mit folgenden Spalten: Tz, Umsatzart, nichtsteuerbare Umsätze, steuerbare Umsätze, steuerfreie Umsätze, steuerpflichtige Umsätze 7 %, steuerpflichtige Umsätze 15 %.

Willi Haas ist Eigentümer eines Grundstücks in Lahnstein 1. Dieses Grundstück wird wie folgt genutzt:

a) im **Erdgeschoß** befindet sich die eigene Metzgerei mit Ladengeschäft.
b) das **1. Obergeschoß** ist an einen Notar vermietet, der dort seine Büros hat.
c) das **2. Obergeschoß** ist an einen Steuerberater vermietet, der dort seine Praxis hat,
d) im **3. Obergeschoß** wohnt er selbst mit seiner Familie.

Außer der Metzgerei hat Haas ein Hotel mit Restaurant. Hotel und Restaurant befinden sich in gemieteten Räumen in Lahnstein 2.

Haas hat auf die Steuerbefreiung verzichtet, soweit dies nach § 9 möglich ist.

Er unterliegt der Regelbesteuerung nach vereinbarten Entgelten.

Die erforderlichen Belege und Aufzeichnungen liegen vor.

Metzgerei

1. Einnahmen aus dem Verkauf von Fleisch und Wurstwaren   45.154,— DM

2. Einnahmen aus dem Verkauf von Bier und Cola in Dosen   287,50 DM

3. Lieferungen von Waren der Anlage zum UStG im
   Rahmen des eigenen Party-Service (brutto)   1.177,— DM
   Davon wurden 513 DM erst im Dezember 1995
   beglichen.

4. Für die Lieferungen von Fleisch- und Wurstwaren
   an das Restaurant im November 1995 gingen auf
   dem Bankkonto der Metzgerei ein   37.450,— DM
   Die Buchführung für beide Betriebe wird getrennt
   geführt.

5. Im August 1995 wurden durch einen Brand in der
   Wurstküche Waren und Maschinen vernichtet.
   Da kein Fremdverschulden vorlag, erstattete
   die Versicherung im November 1995   2.907,— DM

6. Haas schenkte am 28.11.1995 einem befreundeten
   Ehepaar aus Braubach zur Silbernen Hochzeit
   einen Präsentkorb, der nur Waren der Anlage
   zum UStG enthielt.
   Selbstkosten   200,— DM
   Verkaufswert (brutto)   350,— DM

7. Am 02.11.1995 schenkte Haas seiner Tochter zum Beginn ihres Studiums einen 3 Jahre alten Pkw, den er bisher zu 80 % betrieblich nutzte und der zum Betriebsvermögen der Metzgerei gehörte.

Buchwert am Tag der Schenkung	2.500, — DM
Einkaufswert am Tag der Schenkung (brutto)	5.750, — DM

8. Für den Verkauf seines Klaviers wurden am 25.11.1995 bar in der Geschäftskasse vereinnahmt — 3.420, — DM

9. Haas benutzte den betrieblichen Pkw zu 30 % für Privatfahrten im Inland. Die gesamten Kfz-Kosten (einschließlich AfA), für die der Vorsteuerabzug möglich war, betrugen im November 1995 — 1.200, — DM

Hotel mit Restaurant

10. Einnahmen aus der Vermietung von Hotelzimmern — 18.630, — DM

11. Einnahmen aus dem Verkauf von Speisen und Getränken im Restaurant — 51.060, — DM

12. Am 30.11.1995 wurde auf dem Bankkonto des Hotels ein Betrag von — 13.800, — DM
gutgeschrieben, den die Firma Bach als Vorauszahlung für eine Weihnachtsfeier, die am 07.12.1995 im Restaurant stattfinden soll, geleistet hat.

13. Ein Geschenk an einen Geschäftsfreund zum Preis von — 345, — DM
(einschließlich 15 % USt) ist am 02.11.1995 als Betriebsausgabe gebucht worden.

14. Einnahmen im November 1995 für die Benutzung des Telefons durch Gäste — 632,50 DM

15. Familie Haas hat im November 1995

Speisen zum Einkaufspreis (netto) von	800, — DM
Bier und Wein zum Einkaufspreis (netto) von	180, — DM
und Mineralwasser zum Einkaufspreis (netto) von	20, — DM
im Restaurant verzehrt.	

Grundstück

16. Der monatliche Mietwert der eigenen Metzgerei beträgt — 1.400, — DM

17. Am 02.11.1995 wurde für das 1. und 2. Obergeschoß die Novembermiete von insgesamt — 2.530, — DM
vereinnahmt.

18. Der monatliche Mietwert des 3. Obergeschosses beträgt — 1.000, — DM

14 Vorsteuerabzug

Der **Unternehmer** kann unter bestimmten Voraussetzungen die ihm von anderen Unternehmern in Rechnung gestellte Umsatzsteuer (**Vorsteuer**) von seiner Umsatzsteuer-Traglast abziehen.

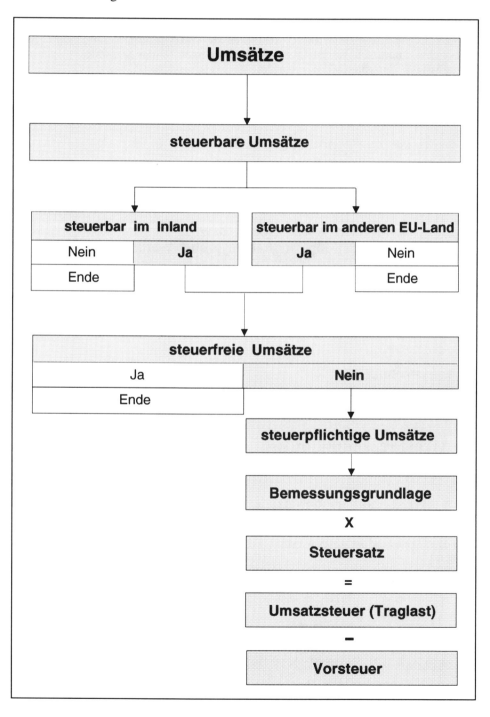

14.1 Voraussetzungen des Vorsteuerabzugs

Der **Vorsteuerabzug** steht grundsätzlich nur **Unternehmern** im Sinne des § 2 zu (§ 15 **Abs. 1** Satz 1).
Seit 1.1.1993 können **auch Fahrzeuglieferer** im Sinne des § **2a** (**Privatpersonen**) zum Vorsteuerabzug berechtigt sein (§ 15 **Abs. 4a**)

Zum Vorsteuerabzug sind **auch ausländische Unternehmer** berechtigt, ohne Rücksicht darauf, ob sie im Inland Umsätze tätigen, einen Sitz haben oder eine Betriebsstätte unterhalten.

Nach § 15 **Abs. 1** kann der **Unternehmer** die folgenden **Vorsteuerbeträge** abziehen:

> 1. a) die in **Rechnungen** im Sinne des § 14
>   b) **gesondert ausgewiesene Umsatzsteuer** für Leistungen,
>   c) die **von anderen Unternehmern**
>   d) **für sein Unternehmen**
>   e) **ausgeführt** worden sind **bzw.**
>   **bei Anzahlung noch ausgeführt werden;**
>
> 2. die entrichtete **Einfuhrumsatzsteuer (EUSt);**
>
> 3. die **Steuer für den innergemeinschaftlichen Erwerb** von Gegenständen für sein Unternehmen (**Erwerbsteuer**).

Zu 1. a) Rechnungen

Vorsteuerbeträge dürfen nur abgezogen werden, wenn sie in **Rechnungen** im Sinne des § 14 ausgewiesen werden.

Eine **Rechnung** ist eine Urkunde, mit der eine Leistung abgerechnet wird (vgl. 13. Kapitel).

Zu 1. b) gesondert ausgewiesene Umsatzsteuer

Der Vorsteuerabzug ist grundsätzlich nur möglich, wenn die **USt** in der Rechnung als DM-Betrag **gesondert ausgewiesen** wird. Die Angabe des Steuersatzes allein genügt nicht.

Beispiel:
Der Unternehmer A erhält von dem Unternehmer U eine Rechnung, die u.a. folgende Angaben enthält:

> 1 Schreibtisch für Ihr Unternehmen **575,— DM**
> In diesem Betrag ist die USt mit **15 %** enthalten.

A darf die **Vorsteuer nicht abziehen**, weil die USt nicht gesondert ausgewiesen wird.

Erleichterungen gelten für **Kleinbetragsrechnungen,** **Fahrausweise** und **Reisekosten** (vgl. Abschnitt 14.5).

Zu 1. c) von anderen Unternehmern

Der Vorsteuerabzug ist nur möglich, wenn dem Unternehmer die gesondert ausgewiesene USt **von einem anderen Unternehmer** in Rechnung gestellt wird. Steuern, die dem Unternehmer von einem **Nichtunternehmer** in Rechnung gestellt werden, sind - obwohl sie von diesem nach § 14 **Abs. 3** geschuldet werden - **nicht abziehbar.**

Beispiel :
Der Bürogehilfe Paffenholz verkauft seinen gebrauchten Pkw an den Kraftfahrzeughändler U. Paffenholz erteilt U eine **Rechnung** und weist darin einen Betrag von **600 DM** als **USt gesondert aus**.

U kann die **Vorsteuer nicht abziehen**, weil die USt **nicht von einem anderen Unternehmer** gesondert in Rechnung gestellt wird.
Paffenholz schuldet dennoch die zu Unrecht ausgewiesene USt (§ 14 **Abs. 3**).

Zu 1. d) für sein Unternehmen

Die dem Unternehmer gesondert in Rechnung gestellte USt muß auf Leistungen entfallen, die **für sein Unternehmen** ausgeführt wurden. Leistungen, die für den Unternehmer in seiner Eigenschaft als **Privatmann** bestimmt sind, berechtigen **nicht** zum Vorsteuerabzug .

Beispiel :
Der Gemüsehändler U kauft in einem Kaufhaus in Hamburg einen **Kinderwagen** für 456 DM. U erhält eine Rechnung mit **56 DM gesondert ausgewiesener USt**.

U darf die USt **nicht als Vorsteuer abziehen**, weil die Lieferung **nicht für sein Unternehmen** bestimmt ist.

Dient der Liefergegenstand **teilweise** auch **privaten Zwecken**, so ist die **Vorsteuer,** die durch den Erwerb des Gegenstandes anfällt, dennoch in der Regel **in vollem Umfang abziehbar**.

Beispiel:
Der Unternehmer U kauft für sein Unternehmen einen Pkw zum Nettopreis von **20.000 DM + 3.000 DM USt**. Der Pkw wird auch **privat** genutzt.

U darf die **Vorsteuer** in Höhe von **3.000 DM** voll **abziehen**. Zum Ausgleich dafür unterliegt die private Pkw-Nutzung als **Eigenverbrauch** der **USt**.

Abweichend von dieser Regelung muß bei einer Lieferung <u>vertretbarer Sachen</u> (= Sachen, die im Verkehr nach Zahl, Maß oder Gewicht bestimmt werden) **oder** bei einer **sonstigen Leistung**, die sowohl für den unternehmerischen als auch für den privaten Bereich bestimmt ist, die **Vorsteuer** entsprechend dem **unternehmerischen** und dem **privaten** Verwendungszweck in einen **abziehbaren** und einen **nichtabziehbaren** Betrag aufgeteilt werden.

Beispiel:

Der Unternehmer U kauft **8000 l Heizöl** (= **vertretbare Sache**). Davon sind **5.000 l** für sein **Unternehmen** und **3.000 l** für seinen **Privathaushalt**. In der Rechnung des Heizöl-Lieferanten werden insgesamt **800 DM** USt gesondert ausgewiesen.

U darf als **Vorsteuer** nur **500 DM anteilig abziehen,** weil nur der diesem Betrag entsprechende Teil der Lieferung **für sein Unternehmen** bestimmt ist.

Zu 1. e) Ausführung bzw. Zahlung

Ein Unternehmer darf Vorsteuerbeträge grundsätzlich nur für solche Leistungen abziehen, die bereits an ihn **ausgeführt** sind.

Beispiel :

Der Unternehmer U läßt im **Januar 1996** durch den Malermeister K die Fenster seines Betriebsgebäudes **streichen.** K stellt jedoch bereits im **Dezember 1995** auf Wunsch des Unternehmers U für die noch auszuführende Leistung eine **Rechnung** aus mit gesondertem Ausweis der USt. U **bezahlt** diese Rechnung erst nach Leistungsausführung im **März 1996.**

U darf die **Vorsteuer** noch **nicht** in **1995** abziehen, weil die Leistung in **1995** noch **nicht ausgeführt** wurde.

Der **Grundsatz,** daß die Vorsteuer erst **nach Ausführung** der Leistung abgezogen werden kann, wird durch die **Mindest-Istbesteuerung durchbrochen.**

Bei der **Mindest-Istbesteuerung** ist der **Vorsteuerabzug** bei Anzahlung für Leistungen bereits möglich, **wenn**

1. eine **Anzahlungsrechnung** mit **gesondertem USt-Ausweis** vorliegt **und**
2. die **Anzahlung geleistet** ist (§ 15 Abs. 1 Nr. 1 Satz 2).

Beispiel:

Der Maschinenhersteller U sendet dem Kunden A im **Juli 1995** eine Anzahlungsrechnung über

netto	5.000,— DM
+ 15 % USt	750,— DM
Rechnungsbetrag	5.750,— DM

U liefert die Maschine im **September 1995.** A **bezahlt** die Anzahlungsrechnung im **August 1995** durch Bankscheck.

U kann die **Vorsteuer von 750 DM für den Monat August 1995** abziehen, da in diesem Zeitpunkt die Anzahlungsrechnung mit gesondertem USt-Ausweis vorliegt **und** die Anzahlung geleistet ist, obwohl die Maschine erst im September 1995 geliefert wird.

Zu 2. entrichtete Einfuhrumsatzsteuer

Der Unternehmer kann neben der Umsatzsteuer im Sinne des § 15 Abs. 1 **Nr. 1** auch die **Einfuhrumsatzsteuer (EUSt)** als **Vorsteuer abziehen**, wenn sie **entrichtet** worden ist **und** die Gegenstände **für sein Unternehmen** eingeführt worden sind (§ 15 Abs. 1 **Nr. 2**).

Die **Entrichtung** der **EUSt** ist durch einen **zollamtlichen Beleg nachzuweisen**.

Zu 3. Steuer für den innergemeinschaftlichen Erwerb

Der **Unternehmer** kann nach § 15 Abs. 1 **Nr. 3** die **entstandene Steuer für den innergemeinschaftlichen Erwerb** von Gegenständen (**Erwerbsteuer**) als **Vorsteuer abziehen**, wenn er die Gegenstände **für sein Unternehmen** bezogen hat.

Beispiel:
Der französische Unternehmer U mit französischer USt-IdNr., Paris, versendet 1995 eine Maschine für umgerechnet 10.000 DM netto an den deutschen Unternehmer E (Monatszahler) mit deutscher USt-IdNr. in Bonn, der die Maschine in seinem Unternehmen einsetzt.

Es liegt ein **steuerpflichtiger innergemeinschaftlicher Erwerb** vor, so daß für den deutschen Erwerber E Umsatzsteuer (**Erwerbsteuer**) in Höhe von **1.500 DM** entsteht.

Die entstandene **Erwerbsteuer** in Höhe von **1.500 DM** kann E als **Vorsteuer** abziehen (§ 15 Abs. 1 **Nr. 3**).

E hat den steuerpflichtigen innergemeinschaftlichen Erwerb mit der entsprechenden **Erwerbsteuer** in seiner Umsatzsteuer-Voranmeldung 1995 in **Zeile 39 (Kennzahl 92)** einzutragen.

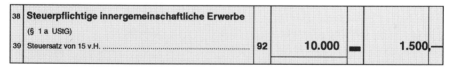

38	Steuerpflichtige innergemeinschaftliche Erwerbe			
	(§ 1 a UStG)			
39	Steuersatz von 15 v.H.	92	10.000 —	1.500,—

Diese **Erwerbsteuer** ist **gleichzeitig** in **Zeile 48** (**Kennzahl 61**) **als abziehbare Vorsteuer** einzutragen:

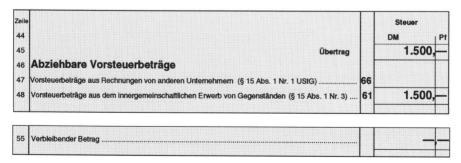

Zeile			Steuer	
			DM	Pf
44				
45		Übertrag	1.500,—	
46	**Abziehbare Vorsteuerbeträge**			
47	Vorsteuerbeträge aus Rechnungen von anderen Unternehmern (§ 15 Abs. 1 Nr. 1 UStG)	66		
48	Vorsteuerbeträge aus dem innergemeinschaftlichen Erwerb von Gegenständen (§ 15 Abs. 1 Nr. 3)	61	1.500,—	
55	Verbleibender Betrag		—	

Übung: 1. Wiederholungsfragen 1 bis 5,
2. Fälle 1 bis 5

14.2 Abziehbare Vorsteuerbeträge

Liegen die Voraussetzungen des § 15 **Abs. 1** vor, ist **weiter** zu **prüfen**. ob der Unternehmer **Umsätze ausführt, die** zum **Vorsteuerabzug berechtigen**.

Führt ein Unternehmer **nur Umsätze** aus, **die zum Vorsteuerabzug berechtigen** (**Abzugsumsätze**), kann er **alle** Vorsteuerbeträge abziehen.

Zu den **Abzugsumsätzen** gehören im wesentlichen (§ 15 **Abs. 3**):

---

1. die **steuerpflichtigen Umsätze** (§ 1 Abs. 1 Nr. 1 bis 3 und Nr. 5), auch die Umsätze, die durch Option steuerpflichtig geworden sind, und

2. die **steuerfreien Ausfuhrumsätze** (§ 4 **Nr. 1 bis 7**) (wie z.B. die **steuerfreien Ausfuhrlieferungen** nach § 4 **Nr. 1a** und die **steuerfreien innergemeinschaftlichen Lieferungen** nach § 4 **Nr. 1b**).

Beispiele:

Zu 1. Der Metzgermeister U, Köln, tätigt **ausschließlich steuerpflichtige Umsätze**. In 1995 sind Vorsteuerbeträge in Höhe von 30.000 DM angefallen. Die Voraussetzungen des § 15 Abs. 1 sind erfüllt.

U kann **alle Vorsteuerbeträge** nach § 15 Abs. 1 Nr. 1 **abziehen**, weil der Unternehmer ausschließlich **steuerpflichtige Umsätze** ausführt.

Zu 2. a) Der Maschinenhersteller U, Bonn, exportiert 1995 Maschinen nach **Ungarn**. Die **Ausfuhrlieferung** ist nach § 4 **Nr.1a** steuerfrei. Im Zusammenhang mit der Herstellung der Maschinen sind **Vorsteuerbeträge** in Höhe von 10.000 DM angefallen. Die Voraussetzungen des § 15 Abs. 1 sind erfüllt.

U kann diese **Vorsteuerbetrage** nach § 15 Abs. 1 i.V.m. § 15 Abs. 3 Nr. 1a **abziehen**.

b) Sachverhalt wie zuvor mit dem **Unterschied**, daß U die Maschinen an den **französischen** Unternehmer E mit französischer USt-IdNr., Paris, liefert. Die **innergemeinschaftliche Lieferung** ist nach § 4 **Nr. 1b** steuerfrei.

U kann die **Vorsteuerbeträge** nach § 15 Abs. 1 i.V.m. § 15 Abs. 3 Nr. 1a **abziehen**.

Übung: 1. Wiederholungsfrage 6,
2. Fälle 6 bis 8

14.3 Nichtabziehbare Vorsteuerbeträge

Führt ein Unternehmer **nur Umsätze** aus, **die den Vorsteuerabzug ausschließen** (**Ausschlußumsätze**), kann er **keine** Vorsteuerbeträge abziehen.

Zu den **Ausschlußumsätzen** gehören im wesentlichen (§ 15 **Abs. 2**):

1. die **steuerfreien Umsätze** nach § 4 Nr. 8 bis 28 (soweit nicht optiert wurde),
2. die **fiktiven steuerfreien Umsätze im Ausland**, die nach § 4 Nr. 8 bis 28 steuerfrei wären, wenn sie im Inland ausgeführt würden,
3. die **fiktiven steuerfreien Leistungen**, die nach § 4 Nr. 8 bis 28 steuerfrei wären, wenn sie gegen Entgelt ausgeführt würden.

Beispiele:

Zu 1. Bauunternehmer U, Trier, besitzt ein Mietwohngrundstück in Trier. Die Mieteinnahmen sind nach § 4 Nr. 12a steuerfrei. In 1995 sind für den Außenanstrich des Hauses Kosten in Höhe von 10.000 DM + 1.500 DM + USt = 11.500 DM entstanden.

U kann den **Vorsteuerbetrag** von **1.500 DM**, den ihm der Anstreicher in Rechnung stellt, **nicht abziehen**, weil er mit Umsätzen in wirtschaftlichem Zusammenhang steht, die **steuerfrei** sind (§ 15 Abs. 2 **Nr. 1**).

Zu 2. Bauunternehmer U, Trier, besitzt auch in Luxemburg ein Mietwohngrundstück. Die Mieteinnahmen sind **fiktive steuerfreie Umsätze** im **Ausland,** die - würden sie im Inland ausgeführt - steuerfrei wären. U führt mit eigener Baukolonne Reparaturen an diesem Haus durch und verwendet dabei Baumaterial im Werte von 5.000 DM + 750 DM USt = 5.750 DM, das er seinem Trierer Baustofflager entnommen hat.

U kann die **Vorsteuer** von **750 DM nicht abziehen**, weil sie mit fiktiven steuerfreien Umsätzen im Ausland im Zusammenhang steht, die steuerfrei wären, wenn sie im Inland ausgeführt würden (§ 15 Abs. 2 **Nr. 2**).

Zu 3. Bauunternehmer U, Trier, überläßt einem Architekt unentgeltlich aus betrieblichen Gründen eine Wohnung in seinem Trierer Mietwohngrundstück. In 1995 sind für die Reparaturen dieser Wohnung Kosten von 1.000 DM + 150 DM USt = 1.150 DM angefallen.

U kann die **Vorsteuer** von **150 DM nicht abziehen**, weil sie mit einer fiktiven steuerfreien Leistung im Zusammenhang steht, die steuerfrei wäre, wenn sie gegen Entgelt ausgeführt würde (§ 15 Abs. 2 **Nr. 3**).

Übung: 1. Wiederholungsfragen 7 und 8,
2. Fälle 9 bis 13

14.4 Zum Teil nichtabziehbare Vorsteuerbeträge

Führt ein Unternehmer **sowohl** Umsätze aus, die zum Vorsteuerabzug berechtigen (**Abzugsumsätze**) **als auch** Umsätze, die den Vorsteuerabzug ausschließen (**Ausschlußumsätze**), so müssen die **Vorsteuern**, die mit solchen **Mischumsätzen** in wirtschaftlichem Zusammenhang stehen, in **abziehbare** und **nichtabziehbare Vorsteuerbeträge aufgeteilt werden**.

Für die **Aufteilung der Vorsteuerbeträge**, die nicht voll den Abzugs- oder Ausschlußumsätzen zugerechnet werden können (**Mischumsätze**), gibt es **zwei Aufteilungsmethoden**:

---

1. Aufteilung der Vorsteuerbeträge nach ihrer **wirtschaftlichen Zuordnung** (§ 15 Abs. 4 **Satz 1**) und

2. Aufteilung der Vorsteuerbeträge im Wege einer **sachgerechten Schätzung** (§ 15 Abs. 4 **Satz 2**).

14.4.1 Aufteilung der Vorsteuerbeträge nach ihrer wirtschaftlichen Zuordnung

Verwendet der Unternehmer einen für sein Unternehmen gelieferten Gegenstand oder eingeführten Gegenstand oder innergemeinschaftlich erworbenen Gegenstand oder eine von ihm in Anspruch genommene sonstige Leistung **nur zum Teil** zur Ausführung von **Ausschlußumsätzen**, so ist der **Teil des Vorsteuerbetrages nicht abziehbar**, der den **Ausschlußumsätzen wirtschaftlich zuzurechnen** ist (§ 15 Abs. 4 **Satz 1**).

Als **grundsätzliche Aufteilungsmethode** wird in § 15 **Abs. 4** die Aufteilung der Vorsteuerbeträge, die in wirtschaflichem Zusammenhang mit **Mischumsätzen** stehen, nach der **wirtschaftlichen Zuordnung** zu den Abzugs- bzw. Ausschlußumsätzen bestimmt.

Die **wirtschaftliche Zuordnung** kann mit Hilfe von **Aufteilungsschlüsseln** erfolgen, die sich z.B. aus technischen Maßen (wie **qm, cbm**) berechnen lassen oder sich aus den Unterlagen der Kostenrechnung ergeben.

Beispiel:
U ist Eigentümer eines Geschäftsgrundstückes in Kassel. Von der Gesamtfläche von 2.000 qm sind 1.700 qm = **85 %** als **Geschäftsräume** an andere Unternehmer und 300 qm = **15 %** als **Wohnungen** an Nichtunternehmer vermietet.
U hat auf die Steuerbefreiung nach § 9 zulässigerweise verzichtet (**optiert**).
In 1995 läßt U einen **Fahrstuhl** in das Haus einbauen, der von allen Mietern genutzt wird.

U kann von den **Vorsteuerbeträgen**, die im Zusammenhang mit dem Fahrstuhl-Einbau anfallen, **15 % nicht abziehen**, weil sie den **Ausschlußumsätzen** wirtschaftlich zuzurechnen sind.

14.4.2 Aufteilung der Vorsteuerbeträge im Wege einer sachgerechten Schätzung

Bei der nach § 15 Abs. 4 **Satz 2** zugelassenen **Schätzung** ist auf die im **Einzelfall** bestehenden **wirtschaftlichen Verhältnisse** abzustellen.

Hierbei ist es **erforderlich**, daß der angewandte **Maßstab** systematisch von der Aufteilung nach der **wirtschaftlichen Zuordnung** ausgeht (Abschn. 208 Abs. 3 UStR).

Beispiel:
U hat ein Immobilienbüro mit der Verwaltung seines **Geschäftgrundstückes** betraut, das hierfür ein festes monatliches Honorar von 1.000 DM zuzüglich 150 DM USt berechnet. Nach dem **Arbeitsaufwand schätzt** das Immobilienbüro den Anteil der **Verwaltung der Wohnräume** an der Gesamtverwaltung des Grundstücks auf **5 %**. U hat nach § 9 zulässigerweise optiert.

U kann von den **Vorsteuerbeträgen**, die der Hausverwalter berechnet, **5 % nicht abziehen**, weil sie den **Ausschlußumsätzen** zuzurechnen sind.

Zusammenfassung zu Abschnitt 14.2 bis 14.4:

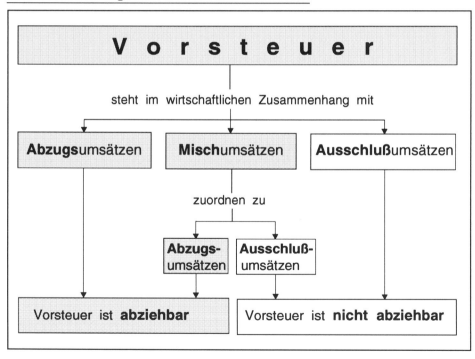

Übung: 1. Wiederholungsfragen 9 bis 11,
2. Fälle 14 und 15

14.5 Vorsteuerermittlung in besonderen Fällen

Der **Vorsteuerabzug** kann abweichend von den allgemeinen Voraussetzungen des § 15 bei

> 1. **Rechnungen über Kleinbeträge,**
> 2. **Fahrausweisen** und
> 3. **Reisekosten**

unter **erleichterten Bedingungen** vorgenommen werden (§§ **35 bis 37 UStDV**).

14.5.1 Vorsteuerbeträge in Kleinbetragsrechnungen

In Rechnungen, deren Gesamtbetrag **200 DM** nicht übersteigt (**Kleinbetrags-rechnungen**), brauchen - wie sonst notwendig - Entgelt und Umsatzsteuer nicht getrennt ausgewiesen zu werden. Es genügt, wenn zum Gesamtbetrag der **Steuersatz** angegeben wird.

Der Unternehmer kann die **Vorsteuer selbst berechnen**. Die Aufteilung des Rechnungsbetrags kann nach den bereits bekannten Methoden vorgenommen werden (§ 35 Abs. 1 UStDV).

14.5.2 Vorsteuerbeträge in Fahrausweisen

Die für den Vorsteuerabzug bei Rechnungen über Kleinbeträge getroffene Regelung gilt für den Vorsteuerabzug bei **Fahrausweisen** im Sinne des § 34 UStDV entsprechend (§ 35 Abs. 2 UStDV).

Bei der Berechnung des Vorsteuerbetrags ist der **allgemeine Steuersatz** zugrunde zu legen, wenn auf dem Fahrausweis dieser **Steuersatz oder** eine **Tarifentfernung** von **mehr als 50 km** angegeben ist.

Der **ermäßigte Steuersatz** ist bei Fahrausweisen zugrunde zu legen, die **keine Angaben über den Steuersatz und** die **Entfernung** enthalten **oder** bei denen die angegebene **Tarifentfernung 50 km nicht übersteigt**.

Keine Fahrausweise sind **Belege** über die Benutzung **von Taxen, Mietwagen** oder von **Kraftomnibussen außerhalb des Linienverkehrs** (Abschn. 195 Abs. 7 UStR).

Übung: 1. Wiederholungsfragen 17 bis 20,
2. Fälle 16 und 17

14.5.3 Vorsteuerbeträge bei Reisekosten

Die **Vorsteuerermittlung** bei Reisekosten setzt voraus, daß zunächst der **Reisekostenbegriff** erläutert wird.

Für die steuerliche Berücksichtigung der **Reisekosten** sind zu unterscheiden (Abschn. 37 Abs. 1 LStR 1993):

> 1. **Dienstreise (Geschäftsreise),**
> 2. **Dienstgang (Geschäftsgang),**
> 3. Fahrtätigkeit (z.B. Berufskraftfahrer) sowie
> 4. Einsatzwechseltätigkeit (z.B. Leiharbeitnehmer).

Im folgenden werden die Begriffe Fahrtätigkeit und Einsatzwechseltätigkeit **nicht** erläutert.

Eine **Dienstreise** ist ein Ortswechsel aus Anlaß einer vorübergehenden **Auswärtstätigkeit.**

Eine **Auswärtstätigkeit** liegt vor, wenn der Arbeitnehmer **mehr als 20 km** von seiner Wohnung und von seiner regelmäßigen Arbeitsstätte entfernt beruflich tätig wird (Abschn. 37 Abs. 3 LStR 1993).

Ein **Dienstgang** liegt vor, wenn der **Arbeitnehmer** vorübergehend außerhalb seiner regelmäßigen Arbeitsstätte und seiner Wohnung beruflich tätig wird und die **Voraussetzungen** einer **Dienstreise nicht** erfüllt sind (Abschn. 37 Abs. 4 LStR 1993).

Von einer **Geschäftsreise** bzw. einem **Geschäftsgang** spricht man, wenn der **Unternehmer (nicht der Arbeitnehmer)** aus betrieblichen oder beruflichen Gründen vorübergehend auswärts tätig wird (R 119 Abs. 1 EStR 1993).

Reisekosten sind

> 1. **Fahrtkosten,**
> 2. **Verpflegungsmehraufwendungen,**
> 3. **Übernachtungskosten** sowie
> 4. **Reisenebenkosten,**

wenn diese so gut wie ausschließlich durch die berufliche Tätigkeit des Arbeitnehmers (Unternehmers) außerhalb seiner Wohnung und seiner ortsgebundenen regelmäßigen Arbeitsstätte veranlaßt sind (Abschn. 37 Abs. 1 Satz 1 LStR 1993).

Keine Reisekosten sind Aufwendungen, die nicht so gut wie ausschließlich durch die berufliche Tätigkeit veranlaßt sind, z.B. **Bekleidungskosten,** Aufwendungen für die **Anschaffung von Koffern** und andere **Reiseausrüstungen** sowie der **Verlust einer Geldbörse** (Abschn. 37 Abs. 1 Satz 4 LStR 1993).

14.5.3.1 Fahrtkosten

Fahrtkosten sind die **tatsächlichen Aufwendungen,** die dem Arbeitnehmer durch die persönliche Benutzung eines Beförderungsmittels entstehen.

Bei **öffentlichen** Verkehrsmitteln ist der **entrichtete Fahrpreis** einschließlich etwaiger **Zuschläge** anzusetzen (Abschn. 38 Abs. 1 LStR 1993; R 119 Abs. 2 Nr. 1 EStR 1993).

Benutzt der **Arbeitnehmer** sein **eigenes** Fahrzeug, so kann der Arbeitgeber die Fahrtkosten ohne Nachweis der tatsächlich entstandenen Kosten in Höhe der folgenden **Pauschbeträge** (lohnsteuerfrei) vergüten (Abschn. 38 Abs. 2 und 70 Abs. 2 Nr. 14 LStR 1993):

Fahrzeug	Pauschbeträge
Kraftwagen	0,52 DM je Fahrtkilometer
Motorrad oder Motorroller	0,23 DM je Fahrtkilometer
Moped oder Mofa	0,14 DM je Fahrtkilometer
Fahrrad	0,07 DM je Fahrtkilometer

Benutzt der **Unternehmer** für eine **Geschäftsreise oder Geschäftsgang** einen **privaten** Pkw, so können die Fahrtkosten ebenfalls ohne Einzelnachweis in Höhe eines **Pauschbetrags** von

0,52 DM je Fahrtkilometer

geltend gemacht werden (R 119 Abs. 2 Nr. 1 EStR 1993).

> **Übung**: 1. Wiederholungsfragen 17 bis 24,
> 2. Fälle 18 und 19

14.5.3.2. Verpflegungsmehraufwendungen

Verpflegungs**mehr**aufwendungen sind die **tatsächlichen Aufwendungen** des Arbeitnehmers/Unternehmers für seine Verpflegung einschließlich Umsatzsteuer, **vermindert um die Haushaltsersparnis**, mindestens jedoch der jeweils maßgebende **Pauschbetrag**.

Die **Haushaltsersparnis** ist mit **1/5 der tatsächlichen Aufwendungen** anzusetzen (Abschn. 39 Abs. 1 LStR 1993; R 119 Abs. 2 Nr. 3 EStR 1993).

> Verpflegungsaufwendungen
> - Haushaltsersparnis
> = Verpflegungs**mehr**aufwendungen

Verpflegungsmehraufwendungen dürfen die folgenden **Höchstbeträge** bei Dienstreisen im Inland nicht übersteigen (Abschn. 39 Abs. 2 LStR 1993; R 119 Abs. 2 Nr. 3 EStR 1993):

Dauer der Abwesenheit	Höchstbeträge
mehr als 12 Stunden	64 DM je Kalendertag
mehr als 10 Stunden	51 DM je Kalendertag
mehr als 8 Stunden	32 DM je Kalendertag
mehr als 6 Stunden	19 DM je Kalendertag

Wenn die Dienstreise **nicht mehr als 6 Stunden** gedauert hat, können nur **nachgewiesene** Verpflegungsmehraufwendungen bis zum Höchstbetrag von **19 DM** anerkannt werden.

> **Übung:** 1. Wiederholungsfragen 25 bis 27,
> 2. Fall 20

Ohne Einzelnachweis der tatsächlichen Aufwendungen dürfen die Verpflegungsmehraufwendungen mit folgenden **Pauschbeträgen** angesetzt werden (Abschn. 39 Abs. 2 LStR 1993):

Dauer der Abwesenheit	Höchstbeträge	Pauschbeträge	
		eintägige Reisen	mehrtägige Reisen
mehr als 12 Stunden	64 DM/Tag	35 DM/Tag	46 DM/Tag
mehr als 10 Stunden	51 DM/Tag	28 DM/Tag	36 DM/Tag
mehr als 8 Stunden	32 DM/Tag	17 DM/Tag	23 DM/Tag
mehr als 6 Stunden	19 DM/Tag	10 DM/Tag	13 DM/Tag

Eintägige Reisen sind Dienstreisen, die **am selben Kalendertag begonnen und beendet** werden (Abschn. 39 Abs. 2 Nr. 1 LStR 1993).

Eine Reise, die an einem **anderen** Kalendertag als am Tag des Reise**antritts endet,** ist eine **mehrtägige Reise.**

Bei einem **Dienstgang** dürfen Verpflegungsmehraufwendungen ohne Einzelnachweis mit einem Pauschbetrag von **8 DM** angesetzt werden, wenn der Dienstgang **mehr als 6 Stunden** gedauert hat (Abschn. 39 Abs. 5 LStR 1993).

> **Übung:** 1. Wiederholungsfrage 28,
> 2. Fall 21

14.5.3.3 Übernachtungskosten

__Übernachtungskosten__ sind __tatsächliche Aufwendungen__, die dem Arbeitnehmer/ Unternehmer für die persönliche Inanspruchnahme einer Unterkunft entstehen.

Wird durch Zahlungsbeleg nur ein __Gesamtpreis__ für __Unterkunft und Frühstück__ nachgewiesen und läßt sich der Preis für das __Frühstück nicht__ feststellen, so ist der __Gesamtpreis__ zur Ermittlung der Übernachtungskosten bei __einer__ Übernachtung im Inland um __7 DM zu kürzen__ (Abschn. 40 Abs. 1 LStR 1993; R 119 Abs. 2 Nr. 2 EStR 1993).

__Ohne Einzelnachweis__ der tatsächlichen Aufwendungen dürfen die Übernachtungskosten (__nur bei Dienstreisen__) mit einem __Pauschbetrag__ von

> **39 DM**

angesetzt werden (Abschn. 40 Abs. 3 LStR 1993).

> __Übung:__ 1. Wiederholungsfragen 29 und 30,
> 2. Fall 22

14.5.3.4 Reisenebenkosten

__Reisenebenkosten__ sind die tatsächlichen Aufwendungen __z.B.__ für

> 1. Beförderung und Aufbewahrung von Gepäck,
>
> 2. Ferngespräche und Schriftverkehr beruflichen Inhalts mit dem Arbeitgeber oder dessen Geschäftspartner,
>
> 3. Straßenbenutzung und Parkplatz sowie Schadenersatzleistungen infolge von Verkehrsunfällen, wenn die jeweils damit verbundenen Fahrtkosten nach Abschn. 38 LStR als Reisekosten anzusetzen sind,
>
> 4. Unfallversicherungen, die ausschließlich Berufsunfälle außerhalb einer ortsgebundenen regelmäßigen Arbeitsstätte abdecken.

__Reisenebenkosten__ können __nur in tatsächlicher Höhe__ (__nicht__ als __Pauschbeträge__) geltend gemacht werden (Abschn. 40 Abs. 4 LStR 1993; R 119 Abs. 2 Nr. 4 EStR 1993).

> __Übung:__ 1. Wiederholungsfragen 31 und 32,
> 2. Fall 23

Zusammenfassung zu Abschnitt 14.5.3:

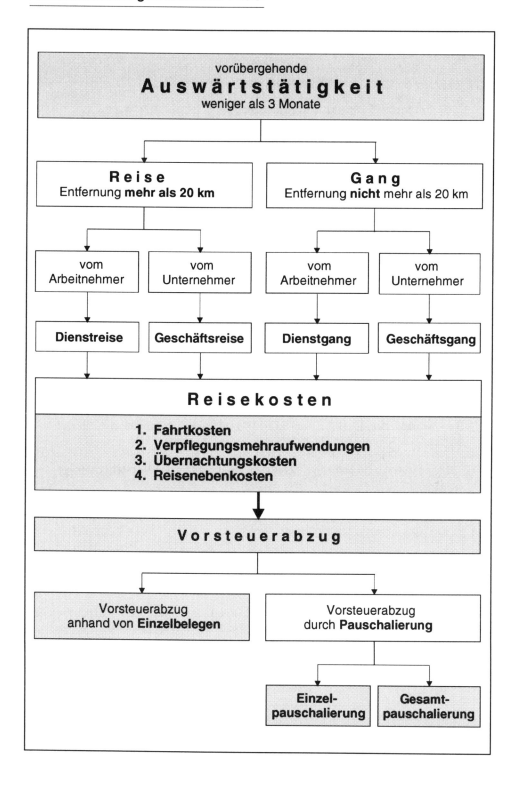

Der **Unternehmer** darf **aus den Reisekosten** die **Vorsteuerbeträge** abziehen.

Der **Vorsteuerabzug** kann -wie auch das Schaubild auf Seite 381 zeigt- erfolgen

---

1. anhand von **Einzelbelegen**   (§ 15 Abs. 1 Nr. 1),

2. durch **Einzelpauschalierung**   (§ 36 UStDV),

3. durch **Gesamtpauschalierung** (§ 37 UStDV).

14.5.3.5 Vorsteuerabzug anhand von Einzelbelegen

Der Unternehmer kann grundsätzlich die **Vorsteuer** anhand von **Einzelbelegen** nach den allgemeinen Voraussetzungen des § 15 Abs. 1 **Nr. 1** ermitteln.

Beispiel:
Der Schreinermeister U, Köln, hat im November 1995 eine eintägige Geschäftsreise nach Koblenz unternommen. Dabei sind ihm folgende **Aufwendungen** entstanden:

1. **Fahrtkosten** für Fahrten mit der Deutschen Bahn AG von Köln nach Koblenz und zurück **50 DM**. Auf der Fahrkarte ist eine Tarifentfernung von **98 km** angegeben.
2. **Reisenebenkosten** in Höhe von **53,50 DM** für vier Taxifahrten in Köln und Koblenz, die durch vier Quittungen nachgewiesen werden.

U kann anhand der **Einzelbelege (Rechnungen)** die folgenden **Vorsteuerbeträge** abziehen:

1. **Fahrtkosten** (50 DM x 0,1304)	**6,52 DM**
2. **Reisenebenkosten** (53,50 DM x 0,06542)	**3,50 DM**
= **abziehbare Vorsteuer insgesamt**	**10,02 DM**

Werden die **Verpflegungsmehraufwendungen** anhand von **Einzelbelegen** (Rechnungen) abgerechnet, so ist nur der **Vorsteuerbetrag** abziehbar, der auf die Verpflegungs**mehr**aufwendungen entfällt.

Verpflegungs**mehr**aufwendungen dürfen bei inländischen Reisen nur bis zu bestimmten **Höchstbeträgen** berücksichtigt werden (siehe Abschnitt 14.5.3.2).

Verpflegungs**mehr**aufwendungen, die diese **Höchstbeträge übersteigen**, sind **nicht abzugsfähige Betriebsausgaben** im Sinne des § 4 **Abs. 5 Nr. 5 EStG** und werden als **Eigenverbrauch** der **Umsatzsteuer** unterworfen.

Beispiel:

Der Schreinermeister **U**, Köln, hat aus Anlaß einer eintägigen, 11 Stunden dauernden Geschäftsreise **Verpflegungsaufwendungen** einschließlich 15 % USt in Höhe von **115 DM**. Die Aufwendungen sind durch eine **Rechnung** mit gesondertem Steuerausweis belegt.

Die **Vorsteuer** wird wie folgt berechnet:

tatsächliche Verpflegungsaufwendungen einschl. 15 % USt	115,— DM
− Haushaltsersparnis (1/5 von 115 DM)	23,— DM
= Verpflegungs**mehr**aufwendungen einschl. 15 % USt	92,— DM
− darin enthaltene **Vorsteuer** (13,04 % von 92 DM)	**12,— DM**
= Betriebsausgaben insgesamt	80,— DM
− davon höchstens abzugsfähig (**Höchstbetrag**)	51,— DM
= **nicht abzugsfähige Betriebsausgaben (= Eigenverbrauch)**	**29,— DM**

Die **USt** auf den **Eigenverbrauch** beträgt (15 % von 29 DM)   **4,35 DM**

Übung: 1. Wiederholungsfragen 33 und 34,
2. Fall 24

14.5.3.6 Vorsteuerabzug durch Einzelpauschalierung

Bei Ermittlung der **Vorsteuer** durch **Einzelpauschalierung** (§ 36 UStDV) ist für die aus Anlaß einer Geschäfts- oder Dienstreise im Inland beanspruchten Leistung ein **Vorsteuerabzug zulässig, ohne** das eine **Rechnung** mit gesondertem Steuerausweis vorliegen muß. Die **Vorsteuer** wird in diesem Fall aus dem maßgeblichen **Pauschbetrag** errechnet.

Die Ermittlung der **Vorsteuer** durch **Einzelpauschalierung** erstreckt sich **nicht** auf **alle** Reisekostenarten, sondern **nur** auf folgende Teile der **Reisekosten** (§ 36 UStDV):

1. bei **Geschäftsreisen** des Unternehmers auf

    a) die Aufwendungen für die Benutzung des privaten **Pkw**:
       Vorsteuer-Pauschalsatz 5,7 %

    b) die Verpflegungs**mehr**aufwendungen:
       Vorsteuer-Pauschalsatz 12,3 %

2. bei **Dienstreisen** des Arbeitnehmers auf

    a) die Aufwendungen für die Benutzung des eigenen **Pkw**:
       Vorsteuer-Pauschalsatz 8,2 %

    b) die Aufwendungen für die Benutzung des eigenen **Fahrrads**:
       Vorsteuer-Pauschalsatz 13 %

    c) die Verpflegungs**mehr**aufwendungen:
       Vorsteuer-Pauschalsatz 12,3 %

    d) die **Übernachtungskosten**:
       Vorsteuer-Pauschalsatz 12,3 %

Der **Vorsteuerabzug** für die **übrigen Reisekosten** des Unternehmers (Übernachtungskosten und Reisenebenkosten) ist **nicht pauschal**, sondern nur mit **Einzelnachweis** nach den allgemeinen Vorschriften des § 15 Abs. 1 **Nr. 1** möglich.

Beispiele:

Zu 1a) Der Unternehmer Hans Lenz, Frankfurt, unternimmt 1995 mit seinem eigenen **Pkw** eine Geschäftsreise nach Kassel. Die Entfernung beträgt **193 km**.

Pauschbetrag, brutto (193 x 0,52 DM x 2)	200,72 DM
- hierin enthaltene **Vorsteuer (5,7 %** von 200,72 DM)	**11,44 DM**
Pauschbetrag, netto	189,28 DM

Zu 1b) Der **Unternehmer** Sven Kissler, Bonn, hat im September 1995 eine dreitägige **Geschäftsreise** nach Hamburg unternommen. Die Dauer seiner Abwesenheit hat täglich mehr als 12 Stunden betragen. Zur Abgeltung seiner Verpflegungsmehraufwendungen hat er die **Pauschbeträge** in Höhe von 46 DM x 3 = **138 DM** berücksichtigt.

Pauschbeträge, brutto	138,— DM
- hierin enthaltene **Vorsteuer (12,3 %** von 138 DM)	**16,97 DM**
Pauschbeträge, netto	121,03 DM

Bei **Dienstreisen** des **Arbeitnehmers** erstreckt sich der **Vorsteuerabzug** durch **Einzelpauschalierung** auf die **Fahrtkosten**, die **Verpflegungsmehraufwendungen** und die **Übernachtungskosten.**

Der **Vorsteuerabzug** für die **übrigen Reisekosten** des **Arbeitnehmers** (Reisenebenkosten) ist nur mit **Einzelnachweis** nach den allgemeinen Vorschriften des § 15 Abs. 1 **Nr. 1** möglich.

Beispiele:

Zu 2a) Sachverhalt wie im Beispiel zu **1 a)** mit dem **Unterschied**, daß ein **Arbeitnehmer** die Reise unternimmt. Sein Arbeit**geber** erstattet ihm für jeden gefahrenen Kilometer 0,52 DM bar.

Pauschbetrag, brutto (193 x 0,52 DM x 2)	200,72 DM
- hierin enthaltene **Vorsteuer (8,2 %** von 200,72 DM)	**16,46 DM**
Pauschbetrag, netto	184,26 DM

Zu 2c) Der **Arbeitnehmer** Wolfgang Steidt macht im November 1995 im Auftrag seines Arbeitgebers, dem Unternehmer U, Koblenz, eine zweitägige **Dienstreise** von Koblenz nach München. Die Dauer seiner Abwesenheit hat täglich mehr als 12 Stunden betragen. U erstattet die lohnsteuerlich zulässigen **Pauschbeträge** für Verpflegungs**mehr**aufwendungen in Höhe von 46 DM x 2 = **92 DM.**

Pauschbeträge, brutto	92,— DM
- hierin enthaltene **Vorsteuer (12,3 %** von 92 DM)	**11,32 DM**
Pauschbeträge, netto	80,68 DM

<u>Zu 2d)</u> Sachverhalt wie im Beispiel zu **2 c)** mit dem **Unterschied,** daß U seinem **Arbeitnehmer** auch noch die lohnsteuerlich zulässigen Pauschbeträge für **Übernachtungskosten** in Höhe von 39 DM x 2 = **78 DM** erstattet.

Pauschbeträge, brutto	78,— DM
- hierin enthaltene **Vorsteuer (12,3 %** von 78 DM)	**9,59 DM**
Pauschbeträge, netto	68,41 DM

Werden **niedrigere Beträge** als die **Pauschbeträge** berücksichtigt, so ist für die Errechnung des abziehbaren Vorsteuerbetrags von den tatsächlich gezahlten Beträgen auszugehen.

Werden von einem Unternehmer ohne Nachweis der tatsächlichen Kosten **höhere Beträge** als die **Pauschbeträge** geltend gemacht, so ist für die Errechnung der **Vorsteuer** von den **Pauschbeträgen** auszugehen.

Die Methode der **Einzelpauschalierung** nach § 36 UStDV hat den **Nachteil,** daß die **Vorsteuer** für die einzelnen Reisekostenarten **getrennt ermittelt** werden muß.

> **Übung:** 1. Wiederholungsfrage 35,
> 2. Fälle 25 bis 27

14.5.3.7 Vorsteuerabzug durch Gesamtpauschalierung

An Stelle eines gesonderten Vorsteuerabzugs bei den **einzelnen** Reisekosten kann der Unternehmer nach § 37 UStDV einen **Pauschbetrag** von

9,8 %

der **insgesamt entstandenen Reisekosten als Vorsteuer** abziehen (**Gesamtpauschalierung**).

Voraussetzung ist, daß **alle in einem Kalenderjahr** durchgeführten Geschäfts- und Dienstreisen in die Regelung **einbezogen werden.**

<u>Beispiel:</u>
Ein Unternehmer rechnet alle seine Geschäftsreisen nach § 37 UStDV ab. Eine dieser Abrechnungen lautet für eine in 1995 durchgeführte Reise:

Fahrtkosten	98,— DM
Übernachtungskosten	150,— DM
Verpflegungsaufwendungen (Pauschbetrag) (2 x 46 DM)	92,— DM
Reisenebenkosten (für Telefon und Telefax)	10,— DM
Reisekosten insgesamt, brutto	350,— DM
- hierin enthaltene **Vorsteuer (9,8 %** von 350 DM)	**34,30 DM**
Reisekosten insgesamt, netto	315,70 DM

> **Übung:** 1. Wiederholungsfrage 36,
> 2. Fälle 28 bis 30

14.6 Zusammenfassung und Erfolgskontrolle

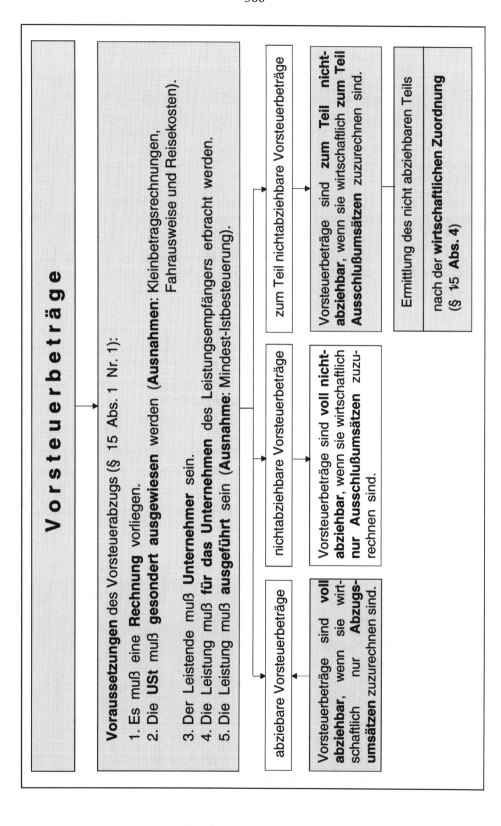

Vorsteuerbeträge

Voraussetzungen des Vorsteuerabzugs (§ 15 Abs. 1 Nr. 1):

1. Es muß eine **Rechnung** vorliegen.
2. Die **USt** muß **gesondert ausgewiesen** werden (**Ausnahmen:** Kleinbetragsrechnungen, Fahrausweise und Reisekosten).

3. Der Leistende muß **Unternehmer** sein.
4. Die Leistung muß **für das Unternehmen** des Leistungsempfängers erbracht werden.
5. Die Leistung muß **ausgeführt** sein (**Ausnahme:** Mindest-Istbesteuerung).

abziehbare Vorsteuerbeträge

Vorsteuerbeträge sind voll abziehbar, wenn sie wirtschaftlich nur **Abzugsumsätzen** zuzurechnen sind.

nichtabziehbare Vorsteuerbeträge

Vorsteuerbeträge sind voll nichtabziehbar, wenn sie wirtschaftlich **nur Ausschlußumsätzen** zuzurechnen sind.

zum Teil nichtabziehbare Vorsteuerbeträge

Vorsteuerbeträge sind zum Teil nichtabziehbar, wenn sie wirtschaftlich **zum Teil Ausschlußumsätzen** zuzurechnen sind.

Ermittlung des nicht abziehbaren Teils

nach der **wirtschaftlichen Zuordnung** (§ 15 **Abs. 4**)

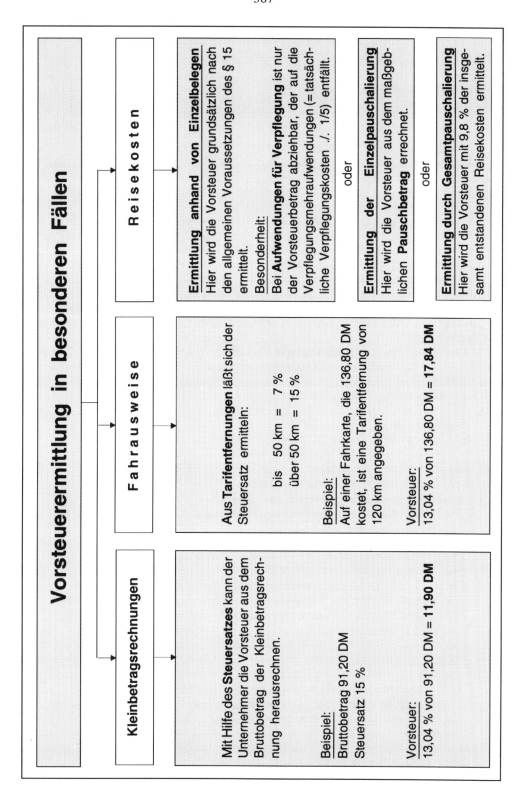

Vorsteuerermittlung in besonderen Fällen

Kleinbetragsrechnungen

Mit Hilfe des **Steuersatzes** kann der Unternehmer die Vorsteuer aus dem Bruttobetrag der Kleinbetragsrechnung herausrechnen.

Beispiel:
Bruttobetrag 91,20 DM
Steuersatz 15 %

Vorsteuer:
13,04 % von 91,20 DM = **11,90 DM**

Fahrausweise

Aus Tarifentfernungen läßt sich der Steuersatz ermitteln:

bis 50 km = 7 %
über 50 km = 15 %

Beispiel:
Auf einer Fahrkarte, die 136,80 DM kostet, ist eine Tarifentfernung von 120 km angegeben.

Vorsteuer:
13,04 % von 136,80 DM = **17,84 DM**

Reisekosten

Ermittlung anhand von Einzelbelegen
Hier wird die Vorsteuer grundsätzlich nach den allgemeinen Voraussetzungen des § 15 ermittelt.
Besonderheit:
Bei **Aufwendungen für Verpflegung** ist nur der Vorsteuerbetrag abziehbar, der auf die Verpflegungsmehraufwendungen (= tatsächliche Verpflegungskosten ./. 1/5) entfällt.

oder

Ermittlung der Einzelpauschalierung
Hier wird die Vorsteuer aus dem maßgeblichen **Pauschbetrag** errechnet.

oder

Ermittlung durch Gesamtpauschalierung
Hier wird die Vorsteuer mit 9,8 % der insgesamt entstandenen Reisekosten ermittelt.

14.6.2 Erfolgskontrolle

WIEDERHOLUNGSFRAGEN

1. Wer ist zum Vorsteuerabzug berechtigt?
2. Welche Voraussetzungen müssen für den Vorsteuerabzug nach § 15 Abs. 1 erfüllt sein?
3. Wann ist bei der Mindest-Istbesteuerung der Vorsteuerabzug möglich?
4. Wann kann der Unternehmer die EUSt als Vorsteuer abziehen?
5. In welchem Fall kann der Unternehmer die Erwerbsteuer als Vorsteuer abziehen?
6. Welche Umsätze gehören im wesentlichen zu den Abzugsumsätzen?
7. In welchem Fall kann der Unternehmer keine Vorsteuer abziehen?
8. Welche Umsätze gehören im wesentlichen zu den Ausschlußumsätzen?
9. In welcher Situation muß der Unternehmer Vorsteuerbeträge aufteilen?
10. Welche beiden Vorsteueraufteilungsmethoden gibt es?
11. Mit Hilfe welcher Daten kann die wirtschaftliche Zuordnung erfolgen?
12. In welchem Fall kann die Aufteilung der Vorsteuerbeträge nach dem Umsatzschlüssel erfolgen?
13. Wann bezeichnet man eine Rechnung als Kleinbetragsrechnung?
14. Wie wird die Vorsteuer bei Kleinbetragsrechnungen ermittelt?
15. Unter welchen Voraussetzungen ist beim Vorsteuerabzug bei Fahrausweisen der allgemeine Steuersatz zugrunde zu legen?
16. Unter welchen Voraussetzungen ist beim Vorsteuerabzug bei Fahrausweisen der ermäßigte Steuersatz zugrunde zu legen?
17. In welchem Fall liegt eine Dienstreise vor?
18. In welchem Fall liegt ein Dienstgang vor?
19. Was versteht man unter einer Geschäftsreise?
20. Was versteht man unter einem Geschäftsgang?
21. Welche Aufwandsarten gehören zu den Reisekosten?
22. Welche Aufwendungen gehören zu den Fahrtkosten, die als Reisekosten in tatsächlicher Höhe abgezogen werden können?
23. In welcher Höhe kann der Unternehmer Fahrtkosten, die er als Reisekosten ohne Einzelnachweis der tatsächlichen Kosten seinem Arbeitnehmer erstattet, lohnsteuerfrei ansetzen?
24. In welcher Höhe kann der Unternehmer Fahrtkosten ohne Einzelnachweis der tatsächlichen Kosten bei Benutzung seines privaten Pkw geltend machen?
25. Was versteht man unter Verpflegungsmehraufwendungen?
26. In welcher Höhe ist die Haushaltsersparnis anzusetzen?
27. Bis zu welchen Höchstbeträgen dürfen Verpflegungsmehraufwendungen nur berücksichtigt werden?
28. Welche Beträge können ohne Einzelnachweis der tatsächlichen Aufwendungen für Verpflegungsmehraufwendungen geltend gemacht werden?
29. In welcher Höhe können Übernachtungskosten angesetzt werden, wenn durch Zahlungsbelege nur ein Gesamtpreis für Unterkunft und Frühstück nachgewiesen wird?
30. In welcher Höhe können Übernachtungskosten ohne Einzelnachweis der tatsächlichen Aufwendungen geltend gemacht werden
31. Welche Aufwendungen gehören z.B. zu den Reisenebenkosten?

32. In welcher Höhe können Reisenebenkosten geltend gemacht werden?
33. Nach welchen Methoden kann die Vorsteuer bei Reisekosten ermittelt werden?
34. Welcher Vorsteuerbetrag ist abziehbar, wenn die Aufwendungen für Verpflegung, die anläßlich einer Geschäfts- oder Dienstreise entstehen, nicht nach Pauschbeträgen, sondern anhand von Rechnungen abgerechnet werden?
35. Wie werden die Vorsteuerbeträge bei Reisekosten aufgrund der Einzelpauschalierung ermittelt?
36. Wie werden die Vorsteuerbeträge bei Reisekosten aufgrund der Gesamtpauschalierung bemessen?

FÄLLE

Fall 1:

Der Unternehmer U, Essen, kauft 50.000 l Heizöl. Davon sind 40.000 l für sein Unternehmen und 10.000 l für seinen Privathaushalt. In der Rechnung des Heizöllieferanten werden insgesamt 5.200 DM USt gesondert ausgewiesen.

Ermitteln Sie den abziehbaren Vorsteuerbetrag.

Fall 2:

Der Bauunternehmer Herbert Müller, Bonn, errichtet für den Unternehmer Beisl (Monatszahler), Köln, eine Fabrikhalle. Müller sendet Beisl im Juli 1995 eine Abschlags**rechnung** über netto 8.000 DM + 1.200 DM USt = 9.200 DM. Beisl leistet im August 1995 die geforderte Abschlags**zahlung** von 9.200 DM. Die Halle wird im November 1995 fertiggestellt, abgenommen und abgerechnet.

Wann kann Beisl die Vorsteuer abziehen?

Fall 3:

Der Unternehmer U, Bochum, hat im Oktober 1995 einen neuen Geschäftswagen gekauft, seinen alten Geschäftswagen mit 6.900 DM in Zahlung gegeben und den Kaufpreisrest in Höhe von 13.225 DM mit Bankscheck gezahlt.

Wie hoch ist die Vorsteuer für U?

Fall 4:

Der polnische Unternehmer U, Warschau, befördert eine Maschine zu seinem deutschen Kunden A, Frankfurt/Oder, der die Maschine in seinem Unternehmen einsetzt. U liefert "**un**verzollt **un**versteuert".

Kann A die von ihm entrichtete EUSt, die durch einen zollamtlichen Beleg nachgewiesen ist, als Vorsteuer nach § 15 geltend machen?

Fall 5:

Der niederländische Unternehmer U versendet 1995 mit der Bahn Ware für umgerechnet 5.000 DM netto an den Unternehmer E in Köln, der die Ware für sein Unternehmen verwendet. U und E sind Unternehmer im Sinne des § 2.

Kann E einen Vorsteuerbetrag geltend machen?

Fall 6:

Der Kfz-Händler U, Köln, tätigte in 1995 steuerpflichtige Umsätze in Höhe von 800.000 DM und steuerfreie Ausfuhrlieferungen in Höhe von 100.000 DM. Andere Umsätze wurden nicht ausgeführt. In 1995 sind an Vorsteuern 95.000 DM angefallen.

Kann U die Vorsteuerbeträge in Höhe von 95.000 DM in voller Höhe abziehen? Begründen Sie Ihre Antwort.

Fall 7:

Der Maschinenhersteller U, München, exportiert in 1995 eine Maschine nach Rumänien. Die Ausfuhrlieferung ist nach § 4 Nr. 1a steuerfrei. Im Zusammenhang mit der Herstellung der Maschine sind Vorsteuerbeträge in Höhe von 700 DM angefallen.

Kann U die Vorsteuerbeträge in Höhe von 700 DM abziehen? Begründen Sie Ihre Antwort.

Fall 8:

Sachverhalt wie im Fall 7 mit dem **Unterschied**, daß U die Maschine nach Österreich exportiert. Die innergemeinschaftliche Lieferung ist nach § 4 Nr. 1b steuerfrei.

Kann U den Vorsteuerbetrag in Höhe von 700 DM abziehen? Begründen Sie Ihre Antwort.

Fall 9:

Die Frauenärztin Dr. Sabine Hommen, Dortmund, kauft für ihre Praxis eine Schreibmaschine für netto 1.000 DM + 150 DM USt = 1.150 DM.

Kann Frau Dr. Hommen den Vorsteuerabzug nach § 15 geltend machen?

Fall 10:

Der Tierarzt Dr. Gerhard Blum, Hamburg, kauft für seine Praxis einen Medikamentenschrank für netto 1.400 DM + 210 DM USt = 1.610 DM.

Kann Herr Dr. Blum den Vorsteuerabzug nach § 15 geltend machen?

Fall 11:

Der Hauseigentümer U besitzt in Bremen ein Mietwohngrundstück, das er an Nichtunternehmer vermietet. Er tätigt ausschließlich nach § 4 Nr. 12a steuerfreie Umsätze. In 1995 sind für den Außenanstrich des Hauses Kosten in Höhe von 20.000 DM + 3.000 DM USt = 23.000 DM entstanden.

Kann U den Vorsteuerbetrag von 3.000 DM abziehen?. Begründen Sie Ihre Antwort.

Fall 12:

Die Bank U, Frankfurt, tätigt nach § 4 Nr. 8 steuerfreie Umsätze. In 1995 erwirbt sie im Inland Schreibmaschinen im Wert von 10.000 DM + 1.500 DM USt = 11.500 DM, die sie in ihrer Filiale in Wien verwendet.

Kann U den Vorsteuerbetrag von 1.500 DM abziehen? Begründen Sie Ihre Antwort.

Fall 13:

Bauunternehmer U, Stuttgart, überläßt einem Architekt unentgeltlich aus betrieblichen Gründen einen Büroraum in seinem Stuttgarter Geschäftsgrundstück. In 1995 sind für eine Reparatur dieses Büroraumes Kosten von 500 DM + 75 DM USt = 575 DM angefallen.

Kann der Bauunternehmer diese Vorsteuer abziehen? Begründen Sie Ihre Antwort.

Fall 14:

Der Friseurmeister Baus, Münster, betreibt im 1. und 2. Stock seines in 1981 fertigge-stellten Geschäftshauses einen Friseursalon.
Drei weitere Stockwerke des Hauses sind an Privatpersonen vermietet.
In 1995 wurden Baus folgende Vorsteuerbeträge gesondert in Rechnung gestellt:

a) für Wareneinkäufe seines Friseursalons	20.000 DM
b) für eine Dachreparatur seines Hauses	5.000 DM

Die einzelnen Stockwerke des Gebäudes sind gleich groß.

Wie hoch ist die abziehbare Vorsteuer in 1995 bei einer Aufteilung nach § 15 Abs. 4?

Fall 15:

Die Fabrikantin Marianne Müller, Duisburg, bezieht am 25.10. 1995 **50.000 l Heizöl**. Der Heizöllieferant berechnet ihr dafür folgende Beträge:

netto	25.000,— DM
+ 15 % USt	**3.750,— DM**
	28.750,— DM

Von den berechneten **50.000 l** wurden geliefert:

30.000 l in den Heizöltank der **Fabrik,**
15.000 l in den Heizöltank des **Mietwohngrundstücks** der Frau Müller,
5.000 l in den Heizöltank des **Einfamilienhauses,** das Frau Müller selbst bewohnt.

1. Wieviel DM beträgt die **Vorsteuer?** (Vorsteuer = die vom anderen Unternehmer gesondert in Rechnung gestellte USt für die Lieferung, die für das **Unter-nehmen** ausgeführt worden ist.)
2. Wieviel DM beträgt die **abziehbare Vorsteuer?**

Fall 16:

Der Steuerberater Wessling, Kiel, erhält von einem Buchhändler einen Kassenbeleg über die Lieferung eines USt-Handbuches 1995. Der Beleg lautet über 56 DM. Entgelt und Steuer sind nicht getrennt. Der Steuersatz ist mit 7 % angegeben.

1. Welche **Angaben** muß dieser Beleg enthalten, damit Wessling die Vorsteuer selbst berechnen kann?
2. Wie hoch ist die **Vorsteuer**?

Fall 17:

Der Unternehmer Bell, Stuttgart, hat folgende Belege:

a) eine Fahrkarte der Deutschen Bahn AG, Preis 27 DM, Entfernung 92 km,
b) ein Beleg des Taxiunternehmers Müller, Stuttgart, Haupstraße 5, über eine Stadt-fahrt, Preis 9,20 DM, der Steuersatz ist angegeben.

1. Handelt es sich hierbei um **Fahrausweise** im Sinne des USt-Rechts?
2. Wie hoch ist die **Vorsteuer?**

Fall 18:

Die **Unternehmerin** Andrea Link, Koblenz, unternimmt mit ihrem privaten Pkw eine Geschäftsreise nach Kassel. Die Entfernung beträgt 193 km.

Ermitteln Sie den **Pauschbetrag** nach R 119 Abs. 2 Nr. 1 EStR 1993.

Fall 19:

Der **Arbeitnehmer** Hermann Hofrath, Köln, unternimmt mit seinem eigenen Motorrad eine Dienstreise nach Bonn. Die Entfernung beträgt 48 km.

Ermitteln Sie den **Pauschbetrag** nach Abschn. 38 Abs. 2 LStR.

Fall 20:

Der **Unternehmer** Reinhold Lauterbach, München, hat aus Anlaß einer eintägigen, 10,5 Stunden dauernden inländischen Geschäftsreise Verpflegungsaufwendungen in Höhe von 90 DM. Die Aufwendungen werden durch mehrere Rechnungen nach-gewiesen.

1. Wie hoch sind die Verpflegungs**mehr**aufwendungen?
2. Welchen Betrag kann der Unternehmer als **Betriebsausgaben** absetzen?

Fall 21:

Sachverhalt wie bei Fall 20 mit dem **Unterschied**, daß der Unternehmer den Verpflegungsmehraufwand nicht durch Rechnungen nachweisen kann.

Welcher Betrag kann für Verpflegungs**mehr**aufwendungen geltend gemacht werden?

Fall 22:

Der **Arbeitnehmer** Willi Daum macht eine Dienstreise mit dem eigenen Pkw von Hannover nach Regensburg. Die Entfernung beträgt 569 km. Er fährt mit seinem Pkw am 15.03. ab und kehrt am 17.03.1995 zurück. Die Dauer seiner Abwesenheit hat täglich mehr als 12 Stunden betragen. Alle Reisekosten werden mit den steuerlich anerkannten Pauschbeträgen abgerechnet und vom Unternehmer vergütet.

Welche **Pauschbeträge** können geltend gemacht werden?

Fall 23:

Der **Unternehmer** Hans Blank, der zum Vorsteuerabzug berechtigt ist, unternimmt eine Geschäftsreise von Köln nach Münster. Er legt u.a. folgende Reisekostenbelege vor:

1. Rechnung des Hotels über mehrere geschäftliche Telefongespräche,
   netto 20 DM + 3,— DM USt   23, — DM
2. Rechnungen über Taxifahrten in Münster für Kundenbesuche, brutto   64,20 DM
   Die Rechnungen sind Kleinbetragsrechnungen.

Welchen Betrag kann der Unternehmer als **Betriebsausgaben** absetzen?

Fall 24:

Der **Unternehmer** U, Bremen, der zum Vorsteuerabzug berechtigt ist, unternimmt im September 1995 eine zweitägige Geschäftsreise im Inland. Die Dauer seiner Abwesenheit hat täglich mehr als 12 Stunden betragen. Aus Anlaß der Geschäftsreise sind folgende Aufwendungen angefallen:

1. **Fahrtkosten** mit der Bahn   376,20 DM
   auf der Fahrkarte ist eine Tarifentfernung von 420 km
   ausgewiesen.
2. **Verpflegungsaufwendungen**
   am 1. Reisetag   62,70 DM
   am 2. Reisetag   74,10 DM
   In den Rechnungen der Gaststätte ist die USt
   nicht gesondert ausgewiesen. Sie enthalten
   lediglich den Steuersatz von 15 %.
3. **Übernachtungskosten** im Hotel einschl. 15 % USt   253, — DM
   In der Hotelrechnung wird die USt gesondert
   ausgewiesen.
4. **Reisenebenkosten** für vier Taxifahrten einschl. 7 % USt   64,20 DM
   Die Taxifahrten sind durch vier Quittungen
   nachgewiesen.

Ermitteln Sie die abziehbare **Vorsteuer** nach **Einzelbelegen**.

Fall 25:

Der **Unternehmer** U, Bonn, der zum Vorsteuerabzug berechtigt ist, unternimmt im Dezember 1995 eine dreitägige,täglich mehr als 12 Stunden dauernde Geschäftsreise im Inland. Aus Anlaß der Geschäftsreise sind die folgenden Aufwendungen angefallen:

1. **Fahrtkosten mit** der Bahn   230, — DM
   Auf der Fahrkarte ist eine Tarifentfernung
   von 270 km ausgewiesen.

2. **Übernachtungskosten** für Hotelunterbringung   224,30 DM
   In der Hotelrechnung wird die USt nicht
   gesondert ausgewiesen. Sie weist lediglich
   den Steuersatz von 15 % aus.

3. **Taxikosten** für Fahrten vom und zum Bahnhof   53,50 DM
   In den Rechnungen der Taxiunternehmer
   ist die USt nicht gesondert ausgewiesen,
   sondern nur der Steuersatz von 7 %.

4. Die einkommensteuerlich zulässigen
   Pauschbeträge für Verpflegungsmehraufwendungen
   betragen 3 x 46 DM =   138, — DM
   Ein Beleg im Sinne des § 36 UStDV liegt vor.

Ermitteln Sie die abziehbare **Vorsteuer** nach den §§ 35 und 36 UStDV.

Fall 26:

Der **Arbeitnehmer** Willi Schulz führt im September 1995 im Auftrag seines Arbeitgebers, der zum Vorsteuerabzug berechtigt ist, eine viertägige, täglich mehr als 12 Stunden dauernde Dienstreise im Inland durch. Der Arbeitgeber erstattet ihm die folgenden lohnsteuerlich zulässigen Beträge:

1. **Pauschbetrag für Fahrtkosten** mit dem
   eigenen Pkw 300 km x 0,52 DM =   156,—DM

2. **Pauschbetrag für Verpflegungsmehraufwendungen**
   4 x 46 DM =   184,—DM

3. **Pauschbetrag für Übernachtungskosten**
   4 x 39 DM =   156,—DM

Ermitteln Sie die abziehbare **Vorsteuer** nach § 36 UStDV.

Fall 27:

Der **Arbeitnehmer** Ralf Zander, Düsseldorf, legt seine Reisekostenabrechnung für November 1995 vor. Sie enthält folgende Positionen:

1. Fahrtkosten

    a) Rückfahrkarte der Bahn
       Düsseldorf/Hamburg/Düsseldorf   342,— DM

    b) Rückfahrkarte der Bahn
       Düsseldorf/Essen/Düsseldorf Tarifentfernung 37 km   21,40 DM

    c) Taxibelege für
       Fahrten Wohnung/Bahnhof/Wohnung   85,60 DM
       Stadtfahrt in Düsseldorf   64,20 DM

    d) Kilometergeld für Fahrten mit eigenem Pkw
       2.800 km im Inland
       <u> 500 km</u> in den Niederlanden
       3.300 km x 0,52DM   1.716,—DM

2. Übernachtungskosten

    a) lt. Rechnung Hotel "Adler" Hamburg
       einschl. 15 % USt   195,50 DM

    b) lt. Rechnung Hotel "Carel" Amsterdam
       einschl. 17,5 % USt, umgerechnet   180,40 DM

3. Verpflegungsmehraufwand
    wird in Höhe der für Zander zulässigen
    steuerfreien Tagespauschalen abgegolten
    5 Tage x 46 DM =   230,— DM
    5 Tage x 36 DM =   180,— DM
    2 Tage x 76 DM (Amsterdam) =   <u>152,— DM</u>
                               3.165,40 DM

Berechnen Sie den **Vorsteuerabzug** nach den §§ 35 und 36 UStDV.

Fall 28:

Sachverhalt wie Fall 25 mit dem **Unterschied**, daß die abziehbare Vorsteuer nicht durch Einzelpauschalierung, sondern durch **Gesamtpauschalierung** nach § 37 UStDV zu ermitteln ist (Hinweis auf Abschn. 196 Abs. 17 UStR).

Fall 29:

Dem Elektrogroßhändler Fink, Köln, wurde im Oktober 1995 für Leistungen an sein Unternehmen u.a. folgende Umsatzsteuer in Rechnung gestellt:

1. Beim Kauf eines Pkw 4.200 DM. Dieser Betrag wurde neben dem Nettobetrag gesondert in Rechnung gestellt. Der Pkw wird zu 95 % betrieblich und zu 5 % privat genutzt.

2. Von dem Privatmann Kurz erwarb Fink einen gebrauchten Schreibtisch. Auf Verlangen von Fink wies Kurz auf der Rechnung neben dem Nettopreis von 200 DM einen Umsatzsteuerbetrag von 30 DM gesondert aus.

3. Fink erwarb 20 Schreibgarnituren, für die ihm der Lieferer 60 DM netto je Schreibgarnitur, insgesamt 1.200 DM in Rechnung stellte. Die hierauf entfallende Umsatzsteuer von insgesamt 180 DM wurde gesondert ausgewiesen. Fink verschenkte die Garnituren anläßlich des zehnjährigen Bestehens seiner Unternehmung an Geschäftsfreunde.

4. Fink unternahm eine zweitägige, täglich mehr als 12 Stunden dauernde Geschäftsreise nach Münster. Für die Verpflegungsmehraufwendungen buchte er die zutreffenden **Pauschbeträge,** d.h. für die beiden Tage zusammen 92 DM. Die Übernachtungskosten betrugen 149,50 DM. Hierüber wurde eine ordnungsmäßige Rechnung ausgestellt.

Wie hoch ist die abziehbare **Vorsteuer**, die sich aus den Nrn. 1 bis 4 ergibt? Begründen Sie Ihre Antwort. Fink führt nur Abzugsumsätze aus.

Fall 30:

Wie hoch ist im folgenden

a) die entstandene **Umsatzsteuer** beim Leistenden und
b) die abziehbare **Vorsteuer** beim Leistungsempfänger?

Die Rechnungen werden **nicht** berichtigt.

1. Der Unternehmer U, Köln, liefert an A, Bonn, Waren, die dem allgemeinen Steuersatz unterliegen. Er berechnet:

50 Flaschen Moselwein, netto	225, — DM
+ 7 % USt	15,75 DM
insgesamt	240,75 DM

2. Der Handelsvertreter U, Koblenz, hat für den Unternehmer A, Hamburg, Warenverkäufe an ausländische Abnehmer vermittelt. Die Vermittlungsprovision ist nach § 4 Nr. 5 UStG **steuerfrei.** U erhält von A folgende Gutschrift:

Provision	5.000,— DM
+ 7 % USt	350,— DM
insgesamt	5.350,— DM

3. Der Nichtunternehmer P liefert einen gebrauchten Ford an den Unternehmer A. P händigt A folgende Rechnung aus:

1 Pkw Ford	2.500,— DM
+ 15 % USt	375,— DM
insgesamt	2.875,— DM

Zusammenfassende Erfolgskontrolle zum 1. bis 14. Kapitel

Fall 1:

Ermitteln Sie die **USt-Zahllast** des Großhändlers U, Bonn, für den Monat Dezember 1995. U teilt seine Vorsteuer nach § 15 Abs. 4 auf. Seine Umsätze unterliegen dem allgemeinen Steuersatz.

1. Lieferungen im Dezember 1995 an Einzelhandelsbetriebe im Inland brutto 368.000 DM

2. Eigenverbrauch im Dezember 1995 im Inland netto 9.000 DM

3. U ist Eigentümer eines in Bonn gelegenen Hauses, das 1980 fertiggestellt wurde. U hat auf Steuerbefreiungen verzichtet, soweit dies möglich ist (§ 9).

   Das Haus wird wie folgt genutzt:

   Das **Erdgeschoß** hat U an A vermietet, der dort ein Einzelhandelsgeschäft betreibt. Die Mieteinnahmen haben im Dezember 1995 **2.300 DM** betragen.

   Das **1. Obergeschoß** wird von U selbst bewohnt. Der monatliche Mietwert beträgt **1.000 DM**.

   Die Räume im **2. Obergeschoß** sind als Wohnung an einen Nichtunternehmer für monatlich **1.000 DM** vermietet.

4. Für den Außenanstrich des Hauses sind im Monat Dezember 1995 Kosten in Höhe von 10.000 DM + 15 % USt entstanden. Die Flächen der Außenwände betragen für das Erdgeschoß 50 qm, das 1. Obergeschoß 30 qm und das 2. Obergeschoß 20 qm.

5. Die abziehbaren Vorsteuerbeträge der Großhandlung betragen insgesamt 14.350 DM (ohne Tz. 4).

Fall 2:

Der Handwerker U, Köln, hat im Monat November 1995 folgende Umsätze bewirkt:

a) steuerpflichtige Umsätze Handwerksbetrieb (§ 1 Abs. 1)	450.000 DM
b) steuerfreie Wohnungsvermietungen (§ 4 Nr. 12a)	50.000 DM
	500.000 DM

Für den Monat November 1995 wurden U folgende Vorsteuerbeträge gesondert in Rechnung gestellt:

1) für Wareneinkäufe Handwerksbetrieb	23.000 DM
2) für Instandsetzungen des Mietwohngrundstücks	3.000 DM
3) für gemeinschaftliche Kosten Handwerk und Vermietung	4.000 DM
	30.000 DM

Wie hoch ist die **USt-Zahllast** für den Monat November 1995, wenn die Vorsteuer im Rahmen der **sachgerechten Schätzung** nach § 15 Abs. 4 **Satz 2** aufgeteilt wird? U schätzt, daß 90 % von 4.000 DM in wirtschaftlichem Zusammenhang mit dem Handwerksbetrieb stehen.

15 Aufzeichnungspflichten

Zur **Feststellung der USt** und der **Grundlagen ihrer Berechnung** ist der Unternehmer verpflichtet, **Aufzeichnungen** zu machen.

Die Aufzeichnungen müssen so beschaffen sein, daß es einem sachverständigen Dritten innerhalb einer angemessenen Frist möglich ist, einen Überblick über die Umsätze des Unternehmers und die abziehbaren Vorsteuern zu erhalten und die Grundlagen für die Steuerberechnung festzustellen.

Die Aufzeichnungen erstrecken sich sowohl auf die steuerbaren Umsätze, die der Unternehmer ausführt (**Leistungsausgang**), als auch auf die steuerpflichtigen Leistungen, die der Unternehmer empfängt (**Leistungseingang**).

15.1 Aufzeichnung der Entgelte und Teilentgelte beim Leistungsausgang

Der Unternehmer muß die vereinbarten (bzw. vereinnahmten) **Entgelte** für seine Leistungen eindeutig, leicht überprüfbar und fortlaufend **aufzeichnen**. Dabei muß ersichtlich sein, wie sich die Entgelte auf die **steuerpflichtigen Umsätze, getrennt nach Steuersätzen,** und auf die **steuerfreien Umsätze** verteilen (§ 22 Abs. 2 Nr. 1).

Außerdem müssen aus den Aufzeichnungen die Umsätze hervorgehen, die der Unternehmer nach § 9 als steuerpflichtig behandelt.

Die Aufzeichnungspflichten erstrecken sich nicht nur auf die Entgelte für bereits ausgeführte Leistungen, sondern auch auf die Entgelte und Teilentgelte für noch nicht ausgeführte Leistungen, auch wenn die Steuer noch nicht entsteht (§ 22 Abs. 2 Nr. 2).

Die **USt** gehört nicht zum Entgelt und braucht deshalb grundsätzlich **nicht** aufgezeichnet zu werden. Die Aufzeichnung der USt ergibt sich jedoch bei Steuerpflichtigen mit doppelter Buchführung zwangsläufig aus dem System der doppelten Buchführung.

Beispiel:
Der Unternehmer U, Köln, mit doppelter Buchführung, verkauft Waren für 1.000 DM + 150 DM USt = 1.150 DM auf Ziel.

Er bucht:

1400 (1200) Forderungen		8200 (4200) Erlöse		1776 (3806) USt	
1.150,—			1.000,—		150,—

Nach § 63 Abs. 5 UStDV kann der Unternehmer das **Entgelt und den Steuerbetrag in einer Summe** aufzeichnen **(Bruttomethode).**

Spätestens zum Schluß jedes Voranmeldungszeitraums muß der Unternehmer jedoch die (Netto-) Entgelte durch Herausrechnen der USt aus den Bruttowerten ermitteln und aufzeichnen.

Beispiel:
Der Unternehmer U verkauft Waren gegen bar:

    (1) 1.150 DM (einschl. 15 % USt)
    (2)   690 DM (einschl. 15 % USt)
    (3)   460 DM (einschl. 15 % USt)

Er bucht:

1000 (1600) Kasse		8200 (4200) Erlöse		1776 (3806) USt	
(1) 1.150,—		(4) 300,—	(1) 1.150,—		(4) 300,—
(2) 690,—			(2) 690,—		
(3) 460,—			(3) 460,—		
			2.300,—		

(4) = Buchung am Schluß des Voranmeldungszeitraums

Durch die Buchung der USt am Schluß des Voranmeldungszeitraums wird erreicht, daß der Bruttowert in Höhe von 2.300 DM auf den Nettowert (das Entgelt) in Höhe von 2.000 DM zurückgeführt wird.

15.2 Aufzeichnung des Eigenverbrauchs

Der Unternehmer ist verpflichtet, auch die **Bemessungsgrundlagen** für den Eigenverbrauch aufzuzeichnen (§ 22 Abs. 2 Nr. 4).

Auch hier ist ersichtlich zu machen, wie sich die Bemessungsgrundlagen auf den **steuerpflichtigen Eigenverbrauch,** getrennt nach Steuersätzen, und auf den **steuerfreien Eigenverbrauch** verteilen.

Die **USt** gehört hier ebenfalls nicht zur Bemessungsgrundlage und braucht deshalb **nicht** aufgezeichnet zu werden. Die Aufzeichnung der USt ergibt sich jedoch bei Steuerpflichtigen mit doppelter Buchführung auch hier zwangsläufig aus dem System der doppelten Buchführung.

Beispiel:
Der Unternehmer U, Mainz, mit doppelter Buchführung, entnimmt seinem Unternehmen Waren für seinen Privathaushalt.
Der Nettoeinkaufspreis der entnommenen Waren beträgt 1.000 DM.

Er bucht:

1800 (2100) Privat		8900 (4600) Eigenverbrauch		1776 (3806) USt	
1.150,—			1.000,—		150,—

Übung: Wiederholungsfragen 1 bis 5

15.3 Aufzeichnung der Entgelte und Teilentgelte sowie der Vorsteuer beim Leistungseingang

Der Unternehmer ist verpflichtet, beim Leistungseingang die **Entgelte** für empfangene Leistungen **und** die auf diese Umsätze entfallende Steuer (**Vorsteuer**) getrennt aufzuzeichnen (§ 22 Abs. 2 Nr. 5).

Beispiel:
Der Unternehmer U kauft Waren für 500 DM + 75 DM USt = 575 DM auf Ziel.

Er bucht:

3200 (5200) Wareneingang	1576 (1406) Vorsteuer	1600 (3300) Verbindl.
500,—	75,—	575,—

Aufzuzeichnen sind auch jene Entgelte und Teilentgelte sowie die darauf entfallende Steuer, die beim leistenden Unternehmer der Mindest-Istbesteuerung unterliegen.

Der Unternehmer kann wie beim Leistungsausgang die Entgelte und die Vorsteuerbeträge in einer Summe, jedoch getrennt nach den in den Eingangsrechnungen angewandten Steuersätzen, aufzeichnen (**Bruttomethode**).
Spätestens zum Schluß des Voranmeldungszeitraums hat der Unternehmer die Summe der Entgelte und die Summe der Steuerbeträgc
zu errechnen und aufzuzeichnen (§ 63 Abs. 5 UStDV).

15.4 Aufzeichnung im Falle der Einfuhr

Der Unternehmer hat ferner die **Bemessungsgrundlagen** für die Einfuhr von Gegenständen **und** die **Einfuhrumsatzsteuer** aufzuzeichnen. Weitere Einzelheiten enthält § 64 UStDV.

15.5 Aufzeichnung des innergemeinschaftlichen Erwerbs

Der Unternehmer ist seit 1.1.1993 verpflichtet, die **Bemessungsgrundlagen** für den innergemeinschaftlichen Erwerb von Gegenständen **sowie** die hierauf entfallenden **Steuerbeträge** aufzuzeichnen (§ 22 Abs. 2 **Nr.7**).

15.6 Aufzeichnung in besonderen Fällen

Der Unternehmer muß auch die **Bemessungsgrundlagen** für Lieferungen und sonstigen Leistungen

a) des Unternehmers an seine **Arbeitnehmer,** für die diese kein besonders berechnetes Entgelt aufwenden (§ 1 Abs. 1 **Nr. 1b**), und

b) die Vereinigungen unentgeltlich an ihre **Mitglieder** erbringen (§ 1 Abs. 1 **Nr. 3**)

aufzeichnen (§ 22 Abs. 2 Nr. 1 Satz 3).

Auch hierbei ist eine Aufteilung der Bemessungsgrundlagen nach **steuerpflichtigen und steuerfreien** Umsätzen sowie gegebenenfalls nach **Steuersätzen** vorzunehmen.

> **Übung:** Wiederholungsfragen 6 bis 9

15.7 Erleichterungen für die Trennung der Entgelte

Aus den Aufzeichnungen des Unternehmers muß grundsätzlich zu ersehen sein, wie sich die Entgelte auf die **steuerpflichtigen** Umsätze, **getrennt nach Steuersätzen,** und auf die **steuerfreien** Umsätze verteilen.
Die **sofortige** Trennung der Entgelte nach Steuersätzen ist in der Praxis vielfach sehr schwierig oder nicht durchführbar, vor allem wenn Unternehmer über ein großes Warensortiment verfügen und in der Regel Barverkäufe vornehmen.

Dem Unternehmer, dem wegen der Art und des Umfangs des Geschäfts eine Trennung der Entgelte nach Steuersätzen in den Aufzeichnungen nicht zuzumuten ist, kann das Finanzamt auf Antrag gestatten, daß er die Entgelte **nachträglich** auf der Grundlage der **Wareneingänge oder,** falls diese hierfür nicht verwendet werden können, nach **anderen Merkmalen** trennt (§ 63 Abs. 4 UStDV).

Im folgenden werden lediglich die Verfahren zur erleichterten Trennung der Entgelte für **Handel und Handwerk** dargestellt.

Für Unternehmer, deren Lieferungen der Besteuerung nach unterschiedlichen Steuersätzen unterliegen, kann auf Antrag eines der folgenden **drei Verfahren (sog. Aufschlagsverfahren)** zugelassen werden (Abschn. 259 UStR):

1. rechnerische Ermittlung der begünstigten oder nichtbegünstigten Umsätze auf Grund der **Wareneingänge** unter **Hinzurechnung der tatsächlichen oder üblichen Aufschläge,**

2. rechnerische Ermittlung der begünstigten oder nichtbegünstigten Umsätze auf Grund der **Wareneingänge** unter **Hinzurechnung eines gewogenen Durchschnittsaufschlags,**

3. rechnerische Ermittlung der begünstigten oder nichtbegünstigten Umsätze nach den **tatsächlichen Verkaufsentgelten bei Filialunternehmen.**

15.7.1 Trennung der Entgelte aufgrund der Wareneingänge unter Hinzurechnung der tatsächlichen oder üblichen Aufschläge

Die erworbenen Waren sind im Wareneingangsbuch oder auf dem Wareneinkaufskonto **getrennt** nach den beiden Steuersätzen **aufzuzeichnen.**

Auf der Grundlage der **Wareneingänge** sind **entweder** die Umsätze der Waren, die dem allgemeinen Steuersatz (= nichtbegünstigte Umsätze) unterliegen, **oder** die ermäßigten Umsätze rechnerisch zu ermitteln.

Zu diesem Zweck ist im Wareneingangsbuch oder auf dem Wareneingangskonto **für diese Waren** neben der Spalte "Einkaufsentgelt" eine **zusätzliche Spalte** mit der Bezeichnung **"Verkaufsentgelt" einzurichten.** Zweckmäßigerweise wird dazu die Warengruppe mit dem geringsten Volumen gewählt (beim Lebensmitteleinzelhandel die 15 %-Waren).

Die Waren der Gruppe, für die die zusätzliche Spalte "Verkaufsentgelt" eingerichtet worden ist, sind grundsätzlich einzeln und mit handelsüblicher Bezeichnung (Schlüsselzahlen oder Symbole genügen) einzutragen.

Beispiel:

1	2	3	4	5				6	7
Lfd. Nr.	Tag des Erwerbs	Liefe-rant	Art der Ware	**Einkaufs**entgelt für				Verkaufsentgelt für 15 %-Waren Nettopreis	Beleg-hinweis
				7 %-Waren		15 %-Waren			
				Netto-preis DM	USt DM	Netto-preis DM	USt DM	DM	

Bei der Aufzeichnung des Wareneingangs sind auf Grund der tatsächlichen oder üblichen Aufschlagsätze die tatsächlichen bzw. **voraussichtlichen Verkaufsentgelte** für die betreffenden Waren zu errechnen und in die zusätzliche Spalte **Verkaufs**entgelt **einzutragen.**

Die zusätzliche Spalte **Verkaufs**entgelt ist am Schluß des Voranmeldungszeitraums **zu addieren.** Die **Summe** dieser **Verkaufs**entgelte gilt als Umsatz an begünstigten bzw. nichtbegünstigten Waren. Zieht man diese Summe nach Hinzurechnung der Steuer von der Summe der im gleichen Voranmeldungszeitraum vereinbarten (vereinnahmten) Entgelten zuzüglich Steuer ab, so stellt der verbleibende Betrag die Summe der übrigen Entgelte zuzüglich Steuer nach dem anderen Steuersatz dar.

Beispiel:
Der Lebensmittelhändler U, Köln, Monatszahler, der seine Umsätze nach verein-nahmten Entgelten versteuert, hat im Oktober 1995 in seinem Wareneingangsbuch die Waren, die dem Steuersatz von **7 %** unterliegen, mit **10.000 DM** (netto) und die Waren, die dem Steuersatz von **15 %** unterliegen, mit **5.000 DM** (netto) eingetragen. Die **Verkaufsentgelte** der **15 %-Waren** betragen **6.000 DM** (netto). Der **gesamte Umsatz** hat im Monat Oktober 1995 einschließlich USt **22.950 DM** betragen.

Die **Trennung der Entgelte** ist für den Monat Oktober 1995 wie folgt vorzunehmen:

			Entgelte DM	Steuer DM
Monatsumsatz (brutto) insgesamt		22.950 DM		
- Verkaufsentgelte zu 15 % (netto)	6.000 DM			
+ 15 % USt	900 DM	6.900 DM	6.000	900
= Bruttoumsatz zu 7 %		16.050 DM	15.000	1.050
USt-Traglast				1.950
- Vorsteuer (700 DM + 750 DM)				1.450
= Umsatzsteuerschuld (Zahllast)				500

Übung: 1. Wiederholungsfragen 10 bis 13,
2. Fall 1

15.7.2 Trennung der Entgelte aufgrund der Wareneingänge unter Hinzurechnung eines gewogenen Durchschnittsaufschlags

Ebenso wie beim ersten Verfahren ist es notwendig, die erworbenen Waren **getrennt** nach den beiden Steuersätzen **aufzuzeichnen.**
Für die Warengruppe, für die auf der Grundlage des Wareneingangs der Umsatz errechnet werden soll, ist ein **gewogener Durchschnittsaufschlagsatz** nach den **tatsächlichen Verhältnissen** eines Kalendervierteljahres rechnerisch zu ermitteln.

Diese rechnerische Ermittlung ist grundsätzlich für die **Umsatzsteuergruppe** vorzunehmen, die den **geringsten Anteil** am **gesamten Umsatz** bildet.

Hierzu sind am Schluß eines Voranmeldungszeitraums die Einkaufsentgelte aufzurechnen. Dem **Gesamtbetrag dieser Einkaufsentgelte** ist der **gewogene Durchschnittsaufschlag hinzuzusetzen.** Der gewogene Durchschnittsaufschlagsatz ist sofern sich die Struktur des Unternehmens nicht ändert für die Dauer von **fünf Jahren** anzuwenden. Die weitere Berechnung erfolgt wie beim ersten Verfahren.

Beispiel:
Der Lebensmittelhändler U in Stuttgart hat im 3. Kalendervierteljahr 1995 (Juli bis September 1995) Einkauf**sentgelte** der 15 %Waren in Höhe von 20.000 DM und die Verkauf**sentgelte** dieser Waren in Höhe von 26.000 DM aufgezeichnet.

$$\text{Durchschnittsaufschlagsatz} \quad = \quad \frac{6.000 \text{ DM x } 100}{20.000 \text{ DM}} \quad = \quad \textbf{30 \%}$$

Für den Monat November 1995 ergeben sich folgende Zahlen:

Einkaufsentgelte der 7 %-Waren	12.000 DM
Einkaufsentgelte der 15 % -Waren	5.000 DM
Bruttoumsatz insgesamt	22.958 DM
Vorsteuer	1.590 DM

Die **Trennung der Entgelte** ist für den Monat November 1995 wie folgt vorzunehmen:

		Entgelte DM	Steuer DM
Einkaufsentgelte zu 15 %	5.000 DM		
+ **Aufschlagsatz 30 %**	**1.500 DM**		
= Verkaufsentgelte zu 15 %	6.500 DM	6.500	
+ 15 % USt	975 DM		975
Bruttoumsatz zu 15 %	7.475 DM		
Bruttoumsatz insgesamt	22.958 DM		
− Bruttoumsatz zu 15 %	7.475 DM		
= Bruttoumsatz zu 7 %	15.483 DM	14.470	1.013
USt-Traglast			1.988
− Vorsteuer (840 DM + 750 DM)			1.590
= Umsatzsteuerschuld (Zahllast)			398

> **Übung:** 1. Wiederholungsfrage 14,
> 2. Fälle 2 und 3

15.7.3 Trennung der Entgelte nach den tatsächlichen Verkaufsentgelten bei Filialunternehmen

Filialunternehmen können die Trennung der Entgelte nach **tatsächlichen Verkaufsentgelten** dann vornehmen, wenn sie die tatsächlichen Verkaufsentgelte, die dem ermäßigten oder allgemeinen Steuersatz unterliegen, im Zeitpunkt der Auslieferung an den einzelnen Zweigbetrieb **gesondert aufzeichnen**.

Eine getrennte Aufzeichnung der Wareneingänge ist in diesem Falle entbehrlich.

Beispiel:

Bruttomonatsumsatz insgesamt	329.000 DM
Bruttoumsatz der 7 %-Waren	214.000 DM
Vorsteuer	20.000 DM

Die **Trennung der Entgelte** ist wie folgt vorzunehmen:

	Entgelte DM	Steuer DM
Bruttoumsatz insgesamt 329.000 DM		
− Verkaufsentgelt zu 7 % = 200.000 DM		
+ 7 % USt = 14.000 DM 214.000 DM	200.000	14.000
= Bruttoumsatz zu 15 % 115.000 DM	100.000	15.000
Umsatzsteuer-Traglast		29.000
− Vorsteuer		20.000
= Umsatzsteuerschuld (Zahllast)		9.000

Übung: Wiederholungsfrage 15

15.8 Zusammenfassung und Erfolgskontrolle

15.8.1 Zusammenfassung

Leistungen	Aufzeichnungspflichten
1. Eingangsleistungen	
1.1 empfangene Leistungen	Entgelte und Vorsteuer
1.2 Einfuhr	Bemessungsgrundlage und EUSt
1.3 innergemeinschaftlicher Erwerb	Bemessungsgrundlagen und die hierauf entfallenden Steuerbeträge
2. Ausgangsleistungen	
2.1 ausgeführte Leistungen	Entgelte
2.2 Eigenverbrauch	Bemessungsgrundlagen
2.3 Leistungen in besonderen Fällen	Bemessungsgrundlagen

15.8.2 Erfolgskontrolle

WIEDERHOLUNGSFRAGEN

1. Welche Paragraphen des UStG und der UStDV regeln die umsatzsteuerlichen Aufzeichnungspflichten?
2. Was muß bei der Aufzeichnung der Entgelte nach § 22 Abs. 2 Nr. 1 und 2 ersichtlich gemacht werden?
3. Was ist im Rahmen der Aufzeichnungspflichten unter der Bruttomethode zu verstehen?
4. Was hat der Unternehmer am Schluß eines Voranmeldungszeitraums zu tun, wenn Entgelt und Steuerbetrag in einer Summe aufgezeichnet werden?
5. Was muß der Unternehmer beim Eigenverbrauch aufzeichnen?
6. Was muß der Unternehmer auf der Eingangsseite nach § 22 aufzeichnen?
7. Was hat der Unternehmer im Falle der Einfuhr nach § 22 Abs. 2 Nr. 6 aufzuzeichnen?
8. Was hat der Unternehmer im Falle des innergemeinschaftlichen Erwerbs i.S. des § 22 Abs. 2 Nr. 7 aufzuzeichnen?
9. Was wissen Sie über die Aufzeichnungspflicht "unentgeltlicher" Leistungen an Arbeitnehmer und Mitglieder von Vereinigungen?
10. Warum sieht der Gesetzgeber Erleichterungen für die Trennung der Entgelte vor?
11. Für welchen Personenkreis sind die Verfahren zur erleichterten Trennung der Entgelte zugelassen?
12. Welche Verfahren zur erleichterten Trennung der Entgelte kann das Finanzamt für Handel und Handwerk zulassen?
13. Wie ist zu verfahren, wenn die Trennung der Entgelte vom Wareneingang her unter Hinzurechnung der tatsächlichen oder üblichen Aufschläge durchgeführt werden soll?
14. Wie ist zu verfahren, wenn die Trennung der Entgelte vom Wareneingang her unter Hinzurechnung eines gewogenen Durchschnittsaufschlags durchgeführt werden soll?
15. Wie ist bei Filialunternehmen zu verfahren, wenn die Trennung der Entgelte nach den tatsächlichen Verkaufsentgelten durchgeführt werden soll?

FÄLLE

Fall 1:

Der Lebensmittelhändler A, Bremen, der seine Umsätze nach vereinnahmten Entgelten versteuert, führt mit Genehmigung des Finanzamtes die Trennung der Entgelte vom Wareneingang her durch. A hat seine Waren getrennt nach den beiden Steuersätzen in einem Wareneingangsbuch aufgezeichnet. Für die 7 %-Waren hat er außerdem in einer zusätzlichen Spalte die voraussichtlichen Verkaufsentgelte eingetragen.

Aus seinen Aufzeichnungen ergibt sich für den Monat Dezember 1995 folgendes:

a) Vereinnahmte Entgelte zuzüglich USt insgesamt 110.966 DM
b) Verkaufsentgelte der 7 %-Waren (ohne USt) 75.800 DM

1. Nach welchem Verfahren ist die erleichterte Trennung der Entgelte vorzunehmen?
2. Wieviel DM betragen jeweils die Entgelte und die USt nach diesem Verfahren?

Fall 2:

Der Lebensmittelhändler B, Würzburg, hat ein Vierteljahr lang die Einkaufsentgelte der nicht begünstigten Waren und die Verkaufsentgelte dieser Waren aufgezeichnet, um den gewogenen Durchschnittsaufschlagsatz errechnen zu können.

a) Summe der Einkaufsentgelte der 15 %-Waren 37.400 DM
b) Summe der Verkaufsentgelte der 15 %-Waren 44.880 DM

Für den Monat Oktober 1995 hat B folgende Beträge aufgezeichnet:

a) Bruttomonatsumsatz insgesamt 23.906 DM
b) Einkaufsentgelt der 15 %-Waren 5.000 DM

1. Wieviel Prozent beträgt der gewogene Durchschnittsaufschlagsatz?
2. Wieviel DM betragen jeweils die Entgelte und die USt, wenn die Trennung der Entgelte vom Wareneingang her unter Hinzurechnung dieses gewogenen Durchschnittsaufschlagsatzes durchgeführt wird?

Fall 3:

Das Finanzamt hat dem Einzelhändler Jochen Ritter gestattet, die Entgelte aus den begünstigten Umsätzen nachträglich anhand des Wareneingangs zu berechnen.

Im November 1995 erzielte Ritter einen Bruttoumsatz von 124.750 DM einschl. 7 % bzw. 15 % USt. Der Wareneingang der begünstigten Umsätze beträgt 50.000 DM, der Rohgewinnaufschlag hierfür 30 %. Im November 1995 ergaben sich 5.200 DM abzugsfähige Vorsteuern.

Ermitteln Sie in einem übersichtlichen Schema die USt-Zahllast für November 1995.

Zusammenfassende Erfolgskontrolle zum 1. bis 15. Kapitel

Fall 1:

Der selbständige Goldschmied U, Koblenz, lebt mit seiner Ehefrau im gesetzlichen Güterstand (im Güterstand der Zugewinngemeinschaft). Seine Werkstatt befindet sich in seinem Haus in Koblenz, das 1973 fertiggestellt wurde.

Aus den Büchern und Unterlagen ergibt sich für den Monat Dezember 1995 folgendes:

1. U bewirkte im Dezember 1995 folgende Leistungen:

Werklieferungen im Inland	154.000 DM (netto)
Werkleistungen im Inland	16.000 DM (netto)

2. Die Vorsteuern auf den Wareneinkauf und die Werkstattkosten haben im Dezember 1995 15.000 DM betragen.

3. Das Haus wird wie folgt genutzt:

Erdgeschoß

Das Erdgeschoß hat U an seine Frau vermietet, die dort ein Einzelhandelsgeschäft betreibt. Die Mieteinnahmen, die U im Dezember 1995 zugeflossen sind, haben 1.200 DM (netto) betragen.

1. Obergeschoß

Das 1. Obergeschoß wird von U mit seiner Familie selbst bewohnt. Der monatliche Mietwert beträgt 600 DM.

2. Obergeschoß

Im 2. Obergeschoß befindet sich die Werkstatt des U. Der monatliche Mietwert des 2. Obergeschosses beträgt ebenfalls 600 DM.

U verzichtet -soweit wie möglich- auf die Steuerfreiheit. Die drei Geschosse des Hauses sind gleich groß.

4. Für die Instandsetzung des Daches sind U im Dezember 1995 Kosten in Höhe von 20.000 DM + 15 % USt entstanden.

5. Der zum Betriebsvermögen gehörende Pkw und das betriebliche Telefon sind zu 30 % privat genutzt worden. Auf die private Nutzung entfallen im Dezember 1995 400 DM Pkw-Kosten, bei denen der Vorsteuerabzug möglich gewesen ist, und 100 DM laufende Telefonkosten.

6. Ein Teil des Warenlagers wurde im Dezember 1995 durch Brand vernichtet. Die Versicherung hat für den entstandenen Schaden im Dezember 1995 10.000 DM gezahlt.

7. U hat seiner Schwester zu ihrem Namenstag einen Goldring geschenkt. Das Gold hat er aus seinem Betrieb entnommen. Der Goldwert hat im Zeitpunkt der Entnahme 500 DM, der Nettoeinkaufspreis des Ringes 600 DM und der Verkaufswert des Ringes 700 DM betragen.

8. U hat für einen arabischen Kunden ein goldenes Eßbesteck angefertigt. Hierfür hat er 6.000 DM vereinnahmt. Das Eßbesteck hat er anläßlich einer Ferienreise dem Kunden persönlich in Riad übergeben.

Wie hoch ist die **USt-Zahllast** des U für den Monat Dezember 1995, wenn für das Haus die Vorsteuer-Aufteilung nach § 15 Abs. 4 Satz 1 erfolgt?

Fall 2:

Der Malermeister U betreibt seit Jahren in Neustadt eine Malerwerkstatt und einen Laden mit Tapeten, Farben und Zubehör. Seine monatlichen Umsätze schwanken zwischen 300.000 DM und 350.000 DM.

U lebt mit seiner Ehefrau im gesetzlichen Güterstand. Die Ehefrau ist bei ihrem Ehemann angestellt und führt das Ladenlokal.

Das Ladenlokal befindet sich im Erdgeschoß des Hauses, das Frau U 1970 geerbt hat. Mit ihrem Ehemann hat sie einen Mietvertrag abgeschlossen. Die monatliche Miete beträgt netto 1.000 DM.
Im Haus befinden sich ferner:

Im **Erdgeschoß** ein weiteres Ladenlokal, Monatsmiete netto	1.000 DM,
im **1. Obergeschoß** eine Arztpraxis, Monatsmiete netto	1.500 DM,
eine Rechtsanwaltspraxis, Monatsmiete netto	1.500 DM,

im **2. Obergeschoß** zwei gleichwertige Wohnungen, wovon eine eigengenutzt wird und die andere für 1.000 DM monatlich vermietet ist.

Um in den Genuß des Vorsteuerabzugs zu kommen, hat Frau U nach § 9 optiert. Bis auf den Arzt haben alle in Frage kommenden Mieter die Umsatzsteuer zusätzlich zur Nettomiete gezahlt. Aus diesem Grunde wurde dem Arzt auch die USt nicht in Rechnung gestellt. In 1995 wurden alle Mieten pünktlich entrichtet.

Im Dezember 1995 hat Frau U das Haus renovieren lassen. Es wurden folgende Arbeiten ausgeführt und berechnet:

Dachreparatur	10.000 DM zuzüglich USt	und
Neuverputz des Hauses	20.000 DM zuzüglich USt.	

Die Fenster wurden durch den Malerbetrieb des Ehemannes im Februar 1996 gestrichen. Um den Vorsteuerabzug noch in 1995 geltend machen zu können, hat Frau U im Dezember 1995 einen Betrag von 5.750 DM an ihren Mann gezahlt. Herr U hat keine Rechnung ausgestellt.

Herr U hat im Dezember 1995 Lieferungen und sonstige Leistungen ausgeführt in Höhe von netto 305.000 DM. Von diesen Leistungen waren am 31.12.1995 netto 30.000 DM noch nicht bezahlt.

Am 28.12.1995 hat Herr U einen Betrag von 92 DM vereinnahmt, den er von seinem Nachbarn eingefordert hat. Der Sohn des Nachbarn hat mit Freunden vor dem Haus der Malerwerkstatt Fußball gespielt. Bei dieser Gelegenheit ist der Ball abgesprungen und hat zwei im Hof des Hauses stehende Farbtöpfe umgeworfen, deren Wert obigem Betrag entspricht.

Für an den Malerbetrieb ausgeführte Leistungen wurden, ohne Berücksichtigung der in diesem Sachverhalt angeführten Tatbestände, im Dezember 1995 von Vorlieferanten 120.000 DM + 15 % USt in Rechnung gestellt, davon waren bis 31.12.1995 Lieferantenrechnungen in Höhe von 11.500 DM (brutto) noch nicht bezahlt.

Ermitteln Sie die entsprechende(n) Zahllast(en) für den Monat Dezember 1995.

16 Besteuerung nach Durchschnittssätzen

Viele Kleinunternehmer und Land- und Forstwirte wären überfordert, wenn sie die Aufzeichnungspflichten des § 22 voll erfüllen müßten.

Zur **Vereinfachung des Besteuerungsverfahrens** hat deshalb der Gesetzgeber

---

1. für **land- und forstwirtschaftliche Betriebe Durchschnittssätze** festgesetzt (**§ 24**) und

2. den Bundesfinanzminister **ermächtigt**, für **bestimmte** Gruppen von Unternehmern (ausgenommen Land- und Forstwirte)

   - die abziehbare Vorsteuerbeträge oder
   - die zu entrichtende Steuer

nach **Durchschnittssätzen festzusetzen (§ 23)**.

Von der Ermächtigung, die abziehbaren **Vorsteuerbeträge** bestimmter Berufs- und Gewerbezweige **nach Durchschnittssätzen** festzusetzen, hat der Bundesminister der Finanzen in den **§§ 69 und 70 UStDV** Gebrauch gemacht.

Ebenso wird **kleineren Vereinen** (Vereine mit einem Vorjahresumsatz von nicht mehr als **60.000 DM**) die Möglichkeit eingeräumt, ihre **abziehbaren Vorsteuern** durch Anwendung des **Pauschalsatzes von 7 %** auf ihre steuerpflichtigen Umsätze zu ermitteln (**§ 23a**).

16. 1 Durchschnittssätze für land- und forstwirtschaftliche Betriebe

Der Gesetzgeber hat die **Umsatzsteuer und** die **Vorsteuer** für Umsätze, die ein Unternehmer im Rahmen seines **land- und forstwirtschaftlichen Betriebs** ausführt, **pauschal festgesetzt** (§ 24).

Diese pauschal festgesetzten Sätze (= **Durchschnittssätze**) sind in den zurückliegenden Jahren mehrfach geändert worden, zuletzt mit Wirkung ab **1.1.1994**.

Ein Unternehmer, der seinen landwirtschaftlichen Betrieb **verpachtet** und dessen unternehmerische Betätigung im Bereich der Landwirtschaft sich in dieser Verpachtung erschöpft, betreibt mit der Verpachtung **keinen** landwirtschaftlichen Betrieb im Sinne des § 24 (Abschn. 264 Abs. 5 UStR).

Durch Artikel 20 Nr. 22a des StMBG vom 21.12.1993 sind die **Durchschnittsätze** in § 24 Abs. 1 Satz 1 **Nr. 3** und in **Satz 5** von bisher 8,5 % auf **9 %** erhöht worden.

Die Änderung tritt am 1.1.1994 in Kraft. Daraus ergibt sich folgende **Übersicht** über **Durschnittsätze für land- und forstwirtschaftliche Betriebe** seit 1. Januar 1994 (BMF-Schreiben vom 3.1.1994):

Art der Umsätze	Steuerzahllast		
	Durchschnittsatz		
	Vorsteuer v.H.		
	Umsatz v.H.		
1. Lieferungen und Eigenverbrauch von forstwirtschaftlichen Erzeugnissen, ausgenommen Sägewerkserzeugnisse (z.B. Rund-, Schicht- und Abfallholz)	5	5	0
2. Lieferungen und Eigenverbrauch der in der Anlage aufgeführten Sägewerkserzeugnisse (z.B. Schnittholzabfälle, Hobel-, Hack- und Sägespäne), sonstige Leistungen (z.B. Lohnfuhren), Hilfsumsätze (z.B. Verkauf gebrauchter Landmaschinen)	9	9	0
3. Lieferungen und Eigenverbrauch (ausgenommen Ausfuhrlieferungen und Umsätze im Ausland) der			
a) in der Anlage nicht aufgeführten Sägeerzeugnisse (z.B. Kanthölzer, Bohlen, Bretter)	15	9	6
b) in der Anlage nicht aufgeführte Getränke (z.B. Wein, Traubenmost, Frucht- und Gemüsesäfte) sowie alkoholische Flüssigkeiten (z.B. reiner Alkohol)	15	9	6
4. Ausfuhrlieferungen und im Ausland bewirkte Umsätze der			
a) in der Anlage nicht aufgeführten Sägeerzeugnisse (vgl. Nr. 3a)	9	9	0
b) Getränke, alkoholische Flüssigkeiten (vgl. Nr. 3b und Nr. 5)	9	9	0
5. Übrige landwirtschaftliche Umsätze (z.B. Getreide, Vieh, Fleisch, Milch, Obst, Gemüse, Eier)	9	9	0

16.2. Allgemeine Durchschnittsätze

Allgemeine Durchschnittsätze hat der Bundesfinanzminister **nur für** die abziehbaren **Vorsteuerbeträge** festgesetzt. Für die zu entrichtende Steuer (**Umsatzsteuer**) gibt es **keine Durchschnittsätze**. Die Umsatzsteuer (Traglast) ist nach den allgemeinen Vorschriften zu berechnen.

Die **Durchschnittsätze für** die abziehbaren **Vorsteuerbeträge** können nur angewendet werden

1. auf einen entsprechenden **Antrag** beim zuständigen Finanzamt (§ 23 Abs. 3)
2. von den in der Anlage zur UStDV angegebenen **Berufs- und Gewerbezweigen**
3. von nicht buchführungs- und bilanzierungspflichtigen Unternehmern, deren Umsatz im vorangegangenen Kalenderjahr **120.000 DM** nicht überstiegen hat (§ 69 UStDV).

Umsatz im Sinne dieser Vorschrift ist der **Nettoumsatz** (ohne USt), den der Unternehmer im Rahmen der in der Anlage zur UStDV bezeichneten Berufs- und Gewerbezweigen im Inland ausführt, mit **Ausnahme** der Einfuhr, des innergemeinschaftlichen Erwerbs und der in § 4 Nr. 8, Nr. 9a und Nr. 10 genannten Umsätze (d.h. bestimmte Geld- und Kreditumsätze, Umsätze die unter das Grunderwerbsteuergesetz fallen und Versicherungsumsätze).

Die **Durchschnittsätze,** die als **Prozentsätze auf den Umsatz** anzuwenden sind, sind in der Anlage zur UStDV aufgeführt.

Mit den in **Abschnitt A** der Anlage bezeichneten Durchschnittsätzen sind **alle Vorsteuerbeträge** abgegolten, die mit der Tätigkeit der Unternehmer in den in diesem Abschnitt genannten Berufs- und Gewerbezweigen zusammenhängen (sogenannte **Vollpauschalierung**). Ein weiterer Vorsteuerabzug ist insoweit ausgeschlossen (§ 70 Abs. 1 UStDV).

Abschnitt A (Vollpauschalierung) **Durchschnittsätze** für die Berechnung **sämtlicher** Vorsteuerbeträge	
I. Handwerk	**%**
1. Bäckerei	5,2
2. Bau- und Möbeltischlerei	8,4
3. Beschlag-, Kunst- und Reparaturschmiede	7,0
4. Buchbinderei	4,9
5. Druckerei	6,0
6. Elektroinstallation	8,5
7. Fliesen- und Plattenlegerei, sonstige Fußbodenlegerei und -kleberei	8,1
8. Friseure	4,2
9. Gewerbliche Gärtnerei	5,6
10. Glasergewerbe	8,6
11. Hoch- und Ingenieurhochbau	5,9
12. Klempnerei, Gas- und Wasserinstallation	7,9

	%
13. Maler- und Lackierergewerbe, Tapezierer	3,5
14. Polsterei- und Dekorateurgewerbe	8,9
15. Putzmacherei	11,4
16. Reparatur von Kraftfahrzeugen	8,5
17. Schlosserei und Schweißerei	7,4
18. Schneiderei	5,6
19. Schuhmacherei	6,1
20. Steinbildhauerei und Steinmetzerei	7,9
21. Stukkateurgewerbe	4,1
22. Winder und Scherer	1,9
23. Zimmerei	7,6
II. Einzelhandel	
1. Blumen und Pflanzen	5,5
2. Brennstoffe	11,7
3. Drogerien	10,2
4. Elektrotechnische Erzeugnisse, Leuchten, Rundfunk-, Fernseh- und Phonogeräte	11,0
5. Fahrräder und Mopeds	11,4
6. Fische und Fischerzeugnisse	6,4
7. Kartoffeln, Gemüse, Obst und Südfrüchte	6,3
8. Lacke, Farben und sonstiger Anstrichbedarf	10,5
9. Milch, Milcherzeugnisse, Fettwaren und Eier	6,3
10. Nahrungs- und Genußmittel	8,1
11. Oberbekleidung	11,5
12. Reformwaren	8,2
13. Schuhe und Schuhwaren	11,1
14. Süßwaren	6,4
15. Textilwaren verschiedener Art	11,5
16. Tiere und zoologischer Bedarf	8,6
17. Unterhaltungszeitschriften und Zeitungen	6,2
18. Wild und Geflügel	6,3
III. Sonstige Gewerbebetriebe	
1. Eisdielen	5,6
2. Fremdenheime und Pensionen	6,3
3. Gast- und Speisewirtschaften	8,3
4. Gebäude- und Fensterreinigung	1,5
5. Personenbeförderung mit Personenkraftwagen	5,6
6. Wäschereien	6,1
IV. Freie Berufe	
1. a) Bildhauer	6,6
b) Grafiker (nicht Gebrauchsgrafiker)	4,9
c) Kunstmaler	4,9
2. Selbständige Mitarbeiter bei Bühne, Film, Funk, Fernsehen und Schallplattenproduzenten	3,4
3. Hochschullehrer	2,7
4. Journalisten	4,5
5. Schriftsteller	2,4

Beispiel:
Der Unternehmer U betreibt in Osnabrück eine **Buchbinderei**. U berechnet seine Vorsteuerbeträge zulässigerweise nach § 23 i.V. mit § 70 Abs. 1 UStDV (**Vollpauschalierung**). Im Kalenderjahr 1995 hat er einen **Nettoerlös** von **80.000 DM** erzielt.

Die **Umsatzsteuerschuld** für das Kalenderjahr 1995 wird wie folgt berechnet:

Umsatzsteuer-Traglast	
15 % von 80.000 DM	12.000 DM
– abziehbare Vorsteuerbeträge	
4,9 % von 80.000 DM (Abschnitt A I Nr. 4 der Anlage)	3.920 DM
= Umsatzsteuerschuld (Zahllast)	**8.080 DM**

> **Übung:** 1. Wiederholungsfragen 1 bis 4,
> 2. Fälle 1 und 2

Die in **Abschnitt B** der Anlage zur UStDV bezeichneten Durchschnittsätze gelten **nicht für sämtliche Vorsteuerbeträge**, sondern **nur für einen Teil** der abziehbaren Vorsteuerbeträge (**Teilpauschalierung**).
Dabei handelt es sich im wesentlichen um abziehbare Vorsteuerbeträge, die auf **Gemeinkosten** entfallen.

Neben den **teilpauschalierten Vorsteuerbeträgen**, die nach den in Abschnitt B der Anlage bezeichneten Durchschnittsätzen berechnet werden, **können in bestimmten Fällen** (bei Warenbezügen und Gebäudekosten) die **Vorsteuerbeträge** nach den **allgemeinen Vorschriften** abgezogen werden (§ 70 Abs. 2 UStDV).

Abschnitt B (Teilpauschalierung) **Durchschnittsätze** für die Berechnung **eines Teils** der Vorsteuer	
	%
1. Architekten	**1.8**
2. Hausbandweber	**3,0**
3. Patentanwälte	**1,6**
4. Rechtsanwälte und Notare	**1,4**
5. Schornsteinfeger	**1,5**
6. Wirtschaftliche Unternehmensberatung, Wirtschaftsprüfung (z.B. **Steuerberater**)	**1.6**

Beispiel:
Steuerberater U, der in Koblenz seine Praxis hat, berechnet seine Vorsteuerbeträge zulässigerweise nach § 23 i.V.m. § 70 Abs. 2 UStDV (**Teilpauschalierung**). Im III. Kalendervierteljahr 1995 hat er einen Nettoumsatz von **20.000 DM** erzielt. Die Vorsteuerbeträge für Instandsetzungen seiner Praxisräume, die durch die teilpauschalierten Vorsteuerbeträge nicht abgegolten sind, haben im gleichen Zeitraum **500 DM** betragen.

Die **Umsatzsteuerschuld** für das III. Kalendervierteljahr 1995 wird wie folgt berechnet:

Umsatzsteuer-Traglast	
15 % von 20.000 DM	3.000 DM
− **abziehbare Vorsteuerbeträge**	
a) 1,6 % von 20.000 DM (Abschnitt B Nr. 6 der Anl.)	320 DM
b) Vorsteuerbeträge für Instandsetzungen der Praxisräume (§ 70 Abs. 2 Nr. 2 UStDV)	500 DM
= **Umsatzsteuerschuld (Zahllast)**	**2.180 DM**

Der Unternehmer ist von den **Aufzeichnungspflichten** nach § 22 Abs. 2 Nr. 5 und 6 (Leistungseingang) **befreit,** soweit er die abziehbaren Vorsteuerbeträge nach einem Durchschnittsatz (§§ 69 und 70 UStDV) berechnet (§ 66 UStDV).

> **Übung:** 1. Wiederholungsfrage 5,
> 2. Fälle 3 und 4

16.3 Zusammenfassung und Erfolgskontrolle

16.3.1 Zusammenfassung

Für die im Rahmen eines **land- und forstwirtschaftlichen Betriebes** ausgeführten Umsätze wird die **USt und** die Vorsteuer nach **Durchschnittsätzen** festgesetzt (§ 24).

Bestimmte Gruppen von Unternehmern, die nicht Land- und Forstwirte sind und deren Umsätze im **vorangegangenen** Kalenderjahr **120.000 DM** nicht überstiegen haben, **können** ihre abziehbaren **Vorsteuerbeträge voll** bzw. zum Teil **pauschal** mit einem Durchschnittsatz berechnen (§ 23).

Unternehmer, die ihre abziehbaren Vorsteuerbeträge nach einem Durchschnittsatz berechnen, sind von der **Aufzeichnungspflicht** des Leistungseingangs **befreit.**

Für die Berechnung der **USt** gelten die **allgemeinen** Vorschriften des UStG.

16.3.2 Erfolgskontrolle

WIEDERHOLUNGSFRAGEN

1. Welchem Zweck dient die Festsetzung von Durchschnittsätzen?
2. Für welche Gruppe von Betrieben kann eine Besteuerung nach Durchschnittsätzen gemäß § 23 in Verbindung mit den §§ 69 und 70 UStDV in Betracht kommen?
3. An welche Voraussetzungen ist die Anwendung der Durchschnittsätze nach § 23 Abs. 3 gebunden?
4. Was versteht man unter Vollpauschalierung i.S. des § 70 Abs. 1 UStDV?
5. Was versteht man unter Teilpauschalierung i.S. des § 70 Abs. 2 UStDV?

FÄLLE

Fall 1:

Der Unternehmer Arnold betreibt in Hannover ein **Einzelhandelsgeschäft** mit **Nahrungs- und Genußmitteln**. Im Kalenderjahr 1995 hat er einen **Nettoerlös** von **70.000 DM** erzielt.
Arnold berechnet seine Vorsteuerbeträge zulässigerweise nach § 23 i.V.m. § 70 Abs. 1 UStDV (**Vollpauschalierung**).

Berechnen Sie die abziehbare **Vorsteuer** für das Kalenderjahr 1995.

Fall 2:

Gerlinde Pulver betreibt in Frankfurt eine **Wäscherei**. Im Kalenderjahr 1995 hat sie **Einnahmen** von **80.040 DM** erzielt. Die Steuerpflichtige berechnet ihre Vorsteuerbeträge zulässigerweise nach § 23 i.V.m. § 70 Abs. 1 UStDV (**Vollpauschalierung**).

Berechnen Sie die **USt-Zahllast** für das Kalenderjahr 1995.

Fall 3:

Rechtsanwalt Bierle, der in Stuttgart seine Praxis hat, berechnet seine Vorsteuerbeträge zulässigerweise nach § 23 i.V.m. § 70 Abs. 2 UStDV (**Teilpauschalierung**).
Im III. Kalendervierteljahr 1995 hat er einen **Umsatz** von **22.500 DM** erzielt. Die Vorsteuerbeträge aus dem Umbau seiner Praxisräume, die durch die teilpauschalierten Vorsteuerbeträge nicht abgegolten sind, haben im gleichen Zeitraum **300 DM** betragen.

Berechnen Sie die **USt-Zahllast** für das III. Kalendervierteljahr 1995.

Fall 4:

Der **Schornsteinfeger** Kromer, München, erzielte im Kalenderjahr 1995 **Einnahmen** von **85.560 DM**. Er berechnet seine Vorsteuerbeträge zulässigerweise nach § 23 i.V. m. § 70 Abs. 2 UStDV (**Teilpauschalierung**).
Die Vorsteuer für einen gemieteten Arbeitsraum hat in 1995 **840 DM** betragen.

Berechnen Sie die **USt-Zahllast** für 1995.

Zusammenfassende Erfolgskontrolle zum 1. bis 16. Kapitel

Fall 1:

Der Unternehmer Wolfgang Kühn, Frankfurt, hat für den Veranlagungszeitraum 1995
folgende Geschäftsvorfälle aufgezeichnet (die genannten Beträge sind Nettobeträge):

1. Warenlieferungen im Inland	275.000 DM
2. Sonstige Leistungen im Inland	85.500 DM
3. Ausfuhrlieferungen (Nachweise sind erbracht)	45.800 DM
4. Auf einer Fahrt mit seinem betrieblichen Pkw wurde sein Wagen durch die Schuld eines Dritten beschädigt. Der Dritte zahlte bar	800 DM
5. Der ungarische Unternehmer Kolac hat bei Kühn eine Spezialmaschine bestellt. Kühn hat diese Maschine mit eigenem Fahrzeug für nach Ungarn befördert. Der Vorgang ist buch- und belegmäßig nachgewiesen.	20.000 DM

Kühn ist Eigentümer eines viergeschossigen Hauses in Frankfurt
das wie folgt genutzt wird:

Das **Erdgeschoß** ist an einen Einzelhändler vermietet, der dort sein Geschäft betreibt. die Jahresmiete beträgt	8.000 DM
Das 1. **Obergeschoß** ist für an einen Steuerberater vermietet, der dort seine Praxis betreibt.	8.000 DM
Das **2. und 3. Obergeschoß** sind für insgesamt an Privatpersonen vermietet.	12.000 DM

Kühn hat - soweit möglich - auf die Steuerbefreiungen
nach § 9 verzichtet.

An **Vorsteuern** sind angefallen:

Beim Wareneinkauf und bei den Kosten	35.000 DM
für die Instandsetzung des Erdgeschosses	3.000 DM

Ermitteln Sie die **USt-Zahllast** für 1995.

Fall 2:

Der Lebensmitteleinzelhändler Klaus Reinhard macht seinem Steuerberater für den abgelaufenen Monat folgende Angaben und bittet, in einer übersichtlichen Darstellung die **USt-Zahllast** für diesen Monat zu berechnen:

1. Wareneingang von Gegenständen der Anlage zu § 12 Abs. 2 Nr. 1 UStG, brutto — 64.200 DM

2. Wareneingang nicht steuerbegünstigter Gegenstände, brutto — 51.750 DM

   Nach den Unterlagen des Steuerberaters kalkuliert Klaus Reinhard bei den begünstigten Waren mit einem Zuschlag (Rohgewinnaufschlag) von 30 %.

3. Bruttoeinnahmen im Monat — 140.000 DM

4. Eigenverbrauch von Lebensmitteln der Anlage zu § 12 Abs. 2 Nr. 1 UStG, Nettoeinkaufspreis — 1.000 DM

5. Eigenverbrauch an alkoholischen Getränken bei einer Geburtstagsfeier, Nettoeinkaufspreis — 500 DM

6. Die laufenden Telefonkosten beliefen sich auf — 300 DM
   Die Privatnutzung wird auf 20 % geschätzt.

7. Die Kfz-Kosten einschließlich der AfA, bei denen der Vorsteuerabzug möglich war, betrugen — 940 DM
   Der Privatanteil wird mit 25 % angenommen.

8. Der Geschäftslieferwagen wurde für brutto verkauft. — 5.750 DM

9. Sonstige Vorsteuerbeträge — 245 DM

10. In dem Haus, in dem Klaus Reinhard sein Lebensmittelgeschäft betreibt, befinden sich außerdem noch sechs Wohnungen und ein Architekturbüro. Die gesamten Mieteinnahmen betrugen im abgelaufenen Monat — 6.425 DM

    Davon entfallen auf die sechs Wohnungen — 4.700 DM

    Reinhard hat nach § 9 UStG optiert.

    Von der gesamten Nutzfläche des Hauses entfallen 40 % auf die Wohnungen und 20 % auf das Architekturbüro.

11. Das Dach des Hauses wurde im abgelaufenen Monat neu gedeckt. Die Rechnung lautet über brutto — 15.456 DM

17 Besteuerung der Kleinunternehmer

Die Sonderregelungen des § 19 sind auf sog. **Kleinunternehmer** anzuwenden.

17.1 Begriff des Kleinunternehmers

Unternehmer, deren **Bruttoumsatz** im Sinne des § 19 Abs. 1 **Satz 1**

> 1. im **vorangegangenen** Kalenderjahr **25.000 DM** nicht überstiegen hat
>
> **und**
>
> 2. im **laufenden** Kalenderjahr voraussichtlich **100.000 DM** nicht übersteigen wird,

werden als **Kleinunternehmer** bezeichnet.

Liegen die Voraussetzungen des § 19 Abs. 1 Satz 1 vor, so wird von Unternehmern, die im **Inland ansässig** sind, die **Umsatzsteuer** für Umsätze im Sinne des § 1 Abs. 1 **Nr. 1 bis 3 nicht erhoben.**

Seit 01.01.1993 fallen leistende **ausländische** Unternehmer **nicht mehr** unter die Nichterhebungsgrenze für **Kleinunternehmer** nach § 19 Abs. 1.

> **Merke:** Seit 01.01.1993 gilt die **Kleinunternehmerregelung nur noch** für **Unternehmer**, die im **Inland ansässig** sind.

Beispiel:
Der Unternehmer U, **Bonn**, hat im **vorangegangenen** Kalenderjahr (1994) einen Bruttoumsatz von **16.000 DM** erzielt. Im **laufenden** Kalenderjahr (1995) wird der Bruttoumsatz voraussichtlich **30.000 DM** betragen.

U ist **Kleinunternehmer**, bei dem keine Umsatzsteuer erhoben wird, weil beide Voraussetzungen gemeinsam erfüllt sind.

Die **Umsatzsteuer** für Umsätze im Sinne des § 1 Abs. 1 **Nr. 4** (Einfuhrumsatzsteuer) hat der **Kleinunternehmer** hingegen **zu zahlen** (Abschn. 246 Abs. 1 UStR).

> Übung: 1. Wiederholungsfragen 1 bis 3,
> 2. Fall 1

Die **Umsatzgrenzen** von **25.000 DM und 100.000 DM** werden wie folgt ermittelt:

Gesamtumsatz im Sinne des § 19 Abs. 3

– darin enthaltene Umsätze von Wirtschaftsgütern des Anlagevermögens (Hilfsgeschäfte)

= Umsatz im Sinne des § 19 Abs.1 **S a t z 2**

+ darauf entfallende Umsatzsteuer

= **Bruttoumsatz** im Sinne des § 19 Abs. 1 **S a t z 1**

Beispiel:
Der Handelsvertreter U, Essen, hat im Kalenderjahr **1994** folgende Umsätze erzielt:

a) Einnahmen aus Provision, brutto **17.869,50 DM**

b) Einnahmen aus dem Verkauf eines betrieblichen Pkw, brutto **11.000,— DM**

c) Eigenverbrauch, netto **1.000,— DM**

Der Bruttoumsatz im Sinne des § 19 Abs. 1 **Satz 1** wird in **1995** voraussichtlich **25.000 DM** betragen.

U ist in **1995 Kleinunternehmer,** bei dem **keine Umsatzsteuer erhoben** wird. **Begründung:**

---

1. Der **Bruttoumsatz** im Sinne des § 19 Abs.1 **Satz 1** hat im vorange-gangenen Kalenderjahr (1994), wie die folgende Rechnung zeigt, **25.000 DM nicht überstiegen:**

   a) Umsatz aus Provision (17.869,50 DM : 1,15)   15.539 DM

   b) Umsatz aus Pkw-Verkauf (11.000 DM : 1,15)   9.565 DM

   c) Umsatz aus Eigenverbrauch   1.000 DM

   = Gesamtumsatz im Sinne des § 19 Abs. 3   26.104 DM

   – Umsatz aus Pkw-Verkauf (Hilfsgeschäft)   9.565 DM

   = Umsatz im Sinne des § 10 Abs.1 **S a t z 2**   16.539 DM

   + darauf entfallende Umsatzsteuer (15 % von 16.539 DM)   2.481 DM

   = **Bruttoumsatz** im Sinne des § 19 Abs. 1 **S a t z 1**   **19.020 DM**

2. Der **Bruttoumsatz** im Sinne des § 19 Abs. 1 **Satz 1** wird im **laufenden** Kalenderjahr (1995) voraussichtlich 100.000 DM nicht übersteigen.

Der **Gesamtumsatz,** von dem für die Berechnung der Umsatzgrenzen auszugehen ist, wird im folgenden Abschnitt (17.2) näher erläutert.

Durch das Abstellen auf den **Vorjahresumsatz** (erste Voraussetzung) soll der Unternehmer gleich zu Beginn eines Kalenderjahres wissen, ob USt bei ihm erhoben wird oder nicht. Dies ist für ihn ggf. im Hinblick auf einen **offenen Steuerausweis in einer Rechnung** wichtig.

Die Höhe des **tatsächlichen** Umsatzes im **laufenden** Kalenderjahr (zweite Voraussetzung) ist **unerheblich, wenn nicht** bereits **zu Beginn** des Jahres **vorauszusehen** war, daß der Umsatz in diesem Jahr die Grenze von 100.000 DM übersteigen wird. **Ist** das **Überschreiten** der Besteuerungsgrenze von 100.000 DM **vorauszusehen,** so unterliegt der Unternehmer der **Regelbesteuerung,** auch wenn der Vorjahresumsatz 25.000 DM nicht überstiegen hat.

Der Unternehmer hat dem Finanzamt auf Verlangen die Verhältnisse darzulegen, aus denen sich ergibt, wie hoch der Umsatz des laufenden Kalenderjahres voraussichtlich sein wird.

> **Übung**: 1. Wiederholungsfragen 4 und 5
> 2. Fall 2

Nimmt der Unternehmer seine gewerbliche oder berufliche **Tätigkeit im Laufe eines Kalenderjahres neu auf,** so kann auf den **Bruttoumsatz** im Sinne des § 19 Abs. 1 Satz 1 des **vorangegangenen** Kalenderjahres **nicht zurückgegriffen werden.**

Deshalb kommt es in diesen Fällen allein auf den voraussichtlichen Umsatz des **laufenden** Kalenderjahres an.

Entsprechend der Zweckbestimmung des § 19 Abs. 1 ist **hierbei** die **Grenze von 25.000 DM** und nicht die Grenze von 100.000 DM **maßgebend** (Abschn. 246 Abs. 4 UStR).

Im **Erstjahr** einer unternehmerischen Betätigung wird die **USt** entsprechend § 19 Abs. 1 Satz 1 und Satz 2 **nicht erhoben, wenn** der **Umsatz** dieses Jahres voraussichtlich **25.000 DM nicht übersteigen wird** (Abschn. 246 Abs. 4 UStR).

Hat der Unternehmer seine gewerbliche oder berufliche Tätigkeit nur in einem Teil des Kalenderjahres ausgeübt, so ist der **tatsächliche** Gesamtumsatz in einen **Jahresgesamtumsatz umzurechnen.** Die Umsätze aus der Veräußerung oder Entnahme des Anlagevermögens sind dabei nicht auf einen Jahresumsatz umzurechnen (Abschn. 251 Abs. 3 UStR).

Angefangene Kalendermonate sind bei der Umrechnung **als volle Kalendermonate** zu behandeln, es sei denn, daß die Umrechnung nach Tagen zu einem niedrigeren Jahresgesamtumsatz führt (§ 19 Abs. 3 Satz 3 und 4).

> **Übung**: 1. Wiederholungsfragen 6 und 7
> 2. Fall 3

Kleinunternehmer können vom **Verzicht auf Steuerbefreiungen (§ 9) keinen Gebrauch machen.**

Die Vorschrift des **§ 19 Abs. 1 schließt ferner** die Anwendung der Vorschriften über den **Vorsteuerabzug aus.** Der Kleinunternehmer kann daher die Steuerbeträge für Umsätze, die an ihn ausgeführt werden, nicht nach § 15 als Vorsteuer geltend machen. **Dasselbe gilt für die Einfuhrumsatzsteuer,** die er zahlen muß.

Außerdem sind **Kleinunternehmer nicht berechtigt, Umsatzsteuer** für ihre Umsätze **in Rechnungen gesondert auszuweisen.**
Weist ein Kleinunternehmer dennoch Umsatzsteuer in einer Rechnung gesondert aus, so muß er diese Steuer an das Finanzamt abführen (§ 14 Abs. 3).

Kleinunternehmer haben an Stelle der nach § 22 Abs. 2 bis 4 vorgeschriebenen Angaben nur die **Werte der erhaltenen Gegenleistungen** für ihre Leistungen **und** den **Eigenverbrauch aufzuzeichnen** (§ 65 UStDV).

Der **Kleinunternehmer kann** dem Finanzamt **erklären, daß er** auf die Anwendung des § 19 Abs. 1 **verzichtet, d.h. für die Regelbesteuerung optiert** (vgl. Abschnitt 17.3).

17.2 Gesamtumsatz

Der **Gesamtumsatz,** von dem für die Berechnung der Umsatzgrenzen des § 19 Abs. 1 auszugehen ist, ist **nicht** - wie das Wort vermuten läßt - der **gesamte Umsatz** eines Kleinunternehmers, sondern ein in § 19 **Abs. 3** genau beschriebener Betrag.

In § 19 **Abs. 3** ist der Gesamtumsatz wie folgt definiert:

---

steuerbare Umsätze im Sinne des § 1 Abs. 1 Nr. 1 bis 3

> **Nr. 1** steuerbare entgeltliche Leistungen
> **Nr. 2** steuerbarer Eigenverbrauch
> **Nr. 3** steuerbare unentgeltliche Leistungen

- **steuerfreie Umsätze nach § 4 Nr. 8i, 9b und 11 bis 28**

> **Nr. 8i** bestimmte Wertzeichenumsätze
> **Nr. 9b** bestimmte Umsätze, die unter das Rennwett- und Lotteriegesetz fallen
> **Nr. 11 bis 28** z.B. Umsätze aus der Tätigkeit als Bausparkassenvertreter,
> Arzt, Zahnarzt

- **steuerfreie Hilfsumsätze nach § 4 Nr. 8a bis 8h, 9a und 10**

> **Nr. 8a bis 8h** Gewährung, Verwaltung, Vermittlung von Krediten
> **Nr. 9a** Umsätze, die unter das Grunderwerbsteuergesetz fallen
> **Nr. 10** Leistungen auf Grund eines Versicherungsverhältnisses

---

= Gesamtumsatz im Sinne des § 19 Abs. 3

Beispiel:
Der selbständige Arzt U, Koblenz, hat 1995 folgende **Einnahmen** erzielt:

a) Einnahmen aus ärztlicher Tätigkeit   200.000 DM
   (steuerfrei)

b) Einnahmen aus Vortragstätigkeit
   (steuerpflichtig: 5.400 DM + 810 DM USt)   6.210 DM

c) Einnahmen aus schriftstellerischer Tätigkeit
   (steuerpflichtig: 3.500 DM + 525 DM USt)   4.025 DM

Der **Gesamtumsatz** des U wird wie folgt berechnet:

---

steuerbare Umsätze im Sinne des §1 Abs. 1 Nr. 1 bis 3
(200 000 DM + 5.400 DM + 3.500 DM)   208.900 DM

- **steuerfreie Umsätze nach § 4 Nr. 8i, 9b und 11 bis 28**
(steuerfreie Umsätze nach § 4 Nr. 14)   200.000 DM

= **G e s a m t u m s a t z   im Sinne des § 19 Abs.3**   **8.900 DM**

Der **Gesamtumsatz** ist für Kleinunternehmer stets nach **vereinnahmten** Entgelten zu berechnen (§ 19 Abs. 1 Satz 2).

Beispiel:
Der Kleinunternehmer Peter Schreiber hat in 1995 **Entgelte** in Höhe von **16.800 DM** in Rechnung gestellt. Davon waren am 31.12.1995 **1.800 DM noch nicht bezahlt**.

Schreiber setzt in 1995 als Gesamtumsatz **15.000 DM** (16.800 DM - 1.800 DM) an, weil der Gesamtumsatz nach vereinnahmten Entgelten zu berechnen ist.

Übung: 1. Wiederholungsfragen 8 und 9,
2. Fälle 4 und 5

17.3 Option für die Regelbesteuerung

Der Kleinunternehmer kann erklären, daß er auf die Anwendung des § 19 **Abs. 1** verzichtet (§ 19 **Abs. 2**).

Er **optiert** damit für die Regelbesteuerung, d.h. er unterliegt der Besteuerung nach den allgemeinen Vorschriften des UStG.

Die **Option** kann für ihn **vorteilhaft** sein, wenn er z.B. hauptsächlich Umsätze an andere steuerpflichtige Unternehmer bewirkt und selbst Vorsteuerbeträge geltend machen kann.

Die **Option** gilt vom **Beginn** des Kalenderjahres an, für das sie erklärt wird.

Die **Optionserklärung** kann bis zur Unanfechtbarkeit der Steuerfestsetzung dem Finanzamt gegenüber abgegeben werden. Nach Eintritt der Unanfechtbarkeit bindet sie den Unternehmer **mindestens fünf Jahre.**

Der Kleinunternehmer, der für die Regelbesteuerung **optiert** hat, kann

> 1. auf **Steuerbefreiungen** nach § 9 **verzichten,**
>
> 2. die **Umsatzsteuer** in seinen Rechnungen **gesondert ausweisen,**
>
> 3. den **Vorsteuerabzug geltend machen.**

Beispiel:
Unternehmer U, Düsseldorf, hat 1994 einen Bruttoumsatz im Sinne des § 19 Abs. 1 Satz 1 von 13.000 DM erzielt und 1995 für die Regelbesteuerung **optiert,** um den Vorsteuerabzug geltend machen zu können.
In 1995 hat U abziehbare Vorsteuerbeträge von insgesamt **6.500 DM** aufgezeichnet.
Seine steuerpflichtigen Umsätze haben 1995 **15.000 DM** betragen.

Das **Vorsteuerguthaben** für 1995 wird wie folgt berechnet:

Umsatzsteuer (15 % von 15.000 DM)	2.250,— DM
− abziehbare Vorsteuer	6.500,— DM
= **Vorsteuerguthaben**	**4.250,— DM**

> **Übung:** 1. Wiederholungsfragen 10 bis 13,
> 2. Fälle 6 bis 9

17.4 Zusammenfassung und Erfolgskontrolle

17.4.1 Zusammenfassung

Der **Bruttoumsatz** im Sinne des § 19 Abs. 1 **Satz 1** UStG wird wie folgt ermittelt:

---

steuerbare Umsätze im Sinne des § 1 Abs. 1 Nr. 1 bis 3 UStG

steuerbare entgeltliche Leistungen (**Nr. 1**)
steuerbarer Eigenverbrauch (**Nr. 2**)
steuerbare unentgeltliche Leistungen (**Nr. 3**)

— **steuerfreie Umsätze nach § 4 Nr. 8i, 9b und 11 bis 28 UStG**

hierzu gehören z.B.
Umsätze aus der Tätigkeit als Bausparkassenvertreter, Arzt, Zahnarzt

— **steuerfreie Hilfsumsätze nach § 4 Nr. 8a bis 8h, 9a und 10 UStG**

Gewährung, Verwaltung, Vermittlung von Krediten (Nr. 8a bis 8h)
Umsätze, die unter das Grunderwerbsteuergesetz fallen (Nr. 9a)
Leistungen auf Grund eines Versicherungsverhältnisses (Nr. 10)

= **Gesamtumsatz im Sinne des § 19 Abs. 3 UStG**

— darin enthaltene Umsätze von Wirtschaftsgütern des Anlagevermögens (**Hilfsgeschäfte**)

= **Umsatz im Sinne des § 19 Abs. 1 Satz 2 UStG**

+ darauf entfallende **Umsatzsteuer**

= **Bruttoumsatz im Sinne des § 19 Abs. 1 Satz 1 UStG**

17.4.2 Erfolgskontrolle

WIEDERHOLUNGSFRAGEN

1. Wer ist Kleinunternehmer im Sinne des § 19 Abs. 1?
2. Für welche Umsätze braucht der Kleinunternehmer keine Umsatzsteuer zu zahlen?
3. Für welche Umsätze muß der Kleinunternehmer Umsatzsteuer zahlen?
4. Wie wird der Bruttoumsatz im Sinne des § 19 Abs. 1 Satz 1 berechnet?
5. Warum bezieht sich die Besteuerungsgrenze der 1. Voraussetzung auf den Vorjahresumsatz?
6. In welchem Fall ist allein der voraussichtliche Umsatz des laufenden Jahres maßgebend?
7. Wieviel DM beträgt in diesem Fall die Umsatzgrenze?
8. Von welchen Rechten kann der Kleinunternehmer im Vergleich mit dem Unternehmer, der der Regelbesteuerung unterliegt, keinen Gebrauch machen?
9. Wie wird der Gesamtumsatz im Sinne des § 19 Abs. 3 ermittelt?
10. In welchem Fall ist es für den Kleinunternehmer vorteilhaft, für die Regelbesteuerung zu optieren?
11. Bis wann kann die Optionserklärung abgegeben werden?
12. Ab welchem Zeitpunkt gilt die Option und wie lange mindestens?
13. Welche Unterschiede bestehen zwischen einem Kleinunternehmer im Sinne des § 19 Abs. 1 und einem Kleinunternehmer, der für die Regelbesteuerung optiert hat?

FÄLLE

Fall 1:

Unternehmer Stein, Köln, hat folgende **Bruttoumsätze** im Sinne des § 19 Abs. 1 **Satz 1** erzielt:

1990	14.000 DM
1991	80.000 DM
1992	10.000 DM
1993	30.000 DM
1994	4.000 DM
1995	25.000 DM

In welchen Jahren ist Stein ab 1991 **Kleinunternehmer?**

Fall 2:

Christoph Platen, Bonn, der in 1993 Kleinunternehmer im Sinne des § 19 Abs. 1 gewesen ist, hat im Kalenderjahr 1994 einen Gesamtumsatz im Sinne des § 19 Abs. 3 in Höhe von **28.380 DM** erzielt. Dieser Betrag setzt sich wie folgt zusammen:

a) steuerpflichtige Lieferungen, netto   11.300 DM

b) steuerpflichtige sonstige Leistungen, netto   1.600 DM

c) Hilfsumsatz aus dem Verkauf einer Maschine, netto   15.000 DM

d) steuerpflichtiger Eigenverbrauch, netto   480 DM

Der Bruttoumsatz im Sinne des § 19 Abs. 1 Satz 1 wird in 1995 voraussichtlich 30.000 DM betragen.

1. Berechnen Sie den **Bruttoumsatz** im Sinne des § 19 Abs. 1 **Satz 1** für 1994 (Steuersatz 15 %).
2. Ist Platen in 1995 **Kleinunternehmer** im Sinne des § 19 Abs. 1? Begründen Sie Ihre Antwort.

Fall 3:

Der Handelsvertreter Norbert Merkler, Ulm, beginnt seine berufliche Tätigkeit am 01.10.1995. Seine **Provisionseinnahmen** betragen im Oktober 1995 **1.500 DM**.

1. Berechnen Sie den **voraussichtlichen Jahresumsatz** im Sinne des § 19 Abs. 1 **Satz 1** für 1995.
2. Ist Merkler in 1995 **Kleinunternehmer** nach § 19 Abs. 1? Begründen Sie Ihre Antwort.
3. Ist Merkler in 1996 **Kleinunternehmer**, wenn sein tatsächlicher Umsatz im Sinne des § 19 Abs. 1 Satz 1 in 1995 **19.800 DM** beträgt und der voraussichtliche Umsatz 1996 **72.000 DM** betragen wird.

Fall 4:

Der Unternehmer Günther Merz, der in Westerburg (WW) eine **Schneiderei** betreibt, hat in 1995 folgende Einnahmen bzw. steuerbare Umsätze erzielt:

a) Einnahmen aus steuerpflichtigen Werklieferungen
   und Werkleistungen   17.940 DM

b) Einnahmen aus der Veräußerung einer Nähmaschine   2.875 DM

c) steuerpflichtiger Eigenverbrauch, netto   1.200 DM

d) Einnahmen aus der Vermietung eines Betriebs-
   grundstücks, steuerfrei   12.000 DM

Ermitteln Sie den **Gesamtumsatz** i.S. des § 19 Abs. 3 für 1995.

Fall 5:

Der Handelsvertreter Rudolf Wolfs, Bonn, der Kleinunternehmer im Sinne des § 19 Abs. 1 ist, hat 1994 einen Bruttoumsatz im Sinne des § 19 Abs. 1 Satz 1 von **15.000 DM** erzielt. Für das Kalenderjahr 1995 legt er Ihnen folgende Zahlen vor:

a) Provisionseinnahmen   13.992 DM

b) Einnahmen aus der Vermietung eines Betriebs-
   grundstücks, steuerfrei   24.000 DM

c) Einnahmen aus dem Verkauf eines betrieb-
   lichen Pkw   8.574 DM

d) Einnahmen aus dem Verkauf des Betriebs-
   grundstücks, steuerfrei   100.000 DM

e) Eigenverbrauch 1.000 DM + 150 DM USt =   1.150 DM

1. Berechnen Sie den **Gesamtumsatz** im Sinne des § 19 Abs. 3 für 1995.
2. Berechnen Sie den **Bruttoumsatz** im Sinne des § 19 Abs.1 Satz 1 für 1995.
3. Ist Wolfs in 1996 **Kleinunternehmer** im Sinne des § 19 Abs. 1, wenn zu Beginn des Kalenderjahres 1996 der voraussichtliche Bruttoumsatz im Sinne des § 19 Abs. 1 Satz 1 mit 30.000 DM sorgfältig geschätzt wird? Begründen Sie Ihre Antwort.

Fall 6:

Unternehmer Frank Reuter, Duisburg, hat in 1995 steuerpflichtige Umsätze in Höhe von **19.000 DM** erzielt. Reuter hat für die Regelbesteuerung optiert. Der Steuersatz beläuft sich auf 7 %. An **Vorsteuern** sind in 1995 **3.000 DM** angefallen.

Wie hoch ist das **Vorsteuerguthaben** in 1995?

Fall 7:

Der Schriftsteller Tim Roland, Polch (Eifel), der Kleinunternehmer im Sinne des § 19 Abs. 1 ist, hat 1994 ein Honorar in Höhe von **8.000 DM** vereinnahmt. In 1995 wird sein Honorar voraussichtlich (= netto) **12.000 DM** betragen. Bei einer Option nach § 19 Abs. 2 erhält Roland zusätzlich die auf die Honorarzahlung entfallende USt.

Soll Roland für 1995 nach § 19 Abs. 2 **optieren?** Begründen Sie Ihre Antwort. Erforderliche Anträge gelten als gestellt.

Fall 8:

Bettina Knopf, Nürnberg, betrieb bis zum 31.08.1995 als selbständige **Schneiderin** eine kleine Schneiderei. Am 31.08.1995 gab sie ihren Betrieb auf. Vom 01.01. bis 31.08.1995 betrugen ihre Betriebseinnahmen **30.820 DM**. An **Vorsteuern** weist sie für den genannten Zeitraum **750 DM** nach. Der Umsatz des Vorjahres belief sich auf **34.342 DM.**

Wie hoch ist die niedrigstmögliche **USt-Zahllast** für 1995?

Fall 9:

Besorgen Sie sich einem **Umsatzsteuererklärungs-Vordruck 1995** und füllen Sie diesen anhand der folgenden Angaben aus:

Für das Kalenderjahr 1995 ergeben sich für den Unternehmer Josef Weismüller, Journalist, Pfeilstraße 13, 70569 Stuttgart, Finanzamt Stuttgart II, Steuernummer 95/090/2895/5 folgende Einnahmen bzw. steuerbaren Umsätze:

1. Einnahmen aus journalistischer Tätigkeit	40.250 DM
2. Einnahmen aus dem Verkauf seines Pkw, der zu 80 % betrieblich genutzt wurde	9.200 DM
3. Einnahmen aus dem in Koblenz gelegenen Mietwohngrundstück (nur an Privatpersonen vermietet)	24.000 DM
4. Einnahmen aus Vortragstätigkeit	5.750 DM
5. private Autonutzung (anteilige Kosten) Bei den anteiligen Kosten war der Vorsteuerabzug möglich.	1.400 DM

Weismüller pauschaliert seine **Vorsteuer** nach der Anlage zur UStDV.

Das Vorauszahlungssoll 1995 beträgt 1.837 DM

Zusammenfassende Erfolgskontrolle zum 1. bis 17. Kapitel

Aufgabe 1:

Für eine Maschine, die am 17.08.1995 fur netto 30.000 DM geliefert wurde, sind folgende Zahlungen geleistet worden:

1. Anzahlung am 17.03.1995	10.925 DM
2. Anzahlung am 19.07.1995	11.615 DM
Teilzahlung am 19.09.1995	6.095 DM
Restzahlung am 17.03.1996	

Der Unternehmer ist Monatszahler. Der Steuersatz beträgt 15 %. In den Anzahlungsrechnungen wurde die Umsatzsteuer gesondert ausgewiesen.

Wann und in welcher Höhe wird die Umsatzsteuer **fällig**

a) bei Sollbesteuerung,
b) bei Istbesteuerung?

Aufgabe 2:

Ein Unternehmer stellt für Lieferungen, die dem Steuersatz von 15 % unterliegen, folgende Rechnungen aus:

	Rechnung 1	Rechnung 2
netto	10.000 DM	10.000 DM
+ USt	1.600 DM	1.200 DM
insgesamt	11.600 DM	11.200 DM

a) Wieviel Umsatzsteuer schuldet der Unternehmer?
b) Wieviel Vorsteuer können die zum Vorsteuerabzug berechtigten Leistungsempfänger abziehen?

Aufgabe 3:

Nennen Sie zu folgenden Sachverhalten die Art und den Ort des Umsatzes mit einem Hinweis auf die entsprechenden §§ des UStG (so genau wie möglich).
Geben Sie ferner an, ob die Vorgänge im Inland steuerbar und steuerpflichtig sind und ggf. welchem Steuersatz die Umsätze unterliegen:

a) Ein Steuerberater erstellt in seinem Büro in Koblenz während der Bürozeit seine USt-Erklärung und seine ESt-Erklärung.

b) Ein Unternehmer, Freiburg, liefert eine Maschine für netto 10.000 DM an einen Abnehmer in die Schweiz.
Für den mit eigenem Lkw durchgeführten Transport stellt er 800 DM netto in Rechnung. 90 % der Beförderung entfallen auf das Inland.

c) Ein Architekt, Hamburg, fertigt in seinem Büro die Bauzeichnung für ein Wohnhaus auf Helgoland.

d) Ein Unternehmer, Trier, nutzt den Geschäfts-Pkw für eine Urlaubsreise. 60 % der Fahrstrecke liegen im Ausland.

18 Differenzbesteuerung

Bisher war die **Differenzbesteuerung** auf Umsätze mit **gebrauchten Kraftfahrzeugen** beschränkt.

Seit 1.1.1995 ist die **Differenzbesteuerung** auf fast **alle Gebrauchtgegenstände** ausgedehnt worden (§ **25a**).

18.1 Anwendungsbereich

18.1.1 Umsatzarten und Gegenstand des Umsatzes

§ 25a enthält eine **Sonderregelung für** die Besteuerung der Lieferungen nach § 1 Abs. 1 **Nr. 1 (entgeltliche Lieferungen)** und Nr. 3 **(unentgeltliche Lieferungen)** und des **Entnahmeeigenverbrauchs** nach § 1 Abs. 1 **Nr. 2a** von **beweglichen körperlichen Gegenständen** einschließlich Kunstgegenständen, Sammlungsgegenständen und Antiquitäten, **sofern** für diese Gegenstände **kein Recht zum Vorsteuerabzug bestand**.

Da es sich bei den Gegenständen in aller Regel um solche handelt, die bereits einmal nach der allgemeinen Verkehrsauffassung "**gebraucht**" worden sind, werden sie als **Gebrauchtgegenstände** bezeichnet.

18.1.2 Wiederverkäufer

Der **liefernde** Unternehmer muß **Wiederverkäufer** sein (§ 25a Abs. 1 Nr. 1).

Als **Wiederverkäufer** gelten Unternehmer, die im Rahmen ihrer gewerblichen Tätigkeit üblicherweise Gebrauchtgegenstände erwerben und sie anschließend, gegebenenfalls nach Instandsetzung, im eigenen Namen wieder verkaufen (**gewerbsmäßige Händler**).

Beispiel:
Der Steuerberater U, Bonn, verkauft seinen betrieblichen Pkw, den er von einem Privatmann erworben hat.

Die **Differenzbesteuerung** ist **nicht** anwendbar, weil U **kein Wiederverkäufer** ist, der gewerbsmäßig mit Gebrauchtfahrzeugen handelt.

Als **Wiederverkäufer** gelten auch die Veranstalter öffentlicher Versteigerungen, die Gebrauchtgegenstände im eigenen Namen und auf eigene oder fremde Rechnung versteigern.

Beispiel:
Das Kreditinstitut U, Köln, veräußert die von Privatpersonen sicherungsübereigneten Gebrauchtgegenstände.

Der Verkauf der Gebrauchtgegenstände unterliegt der **Differenzbesteuerung**. Das **Kreditinstitut** ist **insoweit** als **Wiederverkäufer** anzusehen.

18.1.3. Ausschluß der Differenzbesteuerung

Edelsteine und Edelmetalle sind nach § 25a Abs. 1 Nr. 3 von der **Diffferenzbesteuerung ausgenommen.**

Aus Edelsteinen und Edelmetallen hergestellte Gegenstände (z.B. **Schmuckwaren, Gold- und Silberschmiedewaren**) fallen **nicht** unter diese Ausnahmeregelung des § 25a Abs. 1 Nr. 3 , d.h. für diese Gegenstände kann beim Vorliegen der Voraussetzungen die Differenzbesteuerung in Frage kommen. (BMF-Schreiben vom 28.11.1994, BStBl I 1994 S. 869 ff.).

Die **Differenzbesteuerung** findet **keine Anwendung**, wenn der Wiederverkäufer den Gegenstand **innergemeinschaftlich erworben** hat und die Lieferung an ihn die **Steuerbefreiung** für innergemeinschaftliche Lieferungen im übrigen Gemeinschaftsgebiet **angewendet worden ist** (§ 25a Abs. 7 **Nr. 1a**).

Beispiel:

Der **dänische** Lieferer L, Kopenhagen, liefert 1995 mehrere gebrauchte Fahrzeuge, die er von Privatpersonen erworben hat, an den **deutschen** Gebrauchtwagenhändler E, Köln,. Die von L ausgestellte Rechnung über die gelieferten Fahrzeuge enthält alle erforderlichen Angaben nach § 14 Abs. 1 und die **USt-IdNrn.** von L und E und den **Hinweis** auf die **Steuerfreiheit** der innergemeinschaftlichen Lieferung.

Für E liegt ein **steuerpflichtiger innergemeinschaftlicher Erwerb** vor, der der deutschen **Umsatzsteuer** (Erwerbsteuer) unterliegt.
Die entstandene Erwerbsteuer kann E jedoch als **Vorsteuer** abziehen (§ 15 Abs. 1 **Nr. 3**), so daß im Ergebnis die Gegenstände nicht mit Umsatzsteuer belastet sind. Beim Verkauf der Fahrzeuge in Deutschland gilt deshalb die **Regelbesteuerung**.
Die **Differenzbesteuerung** ist **nicht anwendbar** (§ 25a Abs. 7 **Nr. 1a**).

Die **Differenzbesteuerung** ist ferner **nicht anwendbar**, wenn der Wiederverkäufer (der liefernde Unternehmer) ein **neues Fahrzeug** im Sinne des § 1b Abs. 2 und 3 in das übrige Gemeinschaftsgebiet liefert (§ 25a Abs. 7 **Nr. 1b**).

Beispiel:

Der **deutsche** Autohändler L, Karlsruhe, liefert 1995 einen **fabrikneuen Pkw** an die **französische Privatperson** E, Straßburg, für umgerechnet 20.000 DM.

Die **Lieferung des L** ist im Inland unter der Voraussetzung des § 4 **Nr. 1b** i.V.m. § 6a als innergemeinschaftliche Lieferung **steuerfrei**.
Der **Erwerber E** hat in Frankreich den **innergemeinschaftlichen Erwerb** des neuen Fahrzeugs **zu besteuern**.
Die **Differenzbesteuerung** ist **nicht anwendbar** (§ 25a Abs. 7 **Nr. 1b**).

18.1.4 Wahlrecht für bestimmte Gegenstände

Ein Wiederverkäufer kann zur Differenzbesteuerung nach § 25a **Abs. 2** optieren, auch wenn er folgende Gegenstände mit der Möglichkeit zum Vorsteuerabzug gekauft hat:

1. **Einfuhr** von Kunstgegenständen, Sammlungen oder Antiquitäten (Antiquitäten = mehr als 100 Jahre alt) **oder**

2. **Erwerb** von Kunstgegenständen (Verkäufer darf kein Wiederverkäufer sein).

Die **Option** nach § 25a Abs. 2 **bindet** den Wiederverkäufer für **mindestens zwei Kalenderjahre** (§ 25a Abs. 2 Satz 2).

18.2 Bemessungsgrundlage

18.2.1 Einzeldifferenz

18.2.1.1 Entgeltliche Lieferungen

Bemessungsgrundlage für die entgeltliche Lieferung eines Gebrauchtgegenstandes durch einen Wiederverkäufer ist die (positive) **Differenz zwischen dem Verkaufspreis** (ohne USt) **und dem Einkaufspreis** (§ 25a Abs. 3 **Nr. 1**).

Beispiel:
Der Wiederverkäufer W, Bonn, **kauft** von dem Privatmann P, Bonn, einen gebrauchten Pkw für **15.000 DM**. W **verkauft** das Fahrzeug nach einem Monat für **20.000 DM** an den Privatmann F, Bonn.

Die **Bemessungsgrundlage** für die Differenzbesteuerung wird wie folgt ermittelt:

Verkaufspreis	20.000,— DM
− Einkaufspreis	15.000,— DM
= Differenzbetrag, brutto	5.000,— DM
− Umsatzsteuer (13,04 % von 5.000 DM)	652,— DM
= **Bemessungsgrundlage**	**4.348,— DM**

W hat für den Verkauf des Pkw 652 DM Umsatzsteuer an das Finanzamt abzuführen.

Nebenkosten, die **nach** dem Kauf des Gegenstandes anfallen, also **nicht** im **Einkaufspreis** enthalten sind, z.B. Reparaturkosten, **mindern nicht** die **Bemessungsgrundlage**.

Weitere Einzelheiten zur Ermittlung der Bemessungsgrundlage enthält das **BMF-Schreiben** vom 28.11.1994, BStBl I 1994 S. 869 ff.

18.2.1.2 Entgeltliche Lieferungen an Arbeitnehmer, unentgeltliche Lieferungen und Eigenverbrauch

Bei Lieferungen ohne besonders berechnetes Entgelt an Arbeitnehmer (§ 1 Abs. 1 **Nr. 1b**) und bei unentgeltlichen Lieferungen von Personenvereinigungen an ihre Mitglieder (§ 1 Abs. 1 **Nr. 3**) sowie in den Fällen, in denen die Mindestbemessungsgrundlage nach § 10 Abs. 5 anzuwenden ist, tritt **an die Stelle des Verkaufspreises** der **Wert nach § 10 Abs. 4 Nr. 1**, d.h. der **fiktive Einkaufspreis** im Zeitpunkt der Lieferung (§ 25a Abs. 3 **Nr. 1**).

Beim **Entnahmeeigenverbrauch** nach § 1 Abs. 1 Nr. 2a gilt als Bemessungsgrundlage der **Betrag**, um den der **Wert nach § 10 Abs. 4 Nr. 1** den **Einkaufspreis** für den Gegenstand **übersteigt** (§ 25a Abs. 3 **Nr. 2**).

Nach den Einschränkungen, die sich aus der Rechtsprechung des EuGH und des BFH zum Eigenverbrauch ergeben, dürfte der Eigenverbrauch nach § 25a nur noch selten vorkommen.

18.2.2 Gesamtdifferenz

Bei Gegenständen, deren **Einkaufspreis** den Betrag von **1.000 DM nicht übersteigt**, kann die **Bemessungsgrundlage** anstatt mit der Einzeldifferenz nach der **Gesamtdifferenz** ermittelt werden (§ 25a **Abs. 4**).

§ 25a **Abs. 4** hat insbesondere für **die** Unternehmer große **Bedeutung, die** Gegenstände von geringem Wert oder in großen Mengen einkaufen, wie z.B. **Briefmarken**- oder **Münzhändler, Second-Hand-Shops** oder Bücherantiquariate.

Die **Gesamtdifferenz** ist der **Betrag, um den** die **Summe der Verkaufspreise und der Wert nach § 10 Abs. 4 Nr. 1** die **Summe der Einkaufspreise** - jeweils bezogen auf den Besteuerungszeitraum - **übersteigt**; die in dem Unterschiedsbetrag enthaltene Umsatzsteuer ist herauszurechnen.

Für die Ermittlung der **Verkaufs- und Einkaufspreise** sind die **Absätze 1 bis 3 des** § 25a entsprechend anzuwenden.

Beispiel (nach BMF-Schreiben vom 28.11.1994):
Der **Antiquitätenhändler** A **kauft** eine **Wohnungseinrichtung** für **6.000 DM**. Dabei ist er insbesondere an einer **antiken Truhe** (geschätzter anteiliger Einkaufspreis **3.000 DM**) und einem **Weichholzschrank** (Schätzpreis **1.600 DM**) interessiert.
Die **restlichen Einrichtungsgegenstände**, zu denen ein Fernsehgerät (Schätzpreis 500 DM) gehört, will er an einen Trödelhändler verkaufen.

A **muß** beim **Weiterverkauf** der **Truhe und** des **Weichholzschrankes** die **Bemessungsgrundlage** nach der **Einzeldifferenz** ermitteln.
Für die **restlichen Einrichtungsgegenstände** einschließlich des Fernsehgeräts ist die **Bemessungsgrundlage** nach der **Gesamtdifferenz** zu ermitteln, weil der Einkaufspreis dieser Gegenstände 1.000 DM nicht übersteigt.

Ein **Wechsel** von der Ermittlung nach der **Einzeldifferenz** zur Ermittlung nach der **Gesamtdifferenz und umgekehrt** ist **nur zu Beginn eines Kalenderjahres** zulässig (BMF-Schreiben vom 28.11.1994, BStBl I 1994 S. 872).

18.3 Verbot des offenen Steuerausweises

Nach § 25a **Abs. 6** darf der Wiederverkäufer die **Umsatzsteuer** in seiner Rechnung **nicht gesondert ausweisen**.

Weist der Wiederverkäufer dennoch - entgegen der Regelung in § 25a Abs. 6 Satz 1 - die **Umsatzsteuer gesondert aus**, so **schuldet er** die gesondert ausgewiesene **Umsatzsteuer** nach § 14 **Abs. 3**.
Zusätzlich zu dieser Steuer **schuldet er** für die Lieferung des Gegenstandes die **Steuer nach § 25a** (BMF-Schreiben vom 28.11.1994, BStBl I 1994 S. 873).

18.4 Verzicht auf die Differenzbesteuerung

Ein **Verzicht auf** die Anwendung der **Differenzbesteuerung** ist **bei jeder einzelnen Lieferung** eines Gebrauchtgegenstandes **möglich** (§ 25a Abs. 8).

Ein **Verzicht auf die Differenzbesteuerung** (**Einzeloption**) ist grundsätzlich **nur dann sinnvoll, wenn** der **Kunde zum Vorsteuerabzug berechtigt** ist.

Bei einer Option nach § 25a **Abs. 8** kann der Wiederverkäufer den **Gebrauchtgegenstand** dem vorsteuerabzugsberechtigten Käufer **günstiger anbieten.**

Beispiel:
Der Gebrauchtwagenhändler W, München, verkauft den von einem Privatman erworbenen gebrauchten Pkw an den vorsteuerabzugsberechtigten Unternehmer A, München.

Die folgende Lösung verdeutlicht den **Unterschied** zwischen der **Differenzbesteuerung** und der **Regelbesteuerung**:

	Differenzbesteuerung	Regelbesteuerung
Verkaufspreis	20.000,-- DM	23.000,-- DM
– Einkaufspreis	18.000,-- DM	18.000,-- DM
Differenzbetrag, brutto	2.000,-- DM	5.000,-- DM
– USt	260,80 DM	3.000,-- DM
Rohgewinn	**1.739,20 DM**	**2.000,-- DM**

Der **offene Steuerausweis** auf die Bemessungsgrundlage nach § 10 (im Beispiel 20.000 DM + **3.000 DM USt** = 23.000 DM) ist regelmäßig ein Indiz dafür, daß der Wiederverkäufer auf die Anwendung der Differenzbesteuerung verzichtet hat.

Ein **Verzicht auf die Differenzbesteuerung** nach § 25a **Abs. 8** ist im Fall der Besteuerung nach der **Gesamtdifferenz ausgeschlossen.**

18.5 Erfolgskontrolle

WIEDERHOLUNGSFRAGEN

1. Für welche Gegenstände kann die Differenzbesteuerung nach § 25a seit 1.1.1995 in Anspruch genommen werden?
2. Wer kann die Differenzbesteuerung nach § 25a anwenden?
3. Welche Vorgänge sind von der Differenzbesteuerung ausgeschlossen?
4. Was ist die Bemessungsgrundlage für die entgeltliche Lieferung nach § 25a Abs. 3?
5. In welchem Fall kann die Bemessungsgrundlage anstatt nach der Einzeldifferenz nach der Gesamtdifferenz ermittelt werden?
6. Darf der Wiederverkäufer die Umsatzsteuer in seiner Rechnung offen ausweisen?
7. In welchem Fall kann der Wiederverkäufer auf die Anwendung der Differenzbesteuerung verzichten?

FÄLLE

Fall 1:

Der Gebrauchtwagenhändler W, Berlin, hat von einer Privatperson ein gebrauchtes Fahrrad für **100,-- DM** gekauft.
W verkauft das Rad nach zwei Monaten für **200,-- DM** (ohne USt) weiter.

Unterliegt die Lieferung des Fahrrads der Differenzbesteuerung nach § 25a? Wenn ja, wie hoch ist die Bemessungsgrundlage?

Fall 2:

Der Gebrauchtwagenhändler W, Koblenz, hat von einer Privatperson einen gebrauchten Pkw für **8.000,-- DM** gekauft.
W verkauft den Pkw nach einem Monat für **10.000,-- DM** an einen Nichtunternehmer.

Unterliegt die Lieferung des Pkw der Differenzbesteuerung nach § 25a? Wenn ja, wie hoch ist die Bemessungsgrundlage?

Fall 3:

Der Privatmann P aus Karlsruhe kauft am 5.7.1995 einen fabrikneuen Pkw für **57.000 DM** (50.000 DM + 7.500 DM USt).
Am 5.9.1995 verkauft er den Pkw für **45.000 DM** an den Gebrauchtwagenhändler W, Karlsruhe. W liefert das Fahrzeug am 6.10.1995 an den privaten Kunden F nach Straßburg (Frankreich) für **50.000 DM** (ohne USt).

Kann W bei der Lieferung des Pkw die Differenzbesteuerung nach § 25a in Anspruch nehmen?

Fall 4:

Sachverhalt wie im Fall 3 mit dem Unterschied, daß W das Fahrzeug an den privaten Abnehmer A in Freiburg für **50.750 DM** (einschließlich USt) verkauft.

Unterliegt die Lieferung des Pkw im Inland der Differenzbesteuerung nach § 25a?

Zusammenfassendes Beispiel mit Lösung

Sachverhalt:

Erich Bendel betreibt seit Jahren in 56073 Koblenz, Cusanusstr. 25, eine Maß-schneiderei in einem ihm gehörenden Haus (gemischtgenutzten Grundstück).

Seine jährlichen Umsätze schwanken zwischen 260.000 DM und 280.000 DM.

Erich Bendel hat, soweit dies möglich ist, auf die Steuerbefreiungen verzichtet (§ 9).

Erforderliche buch- und belegmäßige Nachweise liegen vor.

Für den **Monat Februar 1995** ergibt sich aus den Büchern und Angaben folgendes (Finanzamt 56007 Koblenz, Postfach 709, Steuernummer 22/037/2722/8):

	DM
1. Bendel erbachte Werklieferungen im Inland für netto Werkleistungen im Inland für netto	15.030,— 6.250,—
2. Bendel ließ sich von einem Gesellen einen Anzug anfertigen. Die erforderlichen Stoffe und Zutaten wurden seinem Betrieb entnommen. Der Nettoeinkaufspreis des Anzugs beträgt	600,—
3. Für einen Kunden (Unternehmer mit USt-IdNr.), der in Brüssel wohnt, fertigte Bendel in seiner Werkstatt einen Mantel an. Bendel brachte den Mantel selbst nach Brüssel. Für den Mantel vereinnahmte er Dieser Betrag ist in Tz. 1 **nicht** enthalten. Die Voraus- setzungen des § 4 Nr. 1b i.V.m. § 6a Abs. 1 sind erfüllt.	700,—
4. Durch Brand wurde ein Ballen Stoff vernichtet. Die Versicherung zahlte hierfür	1.500,—
5. Bendel verkaufte seinem Sohn Anzugstoff für (Wiederbeschaffungskosten) zuzüglich USt. Der Stoff hat einen Verkaufswert von brutto	300,— 460,—
6. Das Geschäftstelefon wird von Bendel zu 20 % privat genutzt. Die laufenden Fernsprechgebühren beliefen sich im Februar 1995 auf	150,—
7. Das gemischtgenutzte Grundstück wurde wie folgt genutzt: a) **Erdgeschoß,** vermietet an ein Reisebüro Monatsmiete, netto b) **1. Obergeschoß,** eigene Werkstatt monatlicher Mietwert c) **2. Obergeschoß,** eigene Wohnung monatlicher Mietwert	 500,— 400,— 300,—

	DM

8. An **Vorsteuern** sind im Februar 1995 angefallen

    a) für Materialeinkauf und Werkstattkosten — 1.820,—

    b) für den Umbau des **Erdgeschosses** seines Hauses — 280,—

    c) für eine Dachreparatur seines Hauses — 480,—

Von den Vorsteuerbeträgen, die mit den Mischumsätzen in wirtschaftlichem Zusammenhang stehen, sind zwei Drittel abziehbar (§ 15 Abs. 4).

Lösung:

Bendel ist **Unternehmer,** weil er eine gewerbliche Tätigkeit selbständig ausübt.

Sein **Unternehmen** umfaßt die Maßschneiderei und das gemischtgenutzte Grundstück (§ 2).

Seine **USt** berechnet er nach **vereinbarten** Entgelten, weil die Voraussetzungen für eine Istbesteuerung nach § 20 nicht gegeben sind.

Die umsatzsteuerliche Behandlung der im Sachverhalt genannten Beträge ergibt sich aus der folgenden **Lösungstabelle:**

Lösungstabelle:

Tz.	Umsatzart	Ort des Umsatzes	nicht-steuerbare Beträge DM	steuerbare Umsätze DM	steuerfreie Umsätze DM	steuerpflichtige Umsätze DM
1	entgeltliche Leistungen (Werklieferungen)	DE		15.030		15.030
	entgeltliche Leistungen (Werkleistungen)	DE		6.250		6.250
2	Eigenverbrauch (Gegenstandsentnahme)	DE		600		600
3	(steuerfreie innergemeinschaftliche) Lieferung	DE		700	700	
4	echter Schadensersatz	—	1.500			
5	Eigenverbrauch (Gegenstandsentnahme)	DE		300		300
6	kein Eigenverbrauch	—				
7a	sonstige Leistung, Option nach § 9	DE		500		500
7b	kein Leistungsaustausch, kein Eigenverbrauch	—	400			
7c	Eigenverbrauch, Option nicht möglich	DE		300	300	
						22.680

USt-Traglast
15 % von 22.680 DM   3.402 DM

— abziehbare Vorsteuer
Tz. 8a Materialeinkauf, Werkstattkosten   1.820 DM
Tz. 8b Umbau des Erdgeschosses   280 DM
Tz. 8c Dachreparatur 2/3 von 480 DM (§ 15 Abs. 4)   320 DM
    2.420 DM

USt-Zahllast   **982 DM**

1995

Zeile			
1			
2	Fallart	**Steuernummer**	Unter-fallart
3	11	2 2 0 3 7 2 7 2 2 8	56

30 Eingangsstempel oder -datum

Finanzamt

Koblenz

Postfach 709

56007 Koblenz

Unternehmen – Art und Anschrift – Telefon

Erich Brendel
Maßschneiderei
Cusanusstr. 25

56073 Koblenz

Umsatzsteuer-Voranmeldung 1995

Voranmeldungszeitraum
bei monatlicher Abgabe bitte ankreuzen

bei vierteljährlicher Abgabe bitte ankreuzen

95 01	Jan.	95 07	Juli	95 41	I.	Kalender-vierteljahr
95 02	Feb. X	95 08	Aug.	95 42	II.	Kalender-vierteljahr
95 03	März	95 09	Sept.	95 43	III.	Kalender-vierteljahr
95 04	April	95 10	Okt.	95 44	IV.	Kalender-vierteljahr
95 05	Mai	95 11	Nov.			
95 06	Juni	95 12	Dez.			

Berichtigte Anmeldung
(falls ja, bitte eine „1" eintragen) **10**

I. Anmeldung der Umsatzsteuer-Vorauszahlung

Zeile			Bemessungsgrundlage volle DM		Steuer DM	Pf
19	Innergemeinschaftliche Warenbewegungen (§ 18a Abs. 3 UStG)	(falls ja, bitte eine „1" eintragen) **95**				
20	**Lieferungen, sonstige Leistungen und Eigenverbrauch**					
21	**Steuerfreie Umsätze mit Vorsteuerabzug**					
22	Innergemeinschaftliche Lieferungen (§ 4 Nr. 1b UStG) an Abnehmer **mit** USt-IdNr.	41	700	▬		
23	neuer Fahrzeuge an Abnehmer **ohne** USt-IdNr.	44		▬		
24	neuer Fahrzeuge außerhalb eines Unternehmens (§ 2 a UStG)	49		▬		
25	Weitere steuerfreie Umsätze mit Vorsteuerabzug (z. B. **Ausfuhrlieferungen**, Umsätze nach § 4 Nr. 2 bis 7 UStG)	43		▬		
26	**Steuerfreie Umsätze ohne Vorsteuerabzug**					
27	Umsätze nach § 4 Nr. 8 bis 28 UStG	48	300	▬		
28	**Steuerpflichtige Umsätze** (Lieferungen, sonstige Leistungen und Eigenverbrauch)					
29	zum Steuersatz von 15 v. H.	50	22.680	▬	3.402,--	
30	zum Steuersatz von 7 v. H.	86		▬		
31	Umsätze, die anderen Steuersätzen unterliegen	35		▬ 36		
32	**Umsätze land- und forstwirtschaftlicher Betriebe nach § 24 UStG**					
33	Lieferungen in das übrige Gemeinschaftsgebiet an Abnehmer **mit** USt-IdNr.	77		▬		
34	Umsätze, für die eine Steuer nach § 24 UStG zu entrichten ist (Sägewerkserzeugnisse, Getränke und alkoholische Flüssigkeiten) . . .	76		▬ 80		
35	**Innergemeinschaftliche Erwerbe**					
36	**Steuerfreie innergemeinschaftliche Erwerbe**					
37	Erwerbe nach § 4 b UStG	91		▬		
38	**Steuerpflichtige innergemeinschaftliche Erwerbe** (§ 1 a UStG)					
39	zum Steuersatz von 15 v. H.	92		▬		
40	zum Steuersatz von 7 v. H.	93		▬		
41	**neuer Fahrzeuge** von Lieferern **ohne** USt-IdNr. zum Steuersatz von 15 v. H.	94		▬		
42	Steuer infolge Wechsels der Besteuerungsart/-form sowie Nachsteuer auf versteuerte Anzahlungen wegen Steuersatzerhöhung			**65**		
43	**Umsatzsteuer** . . . . zu übertragen in Zeile 45				3.402,--	

UST 1 A – Umsatzsteuer-Voranmeldung 1995 –

– 2 –

Zeile			Steuer DM	Pf
44				
45		Übertrag	3. 402,	--
46	**Abziehbare Vorsteuerbeträge**			
47	Vorsteuerbeträge aus Rechnungen von anderen Unternehmern (§ 15 Abs. 1 Nr. 1 UStG)	**66**	2. 420,	--
48	Vorsteuerbeträge aus dem innergemeinschaftlichen Erwerb von Gegenständen (§ 15 Abs. 1 Nr. 3 UStG) .	**61**		
49	entrichtete Einfuhrumsatzsteuer (§ 15 Abs. 1 Nr. 2 UStG)	**62**		
50	Vorsteuerbeträge, die nach allgemeinen Durchschnittsätzen berechnet sind (§§ 23 und 23 a UStG)	**63**		
51	Berichtigung des Vorsteuerabzugs (§ 15 a UStG)	**64**		
52	Vorsteuerabzug für innergemeinschaftliche Lieferungen **neuer Fahrzeuge** außerhalb eines Unternehmens (§ 2 a UStG) sowie von Kleinunternehmern im Sinne des § 19 Abs. 1 UStG (§ 15 Abs. 4 a UStG)	**59**		

			Bemessungsgrundlage volle DM	Pf		
53	**Kürzungen nach dem BerlinFG** für frühere Kalenderjahre					
54	nach den §§ 1, 1 a und 2 BerlinFG	**57**		▬	**58**	
55	Verbleibender Betrag					982, --
56	In Rechnungen unberechtigt ausgewiesene Steuerbeträge (§ 14 Abs. 2 und 3 UStG) sowie Steuerbeträge, die nach § 6 a Abs. 4 Satz 2 und § 17 Abs. 1 Satz 2 UStG geschuldet werden				**69**	
57	**Umsatzsteuer-Vorauszahlung/Überschuß**					982, --
58	**Anrechnung** (Abzug) der festgesetzten **Sondervorauszahlung** für Dauerfristverlängerung (nur auszufüllen in der letzten Voranmeldung des Besteuerungszeitraums, in der Regel Dezember)				**39**	
59	**Verbleibende Umsatzsteuer-Vorauszahlung** . . . . (Bitte in jedem Fall ausfüllen)				**83**	982, --
60	**Verbleibender Überschuß** (rot eintragen oder mit Minuszeichen versehen)			(kann auf 10 Pf zu Ihren Gunsten gerundet werden)		

61						

II. Anmeldung der Umsatzsteuer im Abzugsverfahren (§§ 51 bis 56 UStDV)

Zeile			Bemessungsgrundlage volle DM	Pf	Steuer DM	Pf
62	**für Werklieferungen und sonstige Leistungen im Ausland ansässiger Unternehmer (§ 51 Abs. 1 Nr. 1 UStDV)**					
63	Leistungen, für die wegen Anwendung der sog. Null-Regelung (§ 52 Abs. 2 UStDV) keine Umsatzsteuer einzuhalten ist	**71**		▬		
64	Leistungen, für die Umsatzsteuer einzuhalten ist	**72**		▬		
65	**für Lieferungen von sicherungsübereigneten Gegenständen (§ 51 Abs. 1 Nr. 2 UStDV) sowie von Grundstücken**					
66	**im Zwangsversteigerungsverfahren (§ 51 Abs. 1 Nr. 3 UStDV)**					
67	Lieferungen, für die wegen Anwendung der sog. Null-Regelung (§ 52 Abs. 2 UStDV) keine Umsatzsteuer einzuhalten ist	**78**		▬		
68	Lieferungen, für die Umsatzsteuer einzuhalten ist	**79**		▬		
69	**Umsatzsteuer im Abzugsverfahren**				**75**	
70				(kann auf 10 Pf zu Ihren Gunsten gerundet werden)		

70	Ein Erstattungsbetrag wird auf das dem Finanzamt benannte Konto überwiesen, soweit nicht eine		
71	Verrechnung mit Steuerschulden vorzunehmen ist.		
72	**Verrechnung des Erstattungsbetrages erwünscht** (falls ja, bitte eine „1" eintragen)	**29**	
73	Geben Sie bitte die Verrechnungswünsche auf einem besonderen Blatt oder auf dem beim Finanzamt erhältlichen Vordruck „Verrechnungsantrag" an.		
74	Die **Einzugsermächtigung** wird ausnahmsweise (z. B. wegen Verrechnungswünschen) für diesen Voranmeldungszeitraum **widerrufen** (falls ja, bitte eine „1" eintragen)	**26**	

75	Ich versichere, die Angaben in dieser Steueranmeldung wahrheitsgemäß nach bestem Wissen und Gewissen gemacht zu haben.
76	Bei der Anfertigung dieser Steueranmeldung hat mitgewirkt: (Name, Anschrift, Telefon)

77 _15.03.1995 , Erich Bendel_
Datum, Unterschrift

Hinweis nach den Vorschriften der Datenschutzgesetze:

78
79 Die mit der Steueranmeldung angeforderten Daten werden aufgrund der §§ 149 ff. der Abgabenordnung und der §§ 18, 18 b des Umsatzsteuergesetzes erhoben.
80 Die Angabe der Telefonnummern ist freiwillig.

81 ———————————— **Vom Finanzamt auszufüllen** ————————————

82	**Bearbeitungshinweis**				
82	1. Die aufgeführten Daten sind mit Hilfe des geprüften und geneh-	**11**		**19**	
83	migten Programms sowie ggf. unter Berücksichtigung der ge- speicherten Daten maschinell zu verarbeiten.				
84	2. Die weitere Bearbeitung richtet sich nach den Ergebnissen der maschinellen Verarbeitung.			**12**	

85		Kontrollzahl und/oder Datenerfassungsvermerk	
85		Dateneingabe Daten zur Verarbeitung freigeben	Datum, Namenszeichen
86	Datum, Namenszeichen/Unterschrift		Datum, Namenszeichen

Prüfungsfälle

Prüfungsfall 1:

1 Sachverhalt

Der Weinhändler Heinrich Kanisch, der mit seiner Ehefrau Helga geb. Holzmeister im gesetzlichen Güterstand lebt, betreibt in Bremen in gemieteten Räumen eine Weinhandlung. Außerdem ist er Eigentümer eines in Reutlingen belegenen Hauses, das 1978 fertiggestellt wurde. Seine jährlichen Umsätze schwanken zwischen 350.000 und 400.000 DM. Kanisch hat auf Steuerbefreiungen verzichtet, soweit dies möglich ist (§ 9). Erforderliche beleg- und buchmäßige Nachweise liegen vor. Bei innergemeinschaftlichen Lieferungen verwendet Kanisch seine deutsche USt-IdNr.

Aus den Büchern und Unterlagen ergibt sich für den Monat Februar 1995 folgendes:

a) Weinhandlung

Die Erlöse aus dem Weinhandel betragen im Februar 1995 insgesamt 35.000 DM (netto).

Sie setzen sich wie folgt zusammen:

1. 20.000 DM entfallen auf Lieferungen an Abnehmer im Inland,

2. 6.000 DM entfallen auf Versendungslieferungen an Abnehmer in der Schweiz,

3. 4.000 DM entfallen auf Abhollieferungen an Abnehmer mit USt-IdNrn. in Frankreich,

4. 2.000 DM entfallen auf Beförderungslieferungen an Abnehmer mit USt-IdNrn. in den Niederlanden,

5. 3.000 DM entfallen auf Abhollieferungen an Abnehmer mit USt-IdNrn. in Dänemark.

6. Die abziehbaren Vorsteuerbeträge des Weinhandels betragen für den Monat **Februar 1995** insgesamt 1.400 DM.

7. Kanisch hat von einem Berliner Unternehmen eine in Berlin hergestellte Abfüllmaschine erworben. Das Entgelt beträgt 1.000 DM. Die Vorsteuer von 150 DM ist in Tz. 6 enthalten.

b) Haus

Das Haus wird wie folgt genutzt:

1. Das **Erdgeschoß** hat Heinrich Kanisch an seine Ehefrau vermietet, die dort ein Einzelhandelsgeschäft betreibt. Die Mieteinnahmen, die Kanisch im Februar 1995 zugeflossen sind, haben 2.000 DM (netto) betragen.

2. Das **1. Obergeschoß** wird von der Familie Kanisch selbst bewohnt. Der jährliche Mietwert beträgt 12.000 DM.

3. Die Räume im **2. Obergeschoß** sind als Wohnung an einen kaufmännischen Angestellten für jährlich 12.000 DM vermietet.

4. Für den Außenanstrich des Hauses sind Kosten in Höhe von 8.000 DM + 15 % USt entstanden. Die Fläche der Außenwände betragen für das Erdgeschoß 30 qm, das 1. Obergeschoß 30 qm und das 2. Obergeschoß ebenfalls 30 qm.

5. Für Renovierungsarbeiten der Räume im 2. Obergeschoß sind Kanisch Kosten in Höhe von 5.000 DM + 15 % USt in Rechnung gestellt worden.

2 Aufgabe

Wie hoch ist die (deutsche) **USt-Zahllast** des Heinrich Kanisch für den Monat **Februar 1995**?

Prüfungsfall 2:

1 Sachverhalt

Franz Schneider, der mit seiner Ehefrau Jutta geb. Boos im gesetzlichen Güterstand lebt, betreibt in Köln ein Einzelhandelsgeschäft mit Lebensmitteln aller Art. Außerdem besitzt er seit 1975 in Köln ein Hotel mit Restaurant. Seine jährlichen Umsätze schwanken zwischen 600.000 DM und 800.000 DM.

Aus den Büchern und Unterlagen ergibt sich für den Monat Dezember 1995 folgendes:

a) Einzelhandelsgeschäft

1. Lieferungen von Fleischwaren im Inland netto	7.000 DM
2. Lieferungen sonstiger begünstigter Lebensmittel an Abnehmer im Inland netto	10.000 DM
3. Lieferungen nichtbegünstigter Waren an Abnehmer im Inland netto	24.400 DM
4. Lieferungen begünstigter Lebensmittel an das Restaurant netto	2.000 DM
5. Lieferungen nichtbegünstigter Waren an das Restaurant netto	500 DM
6. Schneider schenkte einem Kölner Freund zum Geburtstag einen Präsentkorb, der nur begünstigte Lebensmittel aus dem Einzelhandelsgeschäft enthielt.	
Anschaffungskosten des Geschenkes	180 DM
Wiederbeschaffungswert des Geschenks	200 DM
Verkaufswert des Geschenks	280 DM
7. Das Geschäftstelefon wird von der Familie Schneider zu 20 % privat genutzt. Die laufenden Fernsprechgebühren beliefen sich im Monat Dezember 1995 auf	500 DM
8. Die abziehbaren Vorsteuerbeträge des Einzelhandelsgeschäfts betragen im Dezember 1995 insgesamt	3.010 DM

b) Hotel mit Restaurant

1. Vermietung von Hotelzimmern netto	5.500 DM
2. Verkauf von Speisen zum Verzehr im Haus netto	14.000 DM
3. Verkauf von Getränken zum Verzehr im Haus netto	10.000 DM

4. Ein echter Perserteppich, der vor zehn Jahren von einem Unternehmer für das Hotel angeschafft wurde, ist z.Z. noch mit 1.000 DM im Betriebsvermögen enthalten. Franz Schneider läßt den Teppich im Dezember 1995 in sein Wohnzimmer legen. Die Wiederbeschaffungskosten des gebrauchten Teppichs betragen 1995   10.000 DM

5. Als Betriebsausgaben des Hotels und Restaurants hat Schneider im Dezember 1995 folgende Aufwendungen für Geschenke an Kunden zu Weihnachten gebucht

Kunde X 12 Flaschen Wein Gesamtwert	100 DM
Kunde Y 3 Flaschen Wein Gesamtwert	40 DM

Die einkommensteuerlichen Aufzeichnungspflichten (§ 4 Abs. 7 EStG) sind erfüllt.

6. Die Vorsteuerbeträge des Hotels und Restaurants haben im Dezember 1995 insgesamt betragen   1.517 DM

2 Aufgabe

Ermitteln Sie die **USt-Zahllast** des Franz Schneider für den Monat **Dezember 1995.**

Prüfungsfall 3:

Die Prüfungsaufgabe besteht aus Teil I und Teil II.

Teil I

Der Unternehmer U, Duisburg, schließt am 23.12.1995 mit dem Unternehmer E, Amsterdam, einen Kaufvertrag über die Lieferung einer Maschine für **100.000 DM** netto ab. E setzt die Maschine in seinem Unternehmen ein. U und E sind Unternehmer mit USt-IdNrn. E hat U seine USt-IdNr. angegeben.
Am 27.12.1995 transportiert U die Maschine mit eigenem Lkw nach Amsterdam. E erhält die Maschine am 28.12.1995.
Die Rechnung wird von U am 03.01.1996 erstellt. Beide Unternehmer sind Monatszahler.

1. Um welche **Lieferungsart** handelt es sich?
2. Wo ist der **Ort der Lieferung**?
3. Ist die Lieferung im Inland **steuerbar**?
4. Ist die Lieferung im Inland **steuerfrei**?
5. Ist die Lieferung im Inland **steuerpflichtig**?
6. Ist U verpflichtet, für die Lieferung eine **Rechnung** auszustellen?
7. Welche weiteren **gesetzlichen Pflichten** hat U nach dem UStG zu erfüllen?

Begründen Sie Ihre Antworten unter Hinweis auf die gesetzlichen Vorschriften.

Teil II

Der französicher Unternehmer U, Paris, versendet am 27.12.1995 mit der Bahn eine Maschine für 100.000 DM netto an den deutschen Unternehmer E, Köln, der die Maschine in seinem Unternehmen einsetzt.
E erhält die Maschine am 28.12.1995. U und E sind Unternehmer mit USt-IdNrn., die monatlich ihre Umsatzsteuer abführen. E hat U seine USt-IdNr. angegeben.
Die Rechnung hat U am 03.01.1996 erstellt.

1. Um welche **Umsatzart** handelt es sich?
2. Wo ist der **Ort des Umsatzes**?
3. Ist der Umsatz im Inland **steuerbar**?
4. Ist der Umsatz im Inland **steuerfrei**?
5. Ist der Umsatz im Inland **steuerpflichtig**?
6. Wann **entsteht** die Umsatzsteuer?
7. Wer ist **Steuerschuldner**?
8. Wann ist die Umsatzsteuer **fällig**?
9. Wie wirkt sich der Vorgang bei der Ermittlung der **USt-Zahllast** des E aus?

Begründen Sie Ihre Antworten unter Hinweis auf die gesetzlichen Vorschriften.

Prüfungsfall 4:

Die Prüfungsaufgabe besteht aus Teil I und Teil II.

Teil I

Nennen Sie zu den folgenden Sachverhalten die Umsatzart, den Ort des Umsatzes, die Steuerpflicht und den Steuersatz (bei Umsatzart und Ort des Umsatzes mit einem Hinweis auf die gesetzlichen Vorschriften):

1. Ein Steuerberater, Münster, fertigt in seinem Büro während der Geschäftszeit seinen Jahresabschluß und seine Vermögensteuererklärung an.

2. Ein Maschinenhersteller, Stuttgart, liefert eine Maschine in die Schweiz und eine Maschine nach Luxemburg. Er befördert die Maschine mit eigenem Lkw und stellt den Abnehmern den Transport in Rechnung. 90 % der Beförderungs- strecke entfallen auf das Inland.

3. Ein Hamburger Architekt fertigt in seinem Büro die Bauzeichnung für ein Wohnhaus in Dänemark.

Teil II

Ermitteln Sie bei einem Steuersatz von 15 % die **USt-Zahllast** für einen Unternehmer, der in 1995 folgende Umsätze erzielt hat:

Lieferungen im Inland	20.000 DM
Ausfuhrlieferungen	6.000 DM
Transportleistungen im Inland	5.000 DM
Vermietung eines Hauses im Inland davon für 50 % optiert	8.000 DM
Der Vorjahresumsatz betrug	65.000 DM

Dem Unternehmer wurden 2.000 DM Vorsteuern in Rechnung gestellt. Davon sind 1.400 DM Abzugsumsätzen und 400 DM Ausschlußumsätzen direkt zuzurechnen. Von den restlichen Vorsteuern sind nach § 15 Abs. 4 **50 %** abziehbar.

Prüfungsfall 5:

Erika Schneider betreibt in Magdeburg ein Fachgeschäft für Damenmoden. Das Geschäft mit Büroräumen befindet sich in einem gemischtgenutzten Grundstück, das ihr gehört. Erika Schneider verwendet bei innergemeinschaftlichen Lieferungen ihre deutsche USt-IdNr.

Der Umsatz des Vorjahres belief sich auf	1.040.000 DM

Sie hat auf alle möglichen Steuerbefreiungen nach § 9 verzichtet.

Aus der Buchführung ergeben sich für 1995 die folgenden Zahlen:

1. Verkäufe von Damenmoden im Inland netto (ohne Tz. 4)	919.055 DM
2. Entnahmen von Waren für den eigenen Bedarf, Anschaffungskosten Wiederbeschaffungskosten Verkaufswert, netto	1.950 DM 2.145 DM 3.510 DM
3. Versicherungsleistung für entwendete Waren	3.591 DM
4. Verkauf eines Kostüms an eine Verkäuferin zum Preis von	570 DM
Es betragen: die Anschaffungskosten die Wiederbeschaffungskosten der Verkaufspreis, brutto	500 DM 525 DM 1.026 DM
5. Einen wertvollen Damenmantel überbrachte die Steuerpflichtige einer guten Kundin nach Frankreich. Sie vereinnahmte hierfür (Kurs 31,5).	18.000 FF

6. Das Geschäftstelefon wird auch privat genutzt.
   Anteilige Kosten   600 DM

7. Von den gesamten Pkw-Kosten, bei denen der
   Vorsteuerabzug möglich war, entfallen auf die
   private Nutzung   4.800 DM
   In diesem Betrag sind Kosten einer Urlaubsreise
   nach Frankreich mit 800 DM enthalten.

8. Das der Steuerpflichtigen gehörende gemischt-
   genutzte Grundstück wurde in 1995 wie folgt
   genutzt:

   a) Erdgeschoß: eigenes Geschäft mit Büro, Mietwert   24.000 DM

   b) 1. Obergeschoß: Büroräume vermietet an
      einen Rechtsanwalt, Mieteinnahme   13.800 DM

   c) 2. Obergeschoß: eigene Wohnung, Mietwert   8.000 DM

9. An Vorsteuern sind angefallen

   a) für Wareneinkäufe   72.780 DM
   b) für Reparaturen im Erdgeschoß des Hauses   791 DM
   c) für Außenputz und Anstricharbeiten am Haus   1.015 DM
   d) für Geschäftskosten   16.182 DM

Die Vorsteueraufteilung erfolgt nach § 15 Abs. 4 Satz 1. Die USt-Vorauszahlungen
der Steuerpflichtigen betragen für 1995 **39.780,70 DM**.

1. Wie hoch ist die **USt-Abschlußzahlung** für 1995?
2. Bis wann ist die USt-Abschlußzahlung zu **entrichten**?

Prüfungsfall 6:
_____

1 Sachverhalt
_____

Die Firma Werner Klein, Baustoffhandlung, Kaiserslautern, liefert Baustoffe im
Groß- und Einzelhandel.
Sie erzielte in 1995 Einnahmen aus:

Lieferungen an Baubetriebe im Inland   253.000 DM
Lieferungen an Endverbraucher im Inland   138.000 DM

Die anteiligen Kosten für die private Nutzung des
betrieblichen Pkw, bei denen der Vorsteuerabzug
möglich war, betrugen   5.000 DM

In den oben genannten Beträgen sind folgende
Vorgänge **nicht** enthalten:

1. Entnahme von Baumaterial am 1.8.1995 vom Lager
   Kaiserslautern für das Einfamilienhaus der Tochter,
   Nettoeinkaufspreis zum Zeitpunkt der Entnahme   20.000 DM

2. Beim Bau des Einfamilienhauses der Tochter wurden
   im September 1995 Arbeiter der Firma Klein unentgeltlich
   eingesetzt. Einem fremden Dritten würde Klein   1.250 DM
   berechnen.
   Die anteiligen Kosten haben   1.000 DM
   betragen.

3. Es wurden verkauft:
   am 5.10.1995 ein gebrauchter Lkw der Firma zum Preis von   5.750 DM
   brutto,
   am 9.11.1995 ein gebrauchter Pkw der Ehefrau zum Preis von   3.450 DM

4. An einen anderen Unternehmer wurde ein Teil des
   Kaiserslauterner Lagerplatzes vermietet.
   Jahreseinnahme   2.400 DM

5. Ein Geschenk an einen Geschäftsfreund zum Netto-
   preis von   300 DM
   zuzüglich USt in Höhe von   45 DM
   ist als Betriebsausgabe gebucht.

An Vorsteuern werden in der Buchführung   40.150 DM
ausgewiesen einschl. der 45 DM für das Geschenk.

2 Aufgabe

Berechnen Sie die **USt-Zahllast** des Werner Klein für 1995.

Prüfungsfall 7:

1 Sachverhalt

Der Steuerberater Thomas Port, der mit seiner Ehefrau im gesetzlichen Güterstand lebt, betreibt in Stuttgart im Erdgeschoß seines in 1980 fertiggestellten gemischtgenutzten Grundstücks ein Steuerberatungsbüro.
Port versteuert als Monatszahler seine Umsätze nach vereinnahmten Entgelten. Er hat auf Steuerbefreiungen verzichtet, soweit dies möglich ist (§ 9).

Aus den Büchern und Unterlagen ergibt sich für den Monat Dezember 1995 folgendes:

1. Einnahmen für steuerliche Beratung seiner inländischen Mandanten   28.750 DM

2. Am 31.12.1995 sind noch Honorarrechnungen von   3.450 DM
   offen.

3. Einnahmen aus dem Verkauf eines gebrauchten betrieblichen
   Pkw, der zu 70 % betrieblichen Zwecken diente   11.500 DM

4. Für den Kauf eines neuen Pkw, der vorwiegend
   betrieblich genutzt wird, wurden im Dezember 1995
   einschl. 15 % USt   34.500 DM
   gezahlt.

5. Port benutzte beide betrieblichen Pkws zu 30 % für Privatfahrten im Inland. Die gesamten Kfz-Kosten einschl. AfA, bei denen der Vorsteuerabzug möglich war, betrugen im Dezember 1995 .... 1.500 DM

6. Das dem Steuerberater gehörende Gebäude wurde in 1995 wie folgt genutzt:

   a) Im **Erdgeschoß** befindet sich das Steuerberatungsbüro. Der jährliche Mietwert beträgt .... 24.000 DM

   b) Das **1. Obergeschoß** hat Port an eine Mandantin, die X-GmbH, für jährlich (netto) vermietet. .... 24.000 DM

   c) Das **2. Obergeschoß** wird von der Familie Port selbst bewohnt. Der jährliche Mietwert beträgt .... 12.000 DM

7. Für Renovierungsarbeiten der Räume im 1. Obergeschoß sind Thomas Port im Dezember 1995 Kosten in Höhe von 10.000 DM + 1.500 DM USt = in Rechnung gestellt worden. .... 11.500 DM

8. Am 27.12.1995 kaufte Thomas Port ein kleines Kopiergerät. Die Rechnung lautet über netto zuzüglich 15 % USt. Der Kaufpreis wurde am 4.1.1996 gezahlt. .... 800 DM

9. An Vorsteuern für laufende Kosten sind im Dezember 1995 insgesamt angefallen .... 1.548 DM

2 Aufgabe

Berechnen Sie die **USt-Zahllast** bzw. das **VoSt-Guthaben** des Thomas Port für den Monat Dezember 1995.

Prüfungsfall 8:

1 Sachverhalt

Petra Jaeckel, Bonn, handelt mit Baustoffen. Sie bittet Sie, ihre Umsatzsteuer-Voranmeldung für den Monat Dezember 1995 zu erstellen. Jaeckel versteuert ihre Umsätze nach vereinbarten Entgelten. Sie hat auf die Steuerbefreiungen verzichtet, soweit dies möglich ist (§ 9).

Aus ihren Aufzeichnungen ergibt sich für den Monat Dezember 1995 folgendes:

1. Lieferungen an Unternehmer im Inland netto .... 580.000 DM

2. Lieferungen an private Kunden im Inland netto .... 150.000 DM

3. Für Reparaturarbeiten an ihrem privatgenutzten Einfamilienhaus hat Jaeckel im Dezember 1995 Baustoffe vom Bonner Lager zum Nettoeinkaufspreis von entnommen. .... 18.500 DM

4. Auf eine Forderung aus 1982 in Höhe von 8.701 DM (7.700 + 1.001 DM USt) gingen im Dezember 1995 ein. Der Rest der Forderung ist verloren. .... 2.599 DM

5. Die anteiligen Kosten für den Monat Dezember 1995
   betragen für private
   Pkw-Nutzung (bei den Kosten war der Vorsteuerabzug möglich)   400 DM
   Telefon-Nutzung   200 DM

6. Im Dezember 1995 haben zwei Arbeiter der Baustoff-
   handlung während der Geschäftszeit im Garten des
   Einfamilienhauses von Frau Jaeckel gearbeitet.
   Die anteiligen Kosten betragen   650 DM

7. Jaeckel ist seit 1978 Eigentümerin eines bebauten
   Grundstücks in Köln, das wie folgt genutzt wird:

   a) Im **Erdgeschoß** befindet sich eine Drogerie. Die
      jährlichen Mieteinnahmen betragen netto   12.000 DM

   b) Im **1. Obergeschoß** befinden sich die Büroräume
      von Jaeckel. Der jährliche Mietwert beträgt   12.000 DM

   c) Das **2. Obergeschoß** hat Jaeckel an einen
      Rechtsanwalt als Wohnung für jährlich netto   8.400 DM
      vermietet.

8. Das gesamte Treppenhaus wurde im Dezember 1995
   renoviert. Dafür sind Kosten in Höhe von
   20.000 DM + 3.000 DM USt =   23.000 DM
   in Rechnung gestellt worden. Die Renovierungskosten
   entfallen zu gleichen Teilen auf die einzelnen
   Geschosse, die alle 200 qm groß sind.

9. Die Vorsteuern auf den Wareneinkauf und die
   Kosten der Baustoffhandlung betragen im
   Dezember 1995   67.500 DM

2 Aufgabe

Berechnen Sie die **USt-Zahllast** der Petra Jaeckel für den Monat Dezember 1995.

Prüfungsfall 9:

1 Sachverhalt

Karl Peter Engelen betreibt in Koblenz in gemieteten Räumen einen Einzelhandel mit
Pelzwaren. Seine jährlichen Umsätze schwanken zwischen 400.000 und 500.000 DM.

Im Oktober 1995 hat Engelen aus dem Verkauf von Pelzwaren - ohne die in den
folgenden Tz. 1 bis 5 genannten Beträge - Einnahmen in Höhe von 46.000 DM erzielt.

1. Am 12.10.1995 lieferte Engelen an Baron von Preuschen eine Nerzdecke. Seine
   Rechnung weist folgendes aus:

Nerzdecke	15.000 DM
+ 15 % USt	2.250 DM
	17.250 DM

Baron von Preuschen zahlte am 21.10.1995 unter Abzug von 2 % Skonto.

2. Seit August 1995 hat Engelen eine Forderung an die Baronin von Greifenklau in Höhe von 11.500 DM (10.000 DM + 1.500 DM USt). Am 19.10.1995 ging auf diese Forderung ein Betrag von 4.025 DM ein. Der Rest der Forderung ist uneinbringlich.

3. Die Forderung an den Kunden Säumig in Höhe von 2.850 DM, fällig am 1.9.1995, ist noch nicht beglichen. Das Entgelt dieser Forderung wurde im Voranmeldungszeitraum August 1995 versteuert. Engelen stellte am 31.10.1995 dem Kunden Säumig 4 % Verzugszinsen für 60 Tage in Rechnung.

4. Engelen schenkte am 26.10.1995 seiner Tochter zum Geburtstag eine Nerzkappe, die er im August 1995 für 500 DM + USt gekauft hat. In seinem Geschäft wurde diese Kappe für 805 DM einschließlich 15 % USt angeboten. Laut der neuesten Preisliste des Lieferanten Rauch beträgt der Preis der Nerzkappe im Oktober 1995 600 DM + USt.

5. Engelen übergab am 27.10.1995 der Deutschen Post AG ein Paket, in dem sich eine Hermelin-Stola befand, zur Beförderung an den Kunden Reich in Hamburg. Reich erhielt das Paket am 2.11.1995. Die Rechnung wurde am 3.11.1995 über 4.800 DM + USt erteilt. Die Zahlung erfolgte am 14.11.1995.

6. Engelen hat im Oktober 1995 während einer mehrtägigen Geschäftsreise zwei Kunden eingeladen und bewirtet. Dadurch sind ihm Kosten in Höhe von insgesamt 180 DM zuzüglich 15 % USt entstanden, die angemessen sind. Von den Kosten entfallen 60 DM auf ihn selbst. Engelen führt den nach § 4 Abs. 5 Nr. 2 EStG geforderten Nachweis anhand einer ordnungsgemäß ausgestellten Rechnung. Er hat den Vorgang wie folgt gebucht:

4650	(6640)	Bewirtungskosten	180,— DM	
1576	(1406)	Vorsteuer	27,— DM	
an 1000	(1600)	Kasse		207,— DM

An **Vorsteuern** sind (ohne Tz. 6) für den Monat Oktober 1995 **6.477,— DM** angefallen, die nicht zu beanstanden sind.

2 Aufgabe
───────

Berechnen Sie die **USt-Zahllast** des Karl-Peter Engelen für den Monat Oktober 1995.

Prüfungsfall 10:

1 Sachverhalt

Reiner Müller betreibt in Stuttgart eine Maschinenfabrik. Er versteuert seine Umsätze nach vereinbarten Entgelten. Müller verwendet bei inngergemeinschaftlichen Lieferungen seine deutsche USt-IdNr. Aus der Buchführung ergibt sich für den Monat **Mai 1995** folgendes:

1. Das Konto "**8200** (4200) Erlöse 15 %" weist einen Nettoumsatz von   140.500 DM aus.

   Dieser Betrag setzt sich wie folgt zusammen:

   a) Lieferungen an Abnehmer im Inland   105.000 DM

   b) Versendungslieferung an einen Abnehmer in der Schweiz   14.500 DM

   c) Beförderungslieferung an einen Abnehmer in Frankreich. Der Abnehmer ist Unternehmer mit USt-IdNr.   10.000 DM

   d) Abhollieferung an einen Abnehmer in Belgien. Der Abnehmer ist Privatmann.   11.000 DM

2. Auf dem Konto "**8100** (4100) Steuerfreie Umsätze § 4 Nr. 8 ff. UStG" sind   300.000 DM gebucht. Es handelt sich um den Erlös aus dem Verkauf eines Betriebsgrundstücks.

3. Auf dem Konto "**8820** (4845) Erlöse aus Anlagenverkäufen 15 % USt" sind   23.500 DM gebucht. Der Betrag betrifft den Verkauf eines betrieblichen Pkw.

4. Auf dem Konto "**8920** (4640) Entnahme von sonstigen Leistungen 15 % USt" ist ein Betrag von   3.000 DM gebucht.

5. Auf dem Konto "**4650** (6650) Bewirtungskosten" sind   300 DM gebucht.
   Die Kosten sind anläßlich der Bewirtung eines Kunden in einem Gourmet-Restaurant angefallen. Von den 300 DM können nach der allgemeinen Verkehrsauffassung 200 DM als angemessen angesehen werden. Müller führt den nach § 4 Abs. 5 EStG geforderten Nachweis anhand einer ordnungsgemäß ausgestellten Rechnung.

6. Auf dem Konto "**1576** (1406) Abziehbare Vorsteuer" sind   12.000 DM gebucht.

2 Aufgabe

Berechnen Sie die **USt-Zahllast** des Reiner Müller für den Monat Mai 1995.

Anhang 1

Umsatzsteuersätze (Stand 1. Januar 1995)
BMF, Schreiben vom 31.1.1995 - Referat I A 7

EU-Staaten	Bezeichnung der Umsatzsteuer	Steuersätze in vH			
		Normalsatz	ermäßigte Sätze	erhöhte Sätze	Nullsatz
1	2	3	4	5	6
Belgien	taxe sur la valeur ajoutée (TVA) **oder** belasting over de toege-voegde waarde (BTW)	20,5	1; 6; 12	-	ja
Dänemark	omsaetningsavgift (MOMS)	25	-	-	ja
Deutschland	Umsatzsteuer (USt)	15	7	-	-
Finnland	arvonlisävero (AVL) **oder** mervärdesskatt (ML)	22	12; 6	-	ja
Frankreich	taxe sur la valeur ajoutée (TVA)	18,6	2,1; 5,5	-	-
Griechenland	foros prostithemenis axias (FPA)	18	4; 8	-	-
Irland	value added tax (VAT)	21	2,5; 12,5	-	ja
Italien	imposta sul valore aggiunto (IVA)	19	4; 9; 13	-	ja
Luxemburg	taxe sur la valeur ajoutée (TVA)	15	3; 6; 12	-	-
Niederlande	omzetbelasting (OB) **oder** belasting over de toegevoegde waarde (BTW)	17,5	6	-	-
Österreich	Umsatzsteuer (USt)	20	10	-	-
Portugal	imposto sobre o valor acrescen-tado (IVA)	17	5	-	-
Schweden	mervärdeskatt (ML)	25	21; 12	-	ja
Spanien	impuesto sobre el valor anadido (IVA)	16	4; 7	-	-
Vereinigtes Königreich	value added tax (VAT)	17,5	8	-	ja

Verordnung über die **örtliche Zuständigkeit für die Umsatzsteuer im Ausland ansässiger Unternehmer** (USt-ZuständigkeitsV)

Unternehmer ist ansässig in	Zuständiges FA
1. Belgien	**Trier**
2. Dänemark	**Flensburg**
3. Estland	**Rostock I**
4. Frankreich	**Kehl**
5. Großbritannien und Nordirland	**Hannover-Nord**
6. Griechenland	Finanzamt für Erbschaft- und Verkehrsteuern **Berlin**
7. Irland (natürliche Personen) (übrige Unternehmer)	**Hamburg-Nord** **Hamburg-Ost**
8. Italien	**München II**
9. Luxemburg	**Saarbrücken Am Stadtgraben**
10. Niederlande	**Kleve**
11. Norwegen	**Bremen-Mitte**
12. Österreich	**München II**
13. Polen	**Frankfurt/Oder**
14. Russische Föderation	**Magdeburg II**
15. Schweden (natürliche Personen) (übrige Unternehmer)	**Hamburg-Nord** **Hamburg-Ost**
16. Schweiz	**Konstanz**
17. Slowakische Republik	**Dresden I**
18. Spanien	**Frankfurt am Main I**
19. Ukraine	**Magdeburg II**

Anhang 3

Die **Schwellenwerte** der EU-Mitgliedstaaten ab 01.01.1995

EU-Staaten	Lieferschwelle	Erwerbsschwelle
Belgien	1.500.000 bfrs	450.000 bfrs
Dänemark	280.000 dkr	80.000 dkr
Deutschland	**200.000 DM**	**25.000 DM**
Finnland	200.000 Fmk	50.000 Fmk
Frankreich	700.000 FF	70.000 FF
Griechenland	8.200.000 Dr	2.500.000 Dr
Irland	27.000 Ir£	32.000 Ir£
Italien	54.000.000 Lit	16.000.000 Lit
Luxemburg	4.200.000 lfrs	400.000 lfrs
Niederlande	230.000 hfl	23.000 hfl
Österreich	1.400.000 ÖS	150.000 ÖS
Portugal	6.300.000 Esc	1.800.000 Esc
Schweden	320.000 skr	90.000 skr
Spanien	4.500.000 Ptas	1.300.000 Ptas
Vereinigtes Königreich	70.000 £	45.000 £

Stichwortverzeichnis